汉语国际教育硕士系列教材·拓展课教材

汉语国际教育研究设计与论文写作

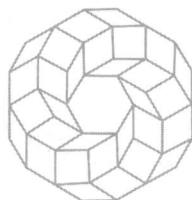

周小兵 等 著

外语教学与研究出版社
北京

图书在版编目（CIP）数据

汉语国际教育研究设计与论文写作／周小兵等著． —— 北京：外语教学与研究出版社，2021.6（2023.11 重印）
汉语国际教育硕士系列教材. 拓展课教材
ISBN 978-7-5213-2716-8

Ⅰ. ①汉… Ⅱ. ①周… Ⅲ. ①汉语－对外汉语教育－教学研究－研究生－教材②汉语－对外汉语教学－论文－写作－研究生－教材 Ⅳ. ①H195

中国版本图书馆 CIP 数据核字（2021）第 117010 号

出 版 人　王　芳
项目策划　李彩霞
责任编辑　张俊睿
责任校对　向凤菲
装帧设计　曹　毅
出版发行　外语教学与研究出版社
社　　址　北京市西三环北路 19 号（100089）
网　　址　https://www.fltrp.com
印　　刷　三河市嘉科万达彩色印刷有限公司
开　　本　720×980　1/16
印　　张　27
版　　次　2021 年 7 月第 1 版 2023 年 11 月第 3 次印刷
书　　号　ISBN 978-7-5213-2716-8
定　　价　69.00 元

如有图书采购需求，图书内容或印刷装订等问题，侵权、盗版书籍等线索，请拨打以下电话或关注官方服务号：
客服电话：400 898 7008
官方服务号：微信搜索并关注公众号"外研社官方服务号"
外研社购书网址：https://fltrp.tmall.com

物料号：327160001

记载人类文明
沟通世界文化
www.fltrp.com

出版说明

……国际教育专业培养已经覆盖了本科和硕士、博士研究生各个阶段，……大批专业能力过硬的中文教师，有效推动了国际中文教育事业……程教学和学科建设的实际需求，外研社组织专家作者团队，依……际教育硕士专业学位研究生指导性培养方案》的总体要求，推……士系列教材，自 2013 年起已陆续出版了《汉语作为第二语言……学》《汉语作为第二语言教学——汉语技能教学》《第二语言……案例分析与点评》《中华文化与传播》《跨文化交际》六本核……组织编写的《汉语国际教育研究设计与论文写作》是汉语……中最新的一本拓展课教材。

……业经过多年发展，各培养院校在致力于不断提升学生国际中……教学实践能力的同时，也越来越注重其科研能力的培养。很多院校已经开设了"研究设计与论文写作"相关课程，但任课教师在实际教学中却苦于缺少可依循的课程规范和使用起来得心应手的高质量教材，可供学生研读和参考的学习资料也暂付阙如。为了缓解汉语国际教育学科研究方法与学术论文写作方面教学资源不足的情况，作者对多年指导在校学生开展学科研究和撰写学位论文的经验进行了回顾和梳理，将其间积累下的课程讲义和文字材料汇总、组织起来，并加以润色，结合对大量案例的描述和评析，完成了这本书。希望这本书的出版能够对汉语国际教育专业学生设计和开展学科研究有所启示，为教师指导学生撰写论文提供一些有实用价值的参考资料，对这一领域的研究者开展相关课题研究也能有一定的帮助。

汉语国际教育专业培养要求以职业能力为导向，同时具有交叉学科的性质，学位论文要突显专业性和实用性，与其他语言学、教育学或汉语本体研究论文有一定差异。概括来说，汉语国际教育学科研究要紧密联系国际中文教育实践，提出具有明确应用价值的选题，以已有研究成果为基础，采用适当的理论方法对收集到的材料进行研究设计并具体实施，得出具有创新性的结果或观点。为更好地引导读者完成上述研究流程并撰写学位论文，这本书尽其所能体现以下特点：

第一，力求理论联系实际。在介绍基本方法和理论知识的同时，展示了大量真实研究案例，通过对案例进行分析和点评，加深读者对学科研究方法和技巧的理解。书中展示的案例在形式上做了特别的设计，更便于读者查阅和参考。

第二，突出实践性和可操作性。每章正文后设计的思考题和练习题，能够加深读者对相关问题的理解，有效提升学科研究素养和实践能力。

第三，注重读者的个人体验。读者通过课堂上教师的引导和同学间的集体学习讨论，实现思维碰撞、头脑风暴。课后的大量延伸阅读能使读者对学科最新研究成果和发展方向有全面的了解和把握，开拓其视野，启发其独立思考，使其养成批判性阅读习惯并具有一定的学术眼光，从而提升读者对国际中文教学实践中真实问题的感知能力和严密深入的分析能力。

第四，适用于不同层次、具有不同母语背景的读者。本书内容全面，语言平实，互动性强，所列举的案例不仅包含中国研究者的研究实践，也有来华留学生的学位论文，水平贴近读者的实际需求。

汉语国际教育专业系列教材的编写是一项复杂的工作，欠缺和疏漏在所难免，还请各位读者提出宝贵的意见，以便进一步修改完善。

前言

经常听到研究生说写论文难，撰写专业学位论文更难。很多研究生导师也会抱怨，指导学生写论文比自己写还费力。对于汉语国际教育及对外汉语教学相关专业的学生和教师来说，这一问题则更加凸显。

研究生开展研究设计和撰写学位论文到底难在哪里？导师在指导学生时常被问及这些问题：怎样找选题？如何设计研究框架？如何查找和处理与选题相关的文献？如何收集和整理有用的研究材料？常用的理论方法和研究手段都有哪些，该怎么运用到研究中？怎样能让论证和分析更加清楚、有序，得出有说服力的结论？还有一个更为关键的问题：怎样才能使研究和论文具有创新性？解决这些难题，无论是研究生自主学习还是教师给予指导，往往都是依靠积累和经验，但很多时候结果却还是不够理想。

当前，汉语国际教育专业培养已经覆盖本科和硕士、博士研究生各个阶段，培养院校在致力提升学生国际中文教学实践能力的同时，也越来越注重学科研究能力。开设专门课程指导学生进行研究设计和论文撰写，是其中一项有益的实践。

以中山大学为例，1987 年开始培养"对外汉语教学"方向的硕士研究生，当时隶属于中国语言文学学科下的现代汉语专业。经学科调整，于 2001 年开始在中国语言文学下设的二级学科"语言学及应用语言学"培养对外汉语教学方向的硕士和博士研究生，开展相关的学科建设。此后，又在外国语言学及应用语言学学科中增设"对外汉语与二语习得"方向的硕士和博士学位。2004 年起，中山大学先后开设面向上述专业和研究方向硕士、博士研究生的"研究方法论""第二语言研究方法"等课程。

2007 年，国务院学位委员会设置汉语国际教育硕士专业学位，中山大学成为第一批培养单位。2013 年，在原有课程的基础上，开设面向汉语国际教育专业及相关研究方向的"研究设计与论文写作"课程，在硕士、博士研究生两个层次开展教学。这本书就是基于这门课程的讲义，经丰富和扩展而成。

作者将"研究设计与论文写作"课程的讲义和多年积累的一些文字材料汇总起来加以组织和润色，选取大量研究案例从不同角度进行分析和点评，最终写成了这样一本书。希望这本书能够引导汉语国际教育专业的学生掌握发现问题、分析问题、解决问题的技能，形成批判性思维，有效开展教学实践和学科研究，完成论文写作任务；同时，也能启发教师对学生进行更高效、有针对性的指导。

为达成以上目标，本书贯彻问题导向原则，结合国际中文教学和学科研究实践中有启发意义的各类真实案例，详细阐释如何发现问题，如何采用多种手段收集、整理、分析材料，如何结合研究问题选择并使用合适的理论、假说、方法、手段进行具体研究，等等。

书中，作者以平等对话的方式与读者展开讨论，在内容的展开过程中设置了大量生动有趣的提问、活动、操练和思考练习。

通过阅读和学习这本书，汉语国际教育及相关专业的学生，对语言及语言教学研究感兴趣或有实际需求的读者，能够了解和掌握以下几方面信息和技能。

第一，明确应用语言学和汉语国际教育学科研究论文的主要类型、写作规范和特点。如汉语国际教育学科研究论文应紧密联系国际中文教育实践，具有明确的应用价值，通常包括教学设计、案例分析、调研报告、教学实验报告和专题研究几种类型。研究者要根据自身的教学实践经历和研究兴趣，选择合适的研究类型并完成论文的撰写。

第二，掌握寻找、筛选、聚焦、凝练论文选题的技能与方法，结合汉语作为外语/第二语言教学与习得、国际中文教师培养、教材考察与分析、课堂课程项目管理、中外文化交流及跨文化交际等实践和文献研读成果，提出自己的研究问题，基本确定论文选题。确定选题的过程中，研究者往往也会逐步明确研究的总体方法和路径，并体现在学位论文的开题报告中。

第三，学会围绕论文选题检索和定位相关文献的方法，形成开题报告中参考文献列表和前人研究成果综述。在研读文献的过程中，能够对文献内容做出摘要，给出系统评价，并与自己的选题研究建立起有效关联，以推动论文创新点的凝练，为论文文献综述部分内容的撰写奠定基础。

第四，有效应用第二语言教学与习得研究相关理论和方法，如定性/定量研究模式，语义形式关系分析方法，最小差异对比，语言对比，偏误分析，中介语发展，输入、输出与互动协同，跨文化交流，教材编写，资源库建设与应用，等等。熟悉各种理论方法的用途和实际用法，做好论文写作在方法论方面的准备。

第五，了解收集材料的多种方法并培养相关技能，从各种实践活动中收集有用的材料，进行科学的分类和整理，为研究夯实基础。资源库的使用和创建，测试、访谈、问卷等方法的设计，各类软件和科学仪器（如语音仪、眼动仪、脑电仪、核磁共振等）的使用等，可以根据论文写作需要切实掌握并使用，在材料的收集和整理上收到实效。

第六，熟悉第二语言教学与习得研究流程和论文基本结构，针对研究问题进行研究设计并完成开题报告。掌握科学研究及撰写论文的基本思路和技巧，为学位论文的写作奠定基础。

不少院校都已经开设了与学位论文写作相关的课程，但目前还没有太多适合任课教师使用的高质量教材，可供学生研读和参考的学习资料也不够丰富。这本书的出版，就是为了缓解教学资源不足，促进相关课程的有效开设和学生科研能力的逐步养成。因此，本书在讲解和阐述中力求凸显以下特点。

第一，基于课程教学实践，对教师授课、指导学生进行研究设计和论文写作，以及学生自学有直接的启发作用。本书的作者中，除了有丰富授课经验的一线教师，还有学习过这门课程的硕士、博士研究生。这些研究生不仅全程学习过这门课程，有的还担任了课程助教，参与课程讲义的设计和编修，从学生学习的角度提出了很多宝贵的建议。

第二，结合大量实例。作者从十余所院校的近百篇硕士、博士学位论文及权威学术期刊上刊载的论文中精心选取样例，从不同角度、不同层面探讨如何进行研究设计和论文写作。虽有宏观层面的讨论，但大多数是针对具体问题的细致考察和分析，对于一些问题更是使用显微镜式的方式进行探视。值得一提的是，这本书里的大部分案例都是作者指导或评改过的硕士学位论文，论文的作者既有中国学生又有来华留学生，因此论文的研究水平和难度都更贴合在读研究生，更能满足研究生的实际需求。

第三，内容全面，指引规范。本书参考、借鉴国内外有代表性的外语/第二语言教学和应用语言学研究论文写作相关教材，通过展示丰富的汉语作为外语/第二语言教学和习得研究样例，对研究设计和论文写作的各个方面进行了深入研讨。此外，本书详细介绍了汉语国际教育研究论文写作的规范要求，其中主要依照全国汉语国际教育硕士专业学位教育指导委员会于 2009 年发布的《汉语国际教育硕士专业学位论文撰写指导性意见（试行）》，同时参考上海市学位委员会办公室于 2012 年发布的《上海市汉语国际教育硕士专业学位论文基本要求和评价指标体系（试行）》等文件。

第四，试用多年，精心打磨，不断完善。"研究设计与论文写作"课程及早前面向对外汉语教学专业的相关课程在中山大学已开设近 20 年，课程设计与授课内容与时俱进，根据社会需求、教学和研究实践经验不断改进，吸收汉语国际教育学科和事业发展的大量新鲜信息。作者在多所高校开设过此课程，课程讲义也由多所高校使用过。讲义中部分内容还通过网络课程、线下讲座及学术论坛等进行过宣讲，并会根据每次宣讲的互动情况和反馈意见，对内容、形式进行更新和完善。

　　本书不仅适用于学生研习，也适用于教师授课；不但是研究生论文写作的经验汇集，还是导师论文指导的经验汇集。书中讨论如何进行研究设计和论文写作，对论文撰写者有所裨益，对论文指导者也有启发。从某种意义来说，本书是汉语国际教育和应用语言学学科研究模式和论文写作范式的展示，可以给学习者直接、精准的指导。

　　研究设计和论文写作能力的养成，不能只靠研读，而应积极实践。只有通过实践，把本书内容落实到自己的研究实践中，认真撰写、修改出几篇论文，才能真正养成科研能力，做到"知行合一"。"博学之，审问之，慎思之，明辨之，笃行之"，这是出自《中庸》的学习研修之道，值得我们所有人共勉！

　　最后强调一下，本书还有很多不足，有继续改善的空间。请各位读者提出宝贵的意见。

周小兵

2021 年 5 月

目录

第二章 | 选题设计

第 三 章   文献的查找、分类与研读

第 四 章 | 材料收集

第 五 章 | 研究设计

第 六 章 | 理论方法的选择与应用

第 七 章 | 论文结构

第 八 章 | 论文写作与修改

绪　论

一、"研究"的定义

研究，就是"用系统的方法探求问题答案"（a systematic approach to finding answers to questions）。（Hatch 和 Farhady，1982）[1]

这个定义，包含三个基本要素：研究问题、系统研究方法和研究答案。换句话说，做任何研究，首先要发现问题，而且是有研究价值的问题。一旦发现此类问题，就要通过研习文献等途径，寻找并使用能够解决问题的研究方法。而研究结果，应该是一个能解决问题的明确答案。

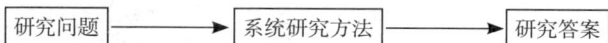

研究问题 ⟶ 系统研究方法 ⟶ 研究答案

图 0-1　研究的三个基本要素

俄国生物学家巴甫洛夫创立了经典条件反射学说（施耐德，2009），他开展的研究实验大家都很熟悉，也很好地解释了研究的定义。

巴甫洛夫在观察狗的消化腺功能时无意发现，狗被喂过几次食后，只要看见喂食人就会开始分泌唾液。起初，巴甫洛夫以为这只是干扰因素，就改进了实验，直接将食物放进狗嘴里。但是，狗仍敏锐察觉到与食物相关的信息并做出反应：听到喂食人的脚步声就开始分泌唾液。

巴甫洛夫意识到这种现象的重要性，提出新的**研究问题**：狗除本能的"刺激—反应"外，对非本能刺激也可能会产生反应。他重新设计实验，实施新的**研究方法**：给狗喂食前开启节拍器或电子钟。经几次训练，狗听到节拍器或电子钟的声响就开始分泌唾液，即使后来研究者并没有送来食物。巴甫洛夫由此得出结论，即**研究答案**：与本能的"刺激—反应"相结合，新的刺激（如节拍器或电子钟的声响）也能引起本能行为。狗通过这项实验学到：节拍器或电子钟发出声响后就能得到食物，因此听到声响就会分泌唾液。

这个学习程序被称为"经典条件反射学说"，可解释人类学习行为，包括语言学习。节拍器或电子钟发出的声响，是一种特定的条件刺激，将其与本能刺激并置，使被试对特定的条件刺激产生本能的反应。这就是一种习得：通过大量练习（"刺激—反应"）获得一种能力。此后，心理学家华生（J. B. Watson）的团队经过一系列研究创立了行为主义心理学，用"刺激—反应"解释学习行为。

周小兵（1989）的《口语教学中的听话训练》是汉语作为第二语言教学研

1 转引自文秋芳等：《应用语言学研究方法与论文写作（中文版）》，北京：外语教学与研究出版社，2006.

究的经典案例。研究者发现，传统的口语教学常把阅读输入和口语输出联系起来，忽视了"听话"（听力输入）这一环节。具体表现为口语课上学生朗读时看着书本，听老师带读的同时也看着书本。这种教学方法会造成一些学生，尤其是日本学生，其阅读能力较强，听力、口语能力却相对滞后。为探究这种情况出现的原因，进而提出改进方案，研究者提出了研究问题并设计了实验。

研究问题：对口语教学来说，听力为主的输入方式和阅读为主的输入方式，哪一种效果更好一些？

研究方法：使用定性研究方法，从生理学、心理学角度，论证两种输入法（听力为主、阅读为主）与口语输出的关系，说明听力输入与口语输出的关系相对直接，更为密切。使用实证研究方法，验证以下假设：对口语课来说，听力输入的效果好于阅读输入。使用例证法，展示口语教学中"听话"训练的若干方法。以下简要介绍实证研究的情况。

实验I：将学生分为实验组和对比组，在相同时间内教给他们10个句子。实验组学生不看材料，只是反复听教师讲解，在听熟的基础上模仿，最后脱离听力材料再现（输出）。对比组学生阅读材料两次、跟读一次，然后自己朗读、背诵。教学实施之后，对两组学生进行复述测试，测试结果如表0-1所示。实验结果显示，从发音准确度、话语流利度看，听力输入效果明显优于阅读为主的输入。

表0-1 两组学生复述测试发音准确度、话语流利度表现情况

	发音准确度	话语流利度
实验组	86%	79%
对比组	73%	61%

实验II：给出一份200字左右、内含3个生词的口语材料，分别对两组学生进行测定。实验组不看材料，先听两次材料讲解，包括对生词的口头解释，然后一句一句跟读两次。对比组先阅读材料，包括材料中对生词的文字注释，然后自己朗读。两组学习时间都是10分钟。学习结束后，分别对两组学生进行陈述和对话的测试。结果表明，在语法和词汇的掌握及综合运用言语材料方面，实验组成绩均优于对比组。

研究答案（实验结果）：从口语输出的角度看，听力输入为主的方式，其教学效果优于阅读输入为主的方式。从行为主义心理学角度看，对口语输出来说，充分的听力输入刺激比阅读输入刺激有效，更容易诱发学习者高质量的口语输出。

这篇论文不仅明确提出研究问题，通过定性、定量研究得出口语课中听力输入优于阅读输入的结论，还结合实例阐释了口语课中听话训练的具体方法，具备了图 0-1 反映出的科学研究基本要素。

再来看林嘉妮（2017）的《疑问句的跨语言研究和克里奥尔语母语者习得考察》，这是一篇汉语国际教育硕士学位论文，论文研究各项基本要素的情况如下。

研究问题：研究者赴圭亚那担任汉语教师志愿者期间，发现当地使用的克里奥尔语以英语为主体，借用荷兰语、印地语、印第安语与多种非洲语言中的一些成分。因母语是多语言融合而成的混合语，克里奥尔语母语者学习汉语疑问句时的中介语表现与单纯某种语言母语者的中介语表现有一定差异。圭亚那克里奥尔语母语者学习汉语疑问句时中介语中存在的语言偏误如：

例 1　*你是不是圭亚那人吗？
例 2　*他怎么样去香港？
例 3　*你买书什么时候？
例 4　*这个河怎么长？

由此，研究者计划考察当地初级汉语水平学习者学习和使用汉语疑问句时的中介语表现及出现语言偏误的原因，以促进汉语作为第二语言习得研究和疑问句教学的发展。

研究方法：①通过看图写作、情景对话、翻译句子、疑问句练习等方式，收集初级汉语水平学习者的中介语材料。②通过汉外（克里奥尔语、英语等）对比，找出母语负迁移的路径。③通过教材和教学分析，寻找教学误导的证据。④用语言普遍性理论解释中介语生成原因。⑤提出教材编写和教学实施的具体建议。

研究答案：从偏误的角度看，圭亚那初级汉语水平学习者所使用中介语的特点包括句式杂糅（如例 1），疑问代词混用（如例 2 和例 4），疑问焦点后置（如例 3）。通过具体分析，研究者指出偏误产生的多种原因。

第一，母语迁移，主要包括圭亚那克里奥尔语的负迁移。如例3中出现的疑问词后置，明显受圭亚那克里奥尔语疑问代词后置的影响。

第二，教材中疑问句编排、呈现和讲解不够科学合理。如有的教材并没讲清楚疑问代词"怎么"何时用来询问方式，何时用来询问原因。学习者出现如下偏误就很可能与教材中没有辨析"怎么"的不同用法有关。

例5　A：今天下午有课，李明<u>怎么</u>去公园了？

　　　B：*李明坐公车去了。

第三，语言普遍性和认知共性。以下两例是学习者学习疑问代词"怎么（样）"时出现的偏误：

例6　*这个河<u>怎么</u>长？（这条河<u>多</u>长？）

例7　*朋友高<u>怎么样</u>？（朋友<u>多</u>高？）

这两个偏误，不仅汉语作为第二语言学习者可能出现，以汉语为母语的儿童也可能出现。这是因为在疑问代词中，"怎么""怎么样"的习得一般先于"多（＋形容词）"的习得。从语言认知的角度看，学习者往往会用先习得的语言单位误代后习得的语言单位。

这篇论文研究问题明确，语料丰富，理论方法使用得当。研究结论不仅对母语为圭亚那克里奥尔语的汉语学习者有帮助，对不同母语者的汉语作为第二语言疑问句习得及教材编写、教学实施也有启发意义。

二、研究的基本程序

有关研究程序，虽有多种说法，但整体思路大致无二。文秋芳等（2004）介绍过有关研究程序的两种说法——"循环说"和"流程说"，这里重点关注流程说。这种说法认为研究包括确定选题、阅读文献、选择研究设计、收集数据、分析数据和撰写论文等六项任务，图0-2中用向下的箭头标明研究中完成这六项任务的先后顺序。

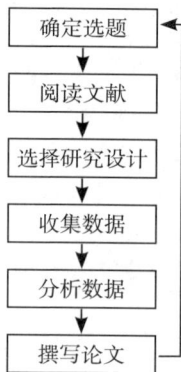

```
确定选题  ◄──┐
  ▼         │
阅读文献     │
  ▼         │
选择研究设计  │
  ▼         │
收集数据     │
  ▼         │
分析数据     │
  ▼         │
撰写论文  ───┘
```

图 0-2　研究的流程

　　如图 0-2 所示，最后的返回箭头从"撰写论文"回到"确定选题"，表明研究者在完成论文撰写后将会投入新的研究中。上一节举过的几个例子都可以用这个流程图解释，下面再以施家炜（1998）的《外国留学生 22 类现代汉语句式的习得顺序研究》为例，对其中的具体研究程序加以分析。需要说明的是，撰写论文就是将研究得出的结论呈现出来，通过书面形式传达给读者，涉及很多写作规范和技巧，之后我们还会详细介绍，这里主要讨论研究设计的几个环节。

　　确定选题：研究者发现，很多汉语作为外语 / 第二语言教学大纲和教材中语法点的排列顺序与外国留学生对语法点的实际习得顺序不一致。由此，研究者选定 22 类现代汉语句式，如"把"字句（把书打开—把书放在桌子上）、"有"字句（桌上有一本书—黑板上写有几个字）等，考察外国留学生习得这22 类句式的顺序，探讨习得顺序的成因与制约因素，并提出习得顺序研究对汉语作为外语 / 第二语言教学与研究的启示。

　　阅读文献：通过阅读大量文献资料，研究者发现第二语言习得顺序的研究虽然取得了较丰富的成果，但多集中于英语作为第二语言习得顺序研究。汉语作为第二语言习得顺序相关研究成果有限，尚处于探索阶段。尤其是研究者所选定 22 类现代汉语句式的习得顺序，还没有取得相关研究成果，但英语作为第二语言习得顺序研究的方法可以借鉴。

　　设计和选择研究方案：横向群案研究与纵向个案研究相结合，第二语言习得研究与母语习得研究相结合，具体考察外国留学生对 22 类现代汉语句式的学习顺序。

　　收集和分析材料：群案研究，在北京语言文化大学（现北京语言大学）汉语中介语语料库系统中收集含有 22 类现代汉语句式的例句，采用相对频率法、阶段计分法和蕴含量表对语料进行分析，基本证实留学生对 22 类现代汉语句式的习得表现出一定的顺序，并对习得顺序的影响因素做出推论。个案研究，追踪特定第二语言学习者对 22 类现代汉语句式习得的发展情况，利用跟踪录音法和日记法收集语料，研究结果与语料库研究相互印证。此外，研究还考察了汉语母语者对相关句式的习得顺序，与汉语作为第二语言学习者的习得顺序进行对比。

这项研究得出的结论是：无论是语料库研究还是个案研究，母语习得研究还是第二语言习得研究，学习者在习得 22 类现代汉语句式时都显示出一致的自然顺序，仅在变体上有细微差异。总体来看，影响习得顺序的因素有 6 种，包括：普遍语法"参数重设"，认知难度，输入时间、数量和频率，第二语言使用频率与广度，语言标记，以及语言教学。研究者在解释习得顺序时，提出了不少颇具说服力和独创性的说法，如认为语言结构有无标记也可以解释习得顺序形成的原因：同样是"是"字句或"有"字句，"我是学生""你有一个苹果"等使用频率高，形式简单，语义上几种意思相中和，属于无标记语言结构，比有标记的"我最喜欢的是汉语""纸上写有一个汉字"等难度要低，因而先习得。

这项研究的成果不仅真实展现了外国留学生对 22 类现代汉语句式的习得顺序，解释了习得顺序的成因和制约因素，还对汉语作为外语 / 第二语言教学大纲和教材编写的改进有所启发。某些句式，如"S + 把 + O + V + RC"（他把我打哭了），在特定大纲中属于甲级项目，被认为习得难度较低，学习者理应更先掌握，但实际上却较晚习得；某些句式，如"S + 把 + O_1 + V（在 / 到 / 给）+ O_2"（我把书放在桌子上），在特定大纲中属于乙级项目，被认为习得难度较高，学习者按道理应晚一些掌握，但事实上却较早习得。研究者解释这种习得顺序的形成与三种因素有关。首先是习得难易度，单从句法结构上看，后一种句式比前一种句式要复杂。若施事主语不变，也不考虑篇章语用因素，"我把书放在桌子上"很难改写成非"把"字句（* 我放书在桌子上），属于强制性"把"字句；在相同条件下，"他把我打哭了"则可以变为非"把"字句（他打哭了我）。学习者在学习新句式时，可能会采用回避策略，用已经掌握的句式表达同样的意思。句式"S + 把 + O_1 + V（在 / 到 / 给）+ O_2"在习得时无法回避，学习者就会较快习得；句式"S + 把 + O + V + RC"可以回避，学习者习得所需时间便会相对长一些。其次是使用频率。许多学习者会回避使用句式"S + 把 + O + V + RC"，平时听到或说出这种句式的机会较少，自然会影响习得。最后是教学难易度。教师在教授"把"字句时，句式"S + 把

+O₁+V（在／到／给）+O₂"比较容易演示和操练，课堂上可用于演示位移的东西很多，位移动作幅度较大，学生较容易理解和掌握；相对而言，句式"S＋把＋O＋V＋RC"的演示和操练难度就稍大一些。可以看出，研究者从多个角度探讨习得顺序的成因，为汉语作为外语／第二语言教学大纲和教材编写的改进提出了新的思路：语言项目的教学顺序应参照学习者的实际习得顺序，而不能只看结构的复杂度。

这篇论文根据研究者的硕士学位论文改写而成，研究问题清晰、程序合理、方法新颖、材料丰富，研究结论对汉语作为外语／第二语言教学和习得研究有一定启发，论文发表后在相关研究领域内产生了较大影响。

再举一例。在口语、写作等主观性测试中，评分一直是一个难题。为此，Jin 和 Mak（2013）研究了汉语作为第二语言口语测试评分中的区别性特征，考察哪些特征对学习者口语成绩的影响更大。依照"流程说"的观点，我们对这项研究不同环节的具体工作进行简要介绍。

确定选题：口语考试属于主观性测试，教师的评判对学生成绩影响较大。影响教师判定学生口语成绩的因素很多，包括语音准确度和流利度、词汇的准确度和丰富度、语法的准确度和复杂度等。这些因素中，哪些对口语评分的影响更大，是值得研究的问题。

阅读文献：通过阅读相关文献，确定研究核心概念，即区别性特征的含义，主要包含两个方面：第一，特征本身具有区别性；第二，这些特征能够区分不同群体，如口语水平较高、中等、较差的学生。

选择研究设计：首先，通过口语测试获得考察对象的区别性特征数据，并由两名评分员对考察对象的口语表现进行评分，从而获得成绩数据。随后，使用 SPSS 软件对数据进行相关分析和回归分析。最后，分析数据，考察单一区别性特征与口语成绩间的关系及全部区别性特征与口语成绩间的关系。

收集数据：①确定对象。②确定评分员。为保证评分可靠性，评分员应具有较为丰富的汉语作为外语／第二语言口语测试评分经验。③确定评分标准。④进行口语测试。测试分三个部分，包括：考察对象听对话获取信息，并表达自己的观点；考察对象听一段独白，掌握主要内容和具体细节后进行总结；考察对象根据指定话题发表观点，并陈述理由。⑤评分员对考察对象的表现进行总体打分，重点关注考察对象的交际有效性和任务完成度。

分析数据：①特征量化。确定、统计正确音节数；通过测算语速、停顿占比[1]评估流利度；以考察对象在口语表现中使用的词次数和词种数[2]作为考察词汇准确度和丰富度的量化标准；制定评价语法准确度和复杂度[3]的"量化—计算"方法。②处理评分。先通过试评调整并确定评分标准，再进行正式评分。正式评分时，两名评分员各自给出分数，分数差异小时取平均值，分数差异较大时要进行讨论。③人工编码。分为转写音频、审定校对、人工编码三个阶段，最后使用 SPSS 软件对数据进行分析。

这项研究的结果显示，研究者建立的两组模型（一组由词次数和其他五种区别性特征组成，另一组由词种数和其他五种区别性特征组成），在六种区别性特征共同作用时，对口语成绩影响的量化比例达到 79% 和 77%。第一组模型中，正确音节数、词次数和语法准确度对学生口语分数的影响更为显著，相关分析结果分别为 0.33、0.59 和 0.42。第二组模型中，正确音节数、停顿占比、词种数和语法准确度对学生口语分数的影响更为显著，相关分析结果分别为 0.35、0.30、0.52 和 0.26。综合两组模型数据分析结果，研究发现学生口语表现中语音、词汇和语法的准确度对口语评分的影响更加显著，而流利度、词汇丰富度和语法复杂度对评分影响较小。研究带给我们的启示是，目前对学习者口语表现的评判，往往过分重视语音准确度、以词次计算的话语总量和语法准确性，对流利度、词汇丰富度和语法复杂度重视不够。这样可能会使学习者逐渐轻视流利度、词汇丰富度和语法复杂度等影响口语表现的重要因素，进而引发二语习得过程中的石化现象。

这项研究过程完整合理，步步深入，从选题到文献阅读，再到材料的收集和分析，都有很多值得称道和借鉴之处，最后也得出了有说服力的结论。

三、应用语言学和汉语国际教育的研究特点

应用语言学，最重要的是"应用"二字。汉语国际教育，本质上也是应用性学科。

应用语言学，可以从两个角度进行理解。一是传统视角。《现代语言学词典》认为，应用语言学主要关心的是如何应用语言学理论、方法和成果来阐释其他经验领域遇到的语言问题。应用语言学发展最充分的分支是外语教学，

---

1 语速：单位时间内的音节数量，如每分钟多少音节。停顿占比：超过 1 秒但不超过 3 秒的停顿时长 / 说话总时长。

2 词次数：考察对象一共说了几个词。词种数：考察对象一共说了几个不重复的词。

3 准确度：正确句子数 / 句子总数。语法复杂度：每个句子的平均音节数。

有时"应用语言学"这个名称似乎只指这个领域。但后期又出现了多个其他应用领域，包括语言障碍的语言学分析（临床语言学）、母语教育中的语言使用（教育语言学）、词典学的发展、翻译和风格学等。（克里斯特尔，2000）二是当代视角。不少专家认为应该从语言应用本身关注"应用语言学"，凡是涉及语言应用的问题都应该纳入"应用语言学"范畴，不需要考虑原有的语言学理论、方法或成果是否有所涉猎。

应用语言学，有广义和狭义之分。广义的应用语言学，原指将语言学的理论、方法应用于其他研究领域，解决单一学科无法解决的问题。如将语言学理论和方法应用于社会学，研究不同社会阶层、行业、群体在语言使用中的区别，形成社会语言学。后来含义扩大，语言学与其他学科的结合不再限于两个学科之间，解决的难题可能是语言学的，可能是其他学科的，也可能是很难归类于传统单一学科的。如计算语言学，将计算机科学、模糊数学与语言学结合起来，研究语音的识别与合成、词类标识、歧义化解、自动翻译等问题。再如神经语言学，以语言学、心理学、神经科学和脑科学等学科为基础，运用语言学和神经科学多种研究手段和方法，以临床实验的资料作为依据，研究语言交际、形成和理解的神经心理机制。神经语言学的研究对象和内容，很难说是语言学的，还是神经科学的。（周小兵，2017）狭义的应用语言学，主要指语言教学，尤指外语或第二语言教学。赵金铭（2001）认为，中国的应用语言学（语言教学）有两个分支，即汉语教学和外语教学。其中，汉语教学包括汉语作为母语教学和汉语作为第二语言教学，后者又可分为对外国人汉语教学（对外汉语教学）和对中国少数民族汉语教学。

汉语国际教育肇始于20世纪80年代，当时一般称为"对外汉语教学"。汉语国际教育与语言学、心理学、教育学、生理学、社会学等传统学科有不可分割的关系，与计算机科学、通信科学、跨文化交际（流）学、传播学等也有密切关联。2007年，国务院学位委员会办公室批准设立汉语国际教育硕士专业学位（Master of Teaching Chinese to Speakers of Other Languages），在24所高校开展试点工作。截至目前，国内已有超过150所院校招收并培养汉语国际教育硕士专业研究生。2014年，培养汉语教师本科专业的名称从原来的"对外汉语"改为"汉语国际教育"。（周小兵，2017）有学者认为，汉语国际教育是语言教学的一种，是应用语言学的一个分支学科；也有学者认为，汉语国际教育与教育学、传播学关系更密切，也可以归属于这两个学科。

从学者们的讨论可以看出，无论是应用语言学，还是汉语国际教育，都属于应用研究范畴，它们的研究特点都应该凸显应用性。所谓应用性，应该体现在四个方面，分别是研究选题、理论方法、研究材料和研究结论。我们先前探讨过的研究就都是在这四个方面体现出应用研究的特点，下面再来看两项研究。

区别于为母语者服务的内向型汉语词典，国内近些年出版了一批外向型汉语学习词典，供汉语作为外语/第二语言学习者使用。外向型词典最大的特点是用难度较低、数量有限的高频词解释词典中收录的大量词项，如《朗文当代高级英语辞典》用约 2,000 个词解释约 230,000 个词项。那么，近些年国内出版的外向型汉语词典是否能充分体现外向型词典的特点，做到用难度较低的词语解释难度较高的词语呢？

梁莉莉（2015）在硕士学位论文《外向型与内向型汉语词典释义和用例对比研究》中，对有代表性的两部外向型词典与两部内向型词典进行了对比分析，发现与内向型词典相比，外向型词典的释义语言都进行了较大调整，丁级词、超纲词数量相比两部内向型词典大大减少。但是，"以难释易"的现象在两部外向型词典中仍存在。以下是其中一部词典中部分词语的释义：

【嫩】　④（蔬菜、鱼肉等食品）用火制作的时间短，易于咀嚼。

【软弱】①（身体）疲乏；没有力气。

【天真】①单纯；不虚伪。

"嫩"是丙级词，但"咀嚼"是超纲词；"软弱"是丙级词，"疲乏"是丁级词；"天真"是乙级词，"虚伪"是丁级词。而在另一部词典中也有相似的情况出现，如：

【嫩】　②（某些菜、肉）烹调的时间短，比较软，容易嚼。

【可靠】①值得相信、信赖和依靠。

【灵活】①（动作、头脑等）快；不呆板。

"嫩"是丙级词，"烹调"和"嚼"都是丁级词，一个义项中有两个释义用词比被释词的难度等级高；"可靠"是乙级词，"信赖"则是丁级词；"灵活"是乙级词，"呆板"是超纲词。

研究者还发现，外向型汉语词典有时还会照搬内向型词典的释义，或只做些许调整。如两种词典对"劳动"一词的解释：

人类创造物质或精神财富的活动。（内向型词典）
人类创造精神财富和物质财富的活动。（外向型词典）

"劳动"是甲级词，"物质"是乙级词，"精神"和"财富"都是丙级词，外向型词典释义用词的难度等级都高于被释词。不仅如此，"精神财富"和"物质财富"的意义比较抽象，属于概念性词语，第二语言学习者不太容易理解。

这项研究用大量语料揭示了现有外向型汉语词典存在的一些问题及问题产生的原因，为外向型汉语词典的编写提出了一些可行建议，如释义部分尽量使用数量有限的高频词、用难度等级低的词语解释难度等级高的词等，对汉语作为第二语言学习词典和教材的编写有直接的启发意义。

再举一个例子。外语或第二语言教学和习得中，如何调整输入和输出的协同关系是一个重要问题。以往的教学往往存在两类问题：一是教师用学生母语输入过多，不易引导学生用目的语输出；二是目的语输入的内容不够，如作文训练往往只给出一个题目，要求学生写出一篇完整的作文，这样给学生的输入太少，难以促进高效率的输出。

为解决这个教学难题，王初明（2012）指出，外语学习效率的高低取决于语言理解和产出结合的紧密程度。语言理解和产出结合产生协同效应，结合得越紧密，协同效应越强，外语学习效果也就越好。协同，指所产出的语言与所理解的语言趋于一致，语言输出向语言输入看齐，由低向高拉平，缩小差距。"读后续写"是结合阅读理解进行写作练习的一种方法，通常是让学习者阅读结尾缺失的目的语材料，读后补全内容，在教学中使用效果比较好。因为有大量输入作为前提和基础，学习者在写作时只需考虑内容如何接续，形式则可以借用通过阅读输入的词、句、语段和语篇。换句话说，阅读的部分为学生提供一个模仿范本，促使学生的输出向它"看齐"。阅读输入起到了"拉平"学习者写作输出的效应，产生了协同。

此后，研究者又做了一项实验研究，验证了"读后续写"对英语作为第二语言教学有明显的促进作用（Wang 和 Wang，2015）。研究者将参加实验的学生分成两组，第一组阅读英文文章，第二组阅读相应的中文文章。研究前测显示，两组学生的英语水平无显著差异。阅读之后，两组学生都用英文续写文章，要求与所阅读文章在文体和情节上有逻辑关联。实验提出的假设是，第一组学生阅读的是英文材料，写作任务要求使用的也是英文，输入与输出容易产生协同效应，写作水平高于第二组学生。

数据统计和分析显示，第一组学生可以直接从阅读的英文文章中吸收写作输出所需的材料，取得的成绩明显高于第二组学生。两组学生在续写文章时主要表现出以下几方面差异：

第一，词汇层面的协同。第一组学生续写时使用的高频词，不少是英文阅读材料中出现过的。例如，英文文章中出现过的"lizard ship"（蜥蜴船），第一组学生在续写文章时共使用了35次，第二组学生却没人使用过。又如，"ask"一词，第一组学生共使用12次，第二组学生却只使用了两次，其他应该使用"ask"的地方则用"say"替代。

第二，语法层面的协同。例如，第一组学生在描述"钻石"时多用复数"diamonds"，第二组学生则多用单数"diamond"。又如，第一组学生使用动词时态与阅读材料协同，都是过去时，第二组学生则更多使用现在时。

第三，偏误率。两组学生写作中的形式错误差异显著，第二组学生出现的形式错误显著多于第一组学生。两组学生出现"My husband and I were determined to..."（我和丈夫决定去……）一句中语义错误的差异并不显著，但第二组学生出现更多的中式英语表达，如"Ok，mother，today's meeting is here now"等。

这两项研究虽然考察的是英语作为第二语言写作练习的方法，但对处理好第二语言教学中输入与输出的关系、有效开展互动并产生协同效应有重要的理论价值和应用价值，对汉语国际教育也有显著的借鉴和指导意义。近几年，不少研究者围绕"续听""续说"等有关"续"的理论和实践展开研究，并发表了相关论文，其中就有涉及汉语作为第二语言习得领域的。如何将"续"的教学理念融入汉语作为第二语言教学中，提升汉语作为第二语言教学的整体效率，是值得我们进行深入研究的话题。

参考文献

[1] 克里斯特尔. 现代语言学词典 [M]. 沈家煊，译. 4 版. 北京：商务印书馆，2000.

[2] 施耐德. 疯狂实验史 [M]. 许阳，译. 北京：生活·读书·新知三联书店，2009.

[3] 梁莉莉. 外向型与内向型汉语词典释义与用例对比研究 [G]// 周小兵. 汉语国际教育硕士学位论文选. 广州：中山大学出版社，2015：34-64.

[4] 林嘉妮. 疑问句的跨语言研究和克里奥尔语母语者习得考察 [D]. 广州：广东外语外贸大学，2017.

[5] 刘润清 . 外语教学中的科研方法 [M]. 修订版 . 北京：外语教学与研究出版社，2015.

[6] 施家炜 . 外国留学生 22 类现代汉语句式的习得顺序研究 [J]. 世界汉语教学，1998（4）：77-98.

[7] 王初明 . 读后续写——提高外语学习效率的一种有效方法 [J]. 外语界，2012（5）：2-7.

[8] 文秋芳，俞洪亮，周维杰 . 应用语言学研究方法与论文写作(中文版)[M]. 北京：外语教学与研究出版社，2004.

[9] 赵金铭 . 对外汉语研究的基本框架 [J]. 世界汉语教学，2001（3）：3-11.

[10] 周小兵 . 口语教学中的听话训练 [J]. 世界汉语教学，1989（3）：182-185.

[11] 周小兵 . 对外汉语教学入门 [M].3 版 . 广州：中山大学出版社，2017.

[12] GASS S M，MACKEY A. 第二语言研究中的数据收集方法 [M]. 北京：外语教学与研究出版社，2011.

[13] HATCH E, FARHADY H. Research design and statistics for applied linguistics[M]. Rowley: Newbury House Publisher, Inc., 1982.

[14] JIN T, MAK B. Distinguishing features in scoring L2 Chinese speaking performance: how do they work?[J]. Language testing, 2013, 30(1): 23-47.

[15] NUNAN D. 语言学习研究方法 [M]. 上海：上海外语教育出版社，2002.

[16] SELIGER H W，SHOHAMY E. 第二语言研究方法 [M]. 上海：上海外语教育出版社，1999.

[17] WANG C, WANG M.Effect of alignment on L2 written production[J]. Applied linguistics, 2015, 36(5): 503-526.

第
一
章

论文类型

汉语国际教育硕士专业的学位论文选题应紧密结合汉语国际教育实践，具有明确的应用价值，能体现学生综合运用科学理论、方法和技术解决实际问题的能力。汉语国际教育实践主要包括：汉语作为外语／第二语言教学及教学管理、中华文化传播与相关活动的策划与组织、跨文化交流的理论概括与实践、汉语国际应用与推广，等等。可见，汉语国际教育硕士专业学位论文具有很强的实践性。根据这样的性质和要求，汉语国际教育硕士学位论文的主要类型包括：教学设计、案例分析、调研报告、教学实验报告和专题研究。

本章有关汉语国际教育硕士学位论文类型的介绍主要依据：①全国汉语国际教育硕士专业学位教育指导委员会于 2009 年发布的《汉语国际教育硕士专业学位论文撰写指导性意见（试行）》，②上海市学位委员会办公室于 2012 年发布的《上海市汉语国际教育硕士专业学位论文基本要求和评价指标体系（试行）》[1]。

本章在分别介绍汉语国际教育硕士学位论文的五种类型时，首先会对论文类型进行概念性说明，再结合典型的论文实例，从选题特点、内容要求、结构与形式要求三个方面进行全面讨论，细致分析，以期使读者对五种论文类型形成更为直观的认识。

这五种类型的论文在选题上具有共同特点，即结合汉语国际教育实践，运用科学的研究方法和手段解决实际问题，注重成果的应用价值。五种类型论文的字数要求也基本相同，均为两万字左右。它们之间的区别主要体现在研究方法和成果呈现方式上，研究生应特别注意。

第一节 ｜ 教学设计

教学设计是教学系统设计的简称，指以语言理论、学习理论、教学理论和文化传播理论等为基础，运用系统的观点和方法，分析汉语国际教育实践中的具体问题和需求，寻求最佳解决方案并形成符合论文规范的分析报告。

---

1 2016 年，上海市学位办组织专家对论文基本要求和评价指标体系做了修订，主要有两处调整：一是论文类型减少为四种，去掉了教学实验报告；二是论文字数增加到 2.5 万字左右，并对文献综述部分所占比例做了规定。目前上海市各高校汉语国际教育硕士专业的学位论文要求按照修订稿执行。其他省、自治区、直辖市仍然执行全国汉语国际教育硕士专业学位教育指导委员会 2009 年发布的方案。

一、选题和特点

教学设计的选题应针对特定的对象和环境，或设计教学方案，包括课程设置、教学大纲、教案、教学活动、多媒体课件等；或开发教育教学资源，如教材、教学辅助材料、网站等。教学设计的内容必须与国际中文教学或文化传播密切相关。

教学设计主要包括：课程设计、课堂教学设计、教学活动设计、教学多媒体技术与环境设计、网络化学习设计、教材编写设计、语言文化推广设计、教材及其他教学资源的研发、教学材料的组织与设计，等等。我们来看两篇教学设计类的学位论文。

📝 初级汉语口语课中的任务设计——以《汉语会话 301 句》为例
（徐丹，2015）

汉语作为第二语言口语课的教学目标是提高学生的口头交际能力。作者注意到，目前口语课的教学法多采用以"结构—功能—交际"为基础的 PPP 模式，即"演示（presentation）→操练（practice）→表达或运用（production）"。从对中山大学部分留学生的访谈中发现，这种教学模式中口语表达或运用环节的任务形式较为单一，学生的课堂参与度不高，因而导致课堂实际情况一定程度上与教学目标脱节，偏离了教学预期。

为突破这一困境，作者以任务型教学法为基础，选择初级汉语口语课的任务设计为论文的研究主题。论文首先介绍了任务型教学法的起源和发展，结合相关理论分析和文献梳理，总结了适用于汉语作为第二语言口语课的任务设计原则。然后以使用范围较广的口语教材《汉语会话 301 句》为依托，提出了适用于初级口语课的基础性和综合性两大类任务。基础性任务有七种，分别是列举式、拼凑式、排序式、比较式、记忆式、猜测及推理式、调查采访式；综合性任务有两种，分别是填补信息差和解决问题。在此基础上，根据美国学者 Nunan（1989）提出的任务开展六步框架，即图式的建构、控制性练习、真实的听力练习、聚焦语言成分、提供更为灵活的练习、引入教学任务，对一个完整的教学单元"请你参加"进行任务设计并付诸教学实践。课后的问卷调查显示，学生对任务型教学法的接受度很高。论文最后总结并分析了任务实施中出现的问题。

这篇论文关注的是初级汉语口语教学中需要深入探讨和研究的问题，选题具有现实意义。作者基于任务型教学法所开展的口语课教学设计以访谈为基础，经过一个轮次的教学实践后又通过问卷调查进行教学效果检测。访谈、实践与问卷调查相互印证，既具有针对性，又切实、具体、可行。

针对"毕竟、到底、终究、终归"的对外汉语教学研究与设计
（蔡罗一，2014）

汉语作为第二语言教学实践离不开语言本体研究所取得成果的支撑。"毕竟、到底、终究、终归"类语气副词是汉语学习进入中、高级阶段以后，学习者无法回避的难点，为将教学设计和语言研究有效衔接起来，作者选定了这一组副词进行专题探索。

作者首先从句法、语义和语用角度对这一组词做了细致分析，概括出它们具有"强调原因或结论"的基本语法意义，即以让转句和因果句为典型句式，常与"因为""是"等共现，体现主观评判性，有缓和语气的作用，能够指明预设且具有篇章衔接功能。同时，作者还对这一组语气副词内部的共性和个性进行了语义、句法和语体比较。接下来，以美国弗吉尼亚大学中、高级汉语学习者为主要研究对象，结合学习者平时的作业和作文内容，通过问卷调查归纳出学习者在非目的语环境中学习这一组副词时出现的典型偏误，分析引发偏误的三个主要因素，即母语负迁移、目的语规则泛化和认知文化差异。最后，基于以上探索，根据北美高校中文项目课程大纲，完成了采用以话题为导向的交际型、任务辅助型教学法，结合听说法进行辅助操练，将语法教学融入一系列连贯言语交际任务之中的教学设计。作者将这一组语气副词的教学分为认知理解、巩固操练和交际运用三个阶段，每个阶段都设计了多个教学任务，并详细叙述了操作方法。

这篇论文将本体研究、偏误分析和教学设计有机整合在一起，其中语言点的教学设计以扎实的语法分析和有针对性的偏误分析为基础，对"毕竟、到底、终究、终归"类语气副词所开展的系统探索及对学习者情况的全面了解都是为教学设计服务的，因而所形成的面向非目的语环境中以英语为母语的汉语学习者的教学设计方案具有现实意义和实用价值，可操作性强。

二、内容要求

在开展教学设计之前，研究者应对教学对象的需求、教学环境等进行背

景分析，基于分析结果确定设计目标，厘清设计思路。教学设计应有明确、有针对性的目标，完整、清晰的思路，以及一定的难度和工作量。教学设计类的学位论文不仅要展示设计方案，还应包括对该设计方案的阐释和评估。前面的两篇论文基本符合这些要求，如在确定设计目标和思路时，两篇论文都充分掌握了学习者的需求和教学现状，教学设计的目标明确，思路清晰。徐丹（2015）通过对留学生的访谈，确定对初级汉语口语课进行任务设计，提出了两大类、九种任务类型；蔡罗一（2014）通过对教学实践的观察和思考，确定选取"毕竟、到底、终究、终归"这一组语气副词进行交际任务设计，确立了包含三阶段系列任务的教学方案。这两份教学设计都有一定的难度，工作量饱满。再看下面这篇论文。

📝 美国公立小学中文课程主题式教学研究与设计——基于美国卡蒂诺小学2010学年度第一学期的教学实习（林晓群，2015）

这篇论文基于作者在美国卡蒂诺小学担任汉语教师志愿者的经历，较好地反映了教学设计类论文对设计目标和思路、方案和评估的规范性要求。

在教学实习中，作者在第一个学期采用传统的教学方法，效果一般；在第二个学期开展主题式教学，效果较好。围绕对这一现象的对比和思考，结合学生的反馈和对教师的访谈，作者将教学设计的目标确定为探索主题式教学在美国公立小学中文课程中的适用性。

在明确设计思路和拟定设计方案时，作者进行了充分的环境分析和需求分析，综合考虑了多方面因素，如当地小学的中文教学师资、教材、课程设置、学生情况及儿童外语学习的特点，基于此提出了在美国公立小学中文课堂中开展主题式教学的五步方案，包括：分析学生情况并明确课程要求，选择和确定主题，选取教学的语言点和文化点，设计具体的教学活动，明确成绩评定方案。

在选择和确定主题时，作者一方面通过问卷调查深入了解学生的学习需求，另一方面参考多种海外中文教学大纲及不同学校的具体课程安排，如美国俄亥俄州和印第安纳州布朗斯堡学区的中文教学大纲、新加坡美国人学校中级汉语教学大纲、美国波士顿公立小学的中文课程安排等。

在对教学设计进行阐释和评估时，作者提出开展主题式教学应强调系统性。以"时间"主题为例，作者就如何选取教学的语言点和文化点，通过设计和展示具体的教学活动，详细阐述了如何在小学 4~5 年级和 2~3 年级开展主题式教学。该设计方案经过多个班级的教学实践检验，结合教师访谈和学生反馈，经过多次调整和完善而形成，有效性和适用性得到一定验证，对中文课程在美国公立小学中的推广也具有一定的参考作用。

教学设计类学位论文应呈现能够充分反映设计思想的设计成果，且设计成果应具有相对的完整性。除描述文字、图片等内容之外，对网络资源和多媒体课件等，应以适当的形式提供相应的附件。设计成果应符合相应的规范，具有一定的先进性和新颖性，必须合理、实用、可行。在研究方法上，教学设计应综合运用基础理论和专业知识，对设计思想、设计方法等进行阐述，同时说明成果应用的价值、范围和途径。说明和阐述应详细、明确、系统，条理清晰。再来看两篇论文。

对外汉语写作课教案设计——基于《发展汉语·中级汉语写作》（上）第五单元"看图写故事"（梁燕云，2011）

这篇论文从微观层面和教学实践出发，探索实施"过程写作教学法"的有效途径。作者以突破"教师命题—学生写作—教师批改"的单一写作教学模式为目标，针对中级阶段的汉语学习者，为充分调动他们的学习兴趣和积极性，提高他们的表达能力，将观察、理解和想象能力与表达能力有效综合起来，针对《发展汉语·中级汉语写作》上册第五单元"看图写故事"进行了教学设计。

这篇论文的创新点主要体现在两个方面。第一，提出"三阶段、八环节"的写作过程，三个阶段分别是写前阶段、写作阶段、反馈修改阶段，八个环节包括准备活动、限时撰写初稿、修改一稿、范文学习、撰写二稿、教师评讲、互动修改、修改定稿。这一写作过程的提出基于两点：一是具体分析以往写作教学的问题，如耗时长、效果无法保证、学生无法处理写作过程中获得的大量信息；二是以认知心理学、交际教学理论、建构主义理论等作为理论基础。第二，教学过程叙述完整、详细且层次清晰，作文评改标准明确，对学习者开展的课前调查与课后调查结果相互印证。教学设计不仅包括教案本身，还包括了对设计的详细阐述和评估，展现出教学设计的全貌，成果具有完整性。作者在原中山大学国际汉语学院[1]中级进修班先后进行了两次教学实验，邀请教师和其他研究生旁听，观察课堂教学情况，通过调查问卷收集

---

1 原中山大学国际汉语学院经院系调整，现为中山大学中国语言文学系国际汉语中心。中山大学汉语国际教育专业本科生和硕士研究生均由中国语言文学系负责培养。为指代清楚，后文介绍案例时保留"国际汉语学院"的名称。

学生对课堂教学的反馈意见，针对学生反映的问题对教学设计进行了深入反思，总结出写作课教学设计的经验。

📝 少年儿童对外汉语教学中教学游戏的应用（邬鹏，2012）

这篇论文以美国视听教育家戴尔的"经验之塔"理论及瑞士心理学家皮亚杰的认知发展理论，尤其是其游戏理论为基础，参考国内外有关少儿第二语言学习和游戏教学的研究成果，讨论了课堂游戏在少儿对外汉语教学中的设计原则、实施步骤及应用价值。作者以《新实用汉语课本》（第二版）第一册第八课的课文为例，面向西安英特斯语言培训学校 A 班 7~13 岁综合国籍的短期初级汉语学习者，探讨如何在少儿汉语读写课堂上开展教学游戏。

论文主要介绍三个教学游戏的设计和实施，每个游戏均从四个方面进行描述，分别是游戏目标、道具、规则和说明。第一个游戏是照片描述，练习"有"字句和数量词的用法。第二个游戏是"看表演，猜职业"，学习如何询问职业，同时复习之前学过的有关工作和职业的词语。第三个游戏是词语记忆比赛，目的是复习生词。

其中，第二个游戏的道具是写有各种职业名称的卡片（也可以用幻灯片播放）。游戏规则是将学生分成两组，每组派一名学生（表演者）站在教室前面，表演卡片上的职业内容，组内其他学生（猜谜者）按顺序排队回答，完成游戏用时更短的小组获胜。关于游戏的其他说明还有"要求表演者用肢体和表情表演，不能说母语或汉语""教师计时，维持纪律"等。

这篇课堂活动设计类的学位论文探讨如何在少儿学习者群体中开展有效的第二语言教学游戏，方法运用规范，对教学实践有一定参考价值。但这篇论文中的设计也存在不足，具体表现在：①游戏不够丰富；②研究结果对如何体现"经验之塔"理论，如何促进学习者认知发展及从参与者到观察者的角色转换，缺少必要的阐述；③未对游戏的实施情况给予充分说明，缺少效果评估和检测。对比之前介绍的几篇论文，这篇论文的不足也更容易被发现。

三、结构与形式要求

教学设计有多种类型，不同类型间具有差异性，研究者应依据每一种类型的特征拟定设计模式，构建设计方案。教学设计一般分为四个部分，包括：绪论，设计说明，设计方案，阐释、评估与反思。

（一）绪论

说明教学设计的缘起，重点阐明拟通过教学设计解决的问题、教学设计的意义，介绍教学设计的理论背景或理论基础。评述国内外相关研究成果与研究现状，阐述教学设计的理念、原则、实践意图和预期目标，明确所做教学设计的目的及教学设计所采用的方法。

（二）设计说明

逐一说明教学对象、教学内容、依据的教学大纲或教材、教学目的、教学重点和难点、使用的教具、所需课时和教学步骤等情况。

（三）设计方案

首先对教学设计的背景进行分析，包括研究对象特征分析、任务分析、重难点分析、学习者特征分析等。在此基础上，提供教学设计的具体方案，包括设计对象的具体内容或设计方案的执行流程等。列出教学设计参考的相关文献、涉及的相关图表等。

（四）阐释、评估与反思

结合相关理论，对教学设计的合理性进行解释和说明。通过记录该教学设计的具体实施过程，对教学效果进行评估，评估应特别关注设计方案时运用的观念、原则和方法等能否在方案实施中有效地体现出来。最后，结合前面两点，对教学设计的方案进行反思，指出方案的优点和不足，并提出有针对性的修改建议。

第二节 ｜ 案例分析

案例分析指对于汉语国际教育实践中真实发生的典型性事件，记录其发生过程，分析其中蕴含的问题和疑难情境，或反映某一汉语国际教育基本原理而形成的书面材料。

一、选题和特点

案例分析类论文的选题应突出问题意识，选择汉语教学、文化传播或跨文化交际中存在的问题和疑难，或能反映汉语国际教育基本原理的典型事件进行分析，主要包括课堂教学案例、跨文化交际案例、文化传播案例、汉语推广案例、文化传播和汉语推广的组织及管理案例等。案例分析的主题要鲜明、具体，对解决汉语国际教育的实际问题有参考或启发作用。

汉语国际教育案例应该具有现实性、真实性、动态性、启发性和典型性。研究者不仅要在论文中叙述完整的案例，还要运用相关理论对案例进行深入的分析和讨论。我们以下面两篇论文为例，从案例的背景、情景描述、分析、反思及措施等方面对案例分析类论文进行讨论。

韩国小学汉语课堂管理案例分析——以釜山市东弓初等学校为例
（申时会，2015）

这篇论文是围绕两起汉语课堂教学管理事件所做的讨论，其中第一起事件更为典型。事件的具体描述和分析如下：

事件背景。论文作者是一名赴韩汉语教师志愿者。该课堂教学管理事件发生于作者任教的第一学期末，当时课堂纪律出现松散的迹象。

情景描述。一名男生为了引起汉语教师也就是作者的注意，在即将上课时故意亲吻了另一名男同学，教师因不知该如何应对而未加理会。见教师未理会，开始上课后，这两名男生开始互扔纸团以制造混乱，教师多次制止无效，以至于教室里纸团满天飞，其他学生也蠢蠢欲动，整个班级的教学秩序陷于混乱。时值韩籍班主任正在教室外面，教师向班主任求助。班主任体罚了这两名淘气的学生，并罚他们跪在教室门口，不允许他们上课。教师心中十分不安，多次到教室外向这两名同学说"对不起"，请他们回教室上课，但这两名学生说没有韩籍班主任的许可，他们不敢进教室。课后教师当着全班同学的面再次给这两名同学道歉。经此事件，汉语课上班级整体纪律比以前有所好转，不过并没有明显改观。

案例分析。作者结合心理学家鲁道夫·德雷克斯（R. Dreikurs）提出的学生不当行为理论，从班级管理和课堂管理存在的差异出发，对案例做了深入分析。作者认为，这起事件之所以发生，根本原因在于韩国学生已习惯韩籍班主任施行的"强性班级管理文化"，而中国教师倡导的则是"柔性课堂管理文化"。这个案例中的师生冲突是两种管理文化、两种管理模式之间的矛盾和不对称的表现。

反思及措施。汉语教师志愿者到韩国小学任教，应该注意区分班级管理和课堂管理的差异，充分了解当地以班主任为中心的管理模式和管理文化的影响。论文最后提出的课堂管理建议和对策，对于在非目的语环境中从事汉语教学工作的教师，尤其是新手教师处理课堂管理问题具有启发性。

这个案例是作者的亲身经历，具有现实性。案例反映的是韩国小学汉语课堂管理中常见的冲突，具有典型性。作者详细描述了事件发生和师生冲突的始末，详细记录了自己在事发当时及事后反思时的心理活动，具有动态性。案例分析和反思揭示了该事件发生的原因——中韩两国小学课堂教学管理模式和管理文化的差异，并提出有益的建议，对赴外志愿者教学有启发意义。

📝 哈萨克斯坦国际汉语教育案例及其分析
（阿克玛拉力·阿尔哈力克，2014）

这篇论文以案例分析法和案例教学为基础，记录了作者在哈萨克斯坦阿布莱汗国际关系与外国语大学东方语言系汉语中心实习期间，在汉语教学、文化适应和跨文化交际三个方面真实发生的典型性事件，共6个案例。其中，汉语教学案例突显的是哈萨克斯坦学生汉字、词汇和语法学习的难点，包括"一笔一画的乐趣（学汉字难）""穿和戴的误会（易混淆词教学难）""把字句的困扰（汉语特殊句式教学难）"。文化适应和跨文化交际案例描述的是作者遇到的三起突发事件，分别是"不幸中的万幸""浓厚的圣诞气息""歧视引起的争吵"，第一起属于课堂教学中的突发事件，后两起则是生活中的突发事件。

文中案例记述规范，每个案例都详细说明了背景、时间、地点、人物及事件发生的过程和结果，符合教学案例对规范性的要求，结合情境对案例中的典型和疑难问题的分析较为细致、深入。同时，论文对相关概念的内涵、外延、类型等都做了必要说明，如强调应从不同文化的特点和文化功能差异的角度认识跨文化的环境适应。对于新的文化环境的适应，既涉及工具和技术适应、组织方式适应，也涉及思想观念适应。

作者阐述的这几个案例，可能是每一位从事对外汉语教学工作的教师都会遇到的，具有典型性和普遍性。文中对每个案例都提出了相应的处理思路和应对策略，对海外汉语教学有一定的参考价值。同时，处理好这些语言教学、文化适应和跨文化交际问题，也是国际汉语教师应具备的基本能力。

二、内容要求

案例分析最重要的是将"什么事"和"为什么"两个问题阐述清楚。首先应围绕核心问题或主题，完整呈现一个或多个有密切关联的事件，详细描述事件发生的背景，说明事件发生的时间、地点及事件中的人物，陈述事件的起因、过程、结果、影响等。

美国学者梅瑟斯（2007）认为案例是连接理论和实践的桥梁，案例知识是教师实践性知识的重要组成部分。案例分析类学位论文的核心是事例，事例的核心则是真实性和典型性，且这两种性质必须兼备。在论文中呈现出来的案例，应准确、具体、充分地展示必要的细节，如人物思想和心理活动，还应注意通过细节突显事件中的矛盾和冲突。如果案例或原始材料需要书面形式以外的媒介呈现，应提供相应的附件。

国际中文教学和跨文化交际实践中可能发生的事件很多，是否都适合作为分析案例，需要慎重筛选。下面这一则材料是一名研究生记述的发生在澳大利亚的汉语课堂管理案例，拟用作汉语国际教育硕士学位论文的分析材料。

十年级的汉语课上，Li 老师在讲解方位词的使用，课文中有一句话是"小狗在桌子的上面"。老师刚翻译完这句话的意思，学生 A 没有举手就直接提问："中国人是不是都喜欢吃狗肉？"老师回答说："不是的，只有一小部分人吃狗肉。"A 马上从手机相册里翻出他家萨摩耶的照片问老师可不可爱，老师说很可爱，A 接着问："那你会吃它吗？"老师解释说："我不吃狗肉，就算有的中国人吃狗肉，也不会吃宠物狗。"A 还想刨根问底，被老师制止了。这时，另一个学生 B 从网上找到了关于玉林狗肉节的新闻，追问老师对该报道的看法，班上学生都七嘴八舌地讨论开来。老师最后只好花大量的时间给学生解释中国人吃狗肉的现象，导致本节课的教学任务还没完成就下课了。

就筛选研究案例的基本要求看，这一则案例应该说还存在不少缺漏，如"这一课堂管理事件具体发生在什么时候？""学校是否允许十年级的学生上课时使用手机？""学生如何从网上查找到有关中国玉林狗肉节的新闻？""为什么提出问题的是学生 A 和 B，而不是其他学生，他们的哪些性格特征与提问的行为有关？"这些信息的缺失很可能会导致读者对案例的真实性产生疑问。换一个角度来说，中外围绕吃狗肉引发的讨论和争执似乎已是司空见惯的现象，即便案例中描述的课堂管理事件是真实的，以此作为硕士学位论文中探讨课堂管理的案例可能也不够典型。总之，无论是从真实性的角度还是从典型性的角度来看，这一段记述能否作为课堂管理分析的案例都有待商榷。当然，学生就此类内容提问，在国内外的汉语作为外语 / 第二语言教学中确实会出现，如何应答，汉语教师需要有跨文化交流的理念、知识和技能。

如果研究者已根据要求对案例进行了恰当描述，接下来就应在汉语国际教育基本原理的指导下，综合运用基础理论和专业知识，采用观察、问卷、访谈或行动研究等方式对案例进行深入分析，多角度地解读事件发生的原因并做出反思和评价，再结合汉语教学和文化传播实践，就案例涉及的问题提出有针对性的处理建议或应对方案。案例分析，应表现出作者发现问题的敏感性、分析问题的准确性和透彻性，以及解决问题的主动性和灵活性。

从形式上来看，案例分析一般有繁、简两种格式：①较为复杂的是"背景 + 描述 + 问题 + 诠释"式，即先介绍案例背景，再描述事件情景，接下来分析核心问题，最后开展事后反思，前面介绍的申时会（2015）论文中的案例分析就属于这种格式；②相对简洁的是"描述 + 分析"式，即先描述汉语教学和文化活动中的典型事件，再对其中蕴含的一个或多个问题进行理论分析，阿克玛拉力·阿尔哈力克（2014）论文中的案例分析属于这种格式。

三、结构与形式要求

案例分析类汉语国际教育硕士学位论文一般包括三个部分，即绪论、案例呈现、分析与结论。

（一）绪论

说明案例分析的缘起，重点阐明拟解决的问题及案例分析的意义，介绍案例分析的理论背景或理论基础，评述国内外相关研究成果和研究状况，交代案例分析的目的及案例分析所采用的方法。

（二）案例呈现

应说明案例的背景、案例的主题与问题，详细描述案例的过程。

说明案例背景时，要将分析的对象放到其原本所处于的错综复杂、多因素的环境中，认识、了解并深入研究分析的对象，包括阐述发生了哪些问题或困扰事件，说明事件的发生是否有特别的原因或条件。主题是案例的核心理念，应从对国际中文教育从业者最有收获、最有启发的角度确定主题。案例问题是围绕着主题的各种问题，这些问题能够阐述案例的主题，解决各种困惑，启发读者的讨论和思考。案例描述要求围绕主题，对原始材料进行筛选，剪裁情节，有针对性地描写特定的内容，把关键细节写清楚，呈现完整的教学叙事，记录方案实施时所引发的即时效果，包括案例中参与活动的各方的反应、感受、体验和评价等。

（三）分析与结论

这一部分要运用相关理论分析并解决案例所反映出的问题和其中的疑难情境，经过自我反思，提出更合理的解决方案。如申时会（2015）的论文对不同国家的学校课堂管理模式进行分析，明确了韩国班主任的"强性班级管理文化"与中国教师的"柔性课堂管理文化"的区别，提出中国派赴韩国的汉语教师志愿者应该采取的课堂管理策略。

案例分析中的"分析与结论"部分应揭示相关案例中隐含在教学或文化活动中的文化差异，对案例中的事件进行深入探讨，反映事件的意义和价值，提出切实可行的建议。

第三节 ｜ 调研报告

调研报告是对汉语国际教育、中华文化传播及相关情况进行调查、整理、分析后形成的研究材料，具有写实性、针对性和逻辑性等特点。

一、选题和特点

调研报告的选题，应该来源于国际中文教育相关实施机构（包括教学机构、教育管理机构、出版机构等）的实际需求，应该是国际中文教育实践中亟待解决的问题。选题要明确、具体，具有实用性、实效性，不能过于空泛。论文的结论，应该对解决汉语国际教育中的实际问题有参考、启发或指导作用。撰写调研报告时，运用的调查方法一定要科学、合理，展示的调查数据必须真实。下面举几个例子。

📝 汉语二语教学网站建设现状及前景——基于汉英网络教学网站现状对比（刘畅，2014）

这篇论文缘起于作者在文献阅读的过程中注意到的一个现象：尽管以往不少研究对汉语学习网站的背景、意义、形式等做过考察，但是这些考察很少建立在汉语和英语教学网站、网络课程对比的基础上，较少探讨汉英网络教学的异同，也没有为建设汉语教学网站提出太多具体建议。我国的汉语教学网站建设刚刚起步，汉语网络教学相对于英语网络教学还不够成熟，有诸多需要完善之处。因此，在研究中使用对比调查的方法更有助于揭示汉语作为第二语言教学网站建设的现状及发展趋势。

基于这些思考，作者明确了论文的选题，厘清了论文的基本思路，并概括出三个研究问题：汉语二语教学网站的现状如何？英语二语教学网站的现状如何？汉英教学网站现状有什么异同，它们之间的比较对汉语二语教学网站的建设和发展有什么启示？

作者首先从课程分类及分类标准（按使用者年龄、学习目的和汉语水平分类）、网站建设情况、运营情况（注册用户、收费标准）三个维度出发，分别考察了汉语二语教学网站和英语二语教学网站的建设情况，总结出汉语二语教学网站和英语二语教学网站各自的优点和不足。然后从上述这三个维度对汉语二语教学网站和英语二语教学网站进行对比分析，归纳异同。最后提出汉语二语教学网站的建设构想。

这篇论文的选题是从汉语二语教学网站建设中存在的实际问题出发的，是对既有研究的有益补充，具有实际意义。在调查研究的过程中，作者对汉语二语教学网站和英语二语教学网站的评估采用了统一的标准，使二者之间具有可比性，对比具有可操作性。此外，调研报告中列举案例真实、丰富，运用方法科学合理且系统全面。

📝 移动终端汉语学习词典App及其使用现状的调查（黎倩，2015）

作者在汉语教学实践中注意到，留学生大多使用移动终端（手机、平板电脑）上的汉语学习词典 App，而教师大多使用传统出版的纸质词典。教师对词语的讲解与学生从学习词典 App 中查到的解释有时会有不小的差距，这甚至已对教和学产生一些负面影响。作者根据这一现象确定了论文类型和选题，对文献进行了细致梳理。作者注意到，汉语学习词典 App 作为新生事物，从产生到流行经过的时间较短，国内已有相关研究不够丰富，且大多认为如果能对学习词典 App 的使用情况进行较大规模的调查，获得定量数据，就有望得出具有实践意义的结论。作者根据文献分析结果明确了调研的主要问题，包括：目前哪些汉语学习词典 App 最受学生欢迎，有什么特点，使用覆盖率和使用频率是多少？教师如何了解和利用汉语学习词典 App 对学生进行有针对性的教学指导？

作者通过统计 App Annie 和 Google Play 的数据，分析了苹果和谷歌两大应用商店中各款汉语学习词典 App 的下载量和评分等，最终决定以普利科汉语词典（Pleco Chinese Dictionary）、瀚评汉英词典（Hanping Chinese Dictionary）等作为观察样本。

在此基础上，作者分别对留学生和汉语教师进行了问卷调查，采用描述统计的方法分析数据。针对留学生的抽样调查共回收有效问卷 89 份，问题主要关注留学生对汉语学习词典 App 的使用情况（包括使用频率、时长、满意度、喜好与否及原因），是否购买付费功能和付费词典，对词典 App 缺点或不足的认识等。调查表明，汉语学习词典 App 的覆盖率达 87.64%，远高于纸质词典；52.81% 的学生认为需要教师对如何使用词典进行指导，92.36% 的学生表示教师没有对词典使用做过指导；汉语学习词典 App 在查询、词条和例证的丰富性、多媒体功能、交互性等方面具有很多优点，但在释义的准确性和专业性上存在不足；随着汉语水平的提高，学生对词典 App 的满意度呈下降趋势。

针对教师的问卷调查共有 42 名汉语教师参与，问题主要关注的是教师指导留学生使用词典的情况。调查显示，大部分教师没有指导过学生使用词典，教师对纸质双语词典、双解词典及电子词典了解较少，多数教师尚不明确何种词典适用于初级水平的留学生，61.9% 的教师认为有必要在教师培训中增加"词典知识交流和介绍"相关内容。

这篇调研报告的选题来自汉语国际教育实践，调研的问题既能反映在华留学生的汉语学习实际，又与汉语教师师资培养紧密相关。问卷调查的研究方法运用合理，所得数据真实可靠，结论部分提出的建议具有较强的针对性和说服力。

如上所述，调研报告必须针对汉语国际教育专业相关的具体问题，既可以关注汉语教学、汉语教材的使用，也可以关注中华文化传播、跨文化交际。无论关注哪一领域，在开展调查研究之前，研究者都应对选题的意义和价值进行深入思考和充分概括，最好能将选题整理为若干个明晰的问题或命题。如果不清楚选题的价值，调查研究的立足点不够明确，那么调研方法运用的适切性、最终得到的研究结果的信度和实用意义等都会受到较大影响。

一篇汉语国际教育硕士学位论文以意大利 HOPELI 出版社出版的《意大利人学汉语》上册为例，评估意大利本土汉语教材的科学性，并对其使用情况进行调查。作者在论文绪论中指出，目前意大利使用的汉语教材大多是中国国内编写的汉语综合教材，如《新实用汉语课本》《快乐汉语》等；同时，意大利也有由本国团队主编的本土汉语教材，其中《意大利人学汉语》就是使用较为广泛的本土综合教材。

这篇论文中能够反映选题缘由的只有这样一句话，《意大利人学汉语》是作者"在意大利进行汉语教学时使用的教材，对其有一定的了解，遂对此进行研究"。"有一定的了解"是较为含糊的表达。"了解"并非开展调查研究的充要条件，如果对一本教材的熟悉程度仅限于了解，通常是难以或不会以之为调研对象的。从这个角度来说，这一选题缺乏针对性，无法反映对汉语国际教育领域实际问题的有效认识。当然，换一个角度来说，也可能是作者在撰写论文时词未达意，并未对选题的原因、过程、目的等做出合理阐释。无论是哪一种情况，由于论文拟解决的主要问题不够明确，论文主体部分对学生和教师的问卷调查缺少针对性，基于这样的调查所提出的对教材编写的建议也就失去了有力的支撑。对于读者来说，在阅读时会感觉论文的纲目不清，难以抓住主线，这一点上这篇论文与前两篇论文有着明显差距。

二、内容要求

在内容上，调研报告既要调研与中心命题有关的研究对象的背景、现状及发展趋势，又要调研影响该命题的内在和外在因素，进行深入剖析，提供有说服力的论据。调研工作应具有一定的难度和工作量，并在调研报告中有所体现。

研究者应综合运用基础理论和专业知识对所调研的命题进行分析研究，采取规范、科学、合理的方法和程序，通过实地考察、问卷调查、访谈等形式，结合资料收集、数据统计和分析等技术手段开展调研工作。资料和数据应该完整、准确，来源可信。

调研报告需运用科学理论，通过科学论证得出明确的调研结论，提出相应的对策和建议，应反映出研究者的新观点或新见解。论证应有系统性和逻辑性，提出的对策和建议应清晰、明确，有针对性和可操作性。

我们来看两篇调研报告类的汉语国际教育硕士学位论文。

柬埔寨民生中学"半日制"华文教学模式考察（肖寒，2012）

这篇论文的选题缘起于作者在柬埔寨民生中学担任汉语教师志愿者时，对"半日制"华文教学模式及"纯华语"原则在柬埔寨华校的体现和落实情况的深入了解。论文以柬埔寨民生中学的"半日制"华文教学模式为重点研究对象，既有可行性，又特色鲜明，颇具研究价值。

为了与当前柬埔寨国民教育体系接轨，又出于一些历史原因，柬埔寨华文学校实行一种非常独特的"六天半日制"教学模式，即每周上六天课，每个教学班均分为上午班和下午班，班级学生每天上午或下午在华文学校学习，另外半天则去柬文学校上课。

作者采用问卷调查法、访谈法，围绕受访者对半日制模式和纯华语原则的态度，学生的学习动机，学校的课程设置、教材使用情况等问题，对以民生中学为主的金边市六所华文学校的师生做了细致调研。结果显示，半日制教学模式既有积极的一面，也有消极的一面，总体上弊大于利；纯华语教学原则已不合时宜。论文的调查方法科学、合理、可操作性强，数据真实、可靠。

调研发现，金边市华校中开展的华文教育实际上处于瓶颈阶段，改革势在必行。作者提出，柬埔寨的华文教育要与时俱进，适应社会发展的需要，必须突出本土化和实效性。作者提出要从以下两个方向推动华文教学改革：一是取消半日制模式，让华校融入国民教育体系；二是放弃纯华语原则，将华语作为第二语言进行教学。论文还对以上改革方向实现的可能性及实施中可能遇到的困难之处做了分析和预测。作者提出的问题解决对策及有关对策实施情况的讨论，都植根于实地调研和对客观资料的梳理考察，因此具有针对性和实用性。

从马来西亚独立前钟灵中学的双语教育探讨国民型华文中学的演变（杨钦宪，2015）

目前，马来西亚开展华文教育的中学主要有两类，分别是独立中学和国民型华文中学，这两类中学是马来西亚华文教育的"一体两面"。独立中学的办学经费由华文教育社团独自筹集，国民型华文中学能够得到政府的一些经费补贴。

长期以来，国民型华文中学在马来西亚教育体系中总被人有意或无意地忽视。作为马来西亚华裔，作者注意到这个事实并留心积累研究材料，以钟灵中学为调研对象，通过分析其"中文为主、英文为辅"的双语教育模式，结合马来西亚独立前后的一些重要历史事件，对国民型华文中学的形成和现状做了深入调查，梳理并总结了马来西亚的华文教育发展史，对该国未来的华文教育发展方向进行了展望。

钟灵中学既是马来西亚第一所华文中学，第一所开展双语教育的华文学校，也是第一所被政府改制的华文学校。作者结合马来西亚独立前钟灵中学的中、英文课程的学时分配和教材使用情况，说明当时双语教育的成功是由多方面因素决定的。作者认为，国民型华文中学属于华校，不仅因为其开展华语教学经验丰富及在校学生华语水平较高，还因其学制与一般英文学校的学制不完全一样。论文通过对学生人数、师资、董事会、考试成绩及课时安排相关数据的统计，指出这几方面是关系华文中学生存和发展的重要因素。基于细致的调查和分析，作者最后得出的结论是，马来西亚的华文教育正处于一个十字路口，未来华文教育的发展应该走国民型华文中学路线，这更符合多元化国家对国民教育体制的实际需求和国民教育发展的趋势。

作者选择的调研对象钟灵中学在马来西亚国民型华文中学中比较典型，能够反映出这类中学的发展历程。这篇调研报告通过对历史、现实的考察及对课程安排、教材编选等变化的展示，清晰呈现出马来西亚国民教育发展的大趋势及其对华文教育的影响。论文线索清晰、主题明确，研究方法运用得当，所得结论具有参考价值。

以上两篇调研报告启示我们，汉语国际教育硕士专业的研究生如能充分利用或结合自己的海外实习经验，深入调研当地的汉语教学或中华文化传播情况，就有可能形成对解决汉语国际教育领域的实际问题有指导性或启发性的研究成果。

三、结构与形式要求

调研报告一般由三部分组成，分别是绪论、调研实施的过程与结果、结论与建议。

（一）绪论

说明调查的缘起、研究的问题及调研的意义，介绍实施调研的理论背景或理论基础，评述国内外相关研究现状和成果，交代调查研究的目的及调查研究的方法。

（二）调研实施的过程与结果

介绍调查方法、调查手段及调查的媒介，描述调查工作开展的环境条件，交代被调查对象的来源及构成，叙述调查工作展开的顺序，报告调查所得数据，陈述调查到的事实情况。为了科学、准确、形象地展示调研结果，提高调研结果的说服力和可信度，应减少不必要的文字叙述，采用统计图、统计表、照片等形式集中反映数据和关键的情节。

（三）结论与建议

研究、分析事实材料所揭示问题的性质、特点和规律，对调查的过程和结果进行总结。针对调研结果，尤其是调查中发现的问题，提出有可行性的改进方案或建议。

需要向读者补充交代的一些重要材料，可以作为附录置于文后，通常包括：调查提纲、调查问卷、观察记录表、被调查人或机构／单位名单、较为复杂的抽样调查技术说明、次要或辅助性数据的计算方法（关键数据的计算，如果所占篇幅不大，可以编入正文），以及较为复杂的统计表，等等。

第四节 | 教学实验报告

教学实验报告是在开展教学实验的基础上，对实验设计、实施的全过程及实验结果进行客观、概括性反映的书面材料。

一、选题和特点

教学实验应在相关理论的指导下，按提出假设、选择对象、分析界定变量、设计方法并实施实验的操作程序进行。研究者根据所得数据和材料，经过科学分析，得出结论。实验应具有科学性和客观性。请看以下教学实验报告。

Focus on Form和Focus on Forms**两种教学法对汉语二语词汇学习的影响**（洪炜、王丽婧，2016）

这篇论文分别使用"意义优先、聚焦形式"教学法（Focus on Form，简称 FonF）和全形式教学法（Focus on Forms，简称 FonFs）对两组学生进行实验研究，考察两种教学法对词汇知识学习的影响是否存在差异，探讨哪一种方法教学效果更好。FonF 强调在意义理解和交际的过程中引起学习者对语言形式的注意，从而习得语言形式；FonFs 则是直接教授学习者每一个具体的语言形式，认为语言学习是积累一个个孤立语言点的过程。

教学实验以在华学习汉语的 32 名中级班留学生为被试，根据汉语水平考试成绩将这些留学生随机分入 A、B 两个平行班。实验中，对 A 班 15 名被试实施 FonF 教学法，对 B 班 17 名被试实施 FonFs 教学法，两种教学处理由同一位任课老师实施。针对同一组目标词（权利、炫耀、残酷等），FonF 教学法的实验材料是一篇包含目标词的阅读文章和 10 道阅读理解题；FonFs 教学法的实验材料则是一张词汇表和两种词汇练习题，词汇表中包括 10 个目标词的汉语释义、英语释义及例句，练习题为选择词语正确释义和选词填空。

实验从五个维度测量了两种教学法对汉语作为第二语言词汇学习的影响，结果发现：

整体而言，FonFs 教学法比 FonF 教学法更能促进汉语作为第二语言词汇知识的学习。这验证了 Nation（2001）提出的直接的词汇学习方式也许更有利于词汇知识累积的观点。

就不同方面词汇知识的掌握来说，FonFs 教学法与 FonF 教学法的影响作用存在一定的差异。在词义理解、词性（句法功能）、词形辨认等三个维度上，两种教学法的教学效果没有显著区别；而在语义搭配和词义联想知识两个维度上，FonFs 教学法的效果显著优于 FonF 教学法。这种结果产生的原因可能在于 FonFs 教学法能使学习者的认知资源更多集中在目标词的学习本身，从而减轻了学习者学习词语的负担。相反，FonF 教学法虽通过任务设计迫使学习者注意目标词，但由于交际理解任务和词汇学习任务之间存在认知资源上的竞争，导致目标词学习效果整体不如 FonFs 教学法。

Hill 和 Laufer（2003）、Laufer（2003，2005）等早前的相关研究成果虽然初步证明 FonFs 的第二语言词汇教学效果好于 FonF，但是他们的研究仅仅是从语义理解的角度探讨两种教学方法的优劣，且研究对象主要是英语作为第二语言的学习者。洪炜、王丽婧（2016）将研究对象设定为汉语作为第二语言学习者，与前人不同。从内容上看，这篇论文的创新之处不仅在于考察了两种教学法对语义理解的影响，还在于研究了两种教学法对词性（句法功能）、语义搭配、词形和词义联想等四个方面词汇知识的影响，扩大了研究范围。论文对实验获得的数据进行了细致的统计分析，得出了科学、客观的研究结果，为汉语作为第二语言词汇教学考察提供了良好的研究范式，有助于指导汉语词汇教学实践的开展。

这篇教学实验报告关注的问题是汉语词汇教学实践中可能遇到的真实问题，具有普遍性；同时提供了针对这些问题的解决办法，具有创新性。

读后续写在汉语二语写作教学中的应用（王亚桥，2016）

"读后续写"指先阅读一篇未完成的短文，然后根据自己的理解进行续写，要求续写部分与给定材料衔接紧密，两部分合成为一篇结构完整、语义连贯的文章。这篇论文以王敏、王初明（2014）《读后续写的协同效应》一文的实验设计为蓝本，对被试进行了为期16周的实验研究。

研究者在两个平行班级开展实验，随机选择其中一个为对照班，按照一般的写作课模式进行教学，课堂上讲解词汇、语法、范文等，课后布置作业（命题作文）；另外一个班级则作为实验班，接受读后续写教学实验，课堂教学环节包括提供改写过的文本、细读文本、讲解文本、互动讨论和完成写作任务。实验开始前，研究者先对被试进行了写作实验前测，t 检验结果表明两个班级被试的写作水平在教学前无显著差异。实验中被试一共要完成七次写作任务。被试完成的每份作文交由另外两名汉语教师独立批改、打分，评分标准统一，采用百分制。此外，研究者还从两个班级中各随机选择两名学习者进行个案跟踪调查。

实证研究的结果表明，读后续写可以应用到汉语作为第二语言写作教学中。大量的数据显示，实验班被试完成续文的长度和质量都有较好的保证，大部分被试的写作水平在接受读后续写教学后取得较大的进步。这表明实验班的教学效率确实比对照班高。

这项教学实验将广泛应用于英语作为第二语言写作教学的读后续写运用到汉语作为第二语言写作教学中，通过实验班和对照班整体写作成绩的对比及四名学习者的个案跟踪调查，从宏观和微观的角度证明了读后续写对汉语作为第二语言学习者写作能力的提升具有促进作用。该研究成果对汉语作为第二语言写作教学具有一定的借鉴意义，并在一定程度上论证了读后续写在第二语言写作教学中的普遍适用性。

在这篇论文中，整个实验设计以前人的教学实验为基础，具有一定的信度和效度，避免了汉语国际教育硕士专业研究生设计教学实验科学性和规范性不足的问题；同时，作者有效利用自己实际的教学条件对实验设计进行调整，使整个教学实验具有可操作性。论文从课堂教学中的实际问题出发，借鉴前人的实验研究框架，根据实际情况进行调整，更换研究对象，进行教学实证研究，为汉语国际教育硕士学位论文写作提供了一个很好的范式。

二、内容要求

教学实验报告的基础是实验的开展。实验应严格按照设计方案实施，完整、准确地报告实验过程和实验结果。实验设计应科学、合理。实验中所得的数据和材料必须真实、有效。

在研究方法上，开展实验时应在有关理论的指导下，提出实验假设，选择实验对象，界定和分析实验变量，设计实验方案。进行实验应有一定的难度和工作量。

在呈现研究成果时，应综合运用基础理论和专业知识，采用科学方法对实验结果进行分析、总结和评价，应着重说明实验结论的应用价值、应用方法和应用途径。说明和阐述应明确、系统，具有严密的逻辑性。我们来看两篇汉语国际教育硕士学位论文。

基于图式理论的对外汉语中级听力教学研究（柏清，2015）

这篇论文基于图式理论，以中山大学国际汉语学院进修班中级 1A、中级 1B 两个班的学生为实验对象，针对对外汉语中级听力教学开展实验研究。在听前准备阶段，A 班采用图式理论指导下的教学方法，先激活学生的语言图式，然后提供并激活内容图式和形式图式，最后利用激活的图式预测内容；B 班采用传统听力教学方法，先讲解生词、语法点，再简单介绍课文的背景。在听力理解阶段，A 班的教学程序为检验、修改、补充相关图式，利用图式跳跃障碍、抓关键信息；B 班的教学程序为放录音，核对答案，讲解题目。

实验过程中，两个班级的学生均要完成两份听力水平测试卷和一份调查问卷，经过评价和分析，得出了如下实验结果：

第一，图式理论指导下的教学方法可以有效改善课堂气氛并帮助学生提高听力水平。实验后，A 班学生后测听力成绩的整体优势变大；听力技能使用情况也好于 B 班，但这一方面的差异并不显著。

第二，实验后，A 班不善听组学生的听力学习成绩和听力技能使用情况都好于 B 班不善听组学生，且出现显著差异。

在论文的最后，作者在实验结果的基础上，为对外汉语中级听力课实际教学提出了相关建议。

📝 "语文分进"的教学模式对汉字能力的影响——针对非汉字文化圈学习者的实验研究（叶彬彬，2015）

"语文分进"指语言和文字的教学分开安排，但同步进行。为验证这种教学模式能否对提高汉语学习者的汉字能力产生积极影响，作者实施了两次相同的汉字能力测试。实验对象为非汉字文化圈的汉语学习者，分别来自零起点的初级一班和已学习一学期的初级三班。其中，接受"语文分进"汉字教学模式的汉语学习者属于实验组；而接受"语文并进"，即语言和文字的教学并行安排、同步进行的教学模式的学习者则属于对照组。

实验分为教学和测试两个阶段。在教学阶段，实验组采取的是"语文分进"的教学模式，汉字课每周 6 节，听说课每周 12 节。初级一班的学生按照汉字规律，先学笔画结构比较简单、常作为构字部件出现的基础汉字，以及少量日常交际需要的稍微复杂一些的汉字，再学习结构复杂的汉字，学汉字的同时融入了笔画、结构、部件等相关知识。初级三班的学生以形旁为纲，系统学习一组组的汉字，注重相同声旁汉字的归纳对比，训练语篇阅读能力。"语文并进"模式下，汉字教学是读写课生词学习的一部分。教学结束后分别对两组学生进行测试，测试时间均为 90 分钟，主要包括记下 PPT 上的汉字、看汉字写拼音、看拼音写汉字和选图画、看汉字猜读音、看汉字猜字义、猜词义、选字组词、语篇填字等 8 种类型的试题。

通过对实验结果的细致分析，作者发现接受"语文分进"教学模式的非汉字文化圈汉语学习者在记忆字形与字义、根据语素义猜测词义及组字成词等三方面汉字能力上，有突出且稳定的优势。实验还发现，"语文分进"教学模式对测试成绩的影响因学习者汉语水平不同而显现出差异，对零起点学习者的影响比有一定基础的学习者更为明显。

以上几篇论文的作者都有比较明确的问题意识，设计教学实验的目标明确，实验结果有充分的应用价值。在教学实验研究中，如果作者的问题意识不足，实验的目标不够明确，实验得到的结果未能与国际中文教学实践有效关联起来，那么研究的应用价值就会受到较大影响。这也是教学实验研究应避免出现的主要问题。来看这样一篇硕士学位论文，论文分析的是汉语声调偏误，研究对象是以德语为母语的初级汉语学习者。作者先介绍了声调实验的总体设计方案；接着分别阐述了针对单字调和双字调开展实验的结果，并对实验结果进行统计分析；最后对学习者出现的偏误进行了溯因考察，提出了若干教学建议。

这篇论文在以下几个方面还有调整的空间：

第一，作者在介绍实验设计方案、具体程序和步骤之前，最好能将与研究有关的预设和假设列明，如开展声调实验的预设或假设是什么，为什么要做这样的实验。此外，实验对象的情况也应按研究规范加以说明，如提供受试者的年龄、文化程度等信息。

第二，针对双字调实验结果的阐述与单字调一样，仅关注调型和调值，可能无法充分描写偏误现象。对双字调偏误现象的考察和描写也应作为声调实验设计的一部分进行处理。

第三，实验得到的有效数据是调整教学行为及改革教学模式的有力支撑，因而实验分析所得到的结果一定要与教学实践紧密结合起来。但是，这篇论文在最后一章中所做的偏误分析及所提出的教学建议，与之前所做的声调实验似乎关联不够紧密。

三、结构与形式要求

教学实验报告在结构上一般包括三个部分，分别是绪论、实验过程与结果、结论与建议。

（一）绪论

说明教学实验的缘起及教学实验的意义，介绍教学实验的理论背景或理论基础，评述国内外相关研究成果和研究状况，交代教学实验的目的及实验所采用的方法。

（二）实验过程与结果

根据实验拟解决的问题，提出和构建假说，界定和分析实验变量，完成实验设计。介绍实验对象的选择，实验的方法、手段和工具，以及实验的具体过程。实验结果是实验报告的主体部分，包括在实验中收集的原始资料和观测资料经逻辑分析、系统分析、数理统计分析后所得到的结果。实验结果的呈现应以事实叙述、数据和图表为主。

（三）结论与建议

对实验研究中得到的大量数据和有关材料进行提炼加工，去粗取精，使实验结果上升到理性认识的高度，揭示其产生和发展的必然性，并根据实验的客观事实和结论为解决汉语国际教育实践中的具体问题提出建议。

一些需要向读者补充说明的重要材料，可作为附录置于文后。附录一般包括两方面的内容：实验研究中收集的重要原始资料，如能反映典型问题的学生周记、日记、作业及图表资料等；实验研究中采用的工具、手段、设备，包括仪器、教材、测验量表、试卷等。

第五节 ｜ 专题研究

专题研究是就与汉语国际教育相关的某一方面的问题，或就问题的某一部分进行的研究，以下论文选题都属于专题研究：《汉语描写性状语／补语与罗曼语对应成分的对比研究及偏误分析》《中韩三套儿童汉语教材练习考察》《国际中文实习教师的焦虑——自我叙事研究》《意大利汉语学习者单字调习得研究》《探究式文化教学在汉语课中的运用》。

一、选题和特点

专题研究的选题来源于汉语国际教育实践，与国际中文教学、中华文化传播、跨文化交际和汉语国际推广等活动密切相关，通常是这些领域的前沿问题或亟待解决的重要问题，对汉语国际教育实践有现实的指导意义。专题研究的选题必须明确、具体，有较强的应用价值，不应仅就语言、文化的本体现象和问题进行纯理论研究。

可以看出，"专题研究"概念的内涵小而外延大，也就是说，凡不属于前面提到的四种论文类型，而又与汉语国际教育实践密切相关的，即属于专题研究。请看以下几篇硕士学位论文。

留学生汉语词汇学习策略的研究（鄢胜涵，2004）

这篇学位论文在归纳和总结国内外第二语言词汇学习策略理论和相关研

究的基础上，利用问卷对留学生开展有关词汇学习观念和策略的调查，了解他们在词汇学习观念和策略使用上的基本情况，以及具有不同文化背景和汉语水平的留学生在词汇学习观念和策略使用上的差异，最后结合调查和分析的结果提出了相关的教学建议。

留学生学习汉语涉及学习和掌握语音、词汇、语法、语篇等多个维度的知识和技能，用一篇硕士学位论文涵盖留学生学习汉语时的所有项目是不可能的。这篇论文通过梳理国内外有关学习策略的研究成果，将考察的范围缩小到对留学生词汇学习策略的研究，具有可操作性。研究时，作者在前人已经使用过的调查问卷的基础上，结合汉语作为第二语言学习的实际情况对问卷进行了调整，最大程度上保证了调查问卷的信度和效度，确保了研究结果的科学性和准确性。基于调查问卷得出的结论，为词汇教学提出了建议，这对于指导汉语教师开展教学实践具有现实意义。

中文分级读物《汉语风》1的词汇考察（孙小敏，2015）

这篇论文的作者基于汉语国际教育领域已出版的分级读物的实际使用情况，结合系统的文献考察，发现分级难度合适的读物较少，很多读物的难度控制得不好，中文分级读物的编写没有明确的原则和统一的标准，针对中文分级读物的研究较少。于是，作者选择了目前国内比较典型的中文辅助阅读读物——《汉语风》第1级作为研究对象。

《汉语风》第1级共6册，内容涉及多个话题。除生词外，各个分册编写所用的基础词控制在300个以内，基础词是指除了生词外的其他词。作者运用"中文助教"软件[1]，结合人工干预，系统考察了《汉语风》第1级的生词和基础词在数量、等级、生词密度、重现率等方面的特点，旨在总结出现有读物的优缺点，促进中文分级读物的研发。

研究发现，《汉语风》第1级6个分册中出现的词语约有360个，其中甲级词占比为83.9%~91%，各个分册的生词密度控制合理。各个分册中重现率达到7次以上的生词比例只有12%~35.13%，都不太理想；各个分册中重现率达到7次以上的基础词比例分布在43.8%~51.7%之间。可见，《汉语风》第1级中生词和基础词的重现率都有提高的空间。论文还分析了影响重现率的因素，提出了相应的改进建议，讨论了《汉语风》第1级的题材和等级设计。

---

1 中文助教（ChineseTA）由储诚志设计，北京语言大学出版社于2006年推出，是一款帮助中文教师编写、修改和评量教材和教学辅助材料的软件。

国内已经出版的中文分级读物存在的问题较多，如适用对象不明确、内容陈旧、题材单一、语言难度偏高、读物设计不当等（周小兵、钱彬，2013）。由于硕士学位论文篇幅有限，作者在中文分级读物存在的诸多问题中选择了与词汇有关的问题进行深入研究，将研究对象聚焦在具有代表性的中文分级读物《汉语风》上。这篇论文的选题符合专题研究所要求的"切口小、挖掘深"的特点。作者在研究过程中运用了中文助教软件，结合人工干预对文本词汇难度进行分析，研究方法科学、可信度高，为研究开展全面分析和得出科学的结论奠定了基础。这篇论文的研究成果对编写中文分级读物时，如何有效控制词汇的难度具有一定的借鉴意义。

中英视听教材案例研究——《中国人的故事》和《走遍美国》对比分析（夷馨，2012）

这篇论文选择了国内出版的对外汉语视听说教材《中国人的故事》和美国团队编写的经典英语视听说教材《走遍美国》中的案例作为研究对象，从教材编写理念、编写体例、生词处理、话题选择、文化教学侧重点及教材特色等6个方面对两种第二语言视听说教材进行了系统的比较分析，通过考察两种教材的异同指出它们的优点和不足之处。

论文从类型众多的汉语作为第二语言教材中选择了视听说教材作为研究对象，并将研究问题聚焦在从典型对外汉语和英语视听说教材中选取的案例上，缩小了研究范围。该选题适合作为汉语国际教育硕士学位论文的选题。研究过程中，作者选择了较为成熟的英语视听说教材《走遍美国》作为参照，对比和衡量对外汉语和英语视听说教材选择案例的异同和存在的问题，研究方法科学、合理。作者还从6个方面对教材案例的选取做了较为全面的分析，保证了结论的准确性。此外，论文还总结了两种教材的优点和不足。优点的总结有助于继承和吸收好的编写经验；指出不足并提出建议有助于促进对外汉语视听说教材的优化，推动国际中文教学的发展，具有实践意义。

专题研究的特点是选题的范围较窄、问题集中，但要求有相当的深度，要对所研究的问题提出较为精细和准确的说明和解释。与其他四种论文类型相比，专题研究受研究方法和材料的限制较小，因此适用范围最为宽泛。大多数汉语国际教育硕士学位论文可划归这一类型。

再举一个例子。一篇论文拟基于叙事研究方法，分析海外小学汉语课堂中的游戏教学，选题是《某国小学汉语课堂游戏教学叙事研究》。研究开始前应逐一回答以下问题：什么是游戏？小学汉语教学为什么需要运用游戏方式？游戏在教学中运用的理论基础是什么？游戏作为一种辅助教学方式，还是一种教学法？只有将这些问题回答并梳理清楚了，才能更加稳妥地建立整篇论文的架构，也更有利于顺利开展写作，有效实现研究目的。

二、内容与形式要求

专题研究在内容上应就研究命题进行系统的理论梳理和阐述；论题明确，论证有据，分析深入、细致；能为理论或理论的实践应用提出一些新的观点或设想。

与前四种论文类型不同的是，专题研究无固定格式，形式上应符合一般学术论文的写作规范。一般学术论文在形式和格式上的要求请参见本书第七章和第八章。

三、常见问题

为加深对专题研究的感性认识，提高写作水平，我们结合论文指导和评阅的实际经验，从语言表达、概念运用、语料真实性、数据来源、文献参考、结论概括等六个方面入手，对专题研究中的常见问题进行详细说明。

（一）语言表达不清晰

专题研究对特定领域的知识梳理和文献阅读能力有比较高的要求，同时在语言表达方面也要做到清晰、有条理。一篇题为《"X式"区别词及其在对外汉语教学中的研究》的论文，绪论中第一段是这样写的：

最早正式提出"区别词"这一语言学术语的语言学家是赵元任，他在《汉语口语语法》中也提到了区别词的概念，他所说的区别词不仅包括朱德熙先生所说的区别词或吕、饶两位先生所说的非谓形容词，还包括现代汉语语法书上的指示词、数词以及少量的疑问代词。朱德熙先生在其《语法讲义》一书中对区别词进行了论述，他曾经指出："区别词是只能在名词或助词'的'前边出现的黏着词。"赵元任先生在其《汉语口语语法》中提出了区别词这一名称，与一般所说的非谓形容词，区别词是黏着的单音节语素。《现代汉语词典》在词类标注中也采用了"属性词"这个名称，并把它与状态词一起，作为形容词的两个附类。

这一段论述有四句话，仔细阅读后能够感到，每一句在语言表达上似乎都有问题。第一句话中为什么要说"也"，"吕、饶两位先生"具体指的是谁？第二句话中为什么用"曾经"？第三句话是否与第一句重复，其中"与一般所说的非谓形容词"是否有成分残缺？第四句话中的"也"何指，什么是"属性词"，什么是"状态词"？正因为有这些逻辑和语义上的问题，整段绪论读起来令人感觉如堕五里雾中。

（二）概念不准确

专题研究的论题应确切、具体，论题中的概念应层次分明，且每一个概念的内涵和外延都必须清晰，研究者对核心概念的认识应确保能够支撑起一篇硕士学位论文。

一篇论文分析趣味性教学原则在澳大利亚少儿汉语教学中的运用情况，作者在论文第一章第一节中对"趣味性教学原则"这一概念做了如下说明：

> 趣味性教学原则，是指在对外汉语的教学过程中，对外汉语教师运用幽默生动的语言、灵活多变的教学技巧、直观形象的情景表演以及富有感染力的激情等来最大限度地增加学习汉语的趣味性，从而激发学生的兴趣，提高学习效率。

可以看出，作者对趣味性教学原则的介绍比较笼统，是对概念的说明，而不是严谨的界定。其中"幽默生动的语言""灵活多变的教学技巧""直观形象的情景表演""富有感染力的激情"等都是描述性的语言，它们的内涵模糊，外延不明，且相互之间的关系如何，是否有轻重、层次之分也不清楚。不难想象，在这样的概念指导下，论文很难达成专题探索的预期。

还有一篇论文讨论的是游戏教学法在汉语复习课中的应用。论文的第一章是游戏教学法在汉语复习课中应用的可行性分析，开篇即从三个方面描述游戏教学法的特点，分别是寓教于乐性、交际互动性和竞争性。但是，论文对什么是游戏、什么是教学法，以及什么是游戏教学法，都没有做出应有的说明和解释。这三个问题指向的是研究的核心，对于准确而深入地把握论题至关重要。如果对这些概念及其间的关联认识不足，显然会造成对游戏教学法特点的分析限于一些表面上的属性，在此基础上开展的专题研究自然也就无法实现深入探索的目标。

（三）语料不够真实

要做到研究有深度，对问题做出精细、准确的说明和解释，必须保证研究材料准确、翔实、可靠。"合抱之木,生于毫末;九层之台,起于累土"。在专题研究中,一项基础性工作就是材料的收集、整理和分析。通常情况下,只有完成好这项基础性工作,研究才谈得上是致力于规律的发掘和概括。在收集、引用材料时,一定要实事求是,切勿为使材料合于己意而随意改动。如果研究者自行改动材料,分析所得的结论就是无效的。

偏误分析是专题研究的一个重要类别。这一类研究对语言材料有非常高的要求,如果语料真实、自然、可靠,能够反映汉语学习者的实际情况,就有可能据此得出有理论和实践价值、针对性强的结论。反之,如果语料不可靠,分析就失去了意义,如七宝楼台"碎拆下来,不成片段"。

一篇学位论文在分析汉语学习者的介词"对"使用偏误时,指出造成偏误的原因之一是学习者将"给"误用成了"对"。为了说明这一问题,作者从北京语言大学 HSK 动态作文语料库中选取了如下两条偏误语料,括号中是作者的更正。

　　*这样的行为对学生带来不良的影响。(这样的行为给学生带来不良的影响。)

　　*"三个和尚没水喝"的故事是个传说,却对了生活在现代社会的我们不少教训。("三个和尚没水喝"的故事是个传说,却给了生活在现代社会的我们不少教训。)

假如语料库中确有这两个例句,那么就能够初步证实"对"的误用是受"给"的影响,学习者对"对"掌握得更好,基于回避策略而对它的使用范围做了不当扩展,代替了"给"。但是,我们在北京语言大学 HSK 动态作文语料库中做了检索和核查,结果发现,第一个句子检索不到,第二个句子能检索到但与原始语料不符。第二个偏误句相应的原始语料是:

　　"三个和尚没水喝"的故事是个传说,却对生活在现代社会的我们,教训不少。

也就是说,论文中举出的两个偏误例句并不是汉语学习者语言运用的如实反映。可能由于有的材料不易检索,有的材料不太"听话",不能完全反映出论文主张的情形,作者为支持论文观点对原始语料做了一定改动而列举了第二个例句,同时为满足论证需要拟写了第一个例句。显然,使用这样的材料无法证明"对"和"给"之间的关联,更不能依据这样的语料就推断造成"对"使用偏误的原因是为了回避使用"给"。事实上,原始语料这句话还是比较自然的，即使细加推敲，稍显不够地道之处也是在于转折关系的构造，而并非将"给"误用成了"对"。

（四）数据来源不够清楚

专题研究应选择合适的研究范式，严格遵循研究规范的要求，合理运用文献法、调查法、统计法、实验法、比较法等，对研究对象进行定性和定量观察，研究方法应科学、严密。无论是定性分析还是定量分析，材料和数据的来源都必须交代清楚。

一篇学位论文分析母语为法语的汉语学习者使用能愿动词"能"时出现的偏误。作者指出，能愿动词"能"可解释为"能力"或"可能"，存在两可的情形，不易判定，"由于缺乏上下文，在语料库中有一个例句既可以认定为表达能力，也可以认定为表达可能"。文中举出的例子为：

在那个时候才能真正地克服这个问题。

论文评阅教师查阅了语料库，提醒作者："经查看语料出处可知，此例是有上文的。"作者在修改后的论文中换了一种说法："此外，在语料库中有一个例句既可以认定为表达能力，也可以认定为表达可能。"不过所引语料未变，依然使用这个例句。这样就出现了一个问题，在有上文的情况下，其中的"能"应如何解读可能是明确的，而不再是两可的情形。

事实上，作者选取的例句是一篇文章的最后两句话，前一句是"我希望在未来可以看到没有吸烟者的校园"。也就是说，结合上文来看，例句中的"能"表示可能，只有这一种解读，并不存在两解。由于作者的修改仅调整表述，忽视了材料本身的来源，因此未能得出有效的结论。

另一篇学位论文分析教师体态语在初级阶段对外汉语课堂教学中的运用。作者通过课堂录像，对教师在课堂中的体态语运用情况做了量化统计。论文中有这样一段话：

初级汉语语音课堂录像时长共 40 分钟，根据录像观察，教师 T1 使用体态语非常频繁，共使用体态语 341 个，平均大约每 7 秒一个体态语，说明教师 T1 大量使用了体态语来辅助课堂教学。

定量观察能够为定性判断提供坚实的基础，这种方法当然是值得肯定的。不过我们也有这样的疑问：论文中讨论的教师 T1 的体态语是如何计算和统计的，标准是什么？什么是"一个体态语"？显然，如果要确保研究方法科学、严密，方法的运用合理、有效，就必须逐一回答这些问题。这些问题解答不了或解答不好，整篇论文的基础就会被动摇，选题的合理性和可行性也会受到较大影响。想要完成一篇合格的论文，作者应该先举例说明"体态语"是什么，结合具体例子对体态语进行类型划分，再做定量分析。

（五）生搬硬套

在参考和借鉴前人研究中的理论框架、研究方法、具体观点时，除应遵循一般的科学研究伦理规范和行为准则，还应注意紧扣研究目标，紧密结合汉语国际教育学科的特点，切忌生搬硬套。

一篇学位论文研究非目的语环境中土耳其汉语学习者的学习策略，采用的研究方法是调查法。作者强调，研究所使用的汉语学习策略调查问卷是以 Oxford 的"语言学习策略调查表"（Strategy Inventory for Language Learning，简称 SILL）为基本框架修改而成的。那么，作者的修改体现在哪些方面呢？

经过比对论文附录"汉语学习策略调查问卷"和"语言学习策略调查表"，我们发现，作者做出最大的修改是将后者的英语表述替换成了汉语表述，如以下两个调查问题：

I ask for help from English speakers. 　我经常向中国人寻求帮助。
I try to find patterns in English. 　我注意寻找汉语中的规律。

然而，这样的修改必然会让读者产生疑问：土耳其的汉语学习者通常是如何向中国人寻求帮助的？在非目的语环境中，寻找汉语中的规律是否可能？毋庸讳言，如果论文不能给出这两个问题的有效解答，就表明作者在研究方法的运用上是不够合理的，调查结果的信度也会因此降低。

（六）轻易下结论

专题研究应综合运用基础理论和专业知识，采用科学的方法，在分析、总结和评论的基础上得出研究结论。论文还应明确说明研究成果的应用价值、应用方法或途径。说明和阐述应清晰、系统，逻辑严密。

一篇题为《基于口语中介语语料库的汉语语序偏误研究》的论文对口语中出现的语序偏误进行了分类讨论。在分析多项定语语序偏误、主谓句语序偏误、主谓短语语序偏误时，作者各举了一个例子加以说明，具体如下：

*美国人很多喜欢晒太阳，然后皮肤变得很黑。（美国学生）

*是这样子情况，我知道，我应该是迟到了。（美国学生）

*比如说南方，有很多人觉得，就是家庭的责任，教孩子们，所以政府不会给，呃，孩子很好的教育。（美国学生）

作者认为，应调整这三个例句中下方画横线和波浪线部分的语序：第一例应为"很多美国人"，第二例应为"我知道是这样子情况"，第三例应为"教孩子们就是家庭的责任"。

需要注意的是，研究过程中不要急于下结论。在分析汉语口语语料中的语序偏误问题时，最好先考虑一下口语表达有什么特点，并将这些特点列举出来。将收集到的口语语料与常见口语表达形式逐一比对，找出其中哪些符合口语表达的特点，哪些属于真正的口语偏误。只有经过这样的严格对比分析，将符合口语表达特点的语序灵活现象与由偏误造成的语序不当区分开，研究得出的结论才会是客观、可靠、有效的。

💡 思考与练习

1. 结合一篇学位论文，谈一谈如何确定教学设计的目标和思路。

2. 举例说明如何对教学设计方案进行阐释、评估和反思。

3. 结合一则案例，运用相关理论分析其中所反映出的问题和疑难情境。

4. 请拟定一份调研报告提纲，调研内容为某一孔子学院年度文化活动的开展情况。

5. 举例说明教学实验报告中的实验设计一般包括哪几方面内容。

6. 除了本章第五节讨论的几种常见问题之外，专题研究类论文中还有哪些容易出现的问题，请举例说明。

7. 结合本章介绍的五种汉语国际教育硕士学位论文类型的特点，谈一谈你自己的论文拟采用的选题类型。

[1] 阿克玛拉力·阿尔哈力克．哈萨克斯坦国际汉语教育案例及其分析 [D]．乌鲁木齐：新疆大学，2014.

[2] 柏清．基于图式理论的对外汉语中级听力教学研究 [G]// 周小兵．汉语国际教育硕士学位论文选．广州：中山大学出版社，2015：162-192.

[3] 蔡罗一．针对"毕竟、到底、终究、终归"的对外汉语教学研究与设计 [D]．上海：华东师范大学，2014.

[4] 国家汉语国际推广领导小组办公室．国际汉语教师标准 [M]．北京：外语教学与研究出版社，2007.

[5] 洪炜，王丽婧．Focus on Form 和 Focus on Forms 两种教学法对汉语二语词汇学习的影响 [J]．世界汉语教学，2016，30（2）：264-275.

[6] 黎倩．移动终端汉语学习词典 App 及其使用现状的调查 [G]// 周小兵．汉语国际教育硕士学位论文选．广州：中山大学出版社，2015：430-471.

[7] 梁燕云．对外汉语写作课教案设计——基于《发展汉语·中级汉语写作》（上）第五单元"看图写故事" [G]// 周小兵．中山大学国际汉语教育三十年硕士学位论文选——全球视野下的国际汉语教育．广州：中山大学出版社，2011：57-86.

[8] 林晓群．美国公立小学中文课程主题式教学研究与设计——基于美国卡蒂诺小学 2010 学年度第一学期的教学实习 [G]// 周小兵．汉语国际教育硕士学位论文选．广州：中山大学出版社，2015：193-236.

[9] 刘畅．汉语二语教学网站建设现状及前景——基于汉英网络教学网站现状对比 [D]．广州：广东外语外贸大学，2014.

[10] 鲁健骥．外国人学习汉语的词语偏误分析 [J]．语言教学与研究，1987（4）：122-132.

[11] 梅瑟斯．教师教育中的决策型案例 [G]// 舒尔曼．教师教育中的案例教学法．郅庭瑾，译．上海：华东师范大学出版社，2007.

[12] 潘文国．字本位与汉语研究 [M]．上海：华东师范大学出版社，2002.

[13] 全国汉语国际教育硕士专业学位教育指导委员会．汉语国际教育硕士专业学位论文撰写指导性意见（试行）[S/OL]．2009[2019-05-10]．http://www.doc88.com/p-1952108881109.html.

[14] 上海市学位委员会办公室. 上海市汉语国际教育硕士专业学位论文基本要求和评价指标体系（试行）[S/OL]. 2012[2019-05-10]. https://wenku. baidu. com/view/3d81be71c8d376eeafaa3145. html.

[15] 申时会. 韩国小学汉语课堂管理案例分析——以釜山市东弓初等学校为例 [G]// 周小兵. 汉语国际教育硕士学位论文选. 广州：中山大学出版社，2015：472-496.

[16] 沈履伟. 高级阶段汉语词义教学的几个问题 [J]. 天津外国语学院学报，2002（2）：76-80.

[17] 孙小敏. 中文分级读物《汉语风》1 的词汇考察 [G]// 周小兵. 汉语国际教育硕士学位论文选. 广州：中山大学出版社，2015：97-132.

[18] 王敏，王初明. 读后续写的协同效应 [J]. 现代外语，2014，37（4）：501-512，584.

[19] 王亚桥. 读后续写在汉语二语写作教学中的应用 [D]. 广州：广东外语外贸大学，2016.

[20] 邬鹏. 少年儿童对外汉语教学中教学游戏的应用 [D]. 西安：陕西师范大学，2012.

[21] 肖寒. 柬埔寨民生中学"半日制"华文教学模式考察 [D]. 广州：中山大学，2012.

[22] 徐丹. 初级汉语口语课中的任务设计——以《汉语会话 301 句》为例 [G]// 周小兵. 汉语国际教育硕士学位论文选. 广州：中山大学出版社，2015：237-270.

[23] 徐通锵. 基础语言学教程 [M]. 北京：北京大学出版社，2001.

[24] 鄢胜涵. 留学生汉语词汇学习策略的研究 [D]. 北京：北京语言大学，2004.

[25] 闫婧. "结果法"与"过程法"——对外汉语写作两种教学模式的考察 [D]. 广州：暨南大学，2007.

[26] 杨钦宪. 从马来西亚独立前钟灵中学的双语教育探讨国民型华文中学的演变 [G]// 周小兵. 汉语国际教育硕士学位论文选. 广州：中山大学出版社，2015：497-526.

[27] 叶彬彬. "语文分进"的教学模式对汉字能力的影响——针对非汉字文化圈学习者的实验研究 [G]// 周小兵. 汉语国际教育硕士学位论文选. 广州：

中山大学出版社，2015：271-293.

[28] 夷馨. 中英视听教材案例研究——《中国人的故事》和《走遍美国》对比分析 [D]. 南京：南京大学，2012.

[29] 张若莹. 从中高级阶段学生词汇习得的偏误看中高级阶段词汇教学的基本问题 [J]. 首都师范大学学报（社会科学版），2000（S3）：81-85.

[30] 周小兵，钱彬. 汉语作为二语的分级读物考察——兼谈与其他语种分级读物的对比 [J]. 语言文字应用，2013（2）：107-116.

[31] HILL M, LAUFER B. Type of task, time-on-task and electronic dictionaries in incidental vocabulary acquisition[J]. International review of applied linguistics in language teaching, 2003, 41(2): 87-106.

[32] LAUFER B. Vocabulary acquisition in a second language: do learners really acquire most vocabulary by reading? some empirical evidence[J]. Canadian modern language review, 2003, 59(4): 567-587.

[33] LAUFER B. Focus on form in second language vocabulary learning[J]. EuroSLA yearbook, 2005(5): 223-250.

[34] NATION I S P. Learning vocabulary in another language[M]. Cambridge：Cambridge University Press, 2001.

[35] NUNAN D. Designing tasks for the communicative classroom[M]. Cambridge: Cambridge University Press, 1989.

第
二
章

选题设计

如何才能找到一个好的研究选题？这是所有研究者必须面对的难题，包括攻读各类学位的本科生和研究生。我们可以把这个难题分解为几个小问题：

①在教学实践中发现了什么具有研究价值的具体问题？

②这个（些）问题真的有应用价值吗？解决了它（们）能促进汉语国际教育学科和行业发展吗？

③这个（些）具体问题有可能成为研究课题吗？该课题研究与已有理论、模式（假说）、方法之间的关联是什么？有可能对已有理论、模式（假说）、方法进行证实、补充、修正和创新吗？如果有，表现在哪些方面？

④该课题能否形成关联假设，即形成概括性课题与具体子课题？（参见第五章"研究设计"）

⑤能收集到足够的、有用的研究材料吗？

⑥研究者是否有足够的能力完成课题研究？是否有持久的兴趣维系长期的研究工作？

如果能够很好地回答上述问题，研究者就能使自己的选题设计更为科学、合理，为之后的研究打下坚实基础。

本章将结合具体实例，讨论如何寻找具有研究价值的问题，如何进行选题凝练，如何将具体问题提升为科学问题，如何初步设计出研究方案，并指导研究者将研究顺利开展下去。

第一节 ｜ 问题导向

怎样的论文称得上一篇好论文？这个问题覆盖面太大，很难简单回答。但反过来问，什么样的论文称不上一篇好论文？这个问题就很容易回答了——没有问题导向的论文，一定不是好论文。

一、"问题"的含义

"问题"的含义是什么？讨论"问题导向"，必须先明确这一点。下面从两方面进行讨论。

（一）汉英对比看"问题"

汉语中的"问题"，翻译成英语主要对应两个词，分别是"problem"和"question"。前者指需要解决的难题、矛盾；后者指"询问、提问"等行为及其内容。英语中这两个词的区别可从以下例句中看出来。

The problem remains untouched.（这个问题还没有解决。）

I address a question to a friend.（我问朋友一个问题。）

事实上，英语的翻译只是凸显了汉语"问题"一词的两个义项，如《现代汉语词典》（第七版）所释：①要求回答或解释的题目；②须要研究讨论并加以解决的矛盾、疑难。而我们所说的"问题导向"中的"问题"，用英语词"problem"诠释似乎更加准确。论文选题时以问题为导向，就是找到难于解决的困难、矛盾。例如，汉语作为第二语言学习者在语音上遇到的最大困难是声调，而最难发的声调是第三声。再如，外国人初学汉语时，常常分不清"知道"和"认识"，说出"我和老师昨天知道了""我认识你的国家"这样不地道的表达。从这些语言事实中，我们就可以找到汉语作为第二语言学习和教学中的某些"难题"：

汉语声调的学习（听音和发音）；

"知道"和"认识"的辨别（输入理解和输出生成）。

当然，这两个义项也是有一定关联的。"problem"常常以"question"的形式出现，如上述两个"难题"，我们常常会用一连串的疑问句来描述：

汉语作为第二语言学习者声调难学的表现是什么？为什么会有这样的语音表现？如何让汉语作为第二语言学习者尽快掌握声调？

使用"知道""认识"时出现混淆有什么具体表现？造成混淆的原因是什么？如何让学习者尽快分辨并正确使用这两个词？

显而易见，每个"难题"都可以转换成多个问句的形式进行表达。这样转换的好处是：一方面，特定难题的要点更加清楚；另一方面，难题被分解为几个互相关联的部分。

可见，寻找、确定论文选题时，我们先要找到"问题"，而所谓的"问题"，主要是指汉语国际教育实践中的具体"难题"。这些难题，也可以通过"询问、疑问、提问"等形式呈现。

（二）研究生的"问题"

　　教师在指导学生开展研究时，或者学生设计选题遇到困难向教师寻求帮助时，常常会出现下面这样的问答，其中就反映出"问题"的优劣和高下。

　　　　a　师：你实习了一个学期，发现什么值得研究的问题？

　　　　　　生：有很多啊！比如说，留学生的声调常常不准确。

　　　　　　师：哪个声调？有实际例子吗？

　　　　　　生：嗯……我一下想不起来了。

　　　　b　前3句类似对话a

　　　　　　生：第三声发得不准确。

　　　　　　师：怎么不准确？比如说，发成什么声调？

　　　　　　生：嗯……不太清楚。反正不是214。

　　　　c　前5句类似对话b

　　　　　　生：有不少学生发出来的第三声，有点像第二声。

　　　　　　师：举一个实际的例子，有上下文的。

　　　　　　生：嗯……一下想不起来了。

　　　　d　前7句类似对话c

　　　　　　生：用洗（xǐ）衣机。

　　　　　　师：你觉得是什么原因？

　　　　　　生：还没有想过。

　　对比可知，在学生列举的这些问题中，对话a是"难题"，但不"具体"，只是大概印象；对话b虽然比较具体，但只讲了一半"哪个声调错了"，却没有另一半"错成什么调值"；对话c相对完整，却举不出具体例子；对话d是合格的回答，提出了完整的难题，并且举出了适当的实例。

　　提出"难题"为何要同时举出例子呢？从正面说，难题配有适当例子，才说明难题不是空泛的；从反面说，如果实例与难题不匹配，可能只是"伪难题"。例如，针对上述将三声发成二声的"难题"，有研究生举例"我（wó）想（xiǎng）出去"，说第一个音节"我（wǒ）"的上声发错了。这只能说明举出这个例子的研究生缺少基本语音知识，所谓的"发现"根本不是"问题"。

二、"问题导向"的具体表现

事实上，所有研究及呈现出的论文都应该遵循"问题导向"的原则。问题导向，至少体现在四个方面。

（一）论文选题

论文选题必须是本专业或相关专业实际存在的真问题。研究这些问题，应该具有明确的理论价值和（或）应用价值，解决这些问题则可以促进学科的发展。汉语国际教育硕士学位属于专业学位，而专业学位与相关行业有密切联系。因此，汉语国际教育硕士学位论文的选题应该是国际中文教育行业中的真问题，研究并解决这些问题，应确实对该行业的发展有直接或间接的促进作用。

第二语言学习者在学习和使用汉语时常常会出现语法错误，研究者可以针对这些语法错误提出一系列问题，并从中凝练出研究选题。例如，一些母语背景的汉语学习者容易混淆"一点儿"和"有点儿"两个词，就此，我们可以提出一系列问题：

第二语言学习者混淆汉语"一点儿""有点儿"的中介语表现具体情况如何？

学习者为什么会混淆这两个词语？

怎样编写教材和实施教学，才能使学习者有效学习并正确使用这两个词语？

我们提出了三个问题：回答第一个问题是要描述中介语语言现象；回答第二个是要解释中介语表现的原因；回答第三个问题是要提出解决方案，即如何对教材编写和教学实施加以改进，真正促进教学。

（二）对象与材料

论文的研究对象，研究者收集、使用的研究材料，都应该以选题时提出的"实际存在的真问题"为基础，应该对研究和解决问题有真正的帮助。

还是围绕学习者混淆"一点儿"和"有点儿"的语言事实，研究指向的具体问题不同，研究的对象和材料就可能也不相同。

可以从中介语语料库收集所有相关语料，考察不同母语者学习和使用"一点儿"和"有点儿"的情况；或者只研究特定母语者，如韩语或泰语母语者的学习情况。不同的研究对象，与之相关的原因探索、教学方法都有所不同。

也可以从汉语规则泛化方面进行考察，探索"一点儿""有点儿"的异同和使用时容易出现混淆的原因；或者比对学习者的母语与汉语，系统地探索特定母语（如韩语、泰语）迁移的原因和路径。如果是后者，就要收集特定母语语料，与汉语进行系统比对。

还可以考察教材编写或实际教学中存在的某个（些）问题是不是造成学习者出现偏误的原因，这时就要考虑是考察特定教学媒介语的教材和教学的原因，还是考察通用型教材（如中国国内编写的面向不同母语者的教材）和教学的原因。教材编写者大多不知道学生会出现什么样的偏误，有的即便了解偏误的情况也不清楚原因，因而在编写课文或练习中涉及"一点儿""有点儿"的内容时没有针对性，很难提高教学效力。

这些区别，都涉及研究对象与研究材料的选定和考察。当然，对象和材料的选择与研究选题有密切关联，如以下两个选题：

> 汉语"一点儿""有点儿"与韩国语的对比和二语习得考察
> 泰国学生学习汉语"有点儿""一点儿"偏误分析

前一个选题的研究对象是韩语母语者，研究重点在语言对比和二语习得研究；后一个选题的研究对象是泰语母语者，研究重点在偏误分析。

有的论文，选题还不错，但整体完成却不理想，结论也站不住脚。造成这种情况的一个重要原因，就是在研究对象、研究材料与选题的对应关系上处理不当。如选题《印度尼西亚汉语学习者第三声的学习考察》本身不错，但研究者在确定考察对象时没有区分华裔学习者和非华裔学习者，导致不同背景学习者的中介语语音材料混杂在一起，论文结论的效度就会受到影响。实际上，这两类学习者学习汉语普通话第三声的情况有明显差异。

（三）理论方法

论文使用的研究理论、模式、方法、手段，应该是对解决选题时提出的问题真正有用的。如在考察学习者对"一点儿""有点儿"的学习情况时，就可以使用多种理论方法。

1. 语言对比假说和偏误分析理论

第二语言学习中的很多错误都与学习者的母语相关。两种语言之间的差异越大，可能出现的错误就越多，这时就要使用语言对比的方法进行研究。例如，"一点儿"和"有点儿"这两个词在句子中的分布不同，语义也有差别，但这两个词在韩语中对应的表达是同一种形式"조금"。通过对比，我们可以

看出汉语与韩语两种语言之间的区别。

韩语　밥을　조금　먹었다.
对译　饭_{宾格}　一点儿　吃_{完成}
意译　吃了一点儿饭。

韩语　학교가　조금　멀다.
对译　学校_{主格}　有点儿　远_{词尾}
意译　学校有点儿远。

　　韩语"조금"对应汉语"一点儿"或"有点儿"，对比等级为 6 级，难度等级为 5 级[1]。这也说明了为什么很多韩国学习者不知道何时用"一点儿"，何时用"有点儿"。还有很多语言与韩语情况类似，如英语"little"、泰语"นิดหน่อย"，都是同一个形式对应汉语"一点儿"和"有点儿"两个词。

　　当然，学习者出现偏误还有其他原因，如目的语规则泛化、语言普遍认知因素、教学误导、交际策略使用等。只要全面分析，就能找出造成偏误的原因，有针对性地解决相关问题。

2. 语言标记性理论

　　根据一般语言对比分析原理，学习者母语中一个形式对应汉语两个或多个形式，学习难度最大，学习者就会经常出现误代的情况。但是，这种理论解释不了以下中介语事实：第二语言学习者常常误用"一点儿"代替"有点儿"，却很少误用"有点儿"代替"一点儿"。用标记性理论就很容易解释这种单向误代的现象：在汉语中"一点儿"是无标记的，使用频率高，无论对于母语者还是第二语言学习者，都先被习得；"有点儿"是有标记的，使用频率低，一般后被习得。无论是母语习得还是第二语言习得，一般的规律都是用无标记的语言项目误代有标记的语言项目。

3. 克拉申的二语习得理论

　　二语习得理论涵盖的内容很多，包括"习得—学习"假说、自然顺序假说、监控假说、输入假说、情感过滤假说。其中，自然顺序假说与语言标记性理论有关学习顺序的观点有部分重叠。

---

1 参考 Ellis（1985）提出的语言项目难度等级模式，服务于第二语言教学研究和实践的语言对比可分为 6 个等级。通常情况下，语言项目的对比等级越高，学习者习得的难度等级就越高，对比等级的 1~6 对应难度等级的 0~5 级。详见本书第六章第三节。

输入假说的主要观点是，要保证二语习得顺利进行，学习者需要大量接触略高于自身第二语言水平的可理解性输入。根据这一假说，研究可以考察现有的教材、教学方法是否符合这样的条件；也可以通过考察词典、教材的编写，定位其中的缺陷和不足，给出合理的编写建议。例如，依据学习者的水平，按照"一点儿""有点儿"及相关句式的学习难度，由浅入深，适当结合上下文语境进行呈现；还要设计出结合语境的足量练习，让学习者在操练中领悟并掌握相关词语、句式的用法。当然，在实际开展研究时，还可以使用其他相关的方法和手段，如建设语料库，开展语言测试、数据统计等。

总之，使用特定的理论、模式、方法或手段，一定要鉴定其有效性。切忌把很多时髦的理论或无关的方法堆砌在一起，胡乱使用。

（四）论文结论

论文的最终结论，应该全部解决或部分解决选题时提出的"实际存在的真问题"，至少应促进问题的解决。

在讨论汉语"一点儿""有点儿"的习得时，如果一篇论文能把前面提到的所有问题都解决了，把不同母语者在学习中遇到的困难及其原因、解决方法都研究透了，当然很好。但事实上这是很难做到的。例如，一篇硕士学位论文将汉语"一点儿""有点儿"的形式分布和意义异同研究得非常清楚，指出它们包含的相同语素"点儿"及相近意义"小量"可能诱发学习者出现目的语规则泛化，并提出相应的教学策略。尽管这篇文章也有缺陷，如没有针对某种特定母语者的学习情况进行研究，提出的教学策略也没有经过实践验证，但仍不失为一篇合格的硕士学位论文。再如，一篇论文针对特定母语者（韩国人、法国人、印度尼西亚人等）进行汉外语言对比，找出母语负迁移的证据和路径并提出教学建议，尽管没有从语言标记性理论入手进行论述，也称得上是一篇好论文。如果一篇论文能根据学习者混淆"一点儿"和"有点儿"的事实，以词典或教材为研究对象，发现其中释义或编排上存在的问题是造成学习者偏误的原因之一，并提出具体的改进措施，对教材编写或教学实践有所促进，也就具备了较高的应用价值。

总之，论文能在某些方面对某个真实问题进行真实的描述，给出了科学的解释，提出可行的解决方法，就能说全部解决或部分解决了问题，也就可以判定为合格的硕士学位论文。当然，前提是在此之前没有其他人研究过同样的问题，或者没有得出成熟的研究结论。

以上，我们从论文选题、对象与材料、理论方法、论文结论四个方面讨论了"问题导向"的重要性。不难看出，以问题为导向找到好的论文选题，是所有研究的起点，也是论文写作的关键。

三、论文选题要略

上一节从四个方面讨论了"问题导向"的重要性，本节主要围绕论文选题的具体方法和注意事项展开讨论。

论文选题来自哪里？如何才能找到好的论文选题？这需要有正确的选题方法。研究生常常说："我有写论文的冲动，也知道写之前应该明确自己想写什么，但就是不知道从哪里去找适合我的选题。"有的研究生还说："我平时在教学中遇到一大堆问题，就是不知道哪些问题可以成为论文选题。"

下面就来回答这两个问题：第一，如何寻找、发现问题；第二，如何在众多问题中选择最合适的，作为论文选题。

（一）在实践中找问题

寻找论文选题有一个基本原则，就是"解决专业问题，促进专业发展，杜绝空谈"。也就是说，论文的选题应该找到本专业的真问题，找到实际问题。而要找到这样的问题，研究者就必须勇于实践，在研究实践和教学实践中发现真实存在的问题，还要对这些真问题进行聚焦和凝练，找到合适的论文选题。

一名汉语教师志愿者在美国教了一年汉语，因苦于在给美国儿童上汉字课时找不到合适的教材，展开思考并进行教学设计，确定如下选题：

面向美国儿童的书法汉字教材设计（孙莎琪，2011）

这一选题来源于教学实践，显然具有应用价值。作者参考了美国《21世纪外语学习标准》（*Standards for Foreign Language Learning in the 21st Century*）中"5C外语学习目标"（Communication, Cultures, Connections, Comparisons, Communities），结合自己在美国开展儿童汉字教学的实践，从《现代汉语常用字表》中选出90个汉字，编写适用于美国儿童汉字教学的教材初稿，在实际教学中试用并进一步修订。该研究的成果满足了作者所在学校和地区的儿童汉字教学需求，对当地儿童汉语教学有所帮助。

汉语国际教育领域面临无数亟待解决的困难和研究课题。研究生要通过"问题导向"找到论文选题，并非一件很困难的事。如一名来自越南的研究生

59

发现，以越南语为母语的汉语学习者常常出现以下疑问代词误用的情况：

*你喜欢看书什么？（你喜欢看什么书？）

*这个字念怎么？（这个字怎么念？）

*谁的事那人做。（谁的事谁做。）

为了找出偏误产生的原因，促进教学实施和教材编写，这名研究生确定了自己的论文选题，如下：

汉越疑问代词对比（何黎金英，2011）

该研究主要通过系统对比越南语和汉语疑问代词的异同，找出越南人学习和使用汉语时出现相关语法偏误的原因。选题来源于教学实践和中介语事实，研究设计合理，双语语料丰富（对比语料既有汉语翻译成越南语的文学作品，又有越南语翻译成汉语的文学作品），研究得法，论文完成得很好。论文在最后的结论中提出母语负迁移是相关偏误产生的主要原因：越南语的定语、状语大多放在中心语之后，由疑问代词充当的修饰语也如此。由此诱发类似"你喜欢看书什么？""这个字念怎么？"两句中的偏误，这样的偏误多出现在汉语学习的最初阶段。此外，论文中还提出了汉语和越南语在呼应性任指上的一些区别：汉语是同形呼应，前后都用疑问代词；越南语是异形呼应，前面用疑问代词，后面用指示代词或词组。例如：

汉　语　谁的事谁做。

越南语　Viec ai　nguoi ay　lam

对　译　事　谁　人那　做

正是汉语和越南语在呼应性任指上的差异诱发学习者出现类似"谁的事那人做"一句中的偏误，这种情况多发生在汉语学习的中级阶段。

下面再展示一组真实问题和论文题目。

具体问题：某高校试行"语文分进"教学模式。这种教学模式与传统的"语文并进"教学模式各有什么特点？两种教学模式各有哪些优点和不足？

论文题目："语文分进"的教学模式对汉字能力的影响——针对非汉字文化圈学习者的实验研究

（二）通过"审问"确定选题

"审问"是儒家治学的基本方法之一，也是中山大学校训中的重要内容。中山大学的校训是"博学、审问、慎思、明辨、笃行"，语出《中庸》，原文是"博学之，审问之，慎思之，明辨之，笃行之"。

仔细思考"审问"这个词，可以发现"问"其实包含了不同类型的问。比如说，思考过程中有疑惑，这是"疑思问"。遇到的每一件自己不明白的事情都会发出疑问，这是"每事问"。有任何问题，不介意向不及自己的人请教，哪怕你自己就是这个问题所涉及领域的专家，也能向其他人谦虚讨问，这是"不耻下问"。如果养成了善于思考、善于发问的习惯，问得多了，学到的知识自然也会不断增加，这就是所谓"多问多见"。

以下讨论如何运用不同类型的"问"，帮助我们找到研究问题，确定论文选题。以问题为导向，从某种意义上说，就是在从"具体问题"发展到"论文选题"的过程中充分发挥不同类型"问"的功能。

询问。咨询、提问，就是向对方请教，表达你的疑虑和不解。例如，研究生上课时听不明白老师所讲"i＋1可理解性输入"的具体含义和重要性，就应该在课上或课下的适当时机询问老师。再如，汉语教师发现学生作文中写道："他对老师的写作课很满足。"在纠正学生的语法错误后，想深入了解学生出现这种偏误的原因是什么，就应选择适当时机向出现偏误的学生询问原因。

疑问。先疑后问，有了疑惑，甚至怀疑对方的观点是否正确，之后再提出问题。这种"疑问"比一般的"询问"更进一步，这是因为：①"疑问"产生的时间点不仅应在"询问"之后，还应在"询问"并得到答案之后；②"疑问"有了更深的思考，是对"询问"后的答案产生了怀疑；③"疑问"有了初步凝练，不仅就答案提出质疑，还能够提出明确的怀疑点。

例如，当询问教师"i＋1可理解性输入"的含义并得到答案之后，研究生虽然可能已经理解了这个概念的含义，但对教师所说"可理解性输入是二语习得的关键"表示怀疑。经过思考之后，研究生可能会提出："如果学生只是在教师输入时理解了对方话语，但是没有多次的、联系不同上下文的、采用形式（听和看）不同模态的输入，是不是就会很快忘记呢？如果没有多次的、在不同交际环境下的输出，怎么证明学生已经真正习得了呢？"

再如，学习者误用"满足"代替"满意"，有人认为这是由汉语目的语规则泛化造成的：这两个词都有相同语素"满"，意义相近，在使用时可能出现误代。但是，研究者发现有的母语者（如越南学生）不容易出现这个错误，有的母语者（如韩国学生）却很容易出现这个错误。于是，研究者对"目的语规则泛化"的解释提出"疑问"，并列举理由。当然，提出"疑问"的同时，研究者还能够了解这两个词语在学习者母语中的表达方式，进一步开展语言对比。如果出现偏误的学生的中文水平不足以做出回答，研究者还需要调查水平更高的学生或咨询相关教师、专家。

显然，这类"疑问"比一般的"询问"进了一步，研究者也向确定最终的论文选题更近了一步。

质问。质疑对方的观点，并向对方提出不同观点和疑问。一般来说，问题经过碰撞，才能产生火花。有了对某些问题的"质疑"，才可能对所谓"问题"产生更加深刻的理解。

例如，有的研究者在考察学生和自己的二语习得经验并了解"i + 1可理解性输出"的意义之后，可能会对"只讲输入不讲输出"的习得理论表示"质疑"，并尝试运用"输入输出互动协同"理论来研究在教学实践中发现的真实问题。

再如，研究者在了解到韩语汉源词"만족"（罗马音为"man jok"，意为"满足"）的发音近似于汉语"满足"，意义和用法也可对应现代汉语词语"满足"和"满意"后，可能会对"目的语规则泛化"这一说法提出更多"质疑"。这可能引导研究者对混淆这两个词的学习现象进行系统研究，最终确定一个合适的论文选题。

从效果上看，"询问"的结果只是"知道"，"疑问"的结果则是相对系统的"了解"，而"质问"的结果就可能是"较为深刻的理解"了。总之，我们要注重"问"的过程及"问"的不同类型和功能。如何产生"问"？如何提出"问"？如何从"问"发展成"问题"？如何将"问题"联系到方法、模式和理论？如何分析和解决"问题"？只要我们敢于"问"，善于"问"，有价值的论文选题就不难找到。

四、"问题"的真实性和具体性

有的研究者发现了看似具有专业研究价值的问题，但是这些"问题"往往过于笼统，难以辨认其价值。先来看一段对话。

师：谈谈你在美国教学中遇到的具体问题。

生：我在美国中小学教汉语，常常遇到跨文化交际的问题，有些问题我都不知道该如何回答。

师：请举一两个具体例子。

生：嗯……我介绍中国的情况，学生不喜欢，不想听，不接受我的观点。学生对中国的看法，我也不能接受。

师：比如说……

生：我一时想不起来。

上面一段对话中提到的"跨文化交际的问题"，只是研究生在教学实践中留下的"印象"，并没有提出真实、具体的难题。

下面是一名研究生回忆自己在海外教学时发生的一起事件，其中就反映出一个真实的问题。

我在美国印第安纳波利斯一个暑期班教汉语，遇到一件匪夷所思的事情。有一天，我上课时正在黑板上写东西，听见身后特别喧闹，回头一看，原来是班上唯一一名残疾学生打了另一名学生。一问，多数人说是残疾学生先动的手。我没看见实情，就对两位涉事学生都给予了批评。谁知第二天，残疾学生的母亲带着孩子来学校投诉我，说她的孩子在课堂上受到同学不公平的对待，老师竟然不闻不问，还说要到法院告我。学校负责人连忙向家长道歉，并说我是新老师，不太了解当地情况。后来才知道，在美国法律中，残疾人和健全人发生矛盾和冲突，仲裁者一般都要站在残疾人的立场上。事实上，前一天在课堂上也是另一名学生先用言语激怒了那名残疾学生。

这显然是一个真实的、具体的问题，可以从跨文化交际、中美社会差异等角度进行研究，具有很好的专业研究价值，对海外汉语教学具有一定的启发意义。

再来看一名来自北京师范大学的汉语教师志愿者在美国汉语课堂上说的一段话：

从你们的作业可以看出，大卫学习很认真，成绩很好。一个白人学生的成绩，比华人的成绩还要好，值得表扬。×××，你的作业为什么完成得没有大卫好，你是不是周末又到你爸爸的餐馆去打工了？

从跨文化的角度仔细分析一下这段话，就会发现有两个明显的问题：第一，认定白人学生学汉语的能力按常理应不如华裔学生，带有种族歧视的意味；第二，透露学生家长和学生周末活动的信息，可能泄露了个人隐私。在美国，教师发表这样的言论，很可能会遭到学生的投诉。

为了进一步区分"具体问题"和"笼统问题",请认真对比和分析以下三段对话:

a 生:我在泰国教学时,发现学生说汉语常出现语法错误。我认为很有研究价值。

  师:具体是什么语法错误?

  生:唔,我想想……不好意思,我没有记下来。

b 生:我在泰国教学时发现学生有时混淆"让"和"给"。

  师:请举几个具体例子。

  生:我想想,嗯……"老师给学生写汉字"中应该用"让"。

  师:很好。还有其他例子吗?

  生:嗯……只想到这个。

  师:混淆有什么规律吗?

  生:嗯……不太清楚。

c 前4句类似对话b

  生:嗯……有一次,一名学生描述在餐厅用餐的情形时,说:"我给服务员点菜"。

  师:太好啦!"老师给学生写汉字""我给服务员点菜",都是误用"给"代替"让"。你发现,混淆有什么规律吗?

  生:规律?……好像很少听见"他让我一本书"。"让"误代"给"的例子极少。

对比可知,对话 a 中的研究生提出的不是"具体问题",而是"大致印象",不能成为选题依据。但是,研究生仍然可以沿着"印象"的线索,挖掘出具体的难题。对话 b 中确实提出了真实、具体的难题,具备了一定的研究价值。相对来说,对话 c 中的问题,包括研究生在教师引导下提出的问题,完全具备了成为选题依据的条件:不仅有真实、具体的难题,还有对问题的大致分类及对问题发生频率的初步统计,为研究打下了良好的基础。对研究生导师来说,对话 c 中的情形是最让人满意的。

第二节 | 选题来源

作为论文选题依据的"问题",可以分为"直接问题"和"间接问题"两大类。直接问题是研究生自己在国际中文教育实践中直接发现的问题;间接问题主要指参与导师主导的研究项目,从项目相关工作,如收集和加工资料、设计和实施支撑性实验或开展特定子课题研究等中挖掘出的问题。

一、汉语教学

第二语言课堂教学现场,既是第二语言教学和学习中的问题暴露最多的地方,也是发现这些问题的最佳场所。此外,在对学习者进行个别辅导或与第二语言学习者进行各种交流的过程中,也能够发现大量问题。姜芳(2011)发现,在中级阶段平行班的口语课上,尽管使用相同的教材,讲解相同的教学内容,但由不同教师授课,教学效果就不同。经初步考察发现,熟手教师的课堂输入与新手教师有明显差异,相应地,学生输出也表现出差异。于是,研究者决定考察在同一级别的语言课程中,不同教师课堂输入的差异及学生输出的差异,并确定研究选题为《中级汉语口语课堂教学输入与输出的考察》。

考察分班测试、期中或期末测试的情况,可能会找到好的论文选题;考察教学管理、课内外文化实践活动的情况,也可能发现好的论文选题。以下是一个与语言测试研究相关的论文选题:

📝 初级汉语口语成绩测试调查研究(严根英,2011)

汉语口语课对培养学生的口语技能具有重要意义。这篇论文的作者在初级口语课的实习过程中发现,作为评价口语教学和学生学习情况的口语测试存在许多问题,如试题编写随意性大、评分标准不明确、测试主观性过强、测试科学性不足等。作者通过研读前人成果发现,有关英语口语测试的研究成果较多,有关汉语口语测试的则相对较少,尤其是有关汉语作为第二语言口语测试的研究更少。于是,作者决定对这一问题进行系统考察,以促进汉语作为第二语言口语教学与测试的设计和实施。

作者细化了具体的考察点和考察方法,主要对学生和教师进行问卷调查;

参照口语试卷的具体内容，考察学生和教师在试卷编写、考试安排、评分标准和成绩反馈等方面的看法和分歧。最后，根据相关理论和研究成果，提出具有较强可操作性的初级口语成绩测试评分量表，供新手教师参考。

目前，世界各地的汉语学习者中，少年儿童学习者的数量已经超过青年或成人学习者，因此，想要找到少儿学习者在学习中遇到的难题并不难。本章第一节介绍过的论文选题《面向美国儿童的书法汉字教材设计》及有关新手教师遭到美国残疾学生投诉的真实问题，就都源于海外中小学汉语教学实践。

再举一个例子。有一名研究生在美国一所公立小学实习了一年，期间发现当地教学模式与中国的小学及自己曾经实习过的国际学校都不同。经初步考察发现，当地中小学主要参照"5C"课程标准，实施三种教学模式，包括语言文化体验、语言技能教学、沉浸式教学。相应地，课程安排和教学方法也与中国均不同。由此，研究者决定重点探讨如何在美国公立小学中文课程中开展主题式教学。研究者结合教学实践，设计出主题式教学的总体方案和具体教学步骤，并进行了分析和研究。

📝 美国公立小学中文课程主题式教学研究与设计——基于美国卡蒂诺小学2010学年度第一学期的教学实习（林晓群，2015）

在论文中，研究者具体设计了以"时间"为主题的教学方案，详细、系统地阐述了如何分别在美国公立小学高年级课堂（4~5年级）和低年级课堂（2~3年级）开展同一主题的主题式教学。研究者不仅设计了详细教案，还在课堂教学中加以实施；在教学中观察教案的实施情况，详细记录并加以分析，对教案进行改进。这篇论文对在美国小学任教的新手教师、赴美汉语教师志愿者有显著的启发和帮助作用。

可见，研究者应该从国际学校或海外中小学的课堂教学中发现问题，在教学管理、教材使用与改编、跨文化活动策划与实施等实践活动中挖掘问题，并判断这些问题能否形成有价值的论文选题。

下面再展示几个与汉语作为第二语言教学有关的论文选题：

中级汉语词汇教学语素法和整词法的对比研究

中级汉语报刊阅读教学设计与反思——基于《走进休闲时代》一课的设计

更正性反馈中的重铸与澄清要求在口语互动中的效用——以汉语量词为中心的个案研究

"韵文背诵法"对非汉字文化圈留学生识记汉字效果的个案研究

柬埔寨民生中学"半日制"华文教学模式考察

国际文凭大学预科项目指导下之IB中文教学的考察分析——以广州美国人国际学校为具体分析案例

针对马来亚大学初级汉语课的主题式任务型教学设计——以《你儿子在哪儿工作?》为例

二、汉语学习

攻读汉语国际教育硕士专业学位的国际学生,一般本身就是汉语作为第二语言学习者,又系统接受了汉语作为第二语言教学的培养,相对更容易找到有价值的论文选题。如以下这一选题:

泰国学生学习汉语"有点儿""一点儿"偏误分析(张明,2010)

论文的作者是来自泰国的国际学生,在长期学习期间发现包括自己在内的泰国汉语学习者在使用汉语词"一点儿"和"有点儿"时常常会出现误代的现象。作者经初步考察发现,"一点儿"和"有点儿"在汉语水平考试词汇等级大纲中属于甲级词,在泰语中只对应一个词"นิดหน่อย"。这种情况的对比等级为6级,学习难度等级最高。作者还发现,一些泰国出版和使用的汉语教科书或泰汉词典只把"นิดหน่อย"注释为汉语的"一点儿"。这也是泰国学生发生误代的重要原因。作者希望通过研究,让教材编写者和汉语教师了解泰国人学习和使用"有点儿"和"一点儿"两个词的偏误情况及原因,在教材编写或教学实施中使用正确方法,帮助泰国学生掌握好这两个词。此外,作者还根据语料库中收集到的偏误实例,设计出针对泰国学生的语法测试,以此收集第一手资料,方便自己在论文中真实描写学生的偏误情况。

再举一个研究生在参与导师主导的二语习得科研项目时,从自己负责的支撑性实验或子课题研究中找到论文选题的例子。一位研究生导师主持"对外汉语语法点学习难度、顺序及偏误研究"课题研究项目,一名参与该课题研究的研究生负责对留学生宾语习得情况进行初步考察,由此确定了自己的论文选题:

📝 留学生汉语宾语的习得研究（王静，2011）

这项研究主要是以中介语理论为指导，通过语料库和语法测试收集中介语语料，在此基础上考察来华留学生对汉语宾语的学习情况和习得顺序。作为国家社科基金立项课题的一部分，该选题具有较高的理论价值和应用价值。作者在论文中用大量语料证明，第二语言学习者习得汉语宾语的顺序由易到难依次为：

体词宾语→形容词宾语→处所宾语→小句宾语→动词宾语→双宾语→名动词宾语

在此基础上，作者还分析了现有教学大纲和教材中宾语的教学顺序，提出宾语相关内容在教学实施、教材编写上的相关建议，对汉语作为第二语言的宾语教学有一定启发。

学习策略也是二语习得研究的重要内容。一名研究生发现不同学习者在写作课上使用的写作策略有明显差异，相应的学习效果也不同。通过阅读相关文献，确定以下论文选题：

📝 留学生汉语写作过程中的写作策略研究（罗宇，2011）

研究通过问卷调查、访谈、观察和有声思维调查，全面考察留学生在汉语作为第二语言写作过程中的写作策略使用情况。研究发现：①优秀写作者较多使用了计划、监控修改、查资料、情感鼓励和交际替代等策略；②所有写作者都较少使用翻译、回忆策略；③优秀写作者的写作过程更贴近过程法写作的要求，重视作文的准备、写作和修改。最后，针对汉语作为第二语言写作的特点，研究为任课教师提出了切实可行的教学建议。

建设和使用相关语料库，对发现汉语作为第二语言学习中的问题，进而确定合适的选题并完成论文写作有很大助益。目前，北京语言大学、中山大学、华中师范大学、暨南大学等高校都已建成可供线上使用的中介语语料库，研究者可通过上述高校网站进入并使用。

下面再举几个与汉语学习有关的论文选题，供研究者参考：

法语为母语的西非学生汉语韵母习得考察
日本留学生汉语复合趋向补语的习得顺序研究
字音和字形在欧美学生汉语阅读中的作用——针对不同汉字教学模式下的欧美学生

韩国汉语学习者的含"得"情态补语句习得研究

日、韩留学生汉字正字法意识对比实验研究

词汇语义相关与不相关教学效果的实验研究

三、教材考察

考察汉语教师使用的各种教材、汉语学习者使用的各类自学材料或词典等，研究者也可从中找到自己的研究选题。例如，同样是初级汉语综合教材，中国国内编写的和海外本土教材有何区别？这涉及中国国内汉语教学和海外汉语教学的不同。有不少在海外任教的汉语教师，往往找不到合适的教材，并由此展开对汉语教材的考察和研究。

目前适合成人学习者的汉语作为外语/第二语言教材中，与同类英语教材相比，最缺乏的是分级读物。世界各地使用比较广泛的读物有哪些？它们具备哪些特点？针对这样的问题，一名硕士研究生收集了中国国内发行量较大的几套适合成人学习者的汉语分级读物，通过初步研究和对比发现，《汉语风》更符合外语/第二语言分级读物的要求，于是决定对这套读物进行系统考察。一套成体系读物的内容非常多，很难用一篇论文将考察内容完整呈现。分级读物的最大特点是适合不同汉语水平的学习者，分级主要体现在不同级别词汇的选择上。作者抓住了读物分级体现在词汇选择上的这个特点，拟定了如下论文题目：

📝 中文分级读物《汉语风》1的词汇考察（孙小敏，2015）

一整套分级读物包含分册数量很多，划分的级别也很多，考察不可能覆盖所有级别、所有分册。作者只选择这套读物第 1 级的各个分册作为考察对象，考察内容包括生词和基础词的数量、难度等级和重现率。这项研究考察范围明确，内容聚焦，易于操作。作者通过考察发现，《汉语风》第 1 级的 6 个分册在词汇数量控制和难度等级划分上基本符合分级读物的要求，但在重现率方面，尤其是兼类词不同义项和多义词不同义项的重现率方面还有较大的改进空间。最后，作者提出改进汉语分级读物可从四个方面入手，分别是形式、题材、等级设计和词汇重现率。

再来看一名国际学生的论文选题。这名国际学生来自拉丁美洲的西班牙语国家，在当地学习汉语时发现适合西班牙语母语者学习的汉语教材不多，已有教材没有充分考虑当地学生学习中的实际困难，由此萌发考察西班牙语国家汉语教材的念头。这名学生使用最小差异对比对的方法，考察和对比两种以西班牙语注释的汉语教材《今日汉语》（中国编写出版）和《汉语》（西班牙编写出版）。由于教材内容较多，研究聚焦在语法点的编写与对比上，拟定的题目如下：

📝 《今日汉语》和《汉语》语法部分编写对比分析（黄甦菲，2013）

论文主要考察四方面内容，包括语法点数量、语法点选取、语法讲解和语法练习。通过对比分析，论文概括出作为研究对象的两种教材在这四个方面的异同和优劣；同时联系西班牙语母语者学习汉语的实际情况，总结出以西班牙语注释的汉语教材语法部分编写中应体现的特点，为汉语教材的国别化、本土化提供了有益的参考。

教材配套练习的研究也是论文选题的主要内容之一。来看以下这篇论文：

📝 《中文》（小学版）与《轻松学汉语》（少儿版）练习对比研究（雷丹，2013）

论文选取《中文》（小学版）1~8册和《轻松学汉语》（少儿版）1~4册作为研究对象，对其中练习部分的内容进行分类统计研究。这两种教材均供小学1~4年级学生使用。研究者将练习内容分为"语言知识"和"言语技能"两类，采用了定量统计和对比分析的方法进行研究，分别对两种教材的练习目标、练习题型和题量等数据进行了统计和分析，指出了两种教材的优势和不足，研究成果对海外中文教材和国际学校用汉语教材的研发有所启发。

研究生在与导师合作编写教材或词典的过程中也能够找到有价值的论文选题。如一名研究生在参与由导师主编的《商务馆学汉语近义词词典》编写工作的同时，运用词典学理论方法，对现有外向型汉语学习词典进行对比研究。作者经初步考察发现，中国国内的外向型汉语学习词典编撰尚处于起步阶段，在释义方面存在的问题较多，如释义用词太难，有的甚至比被释词本身还要难，学习者难以理解。造成释义语言过难的主要原因是这类词典的基元词体系尚未建立。于是，作者拟定了如下论文选题：

📝 外向型汉语语文词典释义词语的考察与研究（杨静，2011）

作者选取了两种具有代表性的外向型汉语词典作为主要研究材料，通过细致考察和对比其中的释义词语，发现这两种词典在释义词语的数量和难度等级上有明显差异。在此基础上，作者提出建立外向型汉语词典释义基元词体系，以促进外向型汉语词典整体的编写与研发。这一选题切合汉语国际教育实践的迫切需求，研究设计合理，导师指导到位，论文最终顺利完成。论文不仅发现了两种词典在释义词语上的异同，还依照一定的方法和步骤提取出释义基元词表，为外向型汉语词典的编写提供了可靠依据。

与汉语教材有关的信息，可以从相应的教材库或教材语料库中查找。除了一些出版社网站上展示了较多汉语教材相关资料，中山大学的"全球汉语教材库"（ctmlib.com）也收录了大量国际汉语教材信息。全球汉语教材库由原孔子学院总部 / 国家汉办认证的汉语国际推广基地——中山大学国际汉语教材研发与培训基地建设，于 2011 年正式上线。中山大学国际汉语教材研发与培训基地目前藏有实体汉语教材超过 10,000 册（种），网上展示 17,000 多册（种）教材的基本信息，还建成包含 600 万字的教材语料库。通过考察和评估教材基地收藏的诸多教材，研究生也可以找到很多有价值的研究选题。下面是一些与汉语教材和辞书研究有关的论文选题：

《跟我学汉语》系列对外汉语教材语法问题研究

《中韩词典》中词性标注问题探索——与《现代汉语词典》进行对比研究

越南初中《汉语》教材的练习编排研究

马来西亚国民小学华文教材课文的对比考察

以纪录片为内容的对外汉语视听说教材研究及教学设计

任务型综合商务汉语教材任务设计研究

《中文听说读写》与《博雅汉语》初级阶段练习设置的对比研究

四、文化交流与跨文化交际

中国文化传播能力和跨文化交际能力是汉语国际教育专业学生必备的基本能力。学生在相关的课程教学和实践工作中，尤其是在海外教学和文化活动实践中，一定会发现不少问题和难题。本章第一节最后介绍的真实案例和对话中，都提出了真实而具体的典型问题，都可以提炼出好的论文选题。

　　再举两个例子。一名研究生在美国印第安纳波利斯儿童博物馆工作了一年。作为世界知名的儿童博物馆，印第安纳波利斯儿童博物馆于 2014 年举办"带我去那里：中国"项目，为中国文化的展示和介绍提供了值得借鉴的新模式。这名研究生在项目中接触到了先前未体验过的工作，深刻体会到向海外青少年和儿童展示中国文化的重要性和其中蕴含的挑战性，也由此决定从项目实际工作中寻找论文选题。在这一项目中，作者主要负责中国文化展馆的汉字解说和演示工作，便将论文选题聚焦于此。在论文选题设计阶段，作者决定采用问卷调查和专家评估等方式，对展览活动中占比最大的书法文化传播项目进行考察。研究具体运用传播学家拉斯韦尔等（2013）的"5W"传播模式，对书法文化传播下设的四个子项目，包括"书法屋""书法桌""地书"和"常驻艺术家（书法）"的运作模式和传播效果进行分析与评估，希望发现该项目存在的问题并提出改进建议。作者拟定的论文题目为：

印第安纳波利斯儿童博物馆中国书法项目的考察（袁歆玥，2017）

　　在工作和研究中，作者深入了解了"5W"传播理论。该理论阐述了传播过程及其五个基本构成要素，包括传播者（Who）、传播受众（to Whom）、传播内容（says What）、传播媒介（in Which channel）、传播效果（with What effect）。在跨文化交际和本土化理论指导下，作者对参观展览的儿童进行满意度调查，根据调查结果对个别子项目的部分内容进行修改，取得了很好的效果。由于论文选题具有适配性，研究材料丰富，做到了理论联系实际，这名研究生的论文写作和毕业答辩都进行得非常顺利。在毕业答辩前，作者还在浙江大学举办的 2017 年"浙江大学博物馆传播与认知国际学术研讨会"上发表《受众导向与本土化设计——印第安纳波利斯儿童博物馆中国书法项目考察》一文。这篇论文是作者对已经完成的硕士学位论文进行精简和修改而成，将研究重点聚焦在"受众导向"与"本土化设计"上。因选题新颖、主题突出、研究到位，论文发表时受到与会者的普遍关注。

　　一名研究生在美国担任汉语教师志愿者期间，先后在教学中使用了由中国和美国出版的不同教材，初步对比后发现，两种教材在文化内容呈现、文化交流定位和跨文化交际视角等方面有显著差异，由此提出问题：中美教材在文化呈现上差异的具体表现是什么？这些差异可以从哪几个方面进行考察，可以用什么理论加以解释？对汉语教材中的文化呈现能提出什么建议？最后，这名研究生在导师的指导下拟定如下论文选题：

📑 跨文化视角下的中美汉语教材文化呈现比较

（欧阳芳晖、周小兵，2016）

研究者以跨文化视角，使用内容分析法，主要从以下两方面考察中国和美国出版的汉语教材中的文化内容：

第一，国别文化，主要包括国别文化分布情况、国别文化呈现方式；

第二，社会文化背景，主要包括人物的国籍和族裔、人物活动环境。

由于选题切合实际、研究角度独特、跨文化理论运用到位，研究和论文写作开展得相当顺利。考察发现，与中国出版的汉语教材相比，美国出版的汉语教材中文化的双向呈现更加充分，对比角度更加多元，为学生提供的跨文化学习机会也更加丰富，学习内容涉及联系文化、对比文化和反思文化等多个方面。

类似的论文题目还有：

西班牙中小学开展中国文化教学实践分析

墨西哥孔子学院跨文化与课堂教学案例分析

泰国大学生中华文化认知调查——以华侨崇圣大学为研究对象

自媒体与对外汉语教学中跨文化交际能力培养研究

五、其他来源

（一）教学管理

许多汉语教师志愿者赴海外任教期间都会不可避免地遇到教学管理方面的问题。他们会时常与自己的导师或派出学校相关负责人进行沟通，反映自己所在教学机构要求他们同时负责教学管理相关工作，并表示因此承受了很大的压力。由于国际中文教育事业发展迅速，相关的教学管理问题也愈发凸显出来。而这些问题，恰恰是一般在汉语国际教育硕士专业学位课程、教学或实践中容易被忽视的部分。

在教学管理的过程中留心观察，可以让研究生发现很多迫切需要解决的"难题"，并由此指引他们发现有研究价值的好选题。如一名研究生在菲律宾一所孔子学院任教期间，除负责日常汉语教学工作之外，还参与了第二届"吴奕辉兄弟基金会—中国奖学金项目"前半期的教学和管理相关工作，并从中发现很多实际问题，由此拟定了如下论文选题：

📝 菲律宾"吴奕辉兄弟基金会—中国奖学金项目（第二届）"调查报告
（赵海霞，2011）

作者主要调查了项目的第一阶段，即吴奕辉兄弟基金会与菲律宾马尼拉亚典耀大学孔子学院的合作培训情况，调查内容包括管理和教学两部分。管理部分包括项目"订单式培养"模式的确定和实施流程、学员背景、学员评估的标准、项目各方权利与义务等；教学部分包括课程设置、课堂教学与学员学习总体情况、课外补充性语言文化活动等。为检测项目第一阶段开办效果，作者对学员、主办方、第一阶段合办方的评价与建议，以及前后两阶段的衔接和第二阶段接办方的反馈进行了分项说明。全部调研表明，项目前后两阶段课程设置具有较强的衔接性，项目第一阶段主办方与亚典耀大学孔子学院对学员进行"订单式培养"的合作较为成功，达到了预期目标。论文最后对今后此类项目的成功开办提出了一些可行性建议。可以说，这份调研报告对特定目标人群的"订单式培养"模式的设计和实施很有启发。

华校体制与华人社团的关系，对东南亚地区的汉语教学（当地也称华语教学或华文教学）具有特殊的研究意义。一名研究生在柬埔寨的华校中任教一年，对当地华文教育社团和华文教育的情况有比较多的了解和较为深刻的体会。要想促进柬埔寨当地华文教育的发展，必须对华教社团的历史与现状开展详细研究，考察和把握华教社团和华文教育之间的密切关系，由此拟定论文题目：

📝 柬埔寨的华教社团及其对华文教育的影响（张悦，2012）

该研究发现，柬埔寨华文教育存在的问题主要体现在两方面，分别是外部政策的影响和内部体制的缺陷。对当地华文教育进行改革并促进其发展，既需要有外部的政策保障，又要进行内部的体制改革。外部的政策保障要让华文教育积极融入柬埔寨国民教育体系；内部的体制改革要从六个方面开展，包括规范华校管理制度、提高师资水平、重新编写教材、找准华文教育定位、改进教学方法和扶持地方华校发展。

（二）课堂管理

课堂管理方面的问题，在国内高校中开展的国际中文教学工作中体现得并不明显；但是，在国际学校或海外幼儿园、中小学的中文教学中，与课堂管理相关的问题就如井喷一样涌现，往往让任课教师措手不及。课堂管理方面的问题并不少见，让研究生感到头疼的是如何从各种问题中找出具有研究价值、能够支撑学位论文的选题。

　　一名研究生在韩国当地一所小学教授汉语，在任教的一年中遇到了很多课堂管理方面的问题和麻烦，于是萌发了研究韩国小学汉语课堂管理的念头。经过相关的理论学习、材料收集和选题凝练，最后确定了以下论文题目：

📝 韩国小学汉语课堂管理案例分析——以釜山市东弓初等学校为例
　　（申时会，2015）

　　研究发现，韩国小学生的汉语课堂管理相当困难，原因主要在于两个方面。第一，从一般角度看，小学生的性格、生理、心理在不同学习阶段不断发展变化，个体发展又存在着很大差异，导致小学课堂管理难度较大。第二，跨文化差异、语言隔阂和韩国小学特殊的管理制度，让汉语教师志愿者的课堂管理工作更为艰巨，也更具特殊性。这项研究选取了作者在韩国釜山东弓初等学校任教期间的两个典型课堂管理案例，以案例分析的形式对真实课堂中的复杂问题进行了多角度、多层面的解读。由于案例真实、典型，理论剖析深刻，案例分析步骤完整、规范，不仅从年龄差异的角度，还从中韩教育差异的角度，对典型案例做出有说服力的解释，为赴韩任教的汉语教师提供了实践层面的借鉴和启示。

（三）教师发展

　　教师发展研究，尤其是对在读本科生或硕士研究生自身的研究，是汉语国际教育学科研究的重要内容之一，对促进国际中文教育人才培养和行业发展具有较高的应用价值。很多在读硕士研究生以汉语教师志愿者的身份赴海外各国任教，期间往往会遇到很多问题。如何解决与汉语国际教育专业密切相关的难题？如何使自己在教学实践中不断成长？回答好这些问题，就可能找到好的论文选题。请看以下这篇汉语国际教育硕士学位论文：

📝 国际汉语实习教师的焦虑——自我叙事研究（高俊豪，2018）

　　这篇论文的作者在俄罗斯皮亚季戈尔斯克国立语言大学实习了两个月，在实际工作中发现这一具有研究价值的选题。作者通过自我叙事，用"讲故事"的方法展现自己在实习中遇到的困难及产生的焦虑感。在相关理论指导下，作者采用自身观察、问卷调查等方法进行系统研究，得出一系列有益的结论：

① 实习教师焦虑感产生的因素涉及学生评价、汉语知识、教学能力、实习身份等方面。

② 焦虑的表现包括有形焦虑（手心出汗、脸部发红、声音颤抖等）和无形焦虑（注意力不集中、记忆不牢固、思维不活跃、心情低落、内心不安等）。

③ 焦虑造成的负面影响包括自我效能感降低、教学效果受到影响、师生关系和同事关系遭到破坏，等等。

④ 减少焦虑的方法包括巩固专业知识和提升汉语教学水平、培养和谐的人际关系、避免与其他老师做比较、调整认知偏差、合理安排生活和工作，等等。

这篇论文丰富了有关国际中文实习教师焦虑的研究成果，对新手教师的培养和职业发展有实用价值。与教师发展相关的论文选题还有不少，如：

国际中文教师焦虑现状及缓解策略探讨——基于"汉语助教"项目的调查研究

赴澳汉语教师志愿者角色适应研究

（四）资源库建设与教材开发

一些教学单位正在积极推进各类资源库项目的建设，如母语语料库建设、双语/多语种语料库建设、中介语语料库建设、教学与跨文化交流案例库建设、教材库建设等。参与到资源库的建设工作中，研究者可以找到好的论文选题；科学、有效使用资源库资源，更可以助推论文的写作。

中山大学国际汉语教材研发与培训基地作为原孔子学院总部/国家汉办认证的汉语国际推广基地，是已建成收集汉语作为外语/第二语言教材最全、借阅使用最便捷的教材基地。基地建设成果颇丰："国际汉语教材信息展示中心"展示实体教材上万册（种）；"全球汉语教材库"覆盖 17,000 余册（种）教材的相关信息；基于 3,000 余册（种）国内外汉语教材相关数据，研发出《国际汉语教材编写指南》，包含《汉字分级表》《词汇分级表》《语法点分级表》和《文化点分层表》；建成 600 万字的"全球汉语教材基准语料库"；研制发布"汉语阅读分级指难针"在线文本分析工具（www.languagedata.net/editor/），可用于汉语阅读文本的难度定级和智能改编。不少研究生（含博士研究生、硕士研究生）在资源库建设中做了大量工作，包括收集各国教材信息，统计教材字词、语法点、文化点数据，研究和评估教材，参与建立标定系统，等等。在这个过程中，研究生们发现了很多值得研究的课题，最终完成与国际汉语教材研究相关的博士学位论文 14 篇、硕士学位论文 223 篇。以下为部分硕士学位论文的选题：

台湾地区《新版实用视听华语》任务型练习特点探究——兼与大陆《新实用汉语课本》对比分析

《经贸汉语中级》与《新编剑桥商务英语（中级）》的话题对比研究

由学习者视角出发对两个对外汉语学习网站内容的考察与分析

《育苗华语》改编情况的考察与分析

此外，中山大学还建成 400 余万字的"汉字偏误标注的汉语连续性中介语语料库"（cilc.sysu.edu.cn），具备汉字、语法偏误的展示和搜索功能；建成"国际汉语教育与跨文化交际案例库"，含相关案例 200 多个，内容涉及课程与教学、中华文化传播、跨文化交际、项目开发管理等方面。

为进一步落实产、学、研结合的发展策略，中山大学开设了一系列与资源库建设密切相关的研究生选修课程，包括"教材评估与教材库建设""语料库语言学与中介语语料库建设""教学案例库建设"等。这些课程与资源库建设有机结合在一起，增强了教学和实践效应，大大促进了研究生的学习、实践、研究和论文撰写。

论文选题，还可以与教材编写相结合。自汉语国际教育硕士专业开设以来，中山大学已开发多种国际汉语教材和工具书，主要有：《对外汉语教学入门》（第二版，周小兵主编，2009；第三版，周小兵主编，张世涛、洪炜副主编，2017），《初级汉语精读教程》（周小兵、陈淑梅等，2015），《外国人学汉语语法偏误研究》（周小兵、朱其智、邓小宁等，2007），《汉字轻松学》（李蕊，2010，2013），《商务馆学汉语近义词词典》（赵新、李英，2009），《实用汉语近义虚词词典》（赵新、刘若云，2013）；另有《初级汉语阅读教程》《高级汉语阅读教程》等教材经修订后改版发行。研究生可以从编写教材或工具书的实际需求出发，以解决相关问题为目的，一边参与编写，一边寻找合适的选题，进而开展研究并撰写论文。

（五）教师研究课题

如果任课教师、研究生导师的教学或研究课题与汉语国际教育学科密切相关，这些课题也可以成为学生论文选题的来源。如一位研究生导师正在研究中国西南地区汉语教材的历史与发展相关课题，发现加拿大传教士启尔德编写的《华西初级汉语课程》很值得研究。恰巧一名由其指导的研究生是成都人，对西南官话较为熟悉。在导师的指导下，这名研究生拟定了如下论文选题并展开研究：

📝 启尔德《华西初级汉语课程》研究（刘羽佳，2015）

《华西初级汉语课程》出版于 1917 年，是当时为数不多的教授外国人成都话的重要教材。这部教材的教学对象主要是初到成都的西方传教士，教学内容是初级汉语口语。作者主要从以下三方面对这部教材进行考察，具体包括：

第一，序言所体现的汉语、汉字教学理念；

第二，课文编排特点及课文内容；

第三，课文里的注释，涉及语音、词汇、语法、文化等。

作者采用归纳、定量分析、描写与解释相结合的方法，发现《华西初级汉语课程》序言中体现的汉语和汉字教学理念多与当下教学理念不谋而合，具有前瞻性；教材编写原则、内容编排等具有科学性与针对性；课文中注释方法丰富多样。论文展现出 100 多年前生活在成都的外国人学习汉语时的一些具体情境，丰富了有关国际中文教学史，尤其是教材编写史的研究内容，不仅为当前国际中文教学实践、研究及教材编写提供借鉴，也可作为西南官话历史研究的有益参考。类似有关汉语教材历时研究的选题还有不少，如：

美国驻华语言武官奥瑞德《华语须知》研究

老舍《言语声片》研究

《官话篇》与《官话急就篇》文化内容比较分析

第三节 ｜ 选题原则

一、实用性

汉语国际教育硕士学位是专业学位，与汉语作为外语 / 第二语言教学学科和国际中文教育事业密切相关，因此，与本学科有关的研究应特别注重实用性。所谓实用性，就是在选题时首先要考虑两大问题：第一，拟定的选题是不是国际中文教育行业中亟待解决的问题？第二，系统研究并最终解决这个问题，对应用语言学研究、汉语作为外语 / 第二语言教学及国际中文教育事业的发展，是否有促进作用？

一名没有海外汉语教学经验的汉语国际教育硕士专业研究生在学位论文中讨论中国和美国一般课堂教学的异同，论文却没有涉及与汉语教学有关的问题。这个选题并非来源于汉语作为外语 / 第二语言教学实践和实际需求，论文研究成果对国际中文教育事业也没有什么促进作用。

那么，什么样的论文选题是对汉语国际教育学科和行业有实用价值的呢？一名研究生发现，评改是汉语写作教学中重要的一环，及时有效的作文评改能够帮助学生提高写作水平。但在实际操作中，评改主体单一、批改方式和评价标准随意性过大等问题仍然存在，这也使作文评改未能达到有效提高学生写作水平的目标。基于上述问题，这名研究生拟定了如下论文题目：

📝 基于交际法视角的作文评改设计（周珊，2017）

研究者以中级班的学生为研究对象，通过问卷调查和访谈的方式了解作文评改现状，分析作文评改中存在的普遍问题，寻求作文评改新思路。研究者尝试将交际法理论运用到作文评改中，通过具体研究得出有说服力的结论，尤其是提出了从作文评改主体、书面批改方式、评价讲评几个方面进行优化的新型作文评改模式，具体内容包括：

第一，注重评改中读者的角色，扩大评改主体，改变以往评改主体单一的问题；

第二，明确批改目标，采用分类分项批改法与分项评分方式，改变以往评改随意、评价主观等问题。

实践证明，在作文讲评课中采用多种讲评方式可以激发学生的学习兴趣，打破以往课堂气氛沉闷、乏味的局面，更重要的是，这样的优化使作文评改更加科学、有效。这项研究对克服现有作文评改中的种种弊端，改进汉语作为外语 / 第二语言作文评改模式有积极作用。

二、专业性

在确定研究问题时，研究生可能会遇到一个困难，那就是在自己提出的一大堆问题中，有的并没有太大的专业研究价值。如在"研究设计与论文写作"课上，汉语国际教育硕士专业的研究生会提出各自的选题设想，其中一些实际上并不具备专业研究价值。以下是两名研究生在课堂上对各自选题设想的阐述，请判断谁提出的问题更具有专业研究价值。

> 研究生 A：我刚到国外做汉语教师志愿者时，遇到最大的困难是生活中的不适应。比如，不认路，不清楚在哪里买必需的生活用品，不知道如何租到既方便又价钱合适的住房，不知道如何使用便捷的交通工具……我打算研究汉语教师志愿者在海外生活的适应问题，即汉语教师志愿者如何能够在最短时间内适应所在国家或地区的基本生活。希望这项研究能对今后赴海外任教的汉语教师志愿者有所帮助。

> 研究生 B：我在美国的一所国际学校中教小学生汉语，刚开始的时候感到很不适应。学生很调皮，经常不认真听课，做小动作，随意说话，有时还互相打闹，甚至吵架打架。我用中国国内出版的教材教课，学生们也很难接受……我想研究海外小学课堂管理与汉语教学的关系，希望能对到海外小学进行汉语教学的汉语教师志愿者有所启发。

应该说，这两个问题都是具有研究价值的，但是，对于汉语国际教育硕士专业的研究生来说，第二名研究生提出的问题显然更有专业研究价值。虽然解决了第一名研究生提出的问题，对赴海外工作、学习和生活的人们都会有一定的帮助，对指导赴海外任教的汉语教师志愿者解决海外生活中的困难也很有意义。但是，这个问题与汉语国际教育专业和整个行业的关系都不够密切。第二名研究生提出的问题是许多汉语教师志愿者面临的专业问题，也是国际中文教育行业亟待解决的行业问题。中国国内的汉语国际教育硕士专业学位课程，教学重点是如何在国内高校中开展汉语作为第二语言教学，研究生教学实践的对象大多是成年人；而在海外担任汉语教师志愿者时，教学对象大多是少年儿童。因此，很多在国内接受汉语国际教育硕士专业培养的汉语教师志愿者赴海外任教时，都会遇到第二名研究生提到的问题。研究并解决这个问题，对汉语国际教育硕士专业的研究生来说，更具有专业价值。

当然，严格来说，第二名研究生提出的问题只是具有专业价值的真问题，还不能算是具体问题。如果要用作硕士学位论文的选题，还需找到更为具体的真问题。

再举一例。一篇硕士学位论文题为《对外汉语教学视野下"X狗"类网络新词语研究》。研究者发现，近年来网络上出现一些"X狗"形式的新词语，也已经有不少研究者就这一语言现象展开了研究，但与汉语作为外语/第二语言教学相结合的研究尚不多见。论文作者以社会语言学、文化语言学、心理学、语用学等理论为基础，采用归纳法、比较法、举例论证法等研究方法，对"X狗"类新词语的构词、语义、语法功能及语用价值等进行研究；并通过与相关词语进行分析比较，进一步探讨并归纳"X狗"类新词语的显著特点，提出此类词语的教学策略和方法。

遗憾的是，对于这项研究是如何促进汉语国际教育学科和行业发展的，在论文中并没有很好体现出来。尽管论文用一个章节讨论现阶段汉语作为外语/第二语言教学中"X狗"类网络新词语存在的真实问题，也尝试为网络新词语的教学提出切实可行的建议，但论述不够充分，读者读完论文后仍然不清楚应如何在课堂上讲解这类词语。此外，论文中提到的"跑包狗"等词语，很多汉语母语者也不清楚它们的意义，不适宜教给留学生；"单身狗"一类词语则可以适当进行教学，并扩展到"小学狗""大学狗"等。这项研究实际上属于汉语新词语研究，与现代汉语词汇学、社会语言学的关系更为密切，与汉语国际教育学科关联性较弱，如果作为学位论文选题就显得专业性不强。

三、创新性

所有硕士学位论文都必须具有一定的创新性。所谓创新性，就是要在选题、理论方法、研究材料、结论等多个方面或其中某一方面有超出前人研究之处。其中，论文选题应如何体现创新性，是研究者需要优先考虑的。

一名来自欧洲国家的汉语国际教育硕士研究生入学后，发现自己的汉语发音仍存在系统性的问题，同时也发现不少初、中级汉语水平的欧洲留学生也遇到了类似情况。于是，这名研究生萌发了探索一种能够高效纠正欧洲汉语学习者错误发音的自学方法的念头。这名研究生收集并研读了前人的研究成果，发现有关外语/第二语言语音习得和纠正的研究不少，但有关自行纠正发音的研究并不多，少数研究也基本上是与英语语音相关的。于是，他决定进行有关汉语语音自行纠正的研究，并拟定了如下论文选题：

📝 试析运用录音方式自行纠正发音问题的有效性（麦尚文，2017）

在开题报告中，研究者围绕选题进行了科学的研究设计，提出对全日制初级班第二学期学生实施的三种自行纠音方法，包括：

① 听自己的录音进行纠音；

② 听标准发音进行纠音；

③ 对照自己的录音和标准发音进行纠音。

研究者在最终完成的硕士学位论文中，通过实验和定量分析得出有说服力的结论，发现第三种纠音方法效果最好，使用这种纠音方法的学生发音的正确率和清晰度均好于使用前两种纠音方法的学生。

这篇学位论文的选题不仅具有实用性，研究旨在推广有效的自行纠音方式，促进外国学生的汉语语音学习；同时还具有创新性，即针对汉语作为外语／第二语言语音学习中的实际问题，借鉴和使用英语语音学习中常用的方法，选择合适的被试进行科学的实验，得出有说服力的结论，研究结果能够促进汉语作为外语／第二语言的语音学习。

再如，外向型汉语学习词典是为帮助外国人学习和使用汉语而编写的，由于其使用对象在语言文化上具有特殊性，编写时用例的配置原则与内向型汉语词典有所不同。前人已有不少有关英语外向型学习词典和内向型词典的研究，对汉语外向型学习词典和内向型词典的异同也做过一些研究，但专门从词典用例角度进行系统考察的还很少。为此，一名研究生计划对外向型汉语学习词典用例的情况和原则进行系统研究，将论文题目拟定为：

📝 外向型汉语学习词典用例研究（陈粉玲，2011）

研究设计以《商务馆学汉语词典》《商务馆学汉语近义词词典》等 8 种留学生常用的外向型汉语学习词典为考察对象，对其中用例的内容、语法、语义、语用、数量和形式等方面的情况进行全面描写。在系统考察的基础上，研究者总结出编写外向型汉语学习词典时用例的基本要求：

① 语言浅显易懂；

② 以甲、乙级词为主；

③ 中级水平的词典用例，用词数量应控制在 5,000 词左右；

④ 长度要适中；

⑤ 自编例和语料库引例相结合，取材广泛且贴近日常生活，反映时代气息；

⑥ 语法规范，有层次，注意句类、句型、句式的丰富程度；

⑦ 语义明确并提供自足的语义环境，与义项一致；

⑧ 体现词语语体色彩、风格和使用场合；

⑨ 数量丰富，每个义项配有相应例句。

这项研究，从选题内容、研究方法到结论，各个方面都具有一定的创新性，对外向型汉语学习词典的编写和研究都具有指导意义。

前面讲过，创新性涉及选题、理论方法、研究材料、结论等多个方面，这里主要谈论文选题的创新性。研究的其他环节中如何体现出创新性？相关内容将在本书第五章中详细讨论。

四、适配性

论文选题最好能与研究生或指导教师的经历、兴趣和能力相适应，也就是要具有适配性。

（一）与研究生相适应

对于中国学生来说，如果他们在海外做过汉语教师志愿者，就很容易在教学实践和管理工作中找到论文选题。如一名研究生曾在韩国的小学中任教，期间发现韩国的外来教师往往会采用与本土教师协同教学（合作教学）的模式，即两名或两名以上教师共同组织、指导一批学生进行相关的课程学习。这种教学模式结合了外来教师与本土教师各自的优势，通过双方的合作互补，提高教学效率，优化教学效果。作者本人也是这种教学模式的实施者，从不熟悉到熟悉，教学效果从一般逐步发展到良好，在实践中自然积累了研究兴趣，拟定了如下论文选题：

📝 韩国釜山市海江初等学校汉语协同教学案例分析与调查
（周琼莎，2012）

作者对协同教学理论进行深入研究，结合相关案例，对这种教学模式在海外汉语教学中的应用情况和具体实施中的常见问题进行了真实的描写和分析，尤其揭示了合作教师的素质和参与度对协同教学效果的影响。研究还采用问卷调查、访谈等方法，反映出协同教学中存在的实际问题并提出相应的解决建议。很显然，这项研究为在海外任教的汉语教师和志愿者提供了很好的参考范例，也对在海外实施汉语作为外语／第二语言协同教学有一定启示。

中国学生在国内进行教学实践时，同样能够发现好的论文选题。如一名研究生在"中国概况"课上见习，担任助教，期间发现不少问题。这门课程是来华留学的学历生（含本科生、研究生）的必修课，但教学评估结果反映出，学生在这门课程中获得的评分通常最低。研究者经初步考察发现，现有中国概况类教材种类丰富，各种教材之间的差异也很大。但是，在大致询问学生对各种教材的看法后，研究者发现学生们似乎对这些教材都不太满意，主要对教材中有关文化观念的阐述持不同看法。由此，研究者计划分析若干种中国概况类教材的异同，从跨文化角度总结这些教材的特点，以促进中国概况类教材的研发和课堂教学的开展。研究者以当前使用最广泛的两种教材为研究对象，这两种教材分别是郭鹏等主编的《中国概况》（高等教育出版社，2011）和肖立主编的《中国概况教程》（北京大学出版社，2009）。研究将从 7 个方面这对两种教材进行对比分析，包括：集体／个人主义、民族中心主义、文化相对主义、时间取向、价值观、权力距离和高低语境文化。作者拟定的论文题目为：

📝 基于跨文化视点的中国概况类教材研究（杨国柄，2014）

由于有担任"中国概况"课程助教的经历，作者收集资料进展顺利，为完成论文奠定了良好的基础。这项研究通过具体考察发现了作为考察对象的两种教材各自的优点和不足，并为今后中国概况类教材的编写提出了一些可行性建议，包括怎样合理安排表层文化和深层文化、历史文化和当代文化，如何协调个体内容、文化心态和语言表述风格等。

对于国际学生来说，有经验的指导教师都清楚他们的选题往往比中国学生的选题更有应用价值，也更具行业普遍性。国际学生本身就是汉语作为外语／第二语言学习者，有的还是本土汉语教师，因而比中国学生更容易发现本国人学习汉语时的常见困难。指导教师应鼓励国际学生从自身学习的困难中，或从对本国人的汉语教学实际中，寻找真实的问题。

如一名来自马达加斯加的汉语国际教育硕士专业研究生，在上"汉语作为第二语言习得"课时回想起自己以前学习汉语时常常误用汉语的疑问代词或相关词组，而现在一些同样来自马达加斯加的初级班进修生和一年级本科生也常常出现类似的偏误，如：

*你是**什么**？ ∥ *这是**谁**？ ∥*干**什么**你们哭呢？

出现偏误的原因与母语迁移有密切关联。在马达加斯加语中，疑问词"inona"可以分别对应汉语的"什么"和"谁"，"maninona"可以分别对应"干什么"和"为什么"。（李纳，2015）

在导师指导下，这名研究生拟定用"马达加斯加人汉语疑问句习得偏误研究"为论文选题。可以看出，对于这名研究生来说，选题中提到的真问题就是包括他自己在内的很多马达加斯加人学习汉语时的常见问题。他能较为轻松地从自己和其他马达加斯加汉语学习者的话语中收集到相关的中介语语料；经过系统学习，也不难掌握相关的对比分析假说和偏误分析方法。因此，这一论文选题对这名国际学生来说是非常适合的。

还有一名老挝学生在最早学习汉语时就发现结构助词"的、地、得"对自己来说较难区分，后来在攻读汉语国际教育硕士学位时发现不少老挝学生也是如此，于是拟定了如下论文选题：

📝 老挝学生汉语结构助词"的、地、得"的习得研究
（陈来杨，2018）

论文首先分析了汉语结构助词"的、地、得"与老挝语中的对应形式在语义和形式上的异同，再通过语法测试法收集老挝学生习得这三个汉语结构助词的真实语料，整理语料后进行偏误类型分析，探寻偏误产生的原因，最后提出具体的教学建议。

可以看出，对于一般的国际学生来说，选择与语言对比和偏误分析有关的论文选题的适配性比较高。更为关键的是，设计选题时，研究生要找到自己熟悉的问题，并且能够收集到足量的中介语语料。对国际学生适配性较高的选题还有很多，例如：

表示处所的韩国语助词与汉语相应形式的对比研究

泰国学生汉语动态助词"着"的习得研究

汉语与印尼语时间词表达对比分析——以"年、月、天"为例

（二）与指导教师相适应

研究生的论文选题，最好能与指导教师也有一定的适配性，这样也更方便教师指导研究生开展研究和撰写论文。本章第二节在介绍学位论文的选题来源时，专门讨论过"教师研究课题"，其实就是教师"适配性"的具体体现。

一位研究生导师经常给国际学生上"中国概况"课，还主持中国概况类教材的编写，对相关选题及研究非常熟悉。为了编写出更适合国际学生学习使用的中国概况类教材，这位研究生导师指导多名研究生开展针对各种中国概况类教材的研究，如以下这篇论文：

📝 中国概况类教材词汇难度考察——以郭鹏本《中国概况》和肖立本《中国概况教程》为例（康洁，2015）

论文考察两种外向型中国概况类教材的词汇难度，并对同类教材的编写提出参考意见。研究者利用"中文助教"软件，将课文词汇与《汉语水平词汇与汉字等级大纲》进行对比，发现这两种教材中超纲词的比重远远超出大纲要求，词汇难度过高。研究还将两种教材的选词情况与中国国内高中历史、思想政治课本进行对比，发现其词汇难度与中国学生使用的高中教科书相近。这项研究的结论对外向型中国概况类教材的研发很有启发。

再如，一名研究生导师对文学作品中的性别角色做过很多研究，取得了不少成果。研究生导师发现，性别角色在国际汉语教材中也有明显体现，于是指导研究生开展以下研究：

📝 少儿对外汉语教材的性别角色研究——以《小学华文》和《快乐儿童华语》为例（颜湘茹、施舒媛，2018）

这项研究从性别角色的角度出发，采用定量分析和文本分析的研究方法，考察新加坡和中国国内团队合作编写的《小学华文》和在美国使用广泛的《快乐儿童华语》两种教材[1]的插图和课文在性别角色处理上有怎样的差异，这些差异与新加坡、美国两国的性别观念又有怎样的联系。最后，研究者对少儿对外汉语教材编写和教学实施提出了有益的建议。这篇论文研究角度新颖，得出的结论有说服力，为教材研发及相关理论研究开辟了一片处女地，对提高汉语作为外语/第二语言教材编写中的性别平等性有所启发。

---

1 《小学华文》由新加坡教育部课程规划与发展司小学华文课程组编写，中国的人民教育出版社小学语文课程教材研究开发中心参与完成，2007 年由人民教育出版社出版，海外印刷发行由新加坡名创教育集团负责，该套教材在新加坡小学广泛使用。《快乐儿童华语》于 2010 年由中国的香港大华风采有限公司出版，在美国发行，专为母语为非华语的家庭或地区的儿童编写，在美国使用率较高。

五、可行性

论文选题的可行性涉及的因素很多，其中就包括研究生本人是否适合对特定选题进行研究，导师是否适合指导研究生完成该选题的研究。我们在上一节"适配性"中已经讨论过这两个因素，本节将讨论判断选题是否具有可行性时需要考虑的其他因素。

首先是时间因素。目前，多数院校汉语国际教育硕士专业的培养年限是2~3年，如有研究生在专业学习期间赴海外任教，学习时间就会相应延长1~2年。研究生需要考虑自己能否在研究生培养期间完成论文选题的研究，以及学位论文的写作和答辩等所有工作。一般来说，在确定选题之后，研究生还要完成论文撰写，在导师指导下对论文进行修改，参加毕业答辩等工作，具体的流程如下：

① 开题报告的撰写和通过；

② 材料的采集和整理；

③ 论文写作、导师初审和之后的修改；

④ 预答辩；

⑤ 预答辩后的修改；

⑥ 专家盲审；

⑦ 盲审后的修改；

⑧ 答辩；

⑨ 答辩后的修改。

其中第四个环节"预答辩"并不是在所有培养院校都有设置，而对于其他环节，研究生在选题设计时必须考虑相应的工作量和完成工作所需的时间。有的研究生在选题时没有考虑清楚时间上的可行性，开题后发现所要研究的问题太大，研究生培养阶段根本无法完成研究工作，只得缩小选题范围。有的研究生开题较为顺利，但在全面收集材料时却发现工作难度很大，只好修改选题、缩小研究范围，或者延期答辩。在论文初稿完成后，研究生还要面对预答辩、专家盲审等环节，期间都可能会遇到困难。因此，无论是研究生还是指导教师，必须在确定选题时考虑实施研究和撰写论文的工作量，关注后续各项工作的时间节点，妥善安排各项工作的进程。

其次要考虑材料的收集。在确定某个选题时，研究生必须考虑材料收集的可能性和工作量，以及对材料进行整理、分析的可能性和工作量。比如，有研究生提出要全面考察21世纪以来韩国出版的大学汉语教材。事实上，只要稍做调查就会知道，韩国在近20年间出版的大学汉语教材很多，针对这一选题进行材料收集和处理的工作量太大，远不是一篇硕士学位论文就能涵盖的。不少担任过汉语教师志愿者的研究生，如果能在海外任教期间找到好的选题，就应该抓紧时间收集研究材料，也可以请当地有资质的教师对自己进行指导，如以下论文选题：

柬埔寨民生中学"半日制"华文教学模式考察
菲律宾宿务华校师资现状调查及探讨
韩国釜山市海江初等学校汉语协同教学案例分析与调查

不过，部分研究生在海外开展汉语教学时工作太忙，期间没有足够的精力收集材料，或收集的材料不够充分。回国撰写论文时，再请任教地的其他汉语教师志愿者或本土教师帮忙收集材料的难度往往很大，因而大多无法收集到足够的研究材料。

第四节 ｜ 选题误区

本节用具体事实，从不同方面讨论选题设计时容易出现的问题。需要注意的是，这几方面问题密切相关，不能割裂开看，分别讨论也是为了让研究者更容易了解。

一、没有实践来源

本章第二节广泛深入地讨论了论文选题的来源。事实上，大多论文选题都来源于研究者不同方面的实践，但也确实有一部分论文选题并非来源于研究者本人的实践，围绕这样的选题开展的研究往往会遇到比较大的困难。

一名在职研究生本身是中学教师，就读汉语国际教育硕士专业前基本没有汉语作为外语／第二语言教学经验。在因实践经验不足而找不到合适论文选题的情况下，这名研究生选择"汉语国际推广策略研究"作为学位论文的选题。这样的选题明显可以看出并非来源于本人实践，过于宽泛，一般的硕士学位论文是难以完成的。因为没有收集研究材料的有效渠道，研究很难收集并使用到第一手资料；又因为没有上升到一定的理论高度，研究也很难概括出有价值或超出前人的创新性结论。

具体来看，这项研究主要用日语的海外教学案例与依托孔子学院平台在海外开展的汉语国际教育实践进行系统对比。众所周知，孔子学院是中国在海外开展国际中文教育、推动中外文化交流互鉴的机构。而日本有一定规模的日语作为第二语言教学和相应的日本文化传播是由"日本国际交流基金会"主导，该组织是基金会性质。相对而言，与孔子学院特征比较接近的是法国的"法语联盟"、德国的"歌德学院"和西班牙的"塞万提斯学院"。由于没有实践来源，这一选题就显得空泛，不着边际。研究材料也大多是网络资源，材料选择目的性不强且缺乏新意。这样缺乏实践基础的选题，不仅研究生难以将研究推进下去，导师也很难对研究生进行有效的指导。

二、专业价值不明显

在本章第三节"选题原则"中，我们讨论过选题的专业性原则。如果选题违背了专业性原则，研究就会出现专业价值不明显的问题。

例如，《中美课堂教学的异同研究》这一选题表面上看来具有一定的研究价值和新意，如果能把中美汉语作为外语/第二语言课堂教学的主要异同描写清楚，得出有说服力的结论，为美国的汉语课堂教学提出具体而有价值的建议，也就一定会对汉语教师志愿者赴美教学具有指导意义。但实际上，研究者提交的论文中并没有对汉语作为外语/第二语言课堂教学进行研究，而是对一般的中美课堂教学做了比较，连语文教学都没有涉及。

更值得思考的是，这篇论文的作者并没有在美国学校教学的实践经验，也没有在中国中小学教学的实践经验，自身的汉语国际教育实践经验也很少。正因为缺乏实践经验，无法从教学实践中发现问题，作者也就只能拟出这样一个看似专业性较为突出，实则专业价值不明显的选题。

研究生拟定这样的选题，与部分指导教师对汉语国际教育学科不够了解也有一定关系。目前，已开设汉语国际教育硕士专业的院校虽然很多，但其中一些院校中学习汉语的留学生并不多。因此，一些研究生导师自身也没有从事过汉语国际教育相关工作，对这一专业不够了解。

通过以上分析可知，有些汉语国际教育硕士学位论文的选题，或是讨论一般性的教育教学课题，或是汉语本体研究、汉语新词语研究、一般的汉外语言对比研究，都与汉语国际教育学科关系不大，专业价值不够明显。这类选题，并不适合汉语国际教育硕士专业研究生开展研究并撰写论文，即便勉强完成，也很难甚至不能对国际中文教育事业起到应有的促进作用。

三、选题过于宽泛

大家都知道，汉语补语的类型很多，也是外国留学生学习汉语的难点之一。因此，研究者很容易发现第二语言学习者在学习或使用汉语补语时出现的偏误。一名研究生决定研究这方面的问题，拟定的选题为《外国留学生汉语补语的习得情况考察》。

从语法上看，研究主要关注现代汉语中以下几种类型的补语：结果补语（如"写清楚了"），情态补语（如"玩得很高兴、写字写得很清楚"），趋向补语（如"拿来、跑上去、走进屋来、笑起来"），程度补语（如"饱极了、气死了、热得很"），可能补语（如"写不清楚、写得清楚"）。仅就其中一种类型的补语而言，学习者的习得情况就非常复杂，用一篇硕士学位论文是很难阐述清楚的。此外，"外国留学生"的范围也很大，如果就此展开研究，涉及的学习者母语或中介语就会很多。仅就一所院校的留学生而言，他们使用的母语或中介语就可能达到十几到几十种。这样的选题，对于硕士学位论文的研究来说实在太过宽泛了。

相较而言，下面这个选题就比较切合实际了。

📝 日韩中年女性汉语学习者可能补语习得研究（朱玉芬，2017）

研究者在论文中说明了研究这一选题的原因，具体如下：

第一，汉语的可能补语具有表达能性范畴的特殊功能，具有语言类型学的研究价值。

第二，从第二语言习得和汉语国际教育的角度来看，可能补语是汉语作为外语/第二语言学习者需要重点习得的语言项目。对日本和韩国的学习者来说，由于其母语中没有补语系统，汉语可能补语一直是他们的习得难点。

第三，相较于其他类型补语的研究，可能补语的习得和教学研究成果并不是十分丰富，有关可能补语的本体研究也存在理论方法上的不足。

此外，将考察对象聚焦于"日韩中年女性"，范围明确、适当，研究也就更具有可操作性了。在实际研究中，研究者采用对比、问卷调查等方法，对收集到的日韩中年女性学习者的632条偏误语料进行分析，并给出针对这一群体的教学对策。由于范围相对集中，这项研究的结论及由此提出的教学对策具有较强的针对性，对汉语国际教育实践有直接的启发作用。

再举一个选题过于宽泛的例子。一名研究生发现罗马尼亚的汉语学习者会出现不少语法偏误，也发现关于罗马尼亚学习者汉语语法偏误的研究很少，于是决定以此作为论文选题。但是，语法偏误的类别很多，这名研究者经过初步筛选，决定系统考察罗马尼亚初、中级汉语学习者常见的六种语法偏误，包括量词的偏误、"二"和"两"的误用、"不"和"没"的误用、语序的偏误、"也"的偏误，以及"的"的误省。

研究者计划考察造成上述语法偏误的原因，涉及罗马尼亚语语法负迁移、英语语法负迁移、目的语知识的影响、学习环境的影响等因素；同时提出有针对性的教学建议，拟从教材和汉语教师两个方面进行教学改革。

但仔细分析可以发现，这个选题太大，涉及内容太多，范围太广，很难进行深入考察。原因有以下几点。

第一，考察六种偏误涉及的内容过多。每一种偏误内部，既要考察中介语使用的偏误情况，又要对比汉语和外语（罗马尼亚语、英语）以概括汉语语法规则，还要考察教材编写和教学实施。对这六种偏误中的任意一种进行考察和研究，都足以写成一篇完整的硕士学位论文，甚至写出一篇博士学位论文。事实上，已经有不少研究对这六种偏误中的单独一种进行了考察，从研究者提交论文的文献综述和引文中就可以看出这一点。总之，仅用一篇硕士学位论文完成这么多内容的考察和研究，只能泛泛而谈，很难有超出前人研究的创新点。

第二，六种偏误并不对等。例如，"语序的偏误"范围过大，且与其他偏误类型互有重叠，量词的偏误和"也"的偏误就都涉及语序的偏误。

第三，六种偏误之间并没有内在的逻辑关系，很难通过对这六种偏误的考察形成章节间有相互联系的整体性论文，更难有更高层面的提升。哪些偏误之间存在内在联系呢？例如，副词"都"和"也"的使用偏误之间就有明显的内在联系。在不少语言中，这两个汉语副词都对应同一个词，如日语的"も"。再如，汉语"一点儿"和"有点儿"词性不同，在汉语词汇研究中不是近义词，但在汉语作为外语／第二语言教学中却是典型的易混淆词。在很多语言中，这两个词也常常对应同一个词，如英语的"little"、泰语的"นิดหน่อย"、韩语的"조금"。事实上，一些汉语母语者，尤其是儿童，也很容易混淆"都"和"也"、"一点儿"和"有点儿"。如果研究者考察的若干语法

项目之间存在内在的逻辑关系，研究也能是很有价值的，但这项研究选择考察的六种偏误之间却缺少这种必要的内在联系。

四、缺乏可操作性

我们在本章第三节"选题原则"中也讨论过选题的适配性和可行性。学位论文选题不合适，重要表现之一就是缺少适配性和可行性，也就是我们通常所说的缺乏可操作性。如这样一个选题《近 30 年对外汉语文化教学研究的基本情况综述》，对汉语国际教育硕士专业研究生来说可操作性就比较弱，主要有以下两方面原因。

第一，所谓综述，就是在概括性介绍的基础上进行科学评估，说明各篇或各类文献的优劣。这样的论文，一般要由相关领域内取得成果较多的研究者来完成，或者是由撰写相关内容论文的博士研究生来完成。文献综述往往是为研究某一问题而进行的先导性研究，本身就能写成一篇文章或用作博士学位论文的一个章节，通常是对某个专题在一段时间内，可以是十年、二十年，甚至更长时间内研究的综述。这样的研究，并不适合篇幅和容量有限的硕士学位论文。

第二，对外汉语文化教学的研究范围太广。近 30 年来，中国国内相关研究的文献超过 300 篇（种），其中有学术论文，也有研究专著。这么多文献，研究者不仅要看完，还要认真研读，更要对它们进行"综述"。对文献进行综述，就是对各种文献中的观点进行评述，阐述某些文献的优点、不足及其在该领域整体研究中的地位。对这个选题来说，要做的工作是指出全部文献所反映出的对外汉语文化教学的研究现状、存在的问题及未来的研究方向等。对于硕士研究生来说，这个选题的范围过于宽泛，完成研究并撰写出的论文，体量可能过大。

再来看选题《汉源汉字词分析及其在对韩汉语教学策略中的意义》，这一选题的范围也很宽泛，需要研究的具体内容很多，包括：《汉语水平词汇与汉字等级大纲》中甲、乙级双音节词共 2,021 个，《等级别韩国语教育用词汇》中汉韩同形词共 1,256 个，汉语和韩语共有且源自中国文化典籍的成语共 486 个。对比分析这么多词语，不仅会给研究生带来很大的工作压力，对研究生导师来说也是很大的考验。导师不仅需要对韩语有所了解，还要有大量的时间和足够的精力对研究生进行具体指导。无论从适配性还是可行性上看，这类论文选题都是不可取的，研究生很难对问题进行细致分析，也很难得出在汉语国际教育领域具有创新性的研究成果。

小结

本章主要结合大量案例，讨论如何确定学位论文的研究选题。一般来说，选题至少要经历两次探索与筛选。

第一次，以"如何选题"为目标，研究者首先应该从实践中发现问题，以问题为导向，初步拟定一个论文选题。接下来，就是围绕这个初步拟定的选题进行探索性研究，具体需要开展以下工作：

① 围绕拟定的选题，进行初步的文献研读，判断选题是否具备研究价值，是否有可能得出前人没有得出的结论；

② 进行初步的材料收集，看能否从这些材料中概括出有创新性的结论；

③ 进行初步的选题规划，看这一选题能否分解成几个有逻辑关系的大问题，每个大问题下是否又涵盖几个有逻辑关系的小问题，这些问题能否构建起选题研究的合理框架；

④ 从实际问题和文献研读两方面入手，对初步拟定的选题进行凝练与聚焦。

第二次，以"选题汇报与评估"为目标，研究者以论文题目的形式将经初步研讨的选题结果呈现出来，并针对这一题目进行更深入的评估与分析。这时，研究者需要得到导师和同学的帮助，请他们对自己的选题进行审核和评估。在"汇报与评估"的过程中，研究者可能会发现一些无法解决的问题，如选题太大、聚焦不够，选题价值不够凸显，以自己的力量和现实条件难以深入开展研究，等等。一旦发现这些问题，研究者就应考虑是否需要更换选题，或者是否需要调整研究的方法和路径。

💡 思考与练习

1. 你原本拟定的论文选题是什么？通过这一章的学习，你认为原定的选题是否存在问题？如果存在应该如何改进？

2. 论文选题有哪些原则？结合自己的选题实践，对这些原则进行论述。

3. 如何理解汉语国际教育硕士学位论文的专业性和行业性？如何鉴定一个具体问题是否具有专业价值？

4. 说说你自己在实践中发现了哪些具体、真实的问题，这些问题是否符合论文选题的原则，能否成为合格的论文选题。

5. 结合本章所学内容，考察以下这段对话，说说这名研究生对"问题导向"的理解有何误区？读完这段对话，你有什么体会，对你确定自己的论文选题有何启示？

师：请你谈谈自己想研究的问题。

生：我想研究如何把中国传统文化教学自然融进汉语教学中。

师：你发现了什么具体问题吗？

生：我发现外国人因为不了解中国文化会造成交际障碍。

师：比如说……

生：我一下想不起来……嗯，比如，中国人吃饭时，不能把筷子插在米饭上。

师：你觉得应该讲这个？那你发现外国人出现这种情况，而在场的中国人感到不满吗？

生：没有。

师：那你到底遇到什么具体、真实的问题？就是我们说的交际中的矛盾、难题。

生：想起来啦。中国人送礼时，一般不会当着送礼人的面打开礼物。而外国人常常这样。

师：你遇到过外国人收到中国人送的礼物时当场打开，中国人很不高兴的事情吗？

生：没有。

师：（问其他同学）你们现在收到别人礼物时，会当场打开，还是会回去后再打开？

大部分学生：当场打开，还会说礼物怎么怎么好。

6. 很多汉语学习者分不清楚"表现""表示"和"表达"。你认为这个具体问题有可能成为好的论文选题吗？为什么？

7. 请到真实的汉语作为外语 / 第二语言课堂上听几次课，看看能否从课堂教学的师生互动中发现一些值得研究的问题。

8. 请结合自己的教学或实习经验，谈谈你所使用的汉语教材是否适合学生学习？能否从中能找到一些值得研究的问题？

9. 你自己或者你的同学、其他研究者在选题时产生过哪些矛盾，或遇到过什么难题？请讨论处理和解决这些矛盾或难题的方法和途径。

参考文献

[1] 白德龙.汉语描写性状语 / 补语与罗曼语对应成分的对比研究及偏误分析 [G]// 周小兵.汉语国际教育硕士学位论文选.广州：中山大学出版社，2015：296-311.

[2] 陈粉玲.外向型汉语学习词典用例研究 [G]// 周小兵.中山大学国际汉语教育三十年硕士学位论文选——全球视野下的国际汉语教育.广州：中山大学出版社，2011：144-172.

[3] 陈来杨.老挝学生汉语结构助词"的、地、得"的习得研究 [D].兰州：西北师范大学，2018.

[4] 高俊豪.国际汉语实习教师的焦虑——自我叙事研究 [D].上海：华东师范大学，2018.

[5] 何黎金英.汉越疑问代词对比 [G]// 周小兵.中山大学国际汉语教育三十年硕士学位论文选——全球视野下的国际汉语教育.广州：中山大学出版社，2011：350-379.

[6] 黄甦菲.《今日汉语》和《汉语》语法部分编写对比分析 [D].广州：中山大学，2013.

[7] 姜芳.中级汉语口语课堂教学输入与输出的考察 [G]// 周小兵.中山大学国际汉语教育三十年硕士学位论文选——全球视野下的国际汉语教育.广州：中山大学出版社，2011：2-28.

[8] 康洁.中国概况类教材词汇难度考察——以郭鹏本《中国概况》和肖立本《中国概况教程》为例 [C].重庆：第四届汉语国别化教材国际研讨会，2015.

[9] 柯志骋.国际汉语教师焦虑现状及缓解策略探讨——基于"汉语助教"项目的调查研究 [D].广州：中山大学，2011.

[10] 拉斯韦尔，等.社会传播的结构与功能 [M].何道宽，译.北京：中国传媒大学出版社，2013.

[11] 雷丹.《中文》（小学版）与《轻松学汉语》（少儿版）练习对比研究 [D].广州：暨南大学，2013.

[12] 李纳.马达加斯加人汉语疑问句习得偏误研究 [D].广州：中山大学，2015.

[13] 李蕊.汉字轻松学：起步篇（上、下）[M].北京：北京师范大学出版社，2010.

[14] 李蕊.汉字轻松学：发展篇（上、下）[M].北京：北京师范大学出版社，2013.

[15] 李英.汉语否定结构的习得研究 [D].广州：中山大学，2013.

[16] 林晓群.美国公立小学中文课程主题式教学研究与设计——基于美国卡蒂诺小学 2010 学年度第一学期的教学实习 [G]// 周小兵.汉语国际教育硕士学位论文选.广州：中山大学出版社，2015：193-236.

[17] 刘羽佳.启尔德《华西初级汉语课程》研究 [G]// 周小兵.汉语国际教育硕士学位论文选.广州：中山大学出版社，2015：65-96.

[18] 罗宇.留学生汉语写作过程中的写作策略研究 [G]// 周小兵.中山大学国际汉语教育三十年硕士学位论文选——全球视野下的国际汉语教育.广州：中山大学出版社，2011：263-289.

[19] 麦尚文.试析运用录音方式自行纠正发音问题的有效性 [D].广州：中山大学，2017.

[20] 欧阳芳晖，周小兵.跨文化视角下的中美汉语教材文化呈现比较 [J].华文教学与研究，2016（1）：78-84.

[21] 申时会.韩国小学汉语课堂管理案例分析——以釜山市东弓初等学校为例 [G]// 周小兵.汉语国际教育硕士学位论文选.广州：中山大学出版社，2015：472-496.

[22] 孙莎琪.面向美国儿童的书法汉字教材设计 [D].广州：中山大学，2011.

[23] 孙小敏.中文分级读物《汉语风》1 的词汇考察 [G]// 周小兵.汉语国际教育硕士学位论文选.广州：中山大学出版社，2015：97-132.

[24] 王静 . 留学生汉语宾语的习得研究 [G]// 周小兵 . 中山大学国际汉语教育
三十年硕士学位论文选——全球视野下的国际汉语教育 . 广州：中山大学
出版社，2011：290-319.

[25] 严根英 . 初级汉语口语成绩测试调查研究 [G]// 周小兵 . 中山大学国际汉
语教育三十年硕士学位论文选——全球视野下的国际汉语教育 . 广州：中
山大学出版社，2011：109-142.

[26] 颜湘茹，施舒媛 . 少儿对外汉语教材的性别角色研究——以《小学华文》
和《快乐儿童华语》为例 [J]. 云南师范大学学报（对外汉语教学与研究
版），2018，16（2）：72-81.

[27] 杨国柄 . 基于跨文化视点的中国概况类教材研究 [D]. 广州：中山大学，
2014.

[28] 杨静 . 外向型汉语语文词典释义词语的考察与研究 [G]// 周小兵 . 中山大
学国际汉语教育三十年硕士学位论文选——全球视野下的国际汉语教育 .
广州：中山大学出版社，2011：173-197.

[29] 叶彬彬 ."语文分进"的教学模式对汉字能力的影响——针对非汉字文化
圈学习者的实验研究 [G]// 周小兵 . 汉语国际教育硕士学位论文选 . 广州：
中山大学出版社，2015：271-293.

[30] 袁歆玥 . 印第安纳波利斯儿童博物馆中国书法项目的考察 [D]. 广州：中
山大学，2017.

[31] 张明 . 泰国学生学习汉语"有点儿""一点儿"偏误分析 [D]. 广州：中山
大学，2010.

[32] 张悦 . 柬埔寨的华教社团及其对华文教育的影响 [D]. 广州：中山大学，
2012.

[33] 赵海霞 . 菲律宾"吴奕辉兄弟基金会—中国奖学金项目（第二届）"调查
报告 [G]// 周小兵 . 中山大学国际汉语教育三十年硕士学位论文选——全
球视野下的国际汉语教育 . 广州：中山大学出版社，2011：410-439.

[34] 赵新，李英 . 商务馆学汉语近义词词典 [M]. 北京：商务印书馆，2009.

[35] 赵新，刘若云 . 实用汉语近义虚词词典 [M]. 北京：北京大学出版社，
2013.

[36] 周琼莎 . 韩国釜山市海江初等学校汉语协同教学案例分析与调查 [D]. 广
州：中山大学，2012.

[37] 周珊 . 基于交际法视角的作文评改设计 [D]. 杭州：浙江科技学院，2017.

[38] 周小兵 . 对外汉语教学入门 [M]. 2 版 . 广州：中山大学出版社，2009.

[39] 周小兵 . 对外汉语教学入门 [M]. 3 版 . 广州：中山大学出版社，2017.

[40] 周小兵，陈淑梅，等 . 初级汉语精读教程 [M]. 北京：北京大学出版社，2015.

[41] 周小兵，朱其智，邓小宁，等 . 外国人学汉语语法偏误研究 [M]. 北京：北京语言文化大学出版社，2007.

[42] 朱玉芬 . 日韩中年女性汉语学习者可能补语习得研究 [D]. 杭州：浙江科技学院，2017.

文献的查找、分类与研读

在初步确定论文选题后，研究生就需要收集与选题密切相关的文献，并对收集到的文献进行梳理、分类、总结。当然，这并不意味着在确定选题之前就不需要阅读文献。实际上，即便到了撰写学位论文的阶段，研究生也需要随时阅读相关文献。但是，初步确定选题之后的文献阅读与先前的文献浏览有所不同，这时的文献阅读更有针对性、计划性和目的性，也更有批判意识。研究生要做详细的笔记，对文献进行分类、记载和研读，最后形成文献综述。在这一过程中，研究生经常会遇到如下问题：

① 除了常用的百度、谷歌、必应等搜索引擎之外，还有哪些专业的学术检索平台？

② 如何根据自己的论文选题和研究关键词，在大量的文献中查找到自己需要的文献？

③ 除了在中国知网上检索期刊中的论文，通过何种途径能够检索到其他高校的硕士或博士学位论文？与选题有关的专著和研究中涉及到的教材应该在哪里检索？

④ 外文文献应该如何获取？有哪些高质量的外文文献数据库？

⑤ 通过各种途径检索到的文献应该如何分类？如何高效研读文献并做好研读笔记？

⑥ 文献综述包括哪些内容？如何撰写出高质量的文献综述？有哪些具体方法和技巧？

本章将结合实例，对文献查找、文献分类、文献研读和文献综述的撰写四个方面进行详细的阐述。

第一节 ｜ 文献查找

文献查找是文献综述的前提和基础，只有高质量的文献检索才能促成高水平的文献综述。文献查找是汉语国际教育研究设计和论文写作中的重要环节。文献查找决定了文献综述将要包含的内容，其主要任务是选取文献，找到能够支撑选题研究和论文写作的材料。研究者需要从众多的文献中找出与自己的研究密切相关的既有研究成果。汉语国际教育硕士学位论文大多是基于前人的研究成果，融入自己的创新点撰写而成的。另外，文献的查找还可以辅助研究者判断选题是否具有较高的研究价值和意义，找出自己研究的创新点。本节将重点介绍和演示如何检索中文文献和外文文献。

一、中文文献的检索

中国知网、读秀和百度学术等是研究者较常使用的中文文献检索平台。

（一）中国知网

学会正确使用中国知网（cnki.net），可以节约文献检索的时间成本，准确定位到所需要的文献。通过文献下载量排名，研究者还可以对检索到文献的参考价值进行初步评估。如在中国知网中检索主题关键词"范围副词 都"，选择适当的文献排序方式（如按下载量排序），可以看到如下图所示页面[1]。

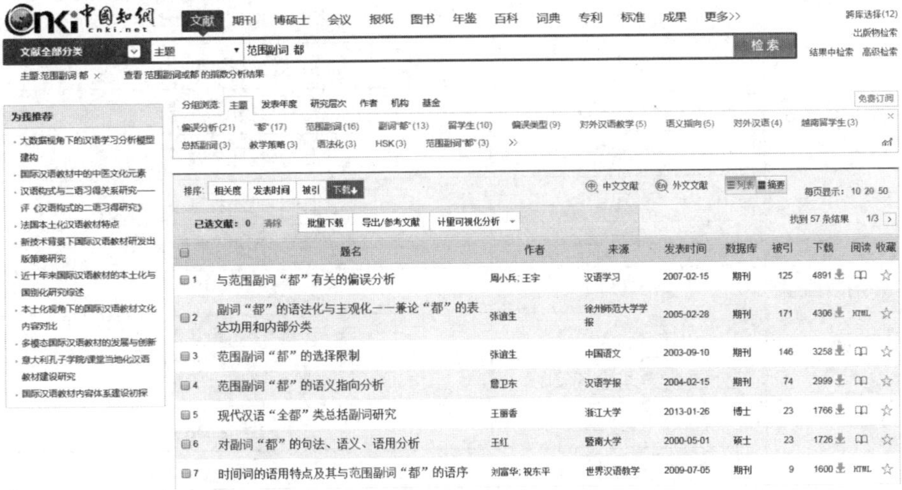

图 3-1　中国知网检索结果页面

通过点击页面最上方的"期刊""博硕士"等选项卡，研究者可以按照数据库来源对文献进行分类查找。同时，研究者还可以通过增加检索条件，如"发表年度""作者""机构"等，更精确地找到自己需要的文献。

需要指出的是，检索结果"来源"一列中的期刊名称如果被显示为紫色，则说明该期刊有较高的学术参考价值，通常为核心期刊。研究者在检索文献

---

1 本书展示的是中国知网旧版页面。中国知网新版页面在文献类型选项卡的分类上做了一定调整，增加了更方便用户使用的新功能，但资源库内容和文献检索方法均未发生改变。中国知网旧版页面与新版页面同时运行，且网站入口一致（cnki.net），研究者可根据个人文献检索习惯在页面上方自由切换并使用旧版或新版页面。

时，要尽可能选取并研读核心期刊中刊载的文献。这些期刊刊载的论文通常反映了所在领域国内研究的主流趋势，研究者在对中文文献进行综述时应尽量引用这些在核心期刊发表的高质量文献。汉语国际教育硕士专业的研究生首先应参考"语言学"领域的核心期刊，要兼顾汉语语言学和外国语言学领域的核心期刊；同时也可以参考"教育学"和"心理学"等领域的核心期刊。表 3-1 列出了国内上述研究领域的主要核心期刊，供研究者参考。

表3-1 汉语国际教育研究相关核心期刊

研究领域	期刊名称	主办单位
汉语语言学	世界汉语教学	北京语言大学
	语言教学与研究	北京语言大学
	语言文字应用	教育部语言文字应用研究所
	华文教学与研究	暨南大学华文学院 / 暨南大学华文教育研究院
	汉语学习	延边大学
外国语言学	外语教学与研究	北京外国语大学
	外语界	上海外国语大学
	外国语	上海外国语大学
	现代外语	广东外语外贸大学
	中国外语	高等教育出版社
	外语电化教学	上海外国语大学
	外语教学理论与实践	华东师范大学
	外语教学	西安外国语大学
	外语与外语教学	大连外国语大学
教育学	课程・教材・教法	人民教育出版社
	比较教育研究	北京师范大学
	教师教育研究	北京师范大学 / 华东师范大学 / 教育部高校师资培训交流北京中心
心理学	心理学报	中国心理学会 / 中国科学院心理研究所
	心理科学	中国心理学会

除表 3-1 列出的核心期刊外，《第二语言学习研究》（中国英汉语比较研究会二语习得专业委员会会刊）、《国际汉语教学研究》（北京语言大学主办）、《国际中文教育（中英文）》（北京外国语大学主办）、《云南师范大学学报（对

外汉语教学与研究版)》(云南师范大学主办) 等刊物也会刊载较多汉语国际教育研究论文, 质量也相对较高。汉语国际教育专业本身具有跨学科的特性, 关注的某些问题在很多时候也是其他领域关注的问题, 研究者有必要了解有关联领域的研究现状并从中获得启示。除此之外, 一些应用语言学领域以外的文献也能够帮助研究者更好地理解和解释所要探讨的问题。例如, 分析留学生汉语习得偏误的成因是否与其心理和认知机制有关, 研究者就需要在心理学领域的研究中寻找答案。

如果发现根据关键词检索出来的文献过多, 研究者还可以点击使用页面右侧的"高级检索"功能选项, 通过设定条件缩小检索范围。研究者可以在如图 3-2 所示的高级检索页面输入自己已知的检索条件, 如"作者单位""关键词"和"发表时间"等, 检索条件输入越多, 检索到的文献就越精确。

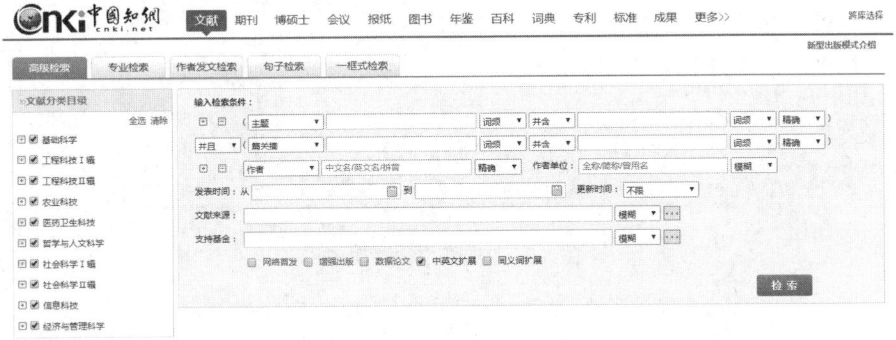

图 3-2 中国知网高级检索页面

此外, 随着大数据和可视化技术的发展, 中国知网的"指数"功能也为文献检索提供了便利条件。研究者可以在检索结果页面上方"更多"选项卡中找到"指数", 点击进入如图 3-3 所示页面。研究者可以查看与检索关键词相关文献的学术传播度 (被引量)、学术关注度 (发文量)、用户关注度 (下载量) 等的趋势统计曲线图, 评估自己的选题是否符合相关研究的发展趋势, 了解与选题相关文献中影响力较大和被引用频次靠前的有哪些。

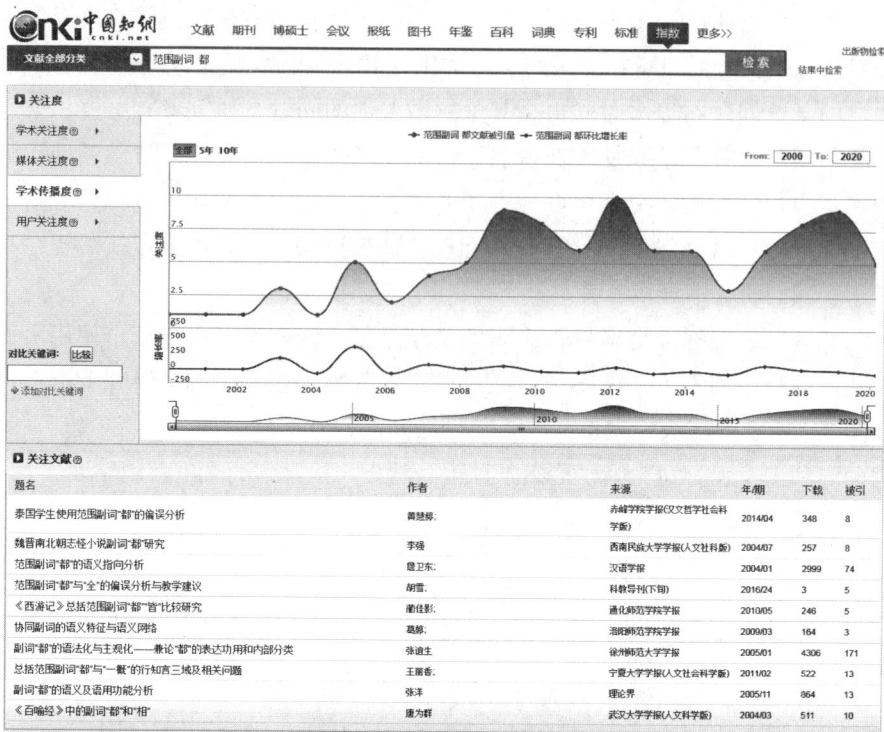

图 3-3　中国知网指数页面

（二）读秀

大多数在校学生使用校园网 IP 地址登录，就可以进入读秀学术检索平台主页（www.duxiu.com），如下图所示。

图 3-4　读秀平台主页

读秀不仅可以检索期刊文献，还可以检索相关的图书、学位论文和会议论文等。例如，研究者拟定的选题与商务汉语教材词汇评估有关，在"图书"选项卡下的检索框中输入关键词"商务汉语词汇"，点击"中文搜索"后选择适当的文献排序方式，检索结果页面如下图所示。

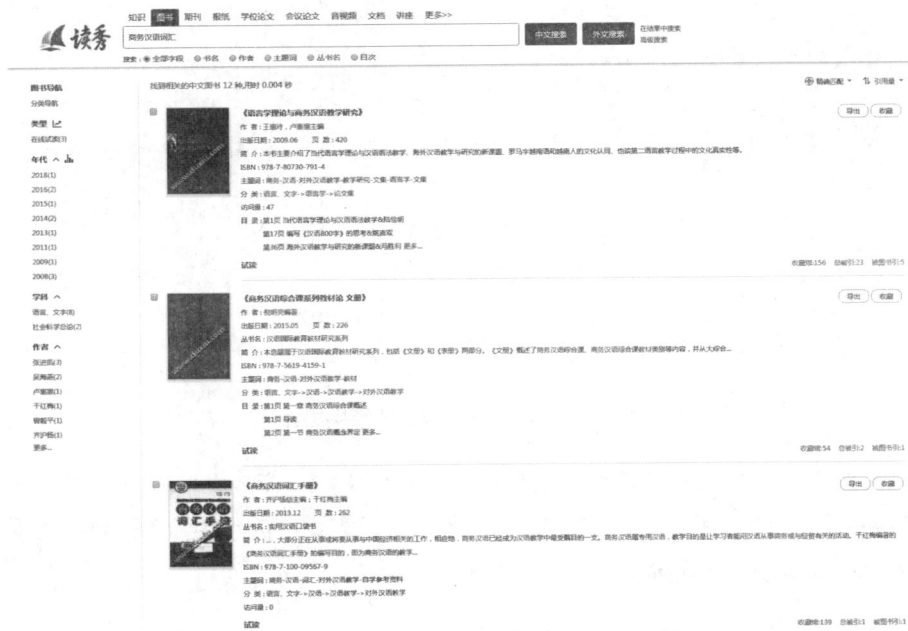

图 3-5 读秀"图书"检索结果页面

搜索引擎会在数据库中根据用户输入的关键词查找相关书目，并在检索结果中将关键词标注出来。另外，如果用户点击文献名称链接进入详情页，还可以阅读和下载文献的部分或全部原文。数据库中收录的汉语国际教育研究综述类著作较多，研究者可以通读相关著作，获得相应研究领域的系统知识。例如，《外国人学汉语语法偏误研究》（周小兵等，2007）一书详细阐述了汉语作为外语/第二语言学习中出现的语法偏误，并提出如何针对语法偏误进行恰当而有效的教学和学习。读秀不仅对这类高质量研究著作进行了系统介绍，还在著作详情后提供了大量的文献检索信息。又如，研究者如果对第二语言写作教学研究感兴趣，则可以参考《写作教学与研究》（Hyland，2005）一书每章后推荐的阅读文献及文献简介。这本书的最后一章还提供了各类写作教学研究相关资源的信息，包括专业期刊、在线写作杂志、专业学会、重要写作研讨会、电子邮件列表、网络论坛、网站和数据库等。

　　使用读秀检索和获取文献的操作也十分便捷，读秀平台为用户提供了多种文献获取方式。例如，在读秀首页"期刊"选项卡下检索框中输入关键词"商务汉语教材词汇"，点击"中文文献"，就可以进入如下图所示检索结果页面。

图 3-6　读秀"期刊"检索结果页面

　　如果用户想获取上述检索结果中的第一篇文献《商务汉语教材选词考察与商务词汇大纲编写》[1]，点击该文献名称链接进入详情页，在页面右侧可以找到"获取途径"功能模块，如下图所示。

图 3-7　读秀获取途径页面

1　检索结果按"学术价值"排序。

一些院校还在读秀平台上为在校师生开通了使用"文献传递"功能的权限。校园网用户可以在"获取途径"模块中看到"邮箱接收全文"选项，点击进入如下图所示页面。

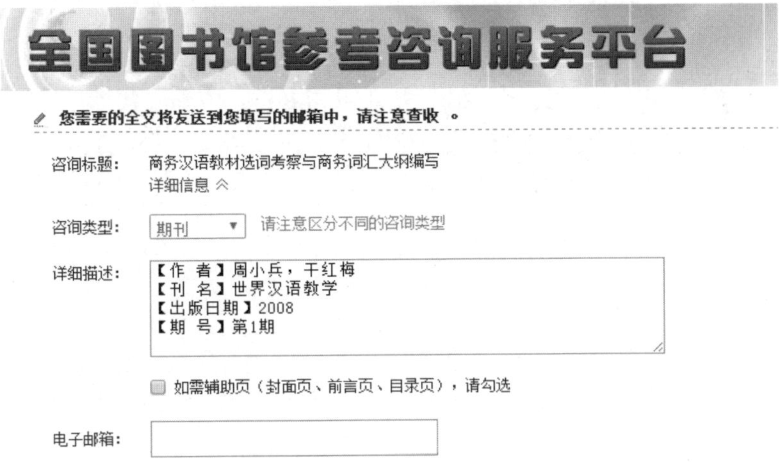

图 3-8　读秀"邮箱接收全文"功能页面[1]

在"电子邮箱"对话框中输入邮箱地址，系统便会将文献自动发送到指定邮箱，操作十分方便、快捷。

（三）百度学术

使用百度学术（xueshu.baidu.com），研究者可以阅读和下载文献的部分或全部原文，还可进行高级精确检索。如研究者想查找与"偏误分析"有关的经典文献和前人研究成果，在百度学术主页上的检索框中输入关键词"偏误分析"并进行检索，就可以看到如图 3-9 所示检索结果页面。

1 文献传递服务由"全国图书馆参考咨询服务平台"实际提供，该平台由"全国图书馆参考咨询联盟"运营。全国图书馆参考咨询联盟由广东省立中山图书馆牵头，360 余家成员图书馆、1200 多位参考咨询员共同参与建设，是面向全社会、免费服务、高效快捷的文献资源服务平台。

图 3-9　百度学术检索结果页面

　　在检索结果页面中，研究者还需重点关注被引量、研究点分析、相关热搜词等信息。一般来说，被引量较高的文献都是研究质量较高的文献，值得仔细研读。相关热搜词则能够引导研究者进一步挖掘问题深度，扩宽研究视野。图 3-9 中页面右侧"相关热搜词"中显示"对比分析"被检索了 16,961 次，频次最高，说明以往研究常常将"偏误分析"与"对比分析"结合在一起，研究者还需检索与"对比分析"有关的文献。此外，相关热搜词还反映出"韩国留学生"和"泰国留学生"是以往偏误分析的主要对象，分别被检索了 970 次和 554 次。

二、外文文献的检索

　　除了查找中文文献，研究者通常还需检索研究相关的外文文献，了解国外最新的研究成果都有哪些，对自己的研究也会有所启发。

（一）外文期刊数据库

　　国外文献资源获取的重要途径就是查询外文数据库。汉语国际教育学科研究可以关注表 3-2 中列出的数据库及其包含的重要应用语言学类外文期刊。

表3-2　相关数据库收录的重要应用语言学类期刊表

数据库及网址	所包含的重要应用语言学类期刊列举
牛津大学出版社牛津期刊现刊库（Oxford Academic Journals）http://www.oxfordjournals.org	*Applied Linguistics* *ELT Journal* *Journal of Semantics*
剑桥大学出版社电子期刊库（Cambridge University Press Journals）http://journals.cambridge.org	*Annual Review of Applied Linguistics* *Applied Psycholinguistics* *Bilingualism: Language and Cognition* *Language Teaching* *Studies in Second Language Acquisition*
Elsevier ScienceDirect 外文期刊库 http://www.sciencedirect.com/	*Brain and Language* *English for Specific Purposes* *Journal of Pragmatics* *Journal of Second Language Writing* *Linguistics and Education*
Wiley 在线图书馆 http://onlinelibrary.wiley.com/	*English in Education* *International Journal of Applied Linguistics* *Language Learning*
Project MUSE 数据库 http://muse.jhu.edu/journals/	*Language* *The Canadian Journal of Linguistics* *The Canadian Modern Language Review*
Sage Premier 数据库 http://online.sagepub.com/	*First Language* *Language Teaching Research* *Second Language Research*
Walter de Gruyter 出版社全文电子期刊 http://wwww.degruyter.de/cont/fb/sk/skZeitEn.cfm	*Cognitive Linguistics* *Language and Cognition* *Studies in Language*
Ingenta Connect 数据库 http://www.ingentaconnect.com/	*TESOL Quarterly*

　　上表列出的各个数据库所包含的应用语言学类期刊都是社会科学引文索引（Social Science Citation Index，以下简称 SSCI）收录期刊，从数据库中可以查找与汉语国际教育相关的研究热点和话题。如剑桥大学出版社的 *Language Teaching*（季刊），每期会按不同主题列出众多国际重要期刊上刊载论文的摘要及检索信息。其中，论文摘要根据研究主题分类收录，包括语言教学、语

言学习、阅读、写作、语言测试、教师培养、双语教育、社会语言学、应用语言学等主题类别。此外，该期刊还会刊登相关新书介绍，设置了文献列表、学术讲座、国别聚焦、畅所欲言、研究进展等栏目。这里值得一提的是"文献列表"栏目，该栏目一般会展示某一专题的研究现状，列出该研究领域中的重要文献，并进行简单的介绍。该期刊于 2012 年刊载了一篇关于外语教材的研究综述 *Materials Development for Language Learning and Teaching*（Tomlinson，2012）。文章详细评述了既有外语教材研究的四个主要话题，包括教材评估、教材文本与内容的改编、教材使用、教材编写，并指出各个话题未来的研究方向。通过认真研读这类高质量综述性文章，研究者不仅能够了解国内外知名学者是如何撰写综述的，还能够为自己的研究找到切入点。

　　总之，外语教学领域研究文献众多，想要在短时间内了解选题的研究现状，最便捷的方式就是找到并仔细阅读与选题相关的综述性文章。综述性文章涵盖的信息量大，研究者通过研读可以在较短时间内获悉更多最新的研究资讯。如有研究者注意到很多来华留学生存在学习策略使用不当的问题，对学习策略相关问题产生了研究兴趣，但在启动研究前对学习策略相关研究现状了解不多。这时，研究者就可以在外文期刊数据库中找到 Oxford 于 1989 年和 1992 年发表的综述性文章并仔细阅读。借此，研究者不仅能够了解到第二语言习得以外的学习策略研究情况，更重要的是能够了解到第二语言习得研究领域当前的热点话题和发展趋势，如优秀学习者的策略使用特点研究、水平较低学习者的策略使用特点研究、策略有效性研究、影响策略使用的因素研究、策略培训研究等，同时还能够发现相关研究存在的一些问题。查找并阅读综述性文章的做法对研究者确定选题并启动研究很有帮助。

　　前面介绍的数据库收录的都是外文文献，研究的内容也大多围绕英语作为第二语言教学。但近年来，如 *Applied Linguistics* 和 *Language Teaching* 等很多知名期刊也刊载了不少汉语作为第二语言教学的研究论文，研究者可以尝试进行检索和研读。

（二）谷歌学术

　　研究者可以通过部分院校校园网 IP 地址进入并使用"谷歌学术"（www.scholar.google.com）。在谷歌学术中，研究者可以创建个性化"快讯"。如果用户关注的作者有新的论著发表，或者其论著被他人引用，系统就会以电子邮件形式通知用户，如图 3-10 所示。

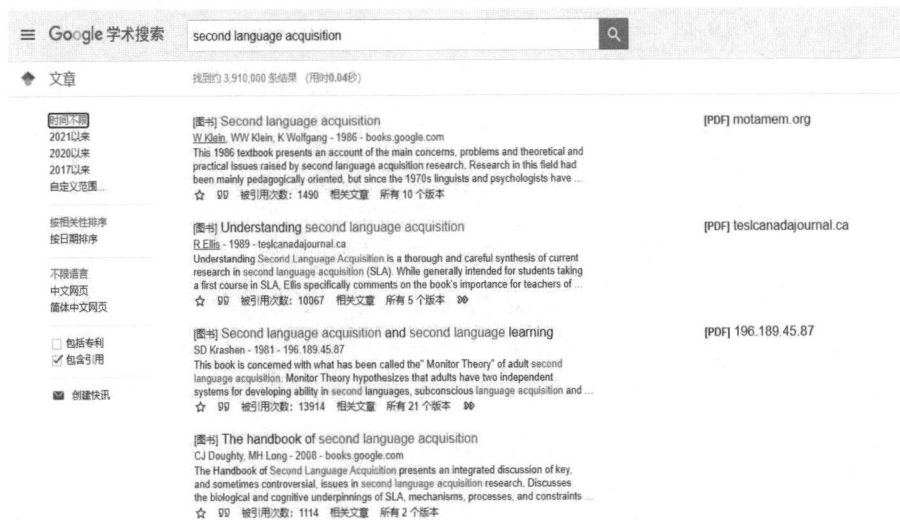

图 3-10　谷歌学术搜索页面与"创建快讯"功能

（三）欧美博士、硕士学位论文全文数据库

除了国外期刊中刊载的论文，优秀的外文博士、硕士学位论文也值得研究者们阅读和学习。ProQuest 学位论文全文检索平台（pqdt.calis.edu.cn）就是比较常用的国外学位论文数据库，研究者能够通过该平台对感兴趣的相关文献进行检索。例如，研究者对"课堂生态"这一研究话题感兴趣，想看看国外基于"课堂生态"的研究成果有哪些，就可以通过 ProQuest 平台的"高级检索"功能进行查询。在检索框中输入"classroom ecology"（课堂生态），根据研究需要在高级检索中设定作者、学校、出版年度、学位等条件，点击"检索"，就可以看到如图 3-11 所示检索结果页面。

1. Models of classroom ecology: Understanding the context of... 收藏
The concept of least restrictive environment LRE), which has been the basis for educating students with disabilities since the Education for the Handicapped Act was passed in 1975 guarantees students...
by Wilson, Claudia Lois.; Ph.D.; University of California, Berkeley.; 1999;
查看详情　查看PDF全文

2. Characterizing the Social Ecology of the Preschool Classroo... 收藏
The social ecology of a classroom---comprising settling-level features that emerge from the characteristics and interactions of the people in the classroom---shapes the opportunities has for f...
by Yudron, Monica.; Ed.D.; Harvard University.bHuman Development and Education.; 2015
查看详情　查看PDF全文

3. SYNAESTHETIC AND METAPHORIC EXPERIENCE WITHIN T... 收藏
The purpose of this study was to examine the potential role of synaesthetic and metaphor experience as a basis for integration within communication arts curricula in the elementary A series ...
by DUIGNAN, WILLIAM JOSEPH.; Educat.D.; Arizona State University.; 1983;
查看详情　查看PDF全文

4. Classroom ecology in a science class: A description of inter... 收藏
The major purpose of this study of classroom ecology was to describe the patterns of inter in the margins of instructional activity by a detailed case study of a seventh grade science teacher. T...
by Haley-Oliphant, Ann E.; Ed.D.; University of Cincinnati.; 1989;
查看详情　查看PDF全文

图 3-11　ProQuest 检索结果页面

选择所要阅读的文献时，以图 3-11 所示检索结果中的第一篇论文为例，点击论文标题链接进入详情页，就可以看到如下图所示的论文具体信息。

作者:	Wilson, Claudia Lois.
学校:	University of California, Berkeley.
学位:	Ph.D.
指导老师:	Ammon, Paul,eadvisorStump, Colleen Shea,eadvisor
学科:	Education,Secondary.
来源:	Dissertation Abstracts International
出版日期:	1999
ISBN:	9780599316713
语言:	English

摘要
The concept of least restrictive environment LRE), which has been the basis for educating students with disabilities since the Education for the Handicapped Act was passed in 1975, guarantees students the right to be educated in a setting most like the settings of their peers without disabilities with minimal supports. For many students with learning disabilities, the LRE has been a combination of general education and special education classrooms. A steady rise in the number of students identified as having learning disabilities in the past 30 years has led to a body of research analyzing the effectiveness of both the general education and special education environments for these students. Findings from this body of work have been more or less equivocal. Some studies have found that the special education classroom has the most positive effect on the achievement of students with learning disabilities while other studies have concluded that the general education classroom is the most effective environment for these students. However, most of these studies have not addressed curricular and instructional issues such as what types of instructional activities occur or what kind of curriculum is being emphasized. As a result, it has not been possible to describe the contexts in which teaching and learning occur so as to accurately understand the experience of the students with learning disabilities. Using qualitative methodology and multiple data sources, this study investigated the learning environments of a selected group of high school students with learning disabilities in both general and special education environments. The purpose of the study was to create a portrait of these learning environments, describing them in detail including instructional methodology, instructional activities, teaching techniques, and curriculum) to discover the variables which most affect the educational experiences of these students. Findings revealed ten major variables related to the experiences of the students with learning disabilities in this study. Using these variables, models of classroom ecology for each of the learning environments are presented and analyzed to explain the experiences of these students. These findings underscore the transactional nature of learning---that learning occurs in the context of a classroom community and that the variables that affect students experiences must be analyzed within the context of the classroom ecologies in which students and teachers interact. Recommendations for future classroom ecological research are made.

查看PDF全文　下载PDF全文　下载MARC文件　收藏

图 3-12　ProQuest 论文信息详情页

通过阅读论文摘要，研究者可以决定是否需要下载论文并进行深入研读。

此外，各个院校的图书馆大多购买了不同的数据库资源。在校学生进入学校图书馆网站，选择相关专业的数据库，也可以获得很多文献资源。下图展示了中山大学图书馆提供学生使用的与语言学研究相关的数据库。

A B C D E F G H I J K L M N O P Q R S T U V W X Y

- CNKI中国知网
- CNKI中国知网——中国政报公报期刊文献总库
- SSCI（社会科学引文索引）
- 全国报刊索引数据库（1833—）
- Ebrary电子图书
- CNKI中国知网——中国优秀硕士学位论文全文数据库
- CSA原剑桥科学文献数据库
- CNKI中国知网——中国重要报纸全文数据库
- Project MUSE期刊数据库
- JSTOR西文过刊全文库
- ProQuest学位论文全文库
- 中国人民大学复印报刊资料
- 广益多媒体外语学习平台
- 新东方在线口语平台
- 新东方在线互动口语平台
- 智课教育英语学练在线服务平台
- 哈佛大学出版社回溯电子图书
- 中国学术会议在线
- Web of Science
- 海外收藏的中国近代史珍稀史料文献库

- CNKI中国知网——中国学术期刊网络出版总库
- CNKI中国知网——中国精品文艺作品期刊文献库
- 环球英语多媒体资源库
- CNKI中国知网——中国重要会议论文全文数据库
- CNKI中国知网——中国年鉴网络出版总库
- CNKI中国知网——中国精品文化期刊文献库
- CNKI中国知网——中国博士学位论文全文数据库
- 中国历代石刻史料汇编
- Literature Resource Center
- PQDT博硕士论文文摘库
- Taylor & Francis人文社科期刊数据库
- Elsevier Science 全文学术期刊
- SAGE现刊数据库
- 新东方多媒体学习库
- 新东方在线网考平台
- CNKI中国引文数据库
- 台湾学术文献数据库
- MyET英语多媒体资源库（含移动端）
- 汉达文库

图 3-13 中山大学图书馆可供使用语言学研究相关数据库

以上我们介绍了几种主要的文献检索方法。文献检索只是文献准备工作的起点。研究者在检索与关键词相关或所在研究领域重要作者的文献时会发现，检索到的文献数量往往很大，这时需要从大量文献中选择合适的文献，也就是对收集到的文献进行分类和整理。

第二节 | 文献分类

一、了解文献类型

文献根据出版类型可以分为期刊文献、专著、学位论文、会议文献等。研究者在浏览学术论文的参考文献时，会发现每一种出版类型的文献都有一个对应的标识代码，如"M"代表普通图书（包括专著、教材等），"G"代表论文集，"C"代表会议录，"J"代表期刊中析出的文献，"D"代表学位论文等，这些文献类型标识代码都用方括号"[ ]"在文献题名后标示。研究者需要把收集到的文献按照出版类型进行分类，为文献阅读奠定基础。一般来说，教材叙述比较全面，涉及的观点多是人们所公认的；专著集中讨论某一课题的研究现状、相关问题及发展前景；学术论文集能反映一段时期内某一领域的研究进展及取得的成就，能够帮助研究者把握该领域的研究动向。

以汉语国际教育学科研究相关文献为例。《对外汉语教学入门（第三版）》（周小兵，2017）是一本较为全面的教材，内容涉及对外汉语教学的全过程和相关教学管理，具体包括教学法与课堂教学、第二语言习得、教学资源建设和运用、语言测试和成绩分析，以及语音教学、词汇教学、语法教学、汉字教学、跨文化交际与文学教学、汉语综合课教学、口语课教学、听力课教学、阅读课教学等。前面提到的《外国人学汉语语法偏误研究》（周小兵等，2007）是学习者汉语语法偏误分析方面的专著。如果研究者对教材研究感兴趣，还可以参考《对外汉语教材通论》（李泉，2012）和《汉语第二语言教材编写》（李晓琪，2013）等论著。论文集方面，《汉语国际教育硕士学位论文选》（周小兵，2015）收录了中山大学2011~2014届汉语国际教育硕士专业毕业生的优秀学位论文。《汉语国际教育调查与研究》（张高翔，2013）收录了在云南大学就读的泰国、缅甸、越南、印度尼西亚、孟加拉国、老挝、日本、韩国、西班牙等多国留学生的优秀论文，内容主要涉及海外中文教学调查研究报告、汉外语言文化研究、偏误分析与研究三个方面，对国际学生的论文写作有较大启发意义。

相对来说，专业期刊中析出的论文质量较高，能反映相关领域的研究现状和研究水平。除此之外，特定主题的论文集，尤其是由该领域有影响的专家组织编写的论文集，也是对研究者很有价值的文献。如有研究者就第二语言学习动机展开研究，参阅了由Oxford（1996）编辑出版的论文集 *Language Learning Motivation: Pathways to the New Century* 及由Dornyei和Schmidt（2001）编辑出版的论文集 *Motivation and Second Language Acquisition*。这两本论文集较为全面地收录了第二语言学习动机研究领域各个方面的论文，认真研读这些论文对研究者很有帮助。

研究者可以通过专著了解特定研究领域的总体面貌，通过期刊文献了解某一具体研究课题的既有研究成果，通过学位论文吸取论文撰写的经验和技巧。期刊中刊载论文的文献综述通常比较简短，一般只提及最重要、最前沿的理论和研究成果。博士、硕士学位论文中的文献综述则更加详细，对研究的基本情况，包括研究是在哪里（国家或地区）做的、何时做的、由谁做的、如何做的等，都有清楚的交代。学位论文中通常还会概述课题研究的历史沿革和近况，如某一课题在国外已有相关研究，但国内还没人研究过；20 世纪80 年代曾十分热门的研究课题，可近十年来已鲜有研究者涉猎了。

以下是从《计算机辅助汉语词汇测评系统设计研究》（彭德权，2013）一文参考文献中节选的一部分。

[1] 柴省三. 汉语水平考试（HSK）听力测验构想效度研究 [J]. 语言文字应用，2011（1）：73-80.

[2] 柴省三. 关于 HSK（初中等）平行信度的实证研究 [J]. 汉语学习，2002（2）：65-69.

[3] 方绪军. 对外汉语词汇教与学 [M]. 北京：北京师范大学出版社，2008.

[4] 鹿士义. 汉语水平考试（HSK）的 DIF 研究 [D]. 南京：南京师范大学，2004.

[5] 王佶旻. 汉语水平考试（HSK）改进方案 [J]. 世界汉语教学，2007（2）：126-135，139.

[6] 王晓慧. 初级汉语学习者产出性词汇分析 [D]. 上海：上海师范大学，2010.

[7] 杨翼. 对外汉语教学的成绩测试 [M]. 北京：北京大学出版社，2010.

[8] NATION I S P. Teaching and learning vocabulary[M]. Boston: Heinle & Heinle, 1990.

通过文献类型标识代码可以看出，序号为 3、7、8 的文献属于专著，序号为 1、2、5 的文献是期刊中析出的文献，序号为 4、6 的文献属于学位论文。一篇高质量的硕士学位论文的参考文献至少要包括专著、期刊中析出的文献、学位论文等类型，缺一不可。

二、建立意向性阅读书目

所谓"意向性阅读书目"，就是研究者列出的可能需要阅读的参考文献清单。建立意向性阅读书目主要有两个功能，一是作为阅读文献的指南，二是作为论文引用文献的依据。研究者可以通过人工检索或计算机筛选的方法确定与研究课题相关的意向性阅读书目。

（一）人工检索

人工检索的方法，也称为"滚雪球"的方法。首先，研究者应阅读与自己选题联系最紧密的文章的参考文献，根据题名排除其中与自己研究关系不大的文献。然后，阅读筛选出文献的摘要，判断其中哪些文献与自己的论文选题有关联，以此进一步筛选与选题相关的文献，排除无关文献。接下来，在根据摘要内容筛选出文献的参考文献中，按第一步的方法继续筛选与选题有关联的文献。以此往复，研究者收集到的与选题相关的文献越来越多，就像滚雪球一样。值得注意的是，建立意向性阅读书目时，研究者只需阅读文献的摘要，不用深入研读文献的全部内容。建立意向性阅读书目的主要目的就是明确哪些是与选题紧密相关的文献。

（二）计算机筛选

本章第一节介绍了通过关键词检索中外文数据库中的文献。在获得大量文献后，研究者可以利用计算机生成一份参考书目。这份参考书目，需要经过以下三次筛选，才能最终形成意向性阅读书目。

第一次筛选，排除那些明显没有价值的索引项目。

第二次筛选，点击标题链接阅读相关文献的摘要或前言，判定文献是否与自己的研究有关。

第三次筛选，在各平台或数据库中检索并获取所需资料。

经过这三次筛选，意向性阅读书目才最终形成。研究者可以对书目中的文献进行整理，按照"主题—发表年份—作者—题目"重新命名（如图 3-14 所示）并打印装订，以便研读和学习。

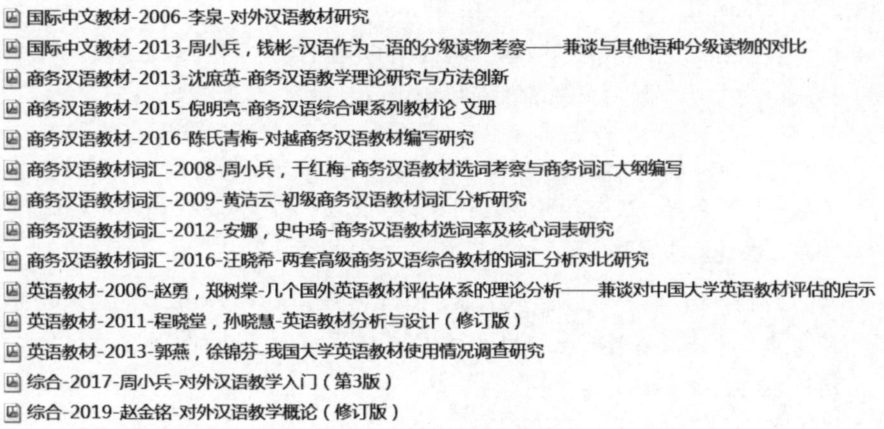

国际中文教材-2006-李泉-对外汉语教材研究
国际中文教材-2013-周小兵, 钱彬-汉语作为二语的分级读物考察——兼谈与其他语种分级读物的对比
商务汉语教材-2013-沈庶英-商务汉语教学理论研究与方法创新
商务汉语教材-2015-倪明亮-商务汉语综合课系列教材论 文册
商务汉语教材-2016-陈氏青梅-对越商务汉语教材编写研究
商务汉语教材词汇-2008-周小兵, 干红梅-商务汉语教材选词考察与商务词汇大纲编写
商务汉语教材词汇-2009-黄洁云-初级商务汉语教材词汇分析研究
商务汉语教材词汇-2012-安娜, 史中琦-商务汉语教材选词率及核心词表研究
商务汉语教材词汇-2016-汪晓希-两套高级商务汉语综合教材的词汇分析对比研究
英语教材-2006-赵勇, 郑树棠-几个国外英语教材评估体系的理论分析——兼谈对中国大学英语教材评估的启示
英语教材-2011-程晓堂, 孙晓慧-英语教材分析与设计（修订版）
英语教材-2013-郭燕, 徐锦芬-我国大学英语教材使用情况调查研究
综合-2017-周小兵-对外汉语教学入门（第3版）
综合-2019-赵金铭-对外汉语教学概论（修订版）

图 3-14　意向性阅读书目示例

意向性阅读书目可以涵盖专著、国内外期刊论文、会议论文、报纸或网页等，重点是获取高质量的权威文献，收集网络信息则需要谨慎一些。

三、确定文献阅读的范围

在建立好意向性阅读书目之后，研究者还要确定文献阅读的范围。Rudestam 和 Newton（1992）将研究者需要阅读的文献分为背景、中景和前景三类，用通俗的话讲，就是聚焦文献时使用远镜头、中镜头还是特写镜头。其中，前景文献是研究设计的基础。

背景文献（远镜头），提供一般的研究框架或理论上的界定。

中景文献（中镜头），与本课题相关的研究。

前景文献（特写镜头），与本课题联系密切，关注某些研究的细节。

如《越南学生汉语二项定语习得研究》（黎光创，2011）参考的背景文献包括关于汉语定语的本体研究，如对比分析、偏误分析等二语习得理论和研究方法；中景文献是关于外国学生习得特定汉语语法点的研究；前景文献包括汉语与越南语定语对比研究，以及越南、泰国、西班牙学生等不同母语学习者习得汉语定语的研究。再如《二语交际问题及其解决策略的研究——汉语学习者使用汉语交际的个案分析》（王莹，2011）一文的参考文献中，背景文献是对交际策略和交际策略分类的研究，中景文献是交际策略解决第二语言交际问题的实证性研究，前景文献是交际策略解决汉语作为第二语言交际问题的实证性研究。

再来看叶陈清（2018）的《基于语料库的疑问代词"怎么"的偏误分析》，以下是从论文参考文献中节选的部分内容。

丁声树，等 . 现代汉语语法讲话 [M]. 北京：商务印书馆，1999.

关振宇 . 面向对外汉语教学的疑问代词"怎么"和"how"的对比研究 [D]. 兰州：西北师范大学，2015.

刘珣 . 对外汉语教育学引论 [M]. 北京：北京语言大学出版社，2013.

吕文华 . 对外汉语教材法语法项目排序的原则及策略 [J]. 世界汉语教学，2002（4）：86-95.

冉永平 . 话语标记语的语用学研究综述 [J]. 外语研究，2000（4）：8-14.

邵敬敏 . 现代汉语疑问句研究 [M]. 上海：华东师范大学出版社，1996.

童丽娜 . 留学生疑问代词非疑问用法习得顺序研究 [D]. 济南：山东大学，2008.

杨伶俐 . "怎么"的非疑问用法研究 [D]. 武汉：华中科技大学，2011.

肖珍珍 . 外国留学生疑问代词非疑问用法的偏误分析 [D]. 长沙：湖南大学，2014.

袁志刚 . 疑问代词"怎么"非疑问用法研究 [D]. 广州：暨南大学，2010.

同样，我们可以将这些文献分为背景、中景和前景文献三类，如表3-3所示。

表3-3　《基于语料库的疑问代词"怎么"的偏误分析》参考文献分类

文献类型	文献名称
背景文献（远镜头）	丁声树，等 . 现代汉语语法讲话 [M]. 北京：商务印书馆，1999. 刘珣 . 对外汉语教育学引论 [M]. 北京：北京语言大学出版社，2013. 吕文华 . 对外汉语教材语法项目排序的原则及策略 [J]. 世界汉语教学，2002（4）：86-95. 冉永平 . 话语标记语的语用学研究综述 [J]. 外语研究，2000（4）：8-14.
中景文献（中镜头）	邵敬敏 . 现代汉语疑问句研究 [M]. 上海：华东师范大学出版社，1996. 童丽娜 . 留学生疑问代词非疑问用法习得顺序研究 [D]. 济南：山东大学，2008. 肖珍珍 . 外国留学生疑问代词非疑问用法的偏误分析 [D]. 长沙：湖南大学，2014.

文献类型	文献名称
前景文献 （特写镜头）	关振宇 . 面向对外汉语教学的疑问代词"怎么"和"how"的对比研究 [D]. 兰州：西北师范大学，2015. 杨伶俐 ."怎么"的非疑问用法研究 [D]. 武汉：华中科技大学，2011. 袁志刚 . 疑问代词"怎么"非疑问用法研究 [D]. 广州：暨南大学，2010.

第三节 ｜ 文献研读：摘要，评论，关联

　　熟练使用各类学术搜索工具收集文献并对文献进行分类整理后，就要进入一个更为重要的环节——阅读文献。对前人研究成果的研读应全面、系统，专著、学术论文和教材，国内和国外、汉语和外语文献都要兼顾。一般来说，硕士学位论文需要参考的文献不能少于 30 篇，最多可达百余篇。研读文献时，要多关注在重要刊物上刊载的论文；对于尚未发表的学位论文等则要谨慎处理，应在认真研读并确认其具有参考价值后，方可列为参考文献。研究者在大量阅读参考文献的同时，还应对这些文献进行个性化梳理，即整理和回顾。建议研究者从最新发表的文献开始读起。注意，在研读文献的过程中，研究者应随时准备记录三类信息，分别是摘要、评论和关联。这三类信息都可以表格的形式记录在文献阅读笔记中。

一、摘要

　　研究者在研究设计和论文写作的过程中会阅读大量的文献，如果不及时对阅读的文献进行重点摘录和总结反思，那么一段时间之后就很容易忘记之前阅读过文献的内容，查找起来也十分困难。这时候，以表格形式呈现的文献阅读笔记就成为有效的资料整理与辅助记忆工具。通过填写表格对研读过的文献进行摘要，可以提高文献研读效率，避免因二次查找和阅读文献而浪费时间。一般来讲，研读文献的摘要应包含以下信息：

　　① 提出该研究选题的理由；

　　② 该研究隐含的假设；

　　③ 收集数据和语料的程序；

④ 该研究中的研究对象和测量工具；

⑤ 对数据和材料的分析方法和分析程序；

⑥ 该研究的主要发现；

⑦ 该研究对现有研究成果所做出的贡献。

例如，王澍（2014）对《意大利人学汉语》和《当代中文》两种意大利使用的初级汉语教材的本土化特征进行了对比和研究。研究者在阅读这篇论文时要做好文献阅读笔记，首先应填写如下所示摘要表格。

表3-4　文献阅读笔记摘要表格示例1

文献	王澍.意大利初级汉语教材研究——以《意大利人学汉语》和《当代中文》为例 [D]. 上海：华东师范大学，2014.
选题理由	针对意大利汉语学习者编写的国别教材很少，中国国内代表性的"一版多本"教材在意大利并不适用。这类教材中能反映意大利本土特征的内容较少，学生学习兴趣不高。
研究隐含的假设	① 本土化程度是评判对外汉语教材优劣的标准之一。 ② 国内"一版多本"教材与海外教材相比，存在差距和不足。
数据和语料的收集程序	① 对比《意大利人学汉语》和《当代中文》两种初级汉语教材，从语音、词汇、语法、课文、课后练习、文化等方面考察本土化特征。 ② 通过访谈，收集教师使用两种教材后的反馈意见。
研究对象	国内代表性的"一版多本"教材与海外教材的本土化特征。
数据和材料的分析程序	① 某一项目的出现次数占该项目在整部教材中出现次数的百分比。 ② 提取访谈主题词，整理教师访谈数据。
主要发现	《意大利人学汉语》的编写注重中外对比、课文话题本土化、外语翻译和注释，能更好地帮助意大利学习者；《当代中文》本土化改编做得不够，还有不少改进空间。
该研究的贡献	① 较为细致地对比了意大利使用的"一版多本"教材和国别化教材，并提出编写建议。 ② 从教师的视角评价教材，与统计数据互相印证和支持。

再举一例。周小兵、王宇（2007）对学习者出现的与汉语范围副词"都"有关的偏误进行了分析，阅读这篇论文时记录的摘要如表 3-5 所示。

表3-5　文献阅读笔记摘要表格示例2

文献	周小兵，王宇 . 与范围副词"都"有关的偏误分析 [J]. 汉语学习，2007（1）：71-76.
选题理由	探索与范围副词"都"有关偏误的成因。
研究隐含的假设	① 范围副词"都"的使用有其特殊的句法和语义条件。留学生未能掌握这些复杂条件，导致偏误。 ② 偏误成因可以从语际难度、语内发展难度、教学误导等方面探讨。
数据和语料的收集程序	收集留学生的偏误句，检索中介语语料库。
研究对象	留学生书面语料中与范围副词"都"有关的偏误。
数据和材料的分析程序	1　范围副词"都"使用的语义条件 　　1.1　语法分布 　　1.2　语义条件 2　母语干扰、目的语内部因素和教学误导在偏误生成中的作用 　　2.1　"都"的遗漏 　　2.2　"都"的错序 　　2.3　"都"的误加 　　2.4　"都"与其他词语的混淆
主要发现	① "都"的总括义实际上是逐指义，强调对象的每一个义项都能与谓语部分相配。逐指的清晰度越高，难度越低。 ② "都"使用的强制性越显著，难度越低。
该研究的贡献	① 提出"强制性"概念和"逐指"义的形式化鉴别方法。 ② 考察留学生的几种偏误类型，指出偏误成因，并预测习得难度。

　　需要注意的是，如果使用纸笔绘制并填写笔记表格，建议研究者在各条目间留下空白，以便日后产生新的想法时有空间补充相应内容。重新阅读笔记时，建议研究者补充针对摘要信息提出的问题或产生的想法、回应等，这些内容有助于形成论文初稿的原型。另外，研究者可以根据与自己研究课题相关的一系列小标题排列和整理文献摘要，并建立电子数据库。例如，研究者计划对商务汉语教材的词汇编写情况进行评估，就可以按照"通用汉语教材""商务汉语教材""通用词汇""商务词汇"等小标题对所收集到文献的摘要进行分类和整理。

二、评论

研究者对阅读过的文献所做的评论，应该包括文献中研究的优点和缺点，重点在于评论研究的不足。发现前人研究的不足，才可能为自己的研究探索出前进的方向。研究者在阅读文献时，发现问题应随即记录下来，不要等到全部读完再做记录。

"摘要"是描述性的，"评论"是评价性的。评论，必须用批判的眼光仔细阅读文献。一项研究的不足，可能体现在很多方面，如研究对象的选择、测量工具的设计、数据的收集和分析、对研究结果的解释等。因此，研究者在对文献进行评论时，应该关注这些方面的问题，对文献的每一部分都要认真研读并进行深入思考。

以周小兵、陈楠（2013）发表的《"一版多本"与海外教材的本土化研究》一文为例，在文献阅读笔记中填写的评论表格如下所示。

表3-6　文献阅读笔记评论表格示例1

文献	周小兵，陈楠．"一版多本"与海外教材的本土化研究 [J]. 世界汉语教学，2013，27（2）：268-277.
研究对象的选择	① 样本量大：共分析了 8 种、24 本教材。 ② 样本可比性强：对比两种"一版多本"教材。 ③ 样本代表性强："一版多本"与海外教材的典型教材。
测量工具的设计	使用基础的描述性统计和百分比折算，简单有效。
数据的收集和分析	对比维度全面：对比"一版多本"教材的英语版母本与其他语种版本的本土化特征；对比"一版多本"教材与海外教材的本土化特征。
对研究结果的解释	文中呈现的表格后不仅对数据进行了语言描述，还专设"讨论"部分对数据所反映情况进行原因剖析。如"词汇部分"列表中的数据反映海外教材本土化词汇的数量和范围都超过"一版多本"教材，作者进行了可能的原因解释，并且有数据支撑。（272~273 页）
研究不足	教材语料的选取是研究的不足。文章对比了不同媒介语的教材，包括"一版多本"和国外编写的教材；但媒介语语种还不够多，仅对比了英语、意大利语、西班牙语、泰语和法语作为媒介语的教材。此外，对比的两类教材的媒介语语种不对称。"一版多本"教材选取了 7 个语种的版本，国外编写的教材中没有日语和韩语版本的教材。

一项科学研究不可能没有缺点。研究者对文献进行研读，最重要的就是在吸收研究优点的同时发现研究存在不足。这里再举一例，表 3-7 所示是研读陶思佳（2011）的硕士学位论文后所做的评论。

表3-7　文献阅读笔记评论表格示例2

文献	陶思佳.初级对外汉语口语课堂上的互动模式[G]//周小兵.中山大学国际汉语教育三十年硕士学位论文选——全球视野下的国际汉语教育.广州：中山大学出版社，2011：87-108.
研究对象的选择	语料来自中山大学初级班口语课和美国印第安纳波利斯大学孔子学院的汉语教学课。
数据的收集和分析	分类举例说明，丰富并发展了辛克莱和库尔哈特的话语模式体系，归纳出对外汉语口语课堂上的 7 种一级互动模式，11 种二级互动模式。
对研究结果的解释	指出对外汉语口语课堂上的互动与辛克莱和库尔哈特所研究的课堂互动不完全相同： ① 教师通过提问引发互动后，也会给予反馈。教师的目的不是指挥学生，而是检查学生对语言形式的理解； ② 师生间的互动不止于一对一的模式，多向互动模式、转述式模式、学生协助引发模式及模式套叠都可以发生在多角色之间； ③ 学生协助引发模式，体现了学生之间互动对学习的促进作用。
研究不足	只收集了 32 组课堂输入、输出语料，便总结出 11 种互动模式，需要更多的语料加以检验。此外，缺乏探讨其他因素（如学生的民族、性别，课堂规模等）对互动的影响。

三、关联

阅读文献最重要的就是明确所阅读文献与自己的研究之间有何关联。研究者需要明确文献材料应被用于研究和论文撰写的哪一部分，是用于说明测量工具的设计、描述理论框架，还是用于讨论研究成果。

例如，有研究者在阅读莫鸿强（2014）的硕士学位论文后产生了一定的思考，并在文献阅读笔记中填写了功能表格，如表 3-8 所示。

表3-8 文献阅读笔记功能表格示例1

文献	功能
莫鸿强.四部初级商务汉语教材词汇研究[D].上海：上海财经大学，2014.	仿照这项研究的方法对其他商务汉语教材进行研究： ① 该研究对象均是2010年前出版的教材，可以考虑收集2010年后出版的商务汉语教材进行考察。商务汉语教材时效性较强，近年来出版的商务汉语教材更值得研究。 ② 词汇考察参考的1992版《汉语水平词汇与汉字等级大纲》年代较为久远，可以考虑参考2010版《汉语国际教育用音节汉字词汇等级划分》。此外，这两个大纲均为通用大纲，还可以结合2012版商务汉语词汇大纲《经贸汉语本科教学词汇大纲》进行对比。 ③ 研究只考察了四种初级商务汉语教材中的词汇，可以进一步考察中级和高级商务汉语教材中的词汇，并将初级、中级和高级教材词汇的考察结果进行对比。

又如，研究者在阅读项颖（2018）的硕士学位论文后，将论文内容对自己研究的启示记录在如表3-9所示的功能表格中。

表3-9 文献阅读笔记功能表格示例2

文献	功能
项颖.菲律宾中学汉语课堂管理问题研究——以红溪礼示大学附属中学和中正学院为例[D].福州：福建师范大学，2018.	仿照该案例研究的方法进行类似研究： ① 菲律宾开设汉语课程的学校众多，各所学校的教学状况存在一定差异。受限于地域，作者选取的调查对象多是位于中吕宋地区的学校。可以调查其他地区的学校，或如华校、非华校等不同类型的学校。 ② 研究分别对教师和学生进行了有关汉语课堂管理的问卷调查，调查结果互相印证。还可以考虑深入课堂，观摩汉语教师的真实授课场景，运用质性研究方法对教师和学生进行更加深入的访谈；同时收集教师对课堂管理的反思日志并进行分析，得出的结论会更有说服力。

按照上面的要求研读文献并记录好摘要、评论和关联等关键信息后，研究者就可以着手撰写文献综述了。

第四节 | 撰写综述：继承与超越

文献综述是研究者在研读与某一课题相关的文献后，在理解文献内容的基础上，对文献进行整理、综合分析和评价而形成的文本。文献综述可以检验研究者是否对文献进行了有效的研读和思考，也能够反映出研究者对文献的整合、评价和分析能力。

事实上，论文撰写的各个阶段都需要进行文献综述。在选题阶段，研究者需要对相关文献进行粗略的综述，评估自己拟定的选题是否具有研究价值。选题初步确定后，研究者需要对相关理论进行描述、整合和评价，以便凝练出需要研究的具体问题。选择合适的研究方法时，研究者需要了解以往研究的常用方法，以及这些方法的适用度和存在的不足。得出初步研究结果后，需要将初步研究结果与前人成果进行比对，评估自己的研究是否真的具有创新性。论文完成后，研究者还需要再次检索最新的文献，审视论文的文献综述部分是否需要改善。可见，文献综述工作贯穿研究的始终，在研究的不同阶段，进行文献综述的目的和要求都不一样。

一、文献综述的作用

文献综述，就是通过梳理前人的研究成果，辅助研究者提出所要研究的问题并实际开展研究。文献综述有几项重要的作用不可忽视。

第一，表明研究者对该领域的理论、发现、研究方法等的熟悉程度，揭示自己选题的价值和意义。只有广泛收集和阅读相关的研究文献，研究者才能对该领域研究有整体把握和了解，才能清楚目前研究已经发展到什么程度，才能确保自己的选题具有研究意义。

第二，明确研究方向。要进行创造性研究，必须了解前人的工作情况，避免重复，更不能照搬。前人研究成果是出发点，我们的研究应是前人研究的延续，就像接力赛一样。前人研究为我们做好了铺垫，也指明了方向。

第三，吸取他人教训，避免同类错误。相关文献时常会记录一些前人研究中的酸甜苦辣，包括因设计或实施失误而影响研究质量的例子。这些"前车之鉴"可能会为后来的研究者带来很多启发。

第四，文献综述涉及众多参考书目，相当于为读者提供了一个极有价值的信息检索系统。

优秀的科学研究都是基于深厚的知识积累、深刻的思考，以及前人的研究成果。做好文献综述是搞好科研的关键，是对现有研究成果的总结、分析和解释，是连接先前成功的研究和当前正在推进的一项创造性研究的桥梁。

二、文献综述的内容

撰写文献综述具有一定的挑战性，但也不是没有规律可循的。一般来说，文献综述应当包括四部分内容，分别是界定核心概念、回顾前人研究、评论前人研究优缺点，以及明确自己研究的创新点。为了使讲解更加清楚明了，下表列出了文献综述各项内容应回答的问题及具有的功能。

表3-10　文献综述主要内容

主要内容	必须回答的问题	功能
界定核心概念	本研究的核心概念具体指什么？ 为什么要这样界定？	回顾前人观点和理解核心概念的基础上，对自己研究中涉及的核心概念进行操作化处理。
回顾前人相关研究	研究对象是什么？ 研究方法是什么？ 研究工具是什么？ 研究程序是什么？ 研究结果是什么？	介绍前人的相关研究，重点回顾与自己研究高度相关的高质量文献。
评论前人研究的优点与不足	优点是什么？ 不足是什么？	从自己研究需要的维度评价文献，通过评析反映出自己研究的价值。
指出研究创新点	新意在哪里？ 价值在哪里？	重申自己研究的价值，指出自己的研究弥补了前人研究的哪些空白。

以下通过实例对这些具体内容逐一进行讲解。

（一）概念界定

学术研究往往包含一些核心概念，研究者需要对这些概念进行界定。对于同一个概念，不同的研究者往往会有不同的理解，因此就可能给出不同的定义，从而得出不同的研究结论。例如，学习策略是二语习得领域中经常研究的话题，英语中与"学习策略"有关的术语很多，包括"learning strategy, learning technique, learning tactic, communication strategy, cognitive process"等。尽管是不同的术语，但其基本概念有重合或类似之处，研究者需明确在自己的研究中使用哪个定义。罗宇（2011）在硕士学位论文的文献综述部分中，对自己研究中使用"学习策略"的概念进行了界定。

留学生汉语写作过程中的写作策略研究（罗宇，2011）

3.1 学习策略的定义

在第二语言学习研究中，对学习策略的定义存在许多分歧。Ellis（1994）列举了五种具有代表性的定义。秦晓晴（1996）、文秋芳（2000）、江新（2000）、程晓堂和郑敏（2002）都曾对策略下过较为明确的定义。

本研究中，写作过程中的写作策略（以下简称"写作策略"），指留学生在汉语写作过程中为了达到写作目的而采取的方法、行为和心理活动。

3.2 学习策略的分类

前人（O'Malley 和 Chamot，1990；Oxford，1990；Cohen，1998；文秋芳，1993）对学习策略做过各种分类。笔者根据写作过程的特点，选择 O'Malley 和 Chamot（1990）的分类作为本研究的参照系。具体情况如下：

元认知策略（metacognitive strategies）：利用关于认知处理的知识并试图通过计划、监控和评估的方式规范自身语言学习的策略，包括提前准备、事先预习、自我监控、延迟表达和自我评价。

认知策略（cognitive strategies）：在解决问题中需要直接分析、转换和综合学习材料时，学习者采取的步骤或行为，包括重复、利用目的语资源、利用身体动作、翻译、归类、记笔记、演绎、重新组织、利用视觉形象、利用声音表象、利用关键词、利用上下文、情景、拓展、迁移、推测。

社会或情感策略（social/affective strategies）：关于学习者以何种方式与其他学习者或本族语者交际的策略，具体包括协作、提问以达到澄清问题的目的。

3.3 写作过程的定义

在本研究中，写作过程指的是写作者接到写作任务后准备写作、写作、修改、直到他们认为自己的作文任务完成，并终止写作活动的过程。过程分为心理层面和行为层面。以心理为起点，以行为为终结。例如，接到任务后的思考是心理活动，写出提纲是行为。又如，写作的终点是写作者认为自己完成了任务并停止写作行为。为了写作和语言产出而在平时所做的活动（如阅读美文等）不属于本研究的内容。

写作过程涉及众多因素（Grabe 和 Kaplan，1996）。表 3-1 是马广惠（2004）列出的影响二语写作的因素。

表3-1　影响第二语言写作的因素

教育环境	写作者因素		
	心理	知识	过程
写作背景 写作任务 使用和产生的文本 针对学术的话题 写作	意图 目标 归因 态度 世界	语言 语篇 社会语言 读者或听众	写作技巧 写作策略

本研究只考察留学生汉语二语写作过程中的写作策略使用情况。

3.4 写作策略的选取

研究者首先对中级班的 12 名留学生提出以下几个问题：

① 你是怎样写作文的？

② 遇到不能表达的意思怎么办？

③ 你怎样修改自己的文章？

④ 写作文时遇到了很大的困难，你怎么办？

根据学生的回答，归纳出他们大致使用的策略后，研究者再根据写作过程的定义及 O'Malley 和 Chamot（1990）的策略分类框架对留学生的写作策略进行比较选择。在此基础上，研究者选定了以下策略：（选取交际策略是由写作的本质特点决定的，即写作是一种交际过程。交际策略是为了达到交际目的所采用的对没有能力执行的生成计划的弥补方法。）

……

作者结合前人对学习策略理论的讨论，将自己所要研究的写作过程中的写作策略界定为"留学生在汉语写作过程中为了达到写作目的而采取的方法、行为和心理活动"，并明确指出自己的研究选择 O'Malley 和 Chamot（1990）的学习策略分类框架作为参照系。在回顾前人对写作过程的定义时，作者指出自己研究的考察范围仅限于留学生在汉语作为第二语言写作过程中写作策略的使用情况。最后，作者调查了留学生进行汉语作为第二语言写作的实际情况，选定了要考察的写作策略项目。

再举一个例子。刘宏帆（2011）在硕士学位论文中对汉语双及物结构的概念做了界定。

双及物结构的类型考察及其汉语习得（刘宏帆，2011）

2.1 双及物结构的定义和分类

结合本体研究，从对外汉语教学的角度出发，可以提出教学中适宜的双及物结构式的定义："是一种论元结构，即由双及物（三价）动词构成的、在主语以外带一个客体和一个与事的结构，在句法上可以表现为多种句式，有的是双宾语句，有的不是。"（见：刘丹青，2001b）。

先看刘丹青文章中涉及的句法形式分类（V—动词，OD—直接宾语，OI—间接宾语，P—介词）：

a 式：V + OD + OI（双宾式）　　　　卑本书我。（粤语）

b 式：V + OI + OD（双宾式）　　　　抢张三一本书。

c 式：V + OD + P + OI（补语式）　　送一本书给张三。

d 式：V + P + OI + OD（复合词式）　送给张三一本书。

由于本研究从对外汉语教学的角度出发，句法形式分类主要着眼于现代汉语普通话中存在的几种双及物结构式，因此只在方言中存在的 a 式不列入我们的考察范围，而普通话中的状语式和"把"字式进入我们的研究视野。请看：

b 式：V + OI + OD（双宾式）　　　　抢张三一本书。

c 式：V + OD + P + OI（补语式）　　送一本书给张三。

d 式：V + P + OI + OD（复合词式）　送给张三一本书。

e 式：P + OI + V + OD（状语式）　　给张三送一本书。/ 向张三借一本书。

f 式：P + OD + V + OI（"把"字式）　把这本书给张三。

再看语义分类：许多研究者都对双宾语句进行过分类，但是说法不一。马庆株（1992）按宾语类型分类达 14 种，其分类虽然细致，但对外汉语教学的语法描述应该尽量简洁直观，以便于学生理解。因此，我们决定从动词的角度进行分类。目前本体语法研究最多的是"给予义"和"索取义"，这当然是双及物结构的主要语义类型。另外，根据石毓智（2004）的研究，双及物动词可以分为三类，即右向动词、左向动词和双向动词。其中双向动词也就是"借类"的分离值得注意。传统分类多是把"借类"归入"索取类"，但是由于这一类动词的予夺不明，很容易造成歧义，在教学语法的分类中适宜单列出来，专门进行描写和教学。参考多家意见，我们决定将双及物结构的动词分为给予类、索取类、称教告类和借类四类。

张国宪（2001a）指出，现代汉语的"给予义"动词可以进入 b 式、c 式、d 式，"索取义"动词只能进入 b 式。根据亢世勇（1997）的研究，给予类动词还可以进入 e 式、f 式，"称教告类"也是只能进入 b 式。最后看比较特殊的"借类"，由于其双向性特点，进入不同的格式可以表示不同的内容。卢建（2003）指出，在进入格式 b 时，"借类"词有歧义理解，但是倾向于理解为"索取义"，而进入别的格式时则毫无例外地理解为"给予义"。据卢建分析，予夺不明双宾语句的动词后添加"了"应理解为"索取义"，添加"给"应理解为"给予义"。这一分析对教学很有启发性，在教授"借类"动词的双及物结构式时，可以将两种不同的语义理解以不同的句法形式来展示和教授，这符合汉语母语者的理解，同时也避免了不必要的歧义，降低了学习难度。

因此，我们对双及物结构教学的建议是：将双及物动词的语义类型和双及物结构句法形式结合起来教学，而不是现在通行的不分语义，将所有类型的双及物动词套在同一个句法形式（双宾式）里进行教学。

具体按照语义进行的句法分类总结如下：

称教告类　V + OI + OD，其中"称类"还有"P（被）+ OI + V + OD"

索取类　V＋OI＋OD，P（向、从……）＋OI＋V＋OD（见：张国宪、周国光，1997）

给予类　V＋OI＋OD，V＋OD＋P（给）＋OI，V＋P（给）＋OI＋OD，P（给、向、朝、从……）＋OI＋V＋OD，P（把）＋OD＋V＋OI

借类　索取义：V＋了＋OI＋OD（见：卢建，2003），P（向、从……）＋OI＋V＋OD

给予义：V＋OI＋OD，V＋OD＋P（给）＋OI，V＋P（给）＋OI＋OD，P（给、向、朝、从……）＋OI＋V＋OD，P（把）＋OD＋V＋OI

注：V—动词；OI—间接宾语；OD—直接宾语；P—介词，以"给"为主，还有"把"……

　　作者首先回顾了汉语本体研究对双及物结构的定义，然后从语义角度探讨了前人对双宾语句分类的不同看法。在此基础上，作者提出应该将双及物动词的语义类型和双及物结构的句法形式结合起来教学的建议，并总结了按照语义对双及物动词进行句法分类的情况。

　　研究者在界定核心概念时，一定要关注前人提出的相关定义，将自己的研究与前人的定义联系起来。在文献综述中界定核心概念，研究者应讨论前人提出不同定义之间的异同，并进行评述，在此基础上明确自己研究中对核心概念的界定。

（二）回顾前人研究

　　在回顾前人研究时，切忌大量罗列文献，要按照一定的逻辑顺序介绍国内外研究现状和不同学派的观点。对有创造性和较好发展前景的理论或假说要详细介绍，并引出论据；对有争议的问题要援引并比较不同的观点或学说，指出问题争议的焦点和可能的发展趋势，并提出自己的看法。对陈旧的、过时的或并非公认的观点的介绍可以从简，对一般读者熟知的问题也是简要提及即可。下面以一篇汉语国际教育硕士学位论文为例，看作者在文献综述中是如何回顾前人的相关研究的。

汉语中级口语教材课文语料难度定量分析——以《阶梯汉语·中级口语2》为例（颜铌婷，2013）

2.2.1 教材语料难度检测的相关研究

国外关于语料难度的定量分析中，往往以英语为研究对象，取得了"易读性研究"的成果。克拉雷认为"易读性"指的是：写作形式方面的易于懂得或理解程度。格雷、利里（1935）在《导致书本易读的因素》一书中，对所能想到的可能影响阅读的289种因素进行了筛选和排除，找出了21种与语料难度有相当关联程度的因素。他们最后筛选出5种要素，包括：通过考察1000个词组成的段落中的非常用词数，第一、第二和第三人称代词数，平均长度句子的词数，非同类词的百分比，介词短语数来确定语料难度。

张宁志在（2000）也在参考英语"易读性研究"的基础之上，撰写了《汉语教材语料难度的定量分析》一文，以平均句长为标准，结合非常用词数量及文章每百字的句数，实际检测了初、中、高级共29部对外汉语教材的语料难度。具体检测方法：在一部教材中选取若干100字左右的语段，尽可能使语段在课文中的分布比较平均，统计这些语段总的句子数，测算每个百字语段的平均句长。最后将平均句长作为参数，即一种将教材粗分为初、中、高级别的有效依据。但在中、高级教材中，平均句长的区分度不明确，应当引入非常用词数量加以区分。总结国内外研究结果，我们不难发现无论是在英语还是汉语中，词、句都是影响语料难度的核心层面因素，计算句长和非常用词数量是检定教材语料难度时必不可少的环节。杨金余（2008）基于张宁志的研究成果，在英语"易读性研究"和对3部汉语高级精读教材非常用词汇、汉字及语法的统计基础上，结合HSK阅读样题草创了测定高级精读教材语料难度的公式。李燕、张英伟（2010）亦将句子长度及词汇难易度作为评定课文难度的重要依据。

因此，我们认为张宁志提出的关于课文语料难度检测的依据是比较全面的。其研究方法被较多学者共同验证过，考察涉及的教材范围也比较广。笔者认为其具有一定的科学性，并将该研究方法作为本文研究的主要参考依据。但笔者认为除了词汇、句法以外，汉字也在很大程度上增加了汉语学习的难度。汉字是构成汉语词汇、语句的基本单位，这是汉语的一个显著特征。即使口语教材以"说"为主，但在汉语口语教材的编写中往往也会受到汉字的制约。而汉字构成的汉语词汇，在意义上并不是单纯的汉字叠加，在表义和语音方面也存在大量的转换与变化。故在考察核心层面的难度时应增加汉字变量作为考察标准。

作者首先指出语料难度分析的现状多以英语语料作为研究对象，并重点回顾了国外学者有代表性的研究。在回顾国内学者的研究时，作者指出张宁志（2000）的研究较为全面，并发表了自己的看法。这篇硕士学位论文的文献综述部分对前人研究的回顾比较客观，值得借鉴。

（三）评论前人相关研究的优点与不足

文献综述除了要注重全面（不漏掉重要研究）和具有相关性（不强行纳入一些关系不大的知名研究），还强调要有批判性，就是必须客观地评价前人研究的优点和缺点，通过评析指出本研究的价值。下面一篇汉语国际教育硕士学位论文的文献综述中，作者对早前越南研究者对越南语疑问代词的研究情况进行了评论。

汉越疑问代词对比（何黎金英，2011）

相对来说，对越南语疑问代词的研究还不是很全面。Nguyễn Văn Đức（1986）和 Nguyễn Hữu Quỳnh（2001）在给代词分类后，只对疑问代词做了非常简单的介绍。Nguyễn Kim Thản（1997）对每个疑问代词的功能和用法做了分析，还谈了疑问代词的任指用法，不过没有归纳性地对疑问代词做出全面的描写。

作者对相关文献进行了客观评价，指出前人研究的不足，认为这些研究对越南语疑问代词的类型、功能和用法的分析不够全面。

（四）指出研究创新点

研究的创新点非常重要。在回顾文献并指出前人研究的不足之后，研究者应该自然而然地引出自己研究的创新点。例如，一篇汉语国际教育硕士学位论文的文献综述中，作者指出了这项研究的创新点。

📝 泰国学生汉语动态助词"着"习得研究（魏白丽，2015）

> 前人……对"着"的习得特点、偏误类型等也做出了一些分析。但是目前为止还没有专门针对泰国学生学习汉语动态助词"着"的研究……本文首先通过对比分析汉语动态助词"着"在泰语中的对应表达形式，并对泰国人的学习难点进行预测。其次通过自然语料及强制性语料分析，考察泰国学生习得动态助词"着"的正确率、偏误及回避情况，并对此进行多角度的分析，探讨泰国人习得汉语动态助词"着"的规律和难点。最后根据习得研究的成果，排出大致的教学顺序，对教材编写及实际教学提出有针对性的建议。

　　作者在指出前人研究的不足后，提出了自己研究的创新点：通过对比分析预测泰国学习者学习汉语动态助词"着"的难点，收集语料进行偏误分析，梳理教学顺序并对教材编写和教学实施提出建议。

　　在论文写作的实际过程中，文献综述的四部分内容不是孤立的。下面以一篇高质量学术论文为例，思考并探讨作者是如何将这四部分内容融入论文的文献综述之中的。

📝 高频超纲词的覆盖率及语义透明度（宋贝贝、周小兵、金檀，2017）

> 在汉语二语教材中，没有被词汇大纲所收录的词被称作"超纲词"，与大纲内的词相比，超纲词一般使用频率较低，这是没有被大纲词表收录的主要原因。那么，是否所有超纲词的使用频率都较低呢？黄伟（2012）基于中介语语料库发现，一部分超纲词具有常用性特点，使用频率较高，学习者确实掌握了超纲词。因此，在超纲词中存在一些使用频率较高的词，即高频超纲词。以往对超纲词的研究多集中在统计超纲词在某些汉语教材中所占的比例，很少关注超纲词中的高频超纲词。如杨德峰（1997）将几部有代表性汉语教材的词表和词汇等级大纲比对，发现超纲词比例都在 50% 以上。另外，郭曙纶（2007）、赵明（2010）、吴成年（2011）、董琳莉（2012）等也发现一些汉语教材中的超纲词占有较大的比例，但并未对高频超纲词给予关注。为什么高频超纲词具有较高的使用频率，却没有

被收录在大纲词表中？我们认为，有以下两方面原因。

一是因为高频超纲词的覆盖率较低。覆盖率指"被调查语料内指定调查对象占所有调查对象总量的百分比，即所有调查对象按照频次降序排列，每一调查对象的频次同其前调查对象频次的累加和，与所有语料中调查对象总次数的比值"。（侯敏，2010）覆盖率可以反映某些词汇在教材词汇中的地位和重要程度。郭曙纶（2008）对《多文体精泛结合——高级汉语教程（上册）》每课超纲词的覆盖率进行了统计，得出其平均覆盖率为19.1%。可见，超纲词的覆盖率较高。那么，高频超纲词的覆盖率是不是较低，这有待相关研究去证实。

二是因为高频超纲词的语义透明度为"完全透明"。语义透明度（semantic transparency）指由合成词的构成语素义推知词义的难易程度。有的合成词语义透明度是"完全透明"，词义完全可由语素义推知，如"大雨"；有的是"部分透明"，词义的一部分可由语素义推知，如"金鱼"；有的是"完全不透明"，词义完全不能从语素义推知，如"龙眼"（一种水果）。语义透明的概念较早见于Ullmann（1962）的研究，其中透明词和隐晦词的概念后来被广泛应用于国内外心理学界和语言学界的研究中。在汉语语言学界，对语义透明度的研究主要涉及分类（徐彩华、李镗，2001）、影响语义透明度的因素（任敏，2012；高翀，2015）及其对词汇学习和教学的影响（干红梅，2008）等方面。

高翀（2015）发现，某些词（如"树叶""树枝"等）未被词典收录的原因是这类词的语义透明度很高。我们认为，大纲词表中未收录高频超纲词与语义透明度相关，但并非皆因如此。

覆盖率可以作为衡量某些词语在教材词汇中重要程度的指标，语义透明度可以反映合成词的难易程度，二者对词汇研究具有重要意义。虽然二者在以往研究中都有所涉及，但仍存在一定的局限性。首先，在研究方法上缺乏基于大规模语料的研究，多基于小样本语料（郭曙纶，2007；董琳莉，2012；吴日娜，2014），导致研究结果存在局限性和显著差异。其次，尚未有研究将语义透明度理论应用于汉语二语教材词汇分析中。鉴于以上研究现状，本文拟基于大规模语料库全面考察高频超纲词的覆盖率及语义透明度问题，以期获得对高频超纲词特点的认识，并推进超纲词领域相关问题的研究。

这篇论文发表在核心期刊上。作者首先界定了研究中的核心概念"超纲词"，然后围绕研究问题"超纲词的使用频率是否较低"回顾了前人的相关研究。作者通过分析前人的研究成果发现确实存在部分使用频率较高却没被大纲收录的高频超纲词，并指出高频超纲词存在的原因是其覆盖率低且语义"完全透明"。需要指出的是，作者在分析高频超纲词存在的原因时只回顾了与研究问题高度相关的重要文献，并且是从对象、方法、结果等多角度对前人研究成果进行回顾，为讨论和回答研究问题做好铺垫。最后，作者对前人研究进行了评述，肯定了前人研究成果具有的重要意义，也指出其局限性，并由此引出自己研究的创新点，即基于大规模语料库考察高频超纲词的覆盖率和语义透明度。这篇论文的作者将文献综述的各部分主要内容有机结合在一起，更好地为自己的研究服务，值得后来的研究者深入学习和借鉴。

三、文献综述的写作范式

前面我们介绍了文献综述的主要内容，这里再介绍几种常用的文献综述写作范式，指导研究者更好地行文。

（一）分类法

在阅读文献时，研究者就应注意将文献按照话题、主题进行分类，这样在撰写文献综述时就能够将相同或相似的研究归类并列举。下面这篇硕士学位论文对汉语词汇教学策略研究的相关文献进行了分类综述。

📝 **基于语篇的词汇练习题型对词汇习得效果的影响**（桂菊花，2015）

词汇教学从教学策略上可分为：①"集合式教学派"，认为应该按照学生日常生活实际需要，把汉语常用词划分为若干个大集合，如"数字词集合""时间词集合""家居词集合"等进行集中教学（胡鸿、褚佩如，1999）；②"分阶段教学派"，认为汉语教学应该取消"精读课"，像初级阶段语音教学一样实施集中时段的词汇教学（陈贤纯，1999）；③"语境教学派"，结合国内外语境理论，以课堂教学为例展示了语境下的词汇教学范例（厉力，2006；王倩，2011）；④"射状教学派"，认为汉语词汇教学可以通过以点带面的形式，由单个词根映射出多个相关词，如同根词、近义词、反义词、类词缀等，实现举一反三式词汇教学（马玉汴，2004；杨希贵，2009）。

可以看出，作者在回顾前人有关汉语词汇教学策略的研究时，并没有简单地罗列或进行清单式综述，而是将相关研究成果划归为四个派别，即集合式教学派、分阶段教学派、语境教学派和射状教学派。这足以说明作者对汉语词汇教学策略研究相关文献具有较强的把控和处理能力。

（二）时间法

研究者还可以根据相关领域内学者取得研究成果的不同时间阶段对文献进行回顾，通常是按照时间发展的先后顺序进行回顾。研究者应简要说明研究课题最早提出的背景及在不同历史阶段的发展状况，反映出不同阶段的研究水平。我们来看下面这篇学术论文的文献综述部分。

📝 **"活动"中的英语写作教材评估与使用——来自高校英语教师的声音**（林娟、战菊，2015）

教材编写原则及评估标准研究（Tucker，1975；Sheldon，1988；Cummingsworth，1995；Tomlinson，2003；Kato，2014）同样也是国外教材研究的主流。越来越多的研究结果表明教材评估包括教材使用者对教材作用的判断，是基于教学环境的多维度的决策过程，其主观性难以避免。教师的推理和判断受到教学环境的影响和制约（Johnson，1999）。Ansary 和 Babaii（2002）曾明确指出教师必须根据具体教学需求来进行教材评估。Angell 等（2008）因而建议从社会情境的视角来评估教材，教材评估应考虑教学实践与环境等社会文化历史因素。

可以看到，作者在回顾国外教材编写与评估的相关研究时，是按照时间顺序逐一介绍的；在强调教材评估应当考虑社会文化历史因素时，对三项国外学者的研究成果也是按照时间顺序列举的。"由古及今"的综述模式能够更好地反映教材评估理论研究与实践的发展趋势。

（三）地域法

撰写文献综述时，研究者还可以根据地域回顾已有的相关研究。中国学生可以采取先回顾国内研究再回顾国外研究的方式，国际学生则可按照从母语研究到中文研究的顺序对文献进行回顾。研究生也可以根据自己的实际需求调整和安排文献回顾的地域顺序。下面这篇论文对韩国学习者习得汉源词的情况及初级汉语教材中选编和解释相关词语的情况进行了研究。

中韩初级教材汉源词及相关研究（吕熙九，2016）

2.3 汉源词习得研究综述

2.3.1 中国汉源词习得研究综述

赵杨（2011）利用多项选择测试手段，考察韩国学生对韩汉同形同义、同形异义、异形同义、近形同义等类别的汉语词语的习得情况，发现韩汉词语之间的相似性和区分度是影响习得的主要因素。文章从母语迁移词汇习得模式和频率效应等方面对这一结果做了解释。

……

从上可知：中国汉源词习得研究主要分析韩国学习者习得汉语过程中同形异义词的负迁移现象及汉源词偏误。他们认为，韩国学习者学习汉源词时倾向于按韩语中该词词义习得词汇。因此，韩汉词语之间的词义相似性及区分度是影响习得汉源词的主要因素。其中同形异义词在中韩语言中词义相异，所以这类词是诱发韩国学生出现汉源词偏误的主要因素。

2.3.2 韩国汉源词习得研究综述

孟柱亿（1999）对韩国汉字词和汉语词汇进行对比分析，从翻译的角度分析汉语词汇对学习者的干扰影响。首先，他把同形词分为同形同义、同形部分同义、同形异义，解释这类词汇的词义关系；还介绍逆序同义、异形同义词、近形同义词等。然后分析汉字词对韩国学生的学习干扰现象及偏误。他认为，由于汉字词的语音和韩语中的汉源词读音相异，因此会引起偏误。这些偏误与学习者的汉语理解、韩语表达能力有相关关系。

......

　　从上可知：韩国汉源词习得研究主要分析韩国学习者的汉源词偏误及产生偏误的原因。研究者们认为，由于韩国学习者具有汉字及汉源词的背景，因此汉源词直接影响到韩国学习者的汉语习得。汉源词偏误是属于"用词不当"而产生的"词汇语病"偏误，汉源词偏误可大致分为四种类型，包括：①中韩同形异义词类，②中韩异形同义词类，③中韩思维方式相异，④中韩汉字词的读音相异。

　　这篇论文在对汉源词习得相关研究进行综述时，首先介绍了中国学者对于汉源词习得的相关研究并进行概括，然后回顾了韩国学者有关汉源词习得的研究成果，进一步归纳出汉源词偏误的四种类型。

　　文献回顾的写作方法比较多，除了上述三种方法，也可以考虑混合法，即将研究方法、研究目标、研究领域等因素按照一定的逻辑关系进行交叉和融合，并依此撰写文献综述；还可以采用对比法，即以梳理前人研究在观点、设计、结论等方面共同点和差异的方式回顾文献。总之，文献综述的写法因人而异，研究者需要学习和吸收更多优秀论文中文献综述的写作方法。

四、文献综述常见问题

　　文献综述的撰写绝非易事。回顾以往的硕士学位论文，研究生在文献综述部分会出现几种常见问题，以下通过具体案例加以说明。

（一）文献陈旧

　　一名研究者在提交的硕士学位论文初稿中对汉语多项定语成分相关研究成果进行了综述，以下是从中节选的一部分。

　　陆俭明（1983）对汉语定语的构成成分做了详细说明，包括：名词性词语、代词、形容词、动词、数词和数量词语、区别词和其他结构。

　　刘月华（1984）将定语分为限制性和描写性两类，从语法意义的角度列举了汉语中充当定语的成分：数量词、指示代词、处所词、名词、形容词、时间词、动词和动词短语、主谓短语、介词短语、固定短语。

　　张卫国（1996）认为充当定语的成分可分为区别性、描写性和限定性三种，分别对应三种意义。

黄伯荣、廖序东（2001）指出充当多项定语的成分可以是领属词、时间词、处所词、指示代词或量词短语、形容词性词语、动词性词语、主谓短语以及表示用途、质料、属性或范围的名词和动词。

不难发现，这篇硕士学位论文初稿中回顾文献的发表年份都在 2001 年以前，而作者提交论文终稿和参加答辩是在 2018 年，其间至少相差了 17 年。很显然，文献综述中缺少最新的研究成果，这一方面说明作者对文献的阅读量不够，另一方面也说明作者收集和归纳较新研究成果的能力可能有所欠缺。文献综述的一个重要作用就是帮助研究者了解相关领域的最新研究成果和发展趋势，避免重复性工作。事实上，科学研究在不断发展，研究同一问题的学术论文的发表数量每年都成百上千地增长。新的研究都是对既有研究的发展，也就是说，新文献能够涵盖旧文献的内容。因此，研究者一定要进行文献更新，大胆舍弃一些旧的文献。以 Schoonen 等（2010）的 *Modeling the Development of L1 and EFL Writing Proficiency of Secondary School Students* 为例，这篇论文的收稿时间是 2009 年 9 月，作者在文中引用的文献中最新的就发表于 2009 年，且文献的发表时间主要集中在论文完成前的近十年，较好地反映了相关领域的最新研究成果和发展趋势。

（二）文献质量不高

以下是从一名研究生提交的"第二语言习得"硕士学位课程学期论文的文献综述和参考文献中节选的部分内容。这篇论文讨论了留学生对语气助词"呢"的习得情况。

对于"呢"在教材、大纲中的选编和讲解情况，詹务本（2013）做了系统的考察，发现教材和大纲谈论了较多疑问句中的"呢"，而对非疑问句中的"呢"谈论较少且分散。

关于"呢"的习得研究主要有对作为疑问语气词"呢"的研究，且多与其他疑问语气词一并考察，而对"呢"其他用法的习得研究较少。如汪政佳（2014）在偏误分析的基础上，通过对南美地区的汉语学习者进行问卷调查得出了"呢""吗"和"吧"的习得顺序和难度，并提出了一些教学上的建议。

[6] 刁文娟 . 基于 HSK 动态语料库语气助词"吧""呢"偏误分析 [D]. 大连：辽宁师范大学，2012.

[7] 王宏亮 . 现代汉语语气词"呢""吧""啊"的比较研究 [D]. 西安：陕西师范大学，2014.

[8]　黄安妮.留学疑问语气词习得调查与研究[D].福州：福建师范大学，2011.

[9]　张靖.对韩疑问语气词"吧""呢""吗"的教学研究[D].苏州：苏州大学，2013.

[10]　詹务本.语气词"呢"的对外汉语教学研究[D].锦州：渤海大学，2013.

[11]　李金霞.现代汉语语气词"吗""呢""吧""啊"的初步考察[D].天津：天津师范大学，2010.

[12]　王青云.留学生"了$_1$"和"了$_2$"的习得研究[D].合肥：安徽大学，2014.

这篇论文存在的最大问题是引用的文献质量不够高。一般来说，选择硕士学位论文作为参考文献时，第一要慎重考虑，不能随意引用；第二要注意比例，不能引用过多。此外，缺少经验的研究者经常会出现的另一个问题是大量引用非核心期刊上刊载的文献。出现这种情况主要有两方面原因：第一，研究者没有很好地掌握文献检索的方法，不了解国内外在相关研究领域有哪些影响力较大的专业学术刊物，或者不清楚从哪里能够获得高水平期刊中的文献；第二，选题可能缺乏研究价值，在专业性期刊中找不到太多相关文献，只能在综合类或大众化刊物中搜索文献。

（三）文献与主要研究内容关系不密切

一名研究生拟定的研究选题为《法汉一对多易混淆词习得研究——以法语 peu 为例》，研读相关文献后提交了开题报告初稿，以下是从中节选的文献综述部分内容。

3.2　汉语作为二语教学的易混淆词专题辨析研究

3.2.1　近义词辨析研究

国内不少学者的文章针对留学生的易混淆近义词进行了辨析，并在开篇明确说明研究旨在促进汉语作为第二语言教学的发展。例如：李绍林（1989），周小兵（1994），李莺（2001），周小兵、邓小宁（2002），彭小川、严丽明（2007），范开泰、沈敏（2007），方清明（2012），李小军（2015），杨唐峰（2015），鞠志勤（2016），等等。

3.2.2　含有相同语素的单、双音节易混淆词专题研究

3.2.2.1　单、双音节易混淆名词研究

刘春梅（2007）从《汉语水平词汇与汉字等级大纲》中筛选出80组单、双音节同义名词。然后在汉语中介语语料库中对这80组单、双音节同义名词进

行穷尽性统计，得出：单音节词和双音节词使用时产生的偏误分布不均。单音节词偏误占 70.59%，双音节词偏误占 30.23%。导致单、双音节名词混用的主要原因是学习者没有注意到单、双音节词语义的差异、音节的限制、色彩的差异，以及与量词搭配限制等。此外，教师、教材和工具书的错误引导也是原因之一。

3.2.2.2　单、双音节易混淆动词研究

　　程娟、许晓华（2004）在《汉语水平词汇与汉字等级大纲》中筛选出的181 对单、双音节同义动词为研究对象，采用定量和定性研究相结合的研究方法，探讨了单、双音节同义词分类及界定的问题，以及这两类动词的区别。

3.2.2.3　单、双音节易混淆形容词研究

　　李泉（2001）从重叠能力、句法特征（短语组合能力）和句法功能（充当句法成分的能力）等角度出发，探讨了现代汉语中同（近）义单、双音节形容词的异同，并从语言结构内部和外部两个角度对造成这些异同的原因进行了分析。

　　作者实际研究的内容是法语背景的留学生在习得汉语量范畴词时的偏误，认为这类偏误是由母语负迁移引起的。但是，作者在开题报告的文献综述中用较大篇幅回顾了关于汉语易混淆词的研究结果，与选题研究的主要内容关系不大。作者应首先阐释量范畴词的概念，然后回顾前人有关汉语量范畴词偏误分析和中法量范畴词对比研究的相关成果。这一案例中出现了研究生撰写学位论文文献综述时最典型的问题，就是回顾的文献与自己的研究没有相关性，或者相关性很弱。研究生应该收集并综述与自己的研究直接相关的文献，不能为了凑字数而回顾大量无关文献。

（四）只罗列文献，缺少评论和关联

　　以下是一篇硕士学位论文中对中国国内出版和使用的对外汉语教材练习编写相关研究成果的回顾，作者在这项研究中想要考察的是中国和韩国三种汉语教材练习部分的编写情况。

1.2.2　**中国方面关于对外汉语教材练习编写的相关研究**

　　中国出版的儿童对外汉语教材目前比较著名的有《汉语乐园》《快乐汉语》《标准中文》《幼儿汉语》等几部。大多数国别教材都是由国外的学者编写或是与中国学者合作出版的。对儿童汉语教材的研究不多，有关对韩儿童汉语教材的研究更是屈指可数。

张德鑫（2002）《从韩国儿童汉语教材的编写谈起》指出韩国的儿童汉语教材应该是既有外语教材共性，又有儿童特点及韩国文化个性的儿童学汉语的"国别教材"。该文指出儿童记忆时有目的性差、具象性强等特点，在儿童汉语教学中要遵循：①兴趣性原则，要"寓教于乐"；②直观性原则，应"眼见为实"；③量力性原则，忌"拔苗助长"。

李泉（2006）《对外汉语教材研究》在"对外汉语教材评估一览表"中提出练习编排的8个评估项目：①练习覆盖全部教学内容的情况；②层次性；③类型多样，题型简短；④各练习之间有联系；⑤练习项目的启发性；⑥练习题量的大小；⑦练习编排遵循"有控制—较少控制—无控制"原则；⑧练习对各项语言技能的训练。

李绍林（2003）《对外汉语教材练习编写的思考》强调了语言练习在对外语教学中的重要性，对练习设计提出几点意见：①练习内容要与课型的教学目的相一致，②练习内容必须兼顾泛化和分化两个方面，③应该注意练习样式的归类和分布。这成为后来研究练习编写的重要参考文献。

周健、唐玲（2004）《对汉语教材练习设计的考察与思考》在考察50种汉语教材练习的基础上，从"量的多少""课堂练习与课后练习""紧扣教学内容与提高拓展""题型的固定与多样"及"教学顺序与难易顺序"等五个方面分析了现有教材设计的得失。其中提出的重要一点是，从培养学生汉语语感这一核心任务出发设计练习，而儿童教材的练习设计要注重的也正是培养儿童外语学习的语感。

刘颂浩（2009）《对外汉语教学中练习的目的、方法和编写原则》中在很多学者对练习环节述评的基础上进行总结和概括，从练习目的、方法、编写原则等角度提出了具体的原则。他提出的练习有主次之分、文练平衡等原则对于教材练习编写有很大指导意义。

这样的文献综述只是大量堆砌和罗列文献，缺乏逻辑性，仅对以往研究进行概括，没有对前人研究存在的不足进行批判性的评论。研究生应在文献综述中说明所回顾的文献与自己的选题之间有什么联系，为什么要回顾这些文献，前人的研究有哪些不足，对自己的研究又有怎样的启示。

小结

查找、阅读文献，撰写文献综述是撰写硕士学位论文的重要环节。通常情况下，研究者可以在国内外数据库中查找相关文献，如中国知网、读秀、百度学术、谷歌学术等。对于检索到的文献，研究者需要甄别其中的背景文献、中景文献和前景文献。阅读文献时，要记录好文献的摘要、评论和关联三类信息，为文献综述的撰写做好准备。文献综述的主要内容包括界定核心概念、回顾前人研究、评论前人研究的优点与不足，以及指出本研究的创新点。研究生需要选择适当的写作范式，同时注意避免出现一些常见的问题，高质量完成文献综述的撰写，为后续研究奠定坚实的基础。

思考与练习

1. 请依据图书馆纸质资源和电子数据库确定硕士学位论文的意向性阅读书目。

2. 阅读硕士学位论文《双及物结构的类型考察及其汉语习得》（刘宏帆，2011）的参考文献，判别其中的背景文献、中景文献和前景文献。

[1] 贝罗贝. 双宾语结构从汉代至唐代的历史发展 [J]. 中国语文，1986（3）：204-216.

[2] 程琪龙. 双宾结构及其相关概念网络 [J]. 外国语，2004（3）：20-25.

[3] 丁建新. 英语双宾及物结构的句法和语义分析 [J]. 外国语，2001（1）：54-59.

[4] 高顺全. 三个平面的语法研究 [M]. 上海：学林出版社，2004.

[5] 耿智. 从认知—功能角度看英语双宾语结构及其翻译 [J]. 外语教学，2002，23（3）：48-52.

[6] 顾阳. 双宾语结构 [G]// 徐烈炯. 共性与个性——汉语语言学中的争议. 北京：北京语言文化大学出版社，1999.

[7] 国家对外汉语教学领导小组办公室. 高等学校外国留学生汉语教学大纲（长期进修）[M]. 北京：北京语言文化大学出版社，2002.

[8] 金兰美.双宾动词对配价成分的语义选择[J].汉语学习,2005（2）：51-54.

[9] 亢世勇.双宾动词语法特点分析[J].延安大学学报（社会科学版），1997,19（3）：82-86.

[10] 李德津,李更新.现代汉语教程读写课本[M].北京：北京语言文化大学出版社,1998.

[11] 李宇明.领属关系与双宾句分析[J].语言教学与研究,1996（3）：62-73.

[12] 刘丹青.汉语方言的语序类型比较[G]// 史有为.从语义信息到类型比较.北京：北京语言文化大学出版社,2001a.

[13] 刘丹青.汉语给予类双及物结构的类型学考察[J].中国语文,2001b（5）：387-398.

[14] 刘丹青.语序类型学与介词理论[M].北京：商务印书馆,2003a.

[15] 刘丹青.语言类型学与汉语研究[J].世界汉语教学,2003b（4）：5-12.

[16] 国家对外汉语教学领导小组办公室汉语水平考试部.汉语水平等级标准与语法等级大纲[M].北京：高等教育出版社,1996.

[17] 卢建.影响予夺不明双宾句语义理解的因素[J].中国语文,2003（5）：399-409.

[18] 马庆株.汉语动词和动词性结构[M].北京：北京语言学院出版社,1992.

[19] 沈阳,何元建,顾阳.生成语法理论与汉语语法研究[M].哈尔滨：黑龙江教育出版社,2001.

[20] 沈家煊.类型学中的标记模式[J].外语教学与研究,1997（1）：4-13.

[21] 沈家煊."在"字句和"给"字句[J].中国语文,1999（2）：94-102.

[22] 沈家煊.说"偷"和"抢"[J].语言教学与研究,2000（1）：19-24.

[23] 施家炜.外国留学生22类现代汉语句式的习得顺序研究[J].世界汉语教学,1998（4）：77-98.

[24] 石毓智.汉英双宾结构差别的概念化原因[J].外语教学与研究,2004,36（2）：83-89.

[25] 司富珍.汉语的几种同音删略现象[J],语言教学与研究,2005（2）：56-62.

[26] 汪国胜. 大冶方言的双宾语句 [J]. 语言研究, 2000（3）: 88-98.

[27] 王健. 汉语双宾动词与日语相关动词的比较 [J]. 汉语学习, 2001（6）: 59-64.

[28] 王奇. 领属关系与英汉双宾构式的句法结构 [J]. 现代外语, 2005, 28（2）: 129-137.

[29] 徐峰. "给予"动词的语义和语用研究 [J]. 华东师范大学学报（哲学社会科学版）, 2002, 34（2）: 78-87.

[30] 徐杰. "打碎了他四个杯子"与约束原则 [J]. 中国语文, 1999（3）: 185-191.

[31] 徐杰. "及物性"特征与相关的四类动词 [J]. 语言研究, 2001（3）: 1-11.

[32] 徐盛桓. 试论英语双及物构块式 [J]. 外语教学与研究, 2001, 33（2）: 81-87.

[33] 延俊荣. 双宾句研究述评 [J]. 语文研究, 2002（4）: 38-41.

[34] 延俊荣. NP_3 对 "NP_1 + 给 + NP_2 + NP_3" 合格度的制约 [J]. 语文研究, 2004（5）: 20-23.

[35] 杨寄洲. 对外汉语教学初级阶段教学大纲 [M]. 北京: 北京语言文化大学出版社, 1999.

[36] 张伯江. 现代汉语的双及物结构式 [J]. 中国语文, 1999（3）: 175-184.

[37] 张国宪. 语言单位的有标记与无标记现象 [J]. 语言教学与研究, 1995（4）: 77-87.

[38] 张国宪. 制约夺事成分句位实现的语义因素 [J]. 中国语文, 2001（6）: 508-518.

[39] 张国宪. 双宾语结构式的语法化渠道与 "元" 句式语义 [G]// 徐杰. 汉语研究的类型学视角. 北京: 北京语言大学出版社, 2005.

[40] 张国宪, 周国光. 索取动词的配价研究 [J]. 汉语学习, 1997（2）: 3-9.

[41] 郑靓. 句式语法对语言研究及外语教学的新启示 [J]. 外语教学, 2005, 26（1）: 34-37.

[42] 郑氏永幸. 汉语 "给" 字句及其跟越南语相关句式的比较 [D]. 广州: 中山大学, 2004.

[43] 周长银. 现代汉语"给"字句的生成句法研究 [J]. 当代语言学，2000，2（3）：155-167.

[44] 周国光，王葆华. 儿童句式发展研究和语言习得理论 [M]. 北京：北京语言文化大学出版社，2001.

[45] 周小兵. 学习难度的测定与考察 [J]. 世界汉语教学，2004（1）：41-48.

[46] 周小兵. 对外汉语教学入门 [M]. 广州：中山大学出版社，2004.

[47] ELLIS R. Understanding Second Language Acquisition[M]. Oxford: Oxford University Press, 1986.

3. 阅读一篇与你自己的论文选题密切相关的前景文献，在阅读过程中整理并记录摘要、评论和关联三类信息，做好文献阅读笔记。

4. 阅读下面三篇论文的文献综述（节选），思考作者是按照什么样的逻辑顺序进行文献回顾的。

（1）《"产出导向法"的教材编写研究》（常小玲，2017）

　　Tomlinson（2012，2013）认为，有理论依据的教材编写更具系统性和连贯性，更有助于教材作者编写出适合特定学习对象的有效教学材料。目前，理论指导下的外语教材编写模式可大致分为三类：①"习得理论驱动"，即以二语习得理论为依据，提出教材编写的总体原则（Tomlinson，2008；Ellis，2013）；②"教学理论驱动"，即将某一教学理论或教学方法具化到教材编写中，如任务型教学法（Van den Branden，2006）、内容与语言融合教学法（Kong，2015；Moore 和 Lorenzo，2015）等；③"语料库驱动"，即基于语料库研究，提出语言学习材料的选择标准（McCarten 和 McCarthy，2010）。

（2）《两套高级商务汉语综合教材的词汇分析对比研究》（汪晓希，2016）

　　辛平（2007）对初、中、高级商务汉语教材的选词做了分析研究，构建出了商务汉语教材的商务词语等级参数模型。周小兵、干红梅（2008）在《商务汉语教材选词考察与商务词汇大纲编写》中对初、中、高共十部教材的生词等级、高频词、共选词及语素进行了分析，探讨了教材词汇等级偏高和共选词偏少等方面的原因，最后提出了编写《商务词汇大纲》的方法及建议。黄洁云（2009）对四套初级商务汉语教材的选词情况进行了分析，提出了对初级商务汉语教材的选词建议。胡梓华（2011）对四套中级商务汉语教材的选词情况进行了考察，提出了对中级商务汉语教材的选词建议。

（3）《中级汉语学习者伴随性词汇学习影响因素考察》（干红梅，2008）

　　语言水平和词汇量方面的研究最多，而且结论高度一致。Knight（1994）等人的研究都发现优等生猜词效果明显比水平较差学生的猜词效果好。Pulido（2003）的实验指出学习者二语水平越高，阅读能力越强，习得的词汇越多。Hulstijn（1992）、Knight（1994）、Pulido（2003）的实验都显示：在同一阅读任务中，二语词汇量大的学习者通过阅读学习的词汇多，效果好。国内英语界的所有实证研究结论都证明：语言水平越高，词汇量越大，伴随性词汇习得的数量越多，保持越好（陈小威，1995；吴霞、王蔷，1998；刘津开，1999；赵福利，2002；盖淑华，2003；段士平、严辰松，2004）。

5. 从学校图书馆借阅或者从中国知网下载几篇汉语国际教育硕士学位论文，阅读其中的文献综述部分，总结这些论文文献综述的优点与不足。

参考文献

[1] 常小玲.“产出导向法”的教材编写研究 [J].现代外语，2017，40（3）：359-368，438.

[2] 干红梅.中级汉语学习者伴随性词汇学习影响因素考察 [D].广州：中山大学，2008.

[3] 桂菊花.基于语篇的词汇练习题型对词汇习得效果的影响 [G]// 周小兵.汉语国际教育硕士学位论文选.广州：中山大学出版社，2015：312-343.

[4] 何黎金英.汉越疑问代词对比 [G]// 周小兵.中山大学国际汉语教育三十年硕士学位论文选——全球视野下的国际汉语教育.广州：中山大学出版社，2011：350-379.

[5] 金起闾.韩国大学初级汉语教材研究——基于韩中版本汉语教材的对比 [D].广州：中山大学，2014.

[6] 黎光创.越南学生汉语二项定语习得研究 [G]// 周小兵.中山大学国际汉语教育三十年硕士学位论文选——全球视野下的国际汉语教育.广州：中山大学出版社，2011：200-233.

[7] 李泉.对外汉语教材通论 [M].北京：商务印书馆，2012.

[8] 李晓琪.汉语第二语言教材编写 [M].北京：北京师范大学出版社，2013.

[9] 林娟，战菊 . "活动"中的英语写作教材评估与使用——来自高校英语教师的声音 [J]. 现代外语，2015，38（6）：790-801.

[10] 刘宏帆 . 双及物结构的类型考察及其汉语习得 [G]// 周小兵 . 中山大学国际汉语教育三十年硕士学位论文选——全球视野下的国际汉语教育 . 广州：中山大学出版社，2011：234-262.

[11] 罗宇 . 留学生汉语写作过程中的写作策略研究 [G]// 周小兵 . 中山大学国际汉语教育三十年硕士学位论文选——全球视野下的国际汉语教育 . 广州：中山大学出版社，2011：263-289.

[12] 吕熙九 . 中韩初级教材汉源词及相关研究 [D]. 广州：中山大学，2016.

[13] 莫鸿强 . 四部初级商务汉语教材词汇研究 [D]. 上海：上海财经大学，2014.

[14] 彭德权 . 计算机辅助汉语词汇测评系统设计研究 [D]. 广州：暨南大学，2013.

[15] 宋贝贝，周小兵，金檀 . 高频超纲词的覆盖率及语义透明度 [J]. 汉语学习，2017（3）：95-104.

[16] 陶思佳 . 初级对外汉语口语课堂上的互动模式 [G]// 周小兵 . 中山大学国际汉语教育三十年硕士学位论文选——全球视野下的国际汉语教育 . 广州：中山大学出版社，2011：87-108.

[17] 王澍 . 意大利初级汉语教材研究——以《意大利人学汉语》和《当代中文》为例 [D]. 上海：华东师范大学，2014.

[18] 汪晓希 . 两套高级商务汉语综合教材的词汇分析对比研究 [D]. 广州：中山大学，2016.

[19] 王莹 . 二语交际问题及其解决策略的研究——汉语学习者使用汉语交际的个案分析 [G]// 周小兵 . 中山大学国际汉语教育三十年硕士学位论文选——全球视野下的国际汉语教育 . 广州：中山大学出版社，2011：320-348.

[20] 魏白丽 . 泰国学生汉语动态助词"着"习得研究 [G]// 周小兵 . 汉语国际教育硕士学位论文选 . 广州：中山大学出版社，2015：344-386.

[21] 项颖 . 菲律宾中学汉语课堂管理问题研究——以红溪礼示大学附属中学和中正学院为例 [D]. 福州：福建师范大学，2018.

[22] 颜铌婷 . 汉语中级口语教材课文语料难度定量分析——以《阶梯汉语·中级口语 2》为例 [D]. 广州：中山大学，2013.

[23] 叶陈清.基于语料库的疑问代词"怎么"的偏误分析 [D]. 福州：福建师范大学，2018.

[24] 张高翔.汉语国际教育调查与研究 [G].昆明：云南大学出版社，2013.

[25] 张宁志.汉语教材语料难度的定量分析 [J].世界汉语教学，2000（3）：83-88.

[26] 周小兵.汉语国际教育硕士学位论文选 [G].广州：中山大学出版社，2015.

[27] 周小兵.对外汉语教学入门 [M].3 版.广州：中山大学出版社，2017.

[28] 周小兵，陈楠."一版多本"与海外教材的本土化研究 [J].世界汉语教学，2013，27（2）：268-277.

[29] 周小兵，等.外国人学汉语语法偏误研究 [M].北京：北京语言大学出版社，2007.

[30] 周小兵，干红梅.商务汉语教材选词考察与商务词汇大纲编写 [J].世界汉语教学，2008（1）：77-84.

[31] 周小兵，王宇.与范围副词"都"有关的偏误分析 [J].汉语学习，2007（1）：71-76.

[32] DORNYEI Z, SCHMIDT R.Motivation and second language acquisition[G]. Honolulu, HI: Publishing Company, Ltd, 2001.

[33] HYLAND K. 写作教学与研究 [M].Beijing: Foreign Language Teaching and Research Press, 2005.

[34] O'MALLEY J M, CHAMOT A U. Learning strategies in second language acquisition[M]. New York: Cambridge University Press, 1990.

[35] OXFORD R L.Language learning motivation: pathways to the new century[G]. Honolulu, HI: University of Hawaii Press, 1996.

[36] RUDESTAM K E, NEWTON R R.Surviving your dissertation: a comprehensive guide to content and process[M].3rd ed.Thousand Oaks: Sage Publications, 1992.

[37] SCHOONEN R, VAN GELDEREN A, REINOUD D. STOEL R D, HULSTIJN J, DE GLOPPER K.Modeling the development of L1 and EFL writing proficiency of secondary school students[J].Language learning, 2010, 61(1): 31-79.

[38] TOMLINSON B.Materials development for language learning and teaching[J]. Language teaching, 2012, 45(2): 143-179.

第
四
章

材料收集

材料收集与整理是研究设计和论文写作中不可缺少的环节。没有好的材料，就很难将研究推进下去，也很难写出好的论文。即便选题中蕴含具有创新性的观点，如果没有材料和证据加以支撑，观点也是站不住脚的。材料收集与整理，需要关注以下几方面问题，包括材料收集的原则、材料收集的方法和路径、材料分类的依据、材料整理的步骤等。

第一节 ｜ 基本概念和原则

一、材料的概念

用于学术研究和论文写作的"材料"，其含义到底是什么？不少应用语言学论著中更倾向使用"数据"的说法，而不是"材料"，原因大概是"数据"与英语中的"data（单数：datum）"存在对应关系，加之目前很多英语作为第二语言研究采用的都是定量研究或实证研究的方法。但在第四版《新英汉词典》（高永伟，2009）中，"data"一词在汉语中的常用义项有三个，分别是"资料，材料""【计】数据"和"【哲】论据"。"数据"只是其中一个义项，且释义前的学科标识"【计】"说明这一义项适用于"计算机（互联网）技术"范畴。而在更早的版本《新英汉词典（增补本）》（《新英汉词典》编写组，1978）中，"data"一词的释义为"论据，作为论据的事实；资料，材料；数据"，三个义项的排序不同。对比这两版英汉词典可以看出，在学术研究和论文写作中说"材料"或者"论据"，可能比"数据"更贴切。

以下将从学术研究和论文写作的角度，讨论"材料""数据""论据"这三种说法在内涵和外延等方面的异同，重点关注本书讨论中的意义和差别。

（一）材料

从论文写作的角度看，"材料"的含义相对广一些，可以涵盖"数据"和"论据"。

如果将汉语国际教育领域内的研究大致分为定性研究和定量研究两类，那么，定性研究不一定需要较大规模的数据支持，可能只需要有典型意义的语言事实，包括第二语言教学和学习方面有典型意义的语言现象和其他相关表象。例如，泰国学生学习汉语，有时会受母语迁移的影响，用"给"误代"让"或"使"等词语，出现以下偏误：

* 他给邻居帮忙想办法。

* 这门课给我们知道了文学是什么。

类似的偏误就是泰国人学习汉语的中介语语料，属于"材料"。如果想要探究偏误产生的原因，则需要进行泰语与汉语的对比分析，如：

① 泰语　เขา　ให้　เพื่อนบ้าน　ช่วย　หา　วิธี
　　对译[1]　他　让　邻居　帮　找　办法
　　意译[2]　他让邻居帮忙想办法。

② 泰语　วิชา　นี้ทำ　ให้　พวกเรา　รู้ว่า　อักษรศาสตร　หมายถึง　อะไร
　　对译　课程　这　使　我们　知道　文学　意思　什么
　　意译　这门课使我知道了文学是什么意思。

③ 泰语　A　บอก　B　รีบ　เอา　เสื้อกันฝน　ให้　เขา
　　对译　A　叫　B　赶快　雨衣　给　他
　　意译　A 叫 B 赶快把雨衣给他。

这些汉外对比的语料也属于"材料"，能够帮助研究者找到泰国人学汉语时受到母语迁移影响的证据。接下来就是运用对比假说、偏误分析、语言普遍性等理论，找出偏误产生的原因。泰语中的一个词"ให้"在不同的上下文语境中能够对应汉语中的三个词，即"给""让"和"使"。这种现象在外语／第二语言教学中属于对比等级 6 级，学习难度最大，学习者很容易出现混淆。之所以用"给"误代"让"或"使"，是因为"给"的使用频率远高于后两个词，一般先习得，属于无标记或弱标记；相对于"给"，"让"和"使"的使用频率低，一般后习得，属于有标记或强标记。

以上就是典型的定性分析案例，不需要开展较大规模的数据统计和分析，只要找到有典型意义、有说服力的语言（含中介语）材料即可。

---

1 对译，指两种语言中逐个对应的语言单位之间的翻译，有的研究论著也将这种做法称为"词译"，说明是"词和词之间的翻译"。因两种语言之间的对应单位有时不是词，而可能是语素，可能是前缀、中缀、后缀，也可能是其他语言单位，因此，本书使用"对译"。但不排除有的研究案例中使用"词译"这个术语。学习者要明白二者的含义大同小异。

2 意译，指两种语言之间句子或语篇的意义翻译。有的论著用术语"句译"指称同样的意义，与"词译"相对应。

而"数据"可以包含在"材料"之中;"论据"则更多体现在最终写成的论文中,是用来证明"论点"的事实和数据。下面我们会详细讨论。

(二)数据

数据,从一般研究者理解的角度来看,与计算语言学、定量研究或实证研究等的关系更为密切。

结合上面说到泰国学生用"给"误代"让"或"使"的案例,在掌握了部分偏误事实并通过汉外语言对比发现偏误产生是受到母语迁移的影响后,研究者可以进一步开展较大规模的数据统计。如统计中介语语料库中泰国学习者误用"给、让、使"等词语的事实,对误用情况进行分类;考察泰国学习者用"给"误代"让"或"使"的频率是否远高于反向误代的频率;分别统计汉语母语者语料库和泰语母语者语料库中"给、让、使"及对应形式的使用频率;考察汉语中"给"的使用频率是否远高于"让"和"使"的使用频率,泰语中"ให้"对应汉语"给"义项的使用频率是否远高于其所对应另外两个义项的使用频率。通过对数据的采集、统计和分析,研究者能够进一步验证先前通过定性研究得出的结论。

但是,从宏观上看,科学研究不只是定量研究,还包括定性研究;就具体的研究领域和模式而言,也不仅仅有计算语言学和实证研究。此外,即便是定量研究,数据也应与具体的"事实材料"结合在一起。没有事实材料,数据只能是一堆无意义的"数字"。

(三)论据

论据,应该是在具体研究完成之后,体现在论文中用来证明论点的事实和数据。从一般研究过程看,"材料"的种类和数量一定远远多于论文中呈现出的"论据"。如一项科学研究可能经过了 10,000 次实验,尽管前 9,999 次实验未能得出理想的结果,但每次实验都会获得相应的材料;而最后的第10,000 次实验成功了,只有这次实验获得的材料才最有可能成为支撑论文论点的"论据"。

综上所述,我们在大多情况下更倾向使用"材料"这一术语展开讨论,它包括"数据",并可能衍生出论文的"论据"。但在特定情况下,如讨论定量分析、实证研究、问卷调查等,或涉及较大规模的材料统计和分析时,也会用到"数据"的说法。

二、材料收集的基本原则

材料的收集、分类和整理，是为论文选题服务的。我们先前讨论过，论文选题必须来源于实践，包括教学实践、跨文化交际实践、研究实践等。论文选题也必须以问题为导向，需要进行研究的应是真实的、亟待解决的具体问题。而材料的收集，自然应该有助于具体问题的解决，有助于论文写作的开展，有助于创新性结论的概括。对于最终完成的论文来说，论文的结论是论点，论文的材料就是论据。

例如，考察课堂教学中教师输入与学生输出的关系，就应该收集特定课堂（如中级口语课、初级综合课等）上的师生互动语料。一般来说，应该先对整节课进行录音或录像，再将音频或视频资料转写成文字材料。这样，研究者就可以使用相关的理论方法，对转写成的文字材料进行系统分析，具体考察教师输入与学生输出之间是否形成互动协同关系。教师输入与学生输出之间的互动协同关系，可以从词汇（词汇量、词汇难度等级、词种数[1]及词种密度等）、语法（语法点的数量、语法点难度等级、平均句长等）、句类（陈述句、疑问句、祈使句、感叹句等）、话题、话轮转换、纠正性反馈等多个角度进行考察。考察内容包括：教师的输入是否属于可理解性输入，又是如何与学生输出形成互动的；学生的输出是否属于可理解性输出，是否与教师输入达到了一定程度的协同。显而易见，如果没有真实的语料，上述考察就无法完成，研究也不可能得出科学、可信的结论。

有的论文中的材料，不一定能成为支持论文结论的证据。如一篇论文需要论证的观点是体验的方法可以教会零起点留学生写汉字。研究者给出的一项论据是一段录像视频，视频内容为一名书法家正在挥毫疾书。但是，对于这段录像是如何诱发学习者学习汉字的，论文却一点也没有谈及。读者可能会产生疑问，很多中国人都未必能看懂一些用书法字体写出的汉字，零起点的留学生又是如何通过这段录像来体验汉字书写的呢？显然，这种方法并不适合教留学生写汉字，更是无法"体验"。可见，论文材料一定要与实际的选题、考察对象和得出的结论有密切的关联。

一般来说，大规模的材料收集和整理，应该在初步拟定选题之后进行。而收集到的材料，应该有助于解决研究所提出的问题。

---

1 词种数通常指语料中不重复的词汇数。

第二节 | 材料收集和整理的基本方法

根据 Mackey 和 Gass（2005）提出的分类框架，材料收集的方法主要有四类，包括语言学范式、心理学行为实验范式、互动和语用、教材研究。这四类材料收集方法，内部又分成一些具体类型，如语言学范式又分为"语料库方法"和"诱导产出法"两个子类型。我们主要参考这一分类框架，将研究材料收集和整理的方法分为语料库方法、诱导产出法、师生互动、问卷调查与访谈、教材研究、实验法等六种类型。以下对不同类型涉及的具体方法进行详细阐述。

一、语料库方法

语料库方法主要是对原始语料或前期检索到的语料进行附码、频率分析和统计分析。使用统计学方法进行定量分析，发现语言的实际使用规律，揭示语言最典型的特征，反映语言最真实的面貌，使研究成果更加真实、可信。下面将分别从汉语母语者语料、跨语言对比语料、中介语语料库语料及多种语料库综合使用几个方面具体进行说明。

（一）汉语母语者语料

汉语母语者语料主要指现代汉语语料。现代汉语语料库能为研究者考察汉语母语者对特定语言项目的使用情况提供最真实的材料。

以往关于副词"再"和"还"的研究大多认为二者都可以表示将来动作的重复，而对于它们的区别却研究不多。在教学实践中，汉语教师会发现国际学生在使用"再"或"还"时可能出现如下偏误：

*李老师不在，那我下午还来找他吧。

*1991 年我来过广州，三年后还来，我发现广州变化很大。

为解释这类偏误现象，周小兵、赵新等（2002）从容量为 1,500 万字的现代汉语语料库中收集了近 4,000 个含副词"再"和"还"的例句，对其中"再"或"还"表示重复义的 850 个例句进行了研究，探讨"再"和"还"在语义和句法上的差异。

通过对语料的细致分析发现，"再"和"还"在语义和句法上存在较为明显的差异。"还"只能表示已实现预定目标或结果的动作行为将在未来某一时间重复出现；"再"除了可以表示这个意义，还可以表示尚未实现预定目标或结果的动作行为将在未来某一时间重复出现，如：

 a 昨天上午看的那个电影真好，我今天下午<u>还</u>去看，你去不去？
 b 昨天上午看的那个电影真好，我今天下午<u>再</u>去看，你去不去？

 c 这个电影真好，可是昨天我有事，没看完，明天我<u>再</u>去看。
 d *这个电影真好，可是昨天我有事，没看完，明天我<u>还</u>去看。

此外，如果某一重复的行为虽然发生在过去，但相对于更早发生的类似行为却是"将来"，且在句中与其他成分构成时间状语，一般用"再"，不用"还"，如：

 e 我第一次来时……待两个月后第二次来……<u>半年后再来</u>，店里竟已是人满为患了。
 f 乔石以前就曾到现场了解过大桥工程的筹建情况，<u>这次再来</u>，他仔细听取了有关情况的介绍……

根据这项用法，前面提到"三年后还来"中的副词应该用"再"。可见，第二语言教学实践中发现的真实问题，通过对母语者语料的收集和分析，研究者能够更深入地开展本体研究，而这类本体研究又可以作为第二语言教学和习得研究的基础。第二语言学习者常常出现用"还"误代"再"的偏误，从汉语本体研究的角度来看，就是分不清汉语副词"再"和"还"在语义和句法上的区别。因此，需要通过对汉语母语者语料进行收集和考察，真正弄清两者的差异，才能在教学中更好地向学生解释出现错误的原因。

"确实"和"实在"在现代汉语中使用频率较高，国际学生在使用时可能会出现混淆。王叶萍（2008）对这两个词进行了辨析，语料主要来自北京大学中国语言学研究中心 CCL 现代汉语语料库和厦门大学国家语言资源检测与研究教育教材中心语料库，还有部分来自作者自建的语料库，共计 1,060 条。在对语料进行多角度考察后，作者总结出"确实"与"实在"在用法上的差异。单纯叙述事实时，用"确实"而不用"实在"，如：

从前在我们这里确实发生过这么一件事，后来渐渐被人淡忘了。

*从前在我们这里实在发生过这么一件事，后来渐渐被人淡忘了。

特别强调主观感受时，用"实在"而不用"确实"，如：

打扰您了，实在不好意思！
*打扰您了，确实不好意思！

目前许多教材对"确实"和"实在"的英语注释基本相同，用"indeed, really, true"等来解释，大多未对这两个词的区别进行说明；汉语教师在教学中也很难讲清楚二者的异同。这些因素导致很多国际学生在使用"确实"或"实在"时出现偏误。因此，针对教学中的特定语言项目，收集相关汉语母语者语料并进行分析，真正从本体上分辨清楚语言项目间的差异，能够促进相应内容的教学并指导教材的编写。

（二）跨语言对比语料

跨语言对比是指对比不同语言，考察特定语言项目的特点及在不同语言中对应表达形式的异同。在考察语法项目时，研究者通常会从语义、句法、语篇、语用等方面入手。

汉语作为第二语言学习者在学习和使用汉语助词"了"时容易出现偏误。赵世开、沈家煊（1984）从英汉对比的角度对"了"进行考察，认为导致与"了"有关偏误较多的原因，部分出在英语动词的时体与汉语"了"的对应关系上。研究将英汉不同类型的"了"[1]进行对比，收集跨语言对比语料，语料统计结果如表 4-1 所示。

---

1 主要包括四种类型的"了"。
第一类："动 + 了₁ + 宾"。表示动作的完成，如"他们发出了 50 封请帖"；不独立成句，后续还有句子成分，如"我理了发就去散步"；句内含时量、动量或物量词语，如"我在那里住了两个月"；连动句或兼语句中用"了₁"，如"我们也找了个旅馆住了一夜"；构成命令句，如"喝了那杯药！"。
第二类："动 + 宾 + 了₂"。表示事态出现变化，如"糟了，下雨了"；表示事态将有变化，如"快要下雨了"；宾语为数量词语，如"谣言已经有十来天了"。
第三类："动 + 了₁ + 宾 + 了₂"，"了₁"和"了₂"一起记作"了₁₊₂"。表示动作已经完成，事态有了变化，如"我洗好了₁衣服了₂"；句内含时量、动量或物量词语，如"我在那里住了₁两个月了₂"。
第四类："动 + 了"，此类不带宾语。表示事态有了变化或将有变化，如"他不能再等了₂"；表示动作完成且事态已有变化，如"车把断了₁₊₂"；有后续句子成分，表示这个动作完成后出现另一动作或出现某一状态，也可表示后续情况的假设条件，如"他说得很巧妙，让人听了₁不会生气""（公社）已经决定了₁，咱们就应该坚决执行"。

表 4-1 "了"与英语动词时体表达方式的对应情况（数字表示例句数量）

	了₁	了₂	了₁₊₂	总计
一般现在时	79	112	22	213
一般过去时	478	147	90	715
将来时	20	66	0	86
完成体	124	62	127	313
其他	8	27	2	37

跨语言对比语料分析反映出，在与汉语助词"了"对应的英语动词时体表达方式中，一般过去时所占比例最高，约为 45%，完成体则占 23%。这项研究对汉语作为第二语言教学和习得研究很有启发。研究发现，第二语言学习者可能误认为汉语助词"了"与英语的过去时相对应，因此出现误用（如"* 我是上个星期回来了"）或回避（如"明天我们吃完饭以后再谈吧"）的情况。（赵永新，1996）

各类补语是越南学习者学习汉语过程中出现偏误频率较高的语法项目之一，其中趋向补语的偏误尤为突出。项韵玲（2012）将汉语趋向补语"上 / 下"及其复合形式"上来、上去、下来、下去"与越南语中的对应表达形式进行了跨语言对比，预测导致学习者出现偏误的原因。研究中涉及不少汉越语言对比语料，下面展示一例。

越南语中的"len"表示"由低到高"，对应汉语中的"上、上来、上去"，还可对应趋向补语"起来"。尽管都有"动作由低到高"的含义，这几个汉语表达形式在用法上还是有区别的。如果人或事物随动作发生位移，只能用"上、上来、上去"；如果并没有发生位移，只能用"起来"。研究者对具体例句进行了语言对比分析，如下：

越南语　Anh ay dung len.
对　译　他 站 起来
意　译　他站起来。

越南语　Co ay ngang dau len.
对　译　她 抬 头 起来
意　译　她抬起头来。

越南语　Bong bong bay len troi roi.

对　译　　气球　　飞　上　天　了

意　译　　气球飞上天去了。

根据语言对比分析的实际情况可以判定，这一语言项目的对比等级为6级，难度等级为5级。研究者预测，越南学习者可能会在使用"上、上来、上去"时与"起来"发生混淆，用"上、上来、上去"误代"起来"。果然，在对偏误进行分析时，研究者发现了越南学习者出现此类误代的实例，如：

*老师问："谁会回答这个问题？"她把手举上（来），说："我会。"
*受伤的人从床上坐上来了，大家劝她赶快躺下。

可见，通过跨语言对比语料的收集和分析，研究者能够有效预测学习者出现偏误的情况及原因；经过与偏误分析相互验证，得出结论并提出相关的教学对策。

（三）中介语语料库语料

中介语语料库是学习者的语料库。汉语中介语语料库的建设起步于20世纪90年代，21世纪以来更是得到长足发展，极大地推动了汉语作为外语/第二语言教学和习得研究。汉语中介语语料库为偏误分析和习得研究提供了丰富的真实材料，当研究者需要考察留学生对某个语言项目的偏误或习得情况时，就可以在中介语语料库中进行检索。

李英、邓小宁（2005）为考察留学生习得"把"字结构的情况，浏览了中介语语料库中约30万字的留学生作文语料。语料库中的作文包括留学生平时的练习、试卷、作文比赛的参赛作品等，留学生的汉语水平多为中级和高级。研究者从语料中整理出201个"把"字句，其中正确的有128个，正确率约为63.7%。这128个正确的"把"字句可以归为10类句式，各类句式及其数量、正确使用率的统计情况如下表所示。

表4-2　留学生输出正确"把"字句式的情况

句式	正确句子数	正确使用率
S + 把 + N$_1$ + V + 在 / 到 / 给 + N$_2$	44	21.89%
S + 把 + N$_1$ + V 成（作）+ N$_2$	11	5.47%
S + 把 + N + V + 结果补语	25	12.44%
S + 把 + N + V + 趋向补语	21	10.45%

句式	正确句子数	正确使用率
S＋把＋N＋V＋状态补语	4	2%
S＋把＋N＋V＋程度补语	1	0.5%
S＋把＋N＋V（一／了）V	2	1%
S＋把＋N_1＋V＋N_2	16	7.96%
S＋把＋N＋V＋动量补语	2	1%
S＋把＋N＋V了	2	1%

留学生输出以上 10 类"把"字句式的正确句子数量和正确使用率，验证了研究者早前对留学生"把"字句习得顺序的预测。

初级 1：S＋把＋N_1＋V＋在／到／给＋N_2

　　　　S＋把＋N＋V＋其他成分（了、重叠动词、动量补语、动词宾语）

初级 2：S＋把＋N＋V＋补语 $_1$（表示具体意义的结果补语、趋向补语）

　　　　S＋把＋N_1＋V 成（作）＋N_2

中级 1：S＋把＋N＋V＋补语 $_2$（表抽象意义的结果补语、趋向补语的引申用法）

　　　　S＋把＋N＋V＋补语 $_3$（状态补语、程度补语）

中级 2：S＋把＋N＋一 V

　　　　S＋把＋N＋AV

　　　　S＋把＋N＋给＋V＋其他成分

高　级：表致使义的"把"字句

上述研究发现，在"把"字句这一语言项目中，留学生最先习得的是类似"把书放在桌子上"这样结构较长的句子。研究结论与前人得出的一些第二语言习得研究成果和汉语本体研究成果相互验证。如施家炜（1998）通过语料库语料研究和追踪调查发现，学习者是先习得类似"把书放在桌子上"的句子，再习得类似"把书打开"的句子；张旺熹（2001）的研究显示，汉语母语者输出的位移性"把"字句在所有"把"字句中占大多数，这自然也是影响第二语言学习者"把"字句习得顺序的因素。

然而，现有的一些教学大纲仍简单依照结构的长短和难易度认为，"把书打开"一类句子应该先教，"把书放在桌子上"一类句子应该后教。一些汉语教材往往也是根据结构的长度或复杂度编排不同"把"字句式的教学顺序，先出现"我把书还了"等简单句式,后出现"请你把你的护照给我""我把你们带到这儿""把这些汉字写在本子上"等较复杂句式。

可见,通过对某一语言项目中介语语料的收集和考察,研究者能够得出第二语言学习者对该语言项目的习得顺序,研究结果有助于改进教学大纲和教材编写及教学的具体实施。

再如,王静(2011)在考察留学生对汉语宾语的习得情况时,根据宾语的结构性质,将宾语分为4大类、9小类,如下表所示。

表4-3　汉语宾语的类型及举例

大类	小类	例句
体词性宾语	一般体词宾语	他每天下午踢足球。
	处所词宾语	老师回教室了。
谓词性宾语	动词宾语	他决定明天去北京。
	名动词宾语	他要对整个房间进行清理。
	形容词宾语	我爱你的善良。
小句宾语	小句宾语	他认为夜晚独自出门是很危险的行为。
双宾语	体词性双宾语	我告诉你一件事。
	谓词性双宾语	老师劝我好好学习。
	小句双宾语	他告诉我明天的活动取消了。

研究者先从中山大学汉字偏误标注的汉语中介语语料库中抽样选取了100篇中级阶段留学生的作文,分类统计其中宾语使用正确的句子和错误的句子。随后,研究者统计了各大类及下属各小类宾语的使用频率和偏误率,并对各类宾语的习得难度进行排序。综合了其他几次调查的结果,研究者最后排出各小类宾语习得难度的顺序。

目前的各种汉语作为外语/第二语言教学大纲和教材对宾语的介绍都比较简单,主要介绍的是体词性宾语和体词性双宾语,对其他类型宾语介绍得不够,对各类宾语也没有分阶段、成系列进行讲解。因此,通过收集中介语语料考察留学生的宾语习得情况,能够找出留学生习得各类宾语的习惯和大致顺序,在实际教学中就能明确先教什么、后教什么,以及这么教的依据和好处等,从而更有效地促进教学。

（四）多种语料库的综合使用

有时，研究者可从多个语料库中收集相关语料，进行综合研究。例如，龚选玉（2013）考察了留学生对 24 个汉语频度副词的使用情况，这 24 个频度副词包括：

【甲级】	常	常常	总（是）	经常	一直	
【乙级】	不断	老（是）	连	从来	往往	有时
【丙级】	偶尔	时常	时时	通常	一连	一再　再三
	不曾	一向				
【丁级】	不时	连连	屡次	从未		

研究者首先对北京语言大学 HSK 动态作文语料库所收录共 424 万字的语料进行了考察，收集到 8,464 条含上述频度副词的用例。经初步分析发现，留学生掌握最好的是甲级频度副词和部分乙级频度副词，使用次数和正确率均较高。含"常常""一直""总（是）""经常""常""有时""往往""从来"等甲级和乙级频度副词的用例占全部用例的 91.5%，留学生使用的正确率超过 91%。而对于丁级频度副词，留学生使用较少，使用正确率相对偏低，说明这些词的习得难度较大。留学生对其他乙级频度副词和丙级频度副词的掌握情况则明显表现出因"词"而异的特点。如留学生使用乙级词"连"和"不断"的正确率很低，远低于使用丙级频度副词的正确率；而在丙级频度副词中，留学生使用次数较多的是"时常"和"通常"。

为使研究更加科学、可靠，研究者又从国家语委现代汉语通用平衡语料库中提取了约 955 万字的语料，共整理出 23,892 个含有上述 24 个频度副词的用例，希望将汉语母语者的使用情况与留学生的使用情况进行对比，并进一步发现问题。

研究者通过对比发现，留学生和汉语母语者使用频度副词的频率存在较大差异。例如，大部分频度副词在中介语语料中的使用频率低于母语者语料；而"常常""经常""一直""从来"等频度副词，留学生对其使用频率达到 66.7%，远高于母语者的 36.6%。可见，留学生会过度集中使用相对简单且实用性较强的频度副词，同时回避使用一些有条件限制、级别较高且较难掌握的频度副词。这项研究的结果显示，留学生对频度副词的习得还处于较低水平，在一定程度上反映出教学大纲和教材的编写及实际教学中存在的不足。

就这项研究而言，研究者在考察留学生对某一语言项目的习得情况时，除了对中介语语料进行收集和分析，也适当参考了母语者的书面语料。通过对比留学生和母语者在使用该语言项目时的差异，进一步发现留学生的习得特点及教学大纲、教材等在相关内容的编写方面存在的问题，为教学大纲和教材的编写提供科学的指导建议。

（五）相关问题

在语料库中收集语料时，研究者还需注意以下几个问题。

第一，进行随机抽样时，随机抽样的样本要足够大。此外，研究往往还需进行分层随机抽样，即要对全部样本进行分类，在每类样本中按比例随机抽取。例如，考察汉英人称代词的使用和分布情况，可以从语料库收录不同文体的汉语和英语语篇中各随机抽取 50 篇作为语料。

第二，选取样本语料时，要注意样本发表时代、文体等特征的对等。例如，赵世开（1999）在对英语和汉语的人称代词进行定量对比研究时，就考虑到语料在体裁上的对等。研究所选取的语料均为戏剧作品的原文或译文：以五部英语独幕剧剧本作为英语原文语料，这五部独幕剧剧本的汉译本作为汉语译文语料；以曹禺话剧《雷雨》的剧本作为汉语原文语料，《雷雨》剧本的英译本作为英语译文语料。

第三，数据统计应使用相对的出现频率，而不是绝对的出现频次。一般样本语篇的字数有长有短，原始数据应转化为百分比等可用于比较的数据形式，不要将特定语言项目的绝对使用量拿来做简单对比。

二、诱导产出法

除了使用语料库收集材料，研究者还可采用诱导产出法，诱导学习者产出研究需要的语料。诱导产出的主要方法有情景描述、看图造句、给词造句、连词成句、选词填空和可接受度调查等。

（一）完成特定任务

为学习者设置的特定任务包括看图说 / 写话、情境描述（说或写）、看视频说 / 写话、缩写、读后续写、听后续说，等等。要求学习者呈现的语料形式可以是词语、句子、语段、语篇等。

周小兵（2007）在考察"着"的使用情况时，为考察对象设计了描述场景和行为的书写任务。研究者使用情景描述法，收集并分析了初级组、中级组学生完成任务的情况。以对初级组的考察为例，考察对象为已学习 7 个月汉语的男女生各 5 名，学生刚学完包含"着"的 5 种句式。任务包括情景描述（如"桌子上放着两本教材"）和行为描述（如"老师在椅子上坐着看书"）；每个任务都可以用多个句子进行描述，但不提示学生使用包含"着"的句子。研究者从初级组学生的描述结果中收集到如下含有"着"的句子：

A1　桌子上放着两本书。

A2　桌子上放着两本一样的书。

B1　老师看着书。

B2　老师在椅子上坐着看书。

B3　老师坐着看书。

B4　她拿着一本书看着。

此外，研究者还整理出初级组学生回避使用"着"的实例：

桌子上有两本书。

老师在椅子上看书。

研究者通过考察初级组学生的任务完成情况，共收集到含有"着"的正确句子共 15 个，其中女生写出的 10 个，男生写出的 5 个。研究者还发现，全部女生都写出了含有"着"的句子，但有两名男生在描述时未使用含有"着"的句子。可见，初级组的女生对语言项目更为敏感，对新学语言项目的掌握情况也更好一些；男生在完成任务时出现回避现象则比较明显。

（二）语言测试

研究者可以要求第二语言学习者完成多种语言测试，通过语言测试获取研究所需的语料。语言测试的内容包括翻译、给词造句、连词成句、选词填空、判定句子是否合格或是否可以接受，等等；测试应着重考察学习者完成题目时是否受到母语的干扰，以及学习者对特定语言项目的掌握程度。

张娜（2016）在分析孟加拉国初、中级汉语学习者的"比"字句偏误情况时，为获取偏误语料，对考察对象进行了"连词成句"测试。研究者设计的测试题目如下：

请将下面的词语组成正确的句子。

1. 小王 胖 了 比 小张 多

2. 他 那么 没有 高 爸爸

3. 贵 这件衣服 比 那件衣服

4. 你 比 做饭 我 会

5. 我 走 慢 得 罗曼 比

6. 更 我的家 远 比 他家

王静（2011）为调查留学生习得和使用汉语宾语的情况，对考察对象进行了"给词造句"测试，测试题目如：

请用下面的动词搭配宾语造句。

1. 发现

2. 决定

3. 进行

4. 值得

5. 偷

朱玉芬（2017）在考察日本和韩国中年女性汉语学习者对汉语可能补语的习得情况时，设计了以"选词填空"为内容的测试，具体题目如下：

请选择合适的词语。

（　）1. 上海的房子你买得_____吗？

　　　　A. 到　　　　　　B. 起

（　）2. 这么多东西，你一个人拿得_____吗？

　　　　A. 动　　　　　　B. 下

（　）3. 我当然听得_____我孩子的声音。

　　　　A. 出来　　　　　B. 到

（　）4. 今天学的生词很多，我记不_____。

　　　　A. 住　　　　　　B. 起来

（　）5. 已经晚上12点了，我坐不_____那辆车了。

　　　　A. 上　　　　　　B. 下

可接受度测试也是研究者常用的一种测试方法。如 Yuan 和 Dugarova（2012）在考察英语母语者习得汉语疑问词话题化的情况时，就对考察对象进行了可接受度测试。我们知道，汉语中的疑问词可以被话题化，如：

例 1　a　你在吃什么菜？
　　　b　[什么菜] 你没有吃？

b 句中的"什么菜"从初始位置，即充当动词"吃"宾语时的位置，移动到疑问句的句首位置，充当疑问话题。以往的研究认为，这种话题化现象需要发生在"句法—语篇"界面中，疑问词话题化的句法移位需要交谈双方共享一组事物、人物等背景知识。因此，只有与语篇相关的疑问词才能被话题化。

例 2　a　你喜欢谁？
　　　b　*[谁] 你喜欢？

例 3　a　你喜欢哪一个人？
　　　b　[哪一个人] 你喜欢？

例 4　a　你最喜欢谁？
　　　b　[谁] 你最喜欢？

例 2 中的"谁"与语篇无关，因此只能保留在初始位置，如若移位则不合语法。例 3 中的疑问短语由"哪"和"一个人"构成，其中"一个人"应是提及过的，与语篇相关。交谈双方在背景知识中共享同一组候选人，说话人期待听话人从这一组候选人中选择一个进行回答，这使得句中疑问词话题化成为可能。例 4 中"最喜欢"的"谁"应在交谈双方预设的同一组候选人中，因而也是一个与语篇相关的疑问词，能够被话题化。

研究者想要考察"句法—语篇"界面对以英语为母语的汉语作为第二语言学习者来说，是否很难习得，甚至不可能习得，于是选择 19 名英语母语者和 20 名汉语母语者对一组测试句进行可接受性判断。结果显示，以英语为母语的被试与以汉语为母语的被试一样，能够接受与语篇相关的"哪＋NP"话题化疑问句。当在"哪＋NP"疑问句中加入"最"进行强调后，以英语为母语的被试与以汉语为母语的被试表现仍然相同，且对上述两类句子的判断并无显著差异；当"哪＋NP"保留在原位时，以英语为母语被试的判断与以汉语为母语被试也无显著差异。这说明只要以英语为母语的学习者在习得汉语语法时建立起话题化机制，他们所掌握的汉语语法体系就允许对与语篇相关的"哪＋NP"进行话题化。

在对"语篇相关'什么 + NP'话题化疑问句""用'最'强化后的语篇相关'什么 + NP'话题化疑问句"及"与语篇相关的'什么 + NP'保留在原位的疑问句"三种句式进行判断时，以英语为母语被试的判断与以汉语为母语被试也并未表现出显著差异。这表明，在以英语为母语学习者习得的汉语疑问句中，与语篇相关的"什么 + NP"发生话题化移位也是可能的。

研究者还考察了汉语作为第二语言学习者是否拒绝接受汉语疑问句中与语篇无关的疑问论元话题化。结果发现，与汉语母语者一样，以英语为母语的学习者拒绝接受与语篇无关的疑问论元话题化而成的错误疑问句。例如，以英语为母语的学习者也拒绝接受包含与语篇无关的"什么 + NP"（如"* 什么外语他在学？"）、"什么"（如"* 什么他喜欢吃？"）和"谁"（如"* 谁他喜欢？"）话题化后生成的错误疑问句。此外，他们对"与语篇无关疑问论元保留原位的疑问句"的接受程度与汉语母语者也没有显著差异。

因此，Yuan 和 Dugarova（2012）认为，在汉语作为第二语言学习者首先习得常规名词短语话题化的前提下，"句法—语篇"界面是可以在学习者的语法体系中成功构建起来的。但是，这项研究不支持修正版的界面假说，即不认为外部界面是第二语言语法习得中最难的部分。

可接受度测试同样适用于母语者。彭淑莉（2009）为考察汉语母语者对"NP$_1$ 被 NP$_2$ 把 NP$_3$ VP"句式的接受程度，并判断该句式是否应对汉语学习者进行教学，在北京选择 20 名被试开展了一项句式可接受度测试。被试中，4 人是土生土长的北京人，16 人是在北京生活了 3~21 年的"新北京人"（1 人来自闽方言区，其他 15 人来自辽宁、甘肃、河北、河南等北方方言区省份）。测试形式为给出四个符合目标句式的句子，要求被试做出可接受度判断，例如：

	可以接受	不能接受
1a 牛被农民把腿捆住了。	（　）	（　）
1b 牛把腿被农民捆住了。	（　）	（　）
2a 牛被农民把它捆住了。	（　）	（　）
2b 牛把它被农民捆住了。	（　）	（　）

测试结果显示，所有被试都认为 1b 和 2b 两句不能接受；被试对 1a 句的接受度为 85%，对 2a 句的接受度只有 30%。研究者由此得出结论，对于中、高级阶段的汉语学习者，1a 句相应句式可以进行教学；2a 句相应句式由于母语者的可接受度较低，没有必要教给汉语学习者。

诱导产出法直接根据所要考察的问题设计任务内容，具有针对性。这类具有一定强制性的材料收集方法可以与语料库方法相结合使用，获取的语料可作为语料库语料的补充，有助于研究者对问题进行深入考察。

三、师生互动

互动，主要指汉语作为第二语言课堂上教师与学生的互动。当然，课堂外的互动语料，也可以作为重要的研究材料。

姜芳（2011）对中级汉语口语课的录音语料进行考察，分析了中级口语课堂教学中教师输入和学生输出的主要特点，以及这些特点的成因、教师输入与学生输出之间的关系等。这项研究的考察对象来自中山大学国际汉语学院进修班中级 1A、B、C 三个班级。语料收集的具体做法是，各班级的任课教师按照正常教学计划授课，在真实课堂上进行现场录音。研究者收集到三个班级各 4 课时、共 12 课时的录音材料，课后对录音内容进行文字转写，形成超过三万字的文字语料。

根据收集到的课堂内师生互动语料，研究者考察了以下几个问题：教师和学生话语量的比例，教师和学生使用的词种密度，课堂教学中中级词汇的使用率和生词重现率，教师和学生输出语句的句长、句类，教师和学生输出的话轮类型。以 A 班和 B 班两个班级课堂内师生平均话语量的统计情况为例，研究发现两个班级课堂内的师生平均话语量比例差异较大，如下表所示。

表4-4　中级口语课堂师生平均话语量统计

		A班	B班
教师	时间（分钟）	13.01	19.4
	百分比	41.9%	51.5%
学生	时间（分钟）	23.70	18.57
	百分比	59.3%	46.4%

为进一步探究原因，研究者又考察和分析了任课教师对各项教学内容所占时长的设计情况（见表 4-5），发现两个班级课堂师生平均话语量的差异与教学内容设计的差异有较大关系。A 班的任课教师有意识地控制了自己的输入量，在开展"情境习惯用语""话题讨论""情境对话"等环节时经常鼓励学生使用目的语进行输出。

表4-5　中级口语课各项教学内容设计时长及占比情况

	词汇和结构	课文对话	情境习惯用语	话题讨论	情境对话	总计
A 班	16（20%）	18（22.5%）	36（45%）	10（12.5%）	80
B 班	20（25%）	30（37.5%）	14（17.5%）	16（20%）	0	80

　　又如，陶思佳（2011）考察了对外汉语课堂上的师生互动模式。研究者在中山大学国际汉语学院三个初级班（班级学生大多为具有不同母语背景的非华裔学生）的口语课中随机选取 12 个课时（共 480 分钟）进行录音。通过整理和分析语料，研究者总结出对外汉语课堂上的 7 种课堂一级互动模式和 11 种二级互动模式。一级互动模式包括：教师提问模式"IRF"[1]、教师指令模式"I-R$_s$-F"[2]、多向互动模式"I$_1$-R$_1$＋I$_1$-R$_2$＋I$_1$-R$_3$"、转述式模式"I-R$_1$I$_2$-R$_2$-F$_1$R$_3$-F$_2$"、传递式模式"I$_1$-R$_1$＋I$_2$-R$_2$＋I$_3$-R$_3$＋I$_4$……"、学生引发模式"I^{s}R（F）"、学生协助引发模式"IR$_1$I^{s}R$_2$F"。二级互动模式涵盖在一级互动模式下，如一级互动模式"教师提问模式"包含三个二级互动模式，分别是教师提问基本模式"IRF"、反馈型扩展模式"IR$_1$F$_1$R$_2$（F$_2$）"和引发型扩展模式"IR$_1$（F$_1$）I$_1$R$_2$F$_2$"。其中，"IRF"模式是师生交际中最基本的互动模式，由引发、反应、反馈构成。引发常表现为教师提问，反应常表现为学生回答，最后教师做出反馈。例如：

　　T：明天上午你来学校吗？
　　S：不来。
　　T：哦，不来。明天上午你不来学校。

　　再举一个例子，一级互动模式"多向互动模式"下的二级互动模式"多向互动基本模式"，即"I$_1$-R$_1$＋I$_1$-R$_2$＋I$_1$-R$_n$"模式中，教师在完成上一轮"引发—反应"后，没有给予反馈并终止互动，而是继续提问。例如：

　　T（问学生1）：你今年多大？
　　S$_1$：我今年十八岁。
　　T（指学生1，问学生2）：他今年多大？

1　Sinclair 和 Coulthard 提出，课堂上的师生对话以"引发（Initiation）—反应（Response）—反馈（Follow up）"为基本结构，形成 IRF 互动模式。
2　"S"，即"Student"，指代学生。

S$_2$：他今年十八岁。

T（问全体学生）：对不对？

S$_n$：对。

再如，何梦源（2016）对初级汉语听力课上新手教师的提问策略进行了分析和考察。研究者对三位教师 12 个课时的真实课堂教学过程进行了实况录像，时长共计 540 分钟。研究者将录像内容转写成文字语料，对语料进行分析后总结出新手教师在初级汉语听力课上使用提问策略的特点和存在的问题。研究者认为，相较于熟手教师，新手老师在提问分配上存在一些不合理的地方，因而不能有效地控制课堂。如在对提问对象的分配策略方面，熟手教师由于经验丰富，一节课中几乎可以将问题平均分配给每个学生，并能结合具体情况灵活使用各种提问方式；新手教师在提问时则大多存在提问分配不均、偏爱提问特定学生、提问方式单一等问题。

总体来说，通过收集课堂师生互动语料，研究者能够考察和分析汉语作为外语 / 第二语言课堂教学在输入、输出、互动协同等方面的特点及其中存在的问题，有效促进课堂教学水平的提高及二语习得研究的发展。

四、问卷调查与访谈

（一）问卷调查

采取问卷调查的方式收集语料，就是要求研究者根据自己所要研究的问题，设计详细、周密的问卷并要求被调查者作答，由此收集研究所需材料。

罗宇（2011）采取问卷调查的方法考察了留学生在汉语写作过程中使用写作策略的情况。研究者选择中山大学国际汉语学院中级 1 班到高级 2 班的 204 名留学生作为调查对象，根据学习阶段将他们分为中级低年级、中级高年级和高级三组，最终收回有效问卷 174 份。问卷调查在 2008 学年春季学期期末作文考试后进行，避免调查对象遗忘考试中使用过的写作策略。

在问卷设计和调查过程中，研究者采用三步走的方法。首先，随机选取 12 名留学生并对他们进行提问，提问内容包括如何写作文、遇到不能表达的意思怎么办、如何修改等；同时，根据写作策略理论，设计出 14 类、18 个写作微策略项目，如 "写作中不知道如何用汉语表达时，一般会使用以下哪种或哪些方法：母语词替代、内容回避、翻译、查字典、查资料等"。其次，用初步设计好的问卷进行小范围的预调查，使用李克特 5 级量表对问卷使用情况进行统计和分析，对初步设计好的问卷中存在的问题进行修改。最后，使用修改后的问卷进行较大范围的调查，用李克特 5 级量表对调查结果进行统计和量化分析。值得注意的是，研究者在设计问卷时参考了前人提出的关于写作策略的理论，还根据预调查结果对问卷进行修订，使中级低年级组的调查对象也能看懂问卷内容。

黎倩（2015）使用问卷调查的方式对留学生使用汉语学习词典 App 的现状进行了调查。研究者从进修班初级 1~4、中级 1~4、高级 1 和高级 2 共 10 个级别的平行班中分别随机抽取一个，共选取来自 31 个国家的 89 名国际学生作为调查对象，其中初级班学生 36 名、中级班学生 37 名、高级班学生 16 名。

研究者设计的问卷由三部分组成。第一部分是调查对象的基本信息，如国籍、母语语种、年龄段、现有汉语水平、学习时长等；第二部分是留学生使用词典的基本情况及对词典使用的态度，包括选用词典的类型、使用频率、对词典各项功能重要性的看法、进行各项查阅活动的频率、对词典释义语言及教师指导的需求等；第三部分是学生使用汉语学习词典 App 的基本情况，包括对各类词典 App 的使用频率、使用时长、满意程度、喜好或不喜好的原因，是否使用付费词典或购买付费功能，对词典 App 缺点的认识等。

问卷回收之后，研究者使用问卷星在线平台和 Microsoft Office Excel 2007 软件对问卷语料进行分析。根据问卷调查的结果，研究者探讨了留学生对使用汉语学习词典 App 产生不同看法的原因，并对汉语学习词典 App 的开发和应用提出一些可行性建议。

再如，陈美洁（2018）以 2016~2017 年度赴印度尼西亚任教的汉语教师志愿者、印度尼西亚的本土教师和学生为研究对象，对汉语教师志愿者在印度尼西亚任教期间的跨文化适应情况进行调查研究。研究者在研究中共设计了两份问卷，一份是让汉语教师志愿者本人填写的跨文化适应情况调查问卷，问卷内容主要包括志愿者的基本信息，以及生活、工作和心理适应情况等；另一份是让印度尼西亚本土教师和学生填写的对汉语教师志愿者跨文化适应情况进行评价的调查问卷，问卷主要包括五个部分，分别是印度尼西亚本土教师或学生的基本信息、对汉语教师志愿者的总体评价、对汉语教师志愿者生活适应情况的评价、对汉语教师志愿者工作适应情况的评价，以及对汉语教师志愿者的看法。

研究者首先根据所要研究的内容、对象和目的等设计两份初始问卷，再分别以两份初始问卷进行小样本抽查，根据小样本抽查结果及抽查对象的反馈意见对初始问卷进行修改，形成能够用于更大范围调查的正式问卷。第一份初始问卷的小样本抽查对象是研究者所在阿拉扎大学孔子学院的汉语教师志愿者及研究者在工作和生活中结识的在印度尼西亚其他学校和机构任教的汉语教师志愿者；第二份初始问卷的小样本抽查对象则是在阿拉扎大学孔子学院下属教学点工作和学习的本土教师和学生。研究者通过与小样本抽查对象交流和沟通，获知他们对问卷涉及问题的认知程度及对题目设置等方面的意见和看法，进而完善问卷。

需要强调的是，在设计调查问卷时，研究者应注意参考相关理论进行预调查，根据实际情况对问卷进行修订和完善，提高问卷调查的有效性。

（二）访谈

访谈语料的收集，是通过谈话的形式与研究对象进行面对面的直接调查，以此获取有关资料。

例如，赵海霞（2011）为调查菲律宾第二届"吴奕辉兄弟基金会—中国奖学金项目"前半期的开办情况，对参加项目的全体学员进行了访谈，以了解学员对项目前半期开办情况的评价。部分访谈问题如下：

① 你所就读华校的名称是什么？请说说华校的授课情况及方式。（包括：上什么课？各多少节课？用什么语言？考试情况？有别的情况吗？）
② 在大学期间你自己学习过中文吗？
③ 大学毕业后，你打算继续读书还是直接工作？
④ 在项目中学习中文的时候有什么感受？
⑤ 在项目学习过程中，你认为汉语普通话哪一方面最难学？
……

通过访谈，研究者了解到项目开办的基本情况，也收集到学员们对项目课程设置、教材选择、分班与教师安排，以及自身汉语水平和文化了解程度提升等的看法。

访谈法还经常作为问卷调查和语言测试的后续补充，以进一步深化和完善研究。如李雨辰（2016）为考察娱乐类教学资源在韩国高中初级汉语课堂中的应用情况，首先对在韩国高中任教的汉语教师进行了问卷调查，并从提交问卷的教师中有针对性地选择10位进行访谈。访谈提纲延续了问卷的设计，主要内容是针对问卷内容和教学案例的深入探讨，包括对问卷中推荐使用的娱乐类教学资源的看法和意见、教师和学生对使用娱乐类教学资源看法上的分歧、娱乐类教学资源使用案例分享等。

通过问卷调查后的后续访谈，研究者发现几乎所有教师都表示学生希望在课堂中使用娱乐类教学资源，让课堂维持愉快的教学氛围。但是，由于教师积累的娱乐类教学资源有限或者没有选择合适的教学资源，学生往往对娱乐类教学资源在课堂中应用的满意度不高。对此，研究者在论文中指出了娱乐类教学资源在实际应用中存在的问题，并提出相关改进建议。

再如，桂菊花（2015）考察了中级阶段学习者在通过完成基于语篇的词汇练习习得汉语词汇的过程中运用了哪些学习策略和技巧。研究者首先对12名学习者进行了自主词汇学习即时测试，回收试卷后，利用课堂剩余时间对部分学习者进行了针对测试个别题型看法的访谈。一些学习者在访谈中提到在答题和习得词汇时使用了"联系课文上下文语境及学习者自身背景知识"的策略。9号俄罗斯女生介绍，她在猜测"相聚"和"离散"两个生词的词义时，结合这两个词在语篇中的前后句语境，判断出它们是两个词义相反的动词。

学生9："课文里'人们相聚一会儿，很快又下车；人群的离散总是更快。'我觉得这里'相聚'和'离散'应该是反义词。"

11号韩国女生表示，她也是通过反复将生词词义代入语篇中进行检测，确定了词义连线题的最终答案。

学生11："第三题比较简单。我先看生词，然后看右边的意思，有的意思不明白。我又看课文，看哪个意思和课文中的哪个生词最像，然后开始连线。"

可见，通过访谈语料的收集，可以更直观地了解学习者在习得词汇时所采用的策略和技巧。

又如，桑小璐（2018）考察了东干族留学生在中级汉语听力课学习过程中出现的实际问题。这项研究采用行动研究的方法，设计出具体的行动方案，探索适合中亚国家东干族留学生的听力教学方法。

研究者共设计了两次不同的行动方案，并且在第一次行动方案实施前和实施两个月后分别对留学生进行了访谈。在第一次行动方案实施前，研究者对留学生当时的听力课学习情况和课堂感受进行了访谈，访谈具体内容包括对听力课的评价，是否认为听力课的教学方式具有趣味性，是否发觉听力课上学习的内容对自己汉语水平的提高有所帮助，等等。研究者通过访谈发现，在既有的听力教学模式下，留学生往往缺乏学习主动性，对教学内容也没有太大兴趣。

在第一次听力教学行动方案实施两个月后，研究者又对留学生进行了访谈，访谈话题主要围绕第一次行动方案中所使用的课堂比赛和课堂游戏教学法。访谈结果显示，这种教学方法的确能起到吸引留学生注意力、活跃课堂氛围的作用。但是，研究者也发现，大部分留学生将注意力过多地集中在比赛和游戏的输赢上，对比赛和游戏过程中取得的具体学习成果不够重视。在第一次行动方案实施结果不够理想的情况下，研究者进行了反思和调整，实施了第二次听力教学行动方案，运用课堂教学形成性评估的方法，较为成功地激发了留学生学习的主动性和积极性。

访谈语料的收集能够帮助研究者及时了解研究对象的实际情况和具体需求。在研究实践中，由于问卷和测试常受到形式和容量的限制，访谈可作为问卷调查或语言测试的补充，进一步深化对问题的考察，提高研究效度。

五、教材研究

教材在第二语言教学和习得中扮演着非常重要的角色。教材语料的收集可从语音、词汇、语法、练习、文化点等角度中的一个或多个来进行。

魏铎（2018）以《发展汉语·高级综合》第Ⅰ、Ⅱ两册为例，考察对外汉语高级综合教材中词语的释义特点，以及教材中的被释词语与大纲词语的共现情况。研究者首先对教材语料进行收集，利用 Microsoft Office Excel 2016 软件整理出《发展汉语·高级综合》第Ⅰ、Ⅱ册词汇表中的全部词语及用脚注释义的词语，随后将整理出的词语与《新 HSK 汉语水平等级考试大纲》词汇表中的词语进行匹配，统计出共现词语的数量，并对释义用词的数量、范围及合理性进行分析。

接下来，研究者又将《发展汉语·高级综合》第Ⅰ、Ⅱ册中词语的释义与《现代汉语词典》（第7版）中的释义进行了对比分析。在收集教材中词语与释义的语料时，依然使用 Microsoft Office Excel 2016 软件，先在电子表格中输入两册教材中的全部被释词语及释义，再输入被释词语在《现代汉语词典》中对应的释义，最后通过筛选、提取与对比等手段，全面总结和分析《发展汉语·高级综合》第Ⅰ、Ⅱ册中被释词语的选择情况、词语释义模式及释义中存在的问题。

崔利颖（2015）对在韩国使用的三套儿童汉语教材[1]的练习部分进行了综合考察，研究者为考察三套教材练习部分的题量和题型种类，对教材中与练习形式和内容等有关的语料进行了收集和整理。通过对教材语料中表现出的差异进行描述，研究者分析了每套教材的特征及其与另外两套教材之间存在明显差异的原因。例如，研究者将收集到的教材语料按照机械性练习、理解性练习和活用性练习进行了分类和量化统计，结果如下表所示。

表4-6　三套儿童汉语教材练习类型统计

	机械性练习		理解性练习		活用性练习	
	题量	比例	题量	比例	题量	比例
汉语乐园	76	55.88%	52	38.24%	8	5.88%
BOOM	96	72.73%	36	27.27%	0	0
12课	71	48.30%	68	46.26%	8	5.44%

从表4-6可见，三套教材主要还是采用机械性练习和理解性练习，对活用性练习涉及较少，这与儿童的学习水平和特点有一定关系。相较而言，在这三种教材中，《汉语乐园》对学生语言知识的掌握和运用能力的培养两方面设计和安排比较均衡。

王珅（2015）对比考察了日本明治时期的两版中文教科书《官话篇》和《官话急就篇》。在语料收集上，研究者主要统计了《官话篇》和《官话急就篇》中各类文化内容的出现次数和所占比例，对文化内容的分类参考了由中山大学国际汉语教材研发与培训基地编制的《国际汉语教材文化点分类框架（研究版）》（以下简称《框架》），其中共有5类一层文化内容，每类一层文化内容下还涵盖更多层级的具体文化内容。研究者根据《框架》对文化内容的层级分类，结合两版中文教科书编写的历史背景，分析了它们在文化内容编排上的差异。例如，研究者对两版教科书在一层文化内容"中国国情"下的7类二层文化内容进行了比较，结果如图4-1所示。

---

1 考察的三套教材分别为中国出版、在海外使用的《汉语乐园》，韩国出版的《버전 업 주니어 중국어 붐붐》（《VERSION UP儿童中国语BOOM BOOM》，简称《BOOM》）和《12 과로 된 쑥쑥주니어 중국어세트》（《蹿升的儿童中国语12课》，简称《12课》）。

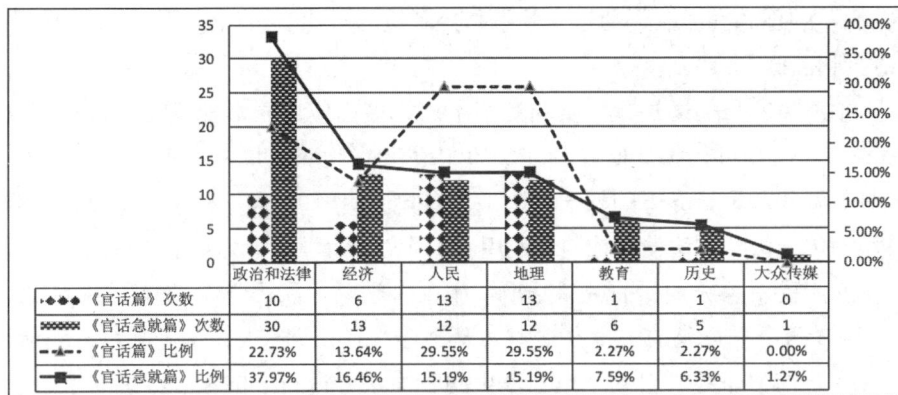

	政治和法律	经济	人民	地理	教育	历史	大众传媒
《官话篇》次数	10	6	13	13	1	1	0
《官话急就篇》次数	30	13	12	12	6	5	1
《官话篇》比例	22.73%	13.64%	29.55%	29.55%	2.27%	2.27%	0.00%
《官话急就篇》比例	37.97%	16.46%	15.19%	15.19%	7.59%	6.33%	1.27%

图 4-1　《官话篇》与《官话急就篇》中国国情二层文化内容分布

从图 4-1 可见，两版教科书中出现比例差距最大的是属于"政治和法律"的二层文化内容。与"政治和法律"有关的文化内容在《官话急就篇》中的占比最高，且出现次数和所占比例都远高于《官话篇》，说明这两版书的编者宫岛大八在对《官话篇》进行改编时有意地增加了这部分内容[1]。研究者结合当时的历史背景提出，这样的改编体现了宫岛大八对中国国情的重视，也反映出他希望学习者通过书中内容更多地了解中国在政治制度、法律、外交等方面的情况。

研究者在收集与考察教材语料时，会时常发现教材中存在的一些问题；而在自己的研究中提出解决这些问题的建议，能够直接促进高质量国际中文教材的编写。需要注意的是，孤立地分析某一种教材往往不能发现太多具体的问题，研究者可以对多种教材进行对比，总结出判定高质量教材的标准。

六、实验法

实验法是科学研究中经常使用的研究方法和程序。Paivio 和 Begg 谈到采取实验方法研究第二语言教学和习得的必要性："实验是自然的、有控制的观察。实验者建立一个这样的实验环境，研究任务的结构很明确，观察行为的性质也很明确，所提出的问题也很具体、确切。"[2] 可见，实验法主要体现出

1《官话篇》和《官话急就篇》都是由宫岛大八编写的北京官话教科书，分别于 1903 年和 1904 年由日本善邻书院出版。《官话篇》属于从初级向中级过渡的教科书，修订增改后的《官话急就篇》更是对日本的中国语教育产生了长期而广泛的影响。

2 转引自桂诗春：《语言学方法论：实验方法》，北京：外语教学与研究出版社，2017：9.

"控制"的理念和方法，通过实验组和控制组的对比观察和数据统计，分析并探讨研究问题。

柏清（2015）通过具体实验证明了图式理论应用于对外汉语中级听力教学的有效性和可行性。研究者在实验中设定的自变量是两种听力教学方法，一种是图式理论指导下的教学方法（在实验班使用），另一种是新手教师通常使用的传统教学方法（在控制班使用）；因变量为学生听力水平的提高。

在实验对象方面，研究者选取了中山大学国际汉语学院进修班中级 1A、中级 1B 两个平行班的学生，其中 A 班 20 人，B 班 15 人，学生来自 15 个国家。实验前，研究者对两个班级学生的听力水平进行了前测。结果显示，学生的前测成绩差异不显著，符合实验条件。实验中，A 班为实验班，采用图式理论指导下的教学法进行教学；B 班为控制班，采用目前新手教师最常用的听力教学法。实验周期为一个学期。

实验语料的收集主要通过两份听力水平测试卷（前测试卷和后测试卷）及一份针对学生的调查问卷。调查问卷的主要内容包括两种教学方法是否都能帮助学生解决听力中存在的问题，两种教学方法如何影响学生使用的听力策略，学生对听力课的看法。通过对实验语料进行统计和分析，研究者发现图式理论指导下的教学方法对水平较差学生的听力提升具有显著促进作用。

汉语词汇中存在大量同音多义、同形异义、一词多义等现象，人们在使用相应词语时容易产生歧义，从而在语言交流中产生误解，阻碍交流。王晓平（2011）从心理认知角度对汉语同音歧义词的识别过程进行分析，探究了人们对汉语同音歧义词的认知过程。研究采用语义启动和语音启动两种范式，以同音歧义目标词的词频和启动类型为自变量，设计多项实验考察在无启动、语义启动和语素启动三种条件下实验对象对同音歧义词识别的正确率和启动效果，从而探讨同音歧义词在不同启动类型下的识别认知机制。

以在无启动条件下的同音歧义词识别实验为例。研究者选择暨南大学华文学院的 21 名中国学生为实验对象，实验对象的母语均为汉语。在实验材料方面，研究者从《现代汉语词典》中选择了 15 对同音歧义词，每对包括一个高频目标词和一个低频目标词，选取标准为声、韵、调均相同，没有相同语素，语义完全不同，例如：

同音歧义词	xiāngjiāo	jiājù	shùmù
高频目标词	香蕉	家具	树木
低频目标词	相交	加剧	数目

　　研究者使用 Cool Edit 软件，让一位普通话水平达到一级乙等的女性发音人按照正常语速朗读全部实验材料，并制成录音文件。随后，安排实验对象在安静的语音教室中通过耳机收听事先录制好的实验材料并在空白答题纸上按提示听写，由此获得研究所需语料。通过整理实验语料，并对语料处理结果进行配对 t 检验方差分析，研究者发现实验对象对高频目标词和低频目标词的识别之间存在显著差异。这说明，词频效应在词汇识别过程中起着重要的作用，高频词容易被识别，且识别的正确率较高。

　　实验语料一般就是通过对实验对象进行问卷调查、测试等来收集。实验法通常运用在实证研究中，作为对现有理论、观点、假设等的再验证或补充；也可用于验证某种教学模式、设计、理念在实际教学中是否可行、有效，进一步促进国际中文教育事业的发展。

第三节｜第二语言研究的材料收集方法

　　针对基于语言对比和偏误分析的研究，周小兵（2009）提出了中介语语料收集的三种基本模式，即开放式与聚焦式、横向与纵向、自然与非自然。这些模式下的具体操作方法，与上一节中讨论过的部分内容有一定重叠，下面会对有重叠的部分简要介绍，对未涉及过的内容详细阐释。

一、开放式语料收集与聚焦式语料收集

　　根据语料收集是否有明确的目标，可以把语料收集分为开放式语料收集和聚焦式语料收集两类。

（一）开放式语料收集

　　开放式语料收集指没有具体目标的语料收集。例如，汉语教师在课堂上或批改作业（包括作文）时发现学习者的输出中存在某一类较为普遍的偏误，于是及时采集偏误语料。一名研究者在担任汉语教师时发现，一些来自英语国家和部分东南亚国家的汉语学习者经常会造出这样的句子：

　　＊我看了一本书关于中国历史文化。

这个句子的定语有一部分位置正确，即"一本"的位置正确；还有一部分位置不正确，即"关于中国历史文化"的位置不正确。教师发现这类偏误后及时记录下来，就是一种开放式的语料收集。

再如，我们在不同的平行班级课堂上听课时会发现，有的教师授课效果好，课堂上师生互动频繁而有效；有的教师授课效果却不太理想，师生互动较少且效果不佳。如果围绕这种现象展开研究，研究者就可以开展开放式语料收集，对课堂上的关键信息进行记录，如教师的授课语速、使用词语的难度等级，学生在课堂上的开口率，学生输出是否达到了课程要求，不同教师对特定语言点、交际点的教学和练习有何区别，等等。

开放式语料收集，可以说是研究的开端。养成发现问题并及时记录的好习惯，对研究者日后实施研究并进行论文写作很有帮助。有研究者在使用一种初级汉语教材授课时发现，教材中有些中国文化点很难教。通过与在美国出版和使用的初级汉语教材进行对比，研究者发现中美教材编写时对文化点和相关文化词的选择有明显差异，于是将研究重点集中在两种教材中的文化词汇上。这项对比研究中发现了一些有意思的现象，也得出了一些对文化教学有启发的结论。（周小兵、罗晓亚，2019）

当然，开放式语料并非都能成为日后研究的材料。有的语料，已经被前人采用并取得了成熟的研究成果；有的语料，对于收集者来说，可能还不具备进一步展开研究的条件。但是，开放式语料收集，一定会对我们的研究有所启发。再举一个例子，汉语教师在实际教学中会发现第二语言学习者经常出现以下几类偏误：

*这件衣服一百块多钱。

*他比哥哥很高。

*我被病了两个月半。

前人可能并没有对这些类型的偏误进行系统研究；也可能进行了局部研究，但理论方法使用不够成熟，得出的结论也不够理想。这时，研究者就可以针对某类偏误，使用聚焦式的方法收集足量的语料。对于聚焦式语料收集的具体方法，我们后面还会介绍。在对语料进行整理和分析的基础上，通过恰当使用偏误分析方法、迁移理论、中介语理论等，研究者就可以找出上述偏误产生的复杂原因，还可以进行概括提升，从学习难度等角度总结出第二语言习得的规则和规律。（周小兵，2004）

以陈珺、周小兵（2005）关于比较句的研究为例。在汉语作为第二语言教学中，比较句是一个教学容量很大的语法项目，涉及的句式多，语用条件复杂。在开放式语料收集中，研究者发现留学生常会出现各种形式的比较句偏误，如"*我比他很高""*上海的天气比北京不冷"等，由此引发思考：留学生对各类比较句式的习得情况如何？教学中如何选取相关语法点并排序？由于以往研究未对此类问题进行深入探讨，研究者选择对这一语法项目进行考察，提出了汉语作为第二语言教学中比较句语法点的选取和排序原则。

（二）聚焦式语料收集

聚焦式语料收集就是在初步确定研究选题后进行的，有目标、规模较大的语料收集。前面介绍过，一名研究者通过开放式语料收集方法得到偏误语料"我看了一本书关于中国历史文化"，而在随后的实际教学中又发现学生出现以下定语错位偏误：

*他就是那个张老师教我们写作课。
*老师要我们一定参加那个考试有关中国地理。

对比先前收集到偏误的类型，研究者决定考察汉语作为第二语言学习者出现定语错误后置现象的原因，并给出解决方法。具体的研究问题包括：学习者容易将哪些定语错误后置，不容易将哪些定语错误后置；哪些母语背景的学习者容易出现定语后置偏误，出现偏误的原因是什么；定语后置偏误的出现是否受到学习者母语迁移的影响，母语迁移是如何发生的。为了进一步开展研究，研究者可以从不同角度将语料收集的范围缩小，对语料收集进行聚焦，如：

① 收集与定语位置相关的中介语语料；

② 将要考察的学习者范围缩小为母语中定语需要后置的群体，如西班牙语母语者、泰语母语者、印度尼西亚语母语者、越南语母语者等；

③ 收集汉语定语与上述学习者母语定语的对比语料。

遵循这些条件进行的语料收集，就是聚焦式语料收集。如果想要探讨如何进行教学和操练才能有效地减少学习者的定语后置偏误，就需要考察课堂上的师生互动情况，或者使用特定教学方法进行教学实证研究。这时，研究者还可以考虑收集以下几类语料：

④ 教学大纲、教材中有关定语的呈现、解释、练习等；

⑤ 教师在课堂上对定语的实际教学情况、学生的学习情况，以及师生之间的互动和协同情况。

聚焦式语料收集，可以采用本章第二节介绍过的各种方法。如要收集上述第①和第②类语料，可以借助中介语语料库；如果从语料库中收集到的语料仍然不够充分，还可以使用诱导产出法，设计和实施语言测试以获取语料。在收集第③类语料时，可以利用双语语料库或整理汉外翻译作品的文本。收集第④类语料时，可以利用教材语料库，或者直接查阅和整理相关教学大纲、教材、学习词典中的语料。对于第⑤类语料，研究者则可以亲自对特定教学场景进行录音或录像，并转写成文字材料。

周小兵、雷雨（2018）在《泰国人汉语多项定语语序习得研究》中，通过聚焦式语料收集获取了比较丰富的语料，也使用了恰当的理论方法，研究结论具有较强的说服力。这项研究中采用的语料收集方法和研究手段值得汉语国际教育硕士专业研究生参考和借鉴。

二、横向语料收集与纵向语料收集

语言学的研究方法可分为共时和历时两种，共时方法是从一个横断面对语言状态进行静态描写，历时方法则是从纵向发展的角度研究语言从一个时代到另一个时代的发展变化。因此，从共时和历时的角度，我们也可以把中介语语料分为横向语料与纵向语料。横向语料一般指学习者在某一特定阶段内产出的语料，而纵向语料是指学习者在较长一段时间内产出的语料。下面分别阐述横向语料和纵向语料的收集方法。

（一）横向语料收集

横向语料收集是指收集学习者在某一特定阶段内习得语言项目所产出的语料，适用于针对学习者习得某一个或若干个有联系语言项目的情况或偏误的系统研究。研究者可对不同班级、不同学校或来自不同国家的留学生对语言项目的习得情况或习得中出现的偏误进行短期调查，收集相关语料。如考察中级阶段学习者对汉语助词"了"的习得情况，可以在语料库中检索语料、采集考察对象作文中的语料或设计测试以获取语料，也可以把这些语料综合起来进行考察和分析。

我们在本章第二节中讨论过龚选玉（2013）考察来华留学生学习和使用汉语频度副词的情况。研究首先归纳出多数学者认同的24个汉语频度副词，之后从北京语言大学HSK动态作文语料库中提取所有包含这24个频度副词的例句，并对这些例句逐一进行考察和分析，统计出中介语语料中频度副词的组合分布情况及留学生使用频度副词的偏误类型和比例。这项研究通过语料库方法收集来华留学生在某一特定阶段习得汉语频度副词的语料，所使用的就是典型的横向语料收集方法。研究成果能让我们大致了解来华留学生在某一特定阶段对汉语频度副词的习得和使用情况，并给我们带来一些有关词语分级的启示。以往对频度副词的难度定级，有时并不符合来华留学生的实际情况，如"连"和"不断"归入乙级是不够妥当的，而丙级词中的"时常"和"通常"归入乙级可能更加合适。

一般来说，采用横向语料收集的研究，重点往往不在于考察学习者对某一语言项目的习得顺序。但是，在分析和研究从较大规模语料库中收集到的语料时，研究者往往会通过使用频率和正确使用率来测定学习者对特定语言项目的习得顺序。如通过龚选玉（2013）的研究，我们大致可以推定，学习者对"常常、经常、常、往往、一直、从来、总（是）、有时"的习得先于对"时常、通常、不断、连"的习得，而其中对"时常、通常"的习得又先于对"不断、连"的习得。

下面这个案例中，研究者同样通过收集和分析横向语料更加准确地考察了学习者对特定语言项目的习得顺序。刘宏帆（2011）考察了留学生对汉语双及物结构的习得情况，考察对象为中山大学国际交流学院的留学生。研究者将考察对象分为三组：初级组（学习汉语 3 个月左右）、中级组（学习汉语超过一年）和高级组（学习汉语两年半左右），每组考察对象均为 20 人。研究通过语言测试收集横向语料，具体做法是设计口头表达测试，让留学生当场完成 [1]。测试内容是连词成句，即给出双及物动词和主语、直接宾语、间接宾语等成分，让留学生造句。测试题目举例如下：

① 叫（老张、她、老李）：
② 偷（小强、一支铅笔、丽丽）：
③ 卖（一个玩具、弟弟、售货员）：
④ 借（小王、一本书、小李）：
⑤ 给（哥哥、一台电视机、妹妹）：

通过对测试收集到的横向语料进行考察和分析，研究发现了留学生在双及物结构句法实现形式选择上的特点。如所有留学生在实现双及物结构的补语式（如"妈妈寄了一封信给孩子"）时都没有出现偏误，说明留学生对这种

---

1 初级组考察对象为中文零起点留学生，所学词汇和句式有限，口头表达难度较大，只能采取书面的形式完成测试。

句法形式习得最早、掌握最好；初级组和中级组在实现双宾式（如"妈妈给孩子一封信"）时都出现了偏误，且偏误率相似，高级组则没有出现偏误，说明留学生对这种句式习得较早、掌握较好。研究最后总结出留学生对汉语双及物结构不同句法形式的习得顺序。

黎光创（2011）在考察越南学生习得汉语二项定语（如"他小时候的特长""去年我国的经济"）的偏误情况时，为收集横向语料，对初、中、高级阶段各48名越南本地学生进行了测试。测试结果显示，偏误率随着被试汉语水平的提高逐渐降低。被试使用不同类型二项定语时的偏误率有高有低，说明二项定语的类型对越南学生的习得也会造成影响。

可见，通过对中介语横向语料的收集和考察，研究者可以更直观地了解考察对象对特定语言项目的总体使用情况及特点，包括使用频率、正确使用率、偏误类型、偏误比例、偏误特点等；也可以推断出学习者对特定语言项目的习得顺序，为教材和教学大纲的编制提供参考依据。

（二）纵向语料收集

收集纵向语料，主要是为了考察学习者对特定语言项目或交际技能习得的发展情况，一般需要研究者对考察对象进行一段较长时间的追踪考察，短则几个星期，长则几年。通常情况下，纵向语料收集应每间隔一段时间（3~5天、10天、半个月等）进行一次，考察对象的语法练习、作文、会话录音都可以作为语料来源。

孙德坤（1993）考察了留学生对"了"的习得过程。研究者追踪调查两名在北京语言学院（现北京语言大学）学习的留学生L和M，每两周与这两名留学生进行一次即兴谈话，并对谈话内容进行录音，每次谈话时长为1小时，共进行8次。研究者经整理和分析录音语料发现两名留学生在"了"的使用上呈现出不同特点。例如，L在第3次谈话中最先使用了"了"，但使用的都是"了$_2$"，L第一次使用"了$_1$"是在第4次谈话；与M谈话的录音语料显示，在全部谈话中应该使用"了$_1$"或"了$_2$"的地方，M几乎都没有用，表明其对"了"的习得可以说是零。通过进一步分析，研究者认为造成两名留学生习得差异的最主要原因是他们的学习特点不同。

洪谦（2014）对韩国学生对口语语篇常用转折标记的习得情况进行了考察。在收集语料时，除了自建语料库以外，研究者还对在中山大学国际汉语学院学习的四名韩国留学生进行了个案追踪调查，追踪调查采取与追踪对象在一对一自然情境下不限定话题交谈的方式，每周交谈一次，每次一小时左右，对交谈内容进行录音并转写，共获得 148,916 字的文字语料。通过对谈话内容转写成的文字语料进行整理和分析，研究者总结出了不同水平韩国学生开始使用各项转折标记的先后顺序。

有时，纵向语料收集和横向语料收集两种方法可以配合使用，也就是采取个案研究和规模研究相结合的方式。如赵立江（1997）考察了学习者对助词"了"的习得情况，用近两年时间对一名英国学生的汉语习得情况进行个案追踪调查，又对 23 名不同水平的以英语为母语学生进行成规模的语法测试。这项研究中，对两种语料进行研究得出的结论相互印证，说服力更强。

三、自然语料收集与非自然语料收集

从语料的收集方式来看，汉语国际教育领域研究的语料还可以分为自然语料和非自然语料。自然语料是用比较自然的方式获得的语料，如从学习者的作文或与学习者的自由谈话中获得的语料，本章第二节介绍的通过语料库方法、师生互动和访谈等收集的语料都属于自然语料；非自然语料则是通过练习和测试收集到语料，目标很明确，就是为开展特定研究而收集的语料，诱导产出法生成的语料即属于非自然语料。

（一）自然语料收集

自然语料主要通过检索语料库、对学习者一般性作文或口头表达进行整理或录音转写等方式收集。自然语料的特点是其中可能涉及多种语言项目，包括词汇、语法、语篇等，但只有极少数是研究者希望获取并进行深入研究的。自然语料收集的具体方法，我们在本章第二节中详细讨论过，这里就简单举例加以总结。

语料库是自然语料的主要来源之一。收集第二语言教学和习得相关研究所需语料，研究者可以使用以下几类语料库。

汉语母语者语料库：

北京大学 CCL 现代汉语语料库　　　http://ccl.pku.edu.cn:8080/ccl_corpus/index.jsp

北京语言大学 BCC 语料库　　　http://bcc.blcu.edu.cn/

国家语委现代汉语语料库　　　http://www.cncorpus.org/

| 《人民日报》标注语料库 | http://www.icl.pku.edu.cn/ icl_res/ |
| 北京语言大学口语语料查询系统 | http://www.blcu.edu.cn/yys/6_beijing/6_beijing_chaxun.asp |

汉外平行语料库：

北京大学 CCL 汉英双语语料库	http://ccl.pku.edu.cn:8080/ ccl_corpus/index.jsp
二语星空英汉双语平行语料库	http://www.luweixmu.com/
LIVAC 泛华语地区汉语共时语料库	http://www.livac.org/
Babel 汉英平行语料库	http://icl.pku.edu.cn/icl_groups/ parallel/default.htm
21 世纪世宗计划韩语语料库	http://www.sejong.or.kr/

外国人学汉语的中介语语料库：

北京语言大学 HSK 动态作文语料库	http://hsk.blcu.edu.cn
中山大学汉字偏误标注的汉语连续性中介语语料库	http://cilc.sysu.edu.cn
暨南大学留学生书面语语料库	http://www.globalhuayu.com/corpus3/Search.aspx
台湾师范大学汉字偏误库	http://free.7host05.com/bluekid828/

如何通过使用语料库获得语料呢？下面举几个例子。

叶陈清（2018）考察了学习者使用疑问代词"怎么"的偏误情况。研究者在北京语言大学 HSK 动态作文语料库中收集到有效偏误语料 248 条，分析后发现偏误主要发生在非疑问用法上，其中反问和虚指用法的偏误最多，如：

*他们教会我们什么样的待人处事。

*如果每个人都想着自己多做就会吃亏的话，这个世界这么会繁荣进步呢？

误代是偏误率最高的类型，多发生在"怎么""什么"和"这么"之间，如：

*妈妈虽然没什么受教育，却懂得教诲我们。

*有个同学欺负我，我哭着告诉母亲他怎么欺负我，他这么坏。

研究者还使用暨南大学留学生书面语语料库收集语料并进行补充考察，

共收集到有效偏误语料 149 条。研究者通过对比分析发现，暨南大学留学生书面语语料库中出现频率较高的偏误类型与北京语言大学 HSK 动态作文语料库中的高频偏误类型基本一致。多种语料库综合使用，相互印证，增强了研究结果的可信度。

岑代兰（2014）考察了韩国学习者使用韩语汉源词"관심"对应的汉语词"关心"的偏误情况，具体研究对象为与韩语汉源词"관심"意义相关的汉语词语（关心、兴趣、关注、注意、在乎、关切、注重、关爱、有意思等）。研究者从北京语言大学 HSK 动态作文语料库、中山大学汉字偏误标注的汉语连续性中介语语料库和暨南大学留学生书面语语料库中筛选出 611 条有效语料并进行分析。结果发现，韩语汉源词"관심"可对应的汉语词语中，韩国学生对"关心"一词的使用量最大，偏误率也最高，例如：

*初中的时候我不理解爸爸，以为爸爸对我<u>没有关心</u>，不爱我。
*老师们也好，对我们学生<u>关心很大</u>。

显然，很多韩国学生将汉语动词"关心"当作名词使用，从而产生偏误。

学习者的平时作文可作为自然语料的另一个主要来源。唐红倩（2018）考察了中级阶段东干族留学生在汉语语篇中出现的语篇衔接偏误。研究者收集了西北师范大学东干族留学生的 150 篇课堂小作文和课下大作文作为语料，采用描写与解释相结合的方法从语法手段、词汇手段、连接手段三方面对语料进行分析和研究。

李炅恩（2011）对比研究了表示处所的韩语助词"에"与其对应的汉语表达形式，考察韩国学习者出现的与"에"在汉语中对应形式相关的偏误，其中自然语料就来自在中山大学国际汉语学院就读韩国留学生的作文。

收集学习者的口语自然语料，通常采用先录音再转写为文字语料的方法。严根英（2011）为了解中山大学国际汉语学院初级阶段汉语口语测试的情况，从中山大学国际汉语学院保存的各学期期中和期末口语测试录音材料中，随机抽取初级一至初级四各平行班中一个班级的录音材料。研究者听取这些录音材料后，对材料中部分片段进行文字转写。通过分析转写成的文本，研究者发现口语测试在实施过程中确实存在的一些问题，如成绩测试录音不完整、成绩测试过程中教师未发出指令或发出指令不清楚、成绩测试题目缺乏明确的情境等。

前面介绍过，洪谦（2014）在考察韩国学生口语语篇常用转折标记的习得情况时，也随机抽取了中山大学国际汉语学院保存的近年来不同级别进修班中韩国学生的期中或期末口语测试录音材料，共转写文字语料 128,066 字，自建了韩国学生中介语口语语料库。

当需要对中介语中某一特定语言项目进行考察时，自然语料收集可以为研究提供最真实的材料，反映学习者对该语言项目的实际习得情况。同时，大量自然语料的收集，也有助于研究者发现中介语中具有研究价值的语言项目。

（二）非自然语料收集

单纯的自然语料往往不能完全满足研究的需要。以语料库方法为例，自然语料收集的不足主要表现在两个方面：一是语料库不能满足某些研究的特殊需求。如考察学习者对特定语言项目的习得情况时，语料库所能提供的例句数量远不能满足研究需求。再如与一些词语特殊用法相关的例句，以及学习者出现遗漏、回避等现象的偏误语料，在一般的中介语语料库中也不容易被找到。二是语料库中针对某类特定研究对象的材料不够丰富。如在各类汉语作为第二语言中介语语料库中，与以阿拉伯语为母语学习者相关的语料就非常少。正因为自然语料收集存在这样的问题，研究者常会根据研究需求收集一定数量的非自然语料。

非自然语料，也称"强制性语料"，主要通过完成任务、开展语言测试等方法来收集，与前面介绍过的"诱导产出法"非常相似。本章第二节已经详细介绍过诱导产出法，这里就简单举例，展示通过要求学习者完成任务、设计和实施语言测试收集非自然语料的操作方法。

周小兵（2007）在考察留学生使用动态助词"着"的情况时，为考察对象布置了根据特定情景或行为进行描述的任务，由此收集语料。魏白丽（2015）在考察泰国学生对"着"的习得情况时也采用了类似的方法，为考察对象设计了表达任务，要求他们用指定词语描述图片中的情景，如：

墙上 ＿＿＿＿＿（挂）一幅画儿。

巴希尔（2018）在考察初级阶段苏丹留学生习得"把"字句的偏误情况时，通过布置情景描述任务收集到了研究所需语料。研究者要求考察对象用"把"字句对以下情景进行描述：

① 在车站，你的钱包丢了，妈妈问你，在车站发生了什么事。你怎么回答？
② 你的裤子被大雨淋湿了，朋友问你，你的裤子怎么了。你怎么回答？

除了要求考察对象完成情景描述任务，魏白丽（2015）的研究还通过设计和实施语言测试收集语料。研究者设计了包含翻译、连词成句、选词填空等题型的测试卷，测试卷中部分题目如下（括号内为参考答案）：

一、翻译。

1. หนังสือภาษาอังกฤษ 1 เล่ม วางอยู่บนโต๊ะ（桌子上放着英文书。）

_____

2. ตอนที่เขาถึงบ้าน ประตูยังเปิดอยู่（他到家时，门开着。）

_____

二、请将下面的词语组成连贯的句子。

1. ①着 ②一起 ③唱 ④歌 ⑤跳 ⑥舞 ⑦大家 ⑧着
（大家一起跳着舞唱着歌。）

_____

2. ①穿 ②新 ③都 ④衣服 ⑤他们 ⑥着
（他们都穿着新衣服。）

_____

三、选词填空。

1. 她低 _____ 头说："对不起"。（C）
　　A 了　　　　　　B 得　　　　　　C 着　　　　　　D 的

2. 他 _____ 弹 _____ 琴。（C）
　　A 的，了　　　　B 了，着　　　　C 正，着　　　　D 地，了

通过对语言测试产出的语料进行分析，研究总结出泰国学生习得各类包含"着"句式的总体情况和大致顺序。

　　事实上，研究者在前期对比分析汉语动态助词"着"在泰语中的对应表达形式时已经做出预测：泰国学习者习得汉语动态助词"着"比较困难，表现之一是他们经常回避使用"着"。但是，与回避现象有关的语料在一般的中介语语料库中很难检索到。因此，通过语言测试获得的非自然语料可以作为自然语料的补充，帮助研究者对问题进行深入考察。

小结

　　本章主要讨论如何进行研究材料的收集和整理，获取丰富的语料和论据，为论文观点提供有力的支撑。

　　首先，介绍了与"材料"相关的基本概念及材料收集的原则。

　　其次，结合大量案例讨论了材料收集和整理的基本方法，包括语料库方法、诱导产出法、师生互动、问卷调查与访谈、教材研究及心理学方法。

　　最后，结合案例有针对性地介绍了第二语言教学与习得研究的材料收集方法，包括开放式语料与聚焦式语料的收集、横向语料与纵向语料的收集，以及自然语料与非自然语料的收集。

💡 思考与练习

1. 你自己或者你听说你的同学、同事，在进行论文材料收集和整理时经常会遇到哪些问题？请结合本章内容，讨论解决这些问题的方法或途径。

2. 结合具体案例，谈谈论文材料收集的原则。

3. 针对一个实际问题，选择三种或三种以上本章介绍过的材料收集方法，具体说说应该怎样进行材料收集。

4. 请看以下学习者出现的偏误：

　*经过跟他们玩儿，我的口语一定更好。

　*现代人经常下班之后，经过自己喜欢的兴趣爱好来释放在工作上受到的压力。

* 抬头仰望，一群鸟通过一片白色的云彩飞过去，加上黄昏的天空，风景更加美丽。

思考上述偏误的成因是什么？如果对上述偏误进行研究，你打算如何收集材料？

5. 在中国知网上找到两三篇优秀论文，对其中收集和整理研究材料的方法进行评价。

6. 请对下面论文材料收集的案例进行评析。评析内容包括案例存在什么问题及应该如何改进。如果是你，你打算用什么方法收集语料？

（1）某研究生在教学实践中发现，留学生常常混淆连词"相反"和副词"反而"。为具体考察留学生的偏误情况，这名研究生从北京语言大学HSK 动态作文语料库中收集到 72 条语料（含正确例 31 条，偏误例41 条），对语料进行分析后得出相关结论。

（2）某研究生为考察留学生使用汉语可能补语的情况，对课堂语料进行了收集。具体做法是对某初级班的一堂汉语综合课进行录音，并将录音转写成文字语料，对语料进行分析后发现留学生对可能补语的习得情况较差。下面是这名研究生收集到的两则语料：

语料 a

师：（播放了一首周杰伦的歌曲）怎么样？大家听得懂吗？

生：啊，（摇头）不懂。

师：听不懂？

生：听不懂。

语料 b

师：（把教室门锁上以后，让一名学生尝试从外面进来）他进得来吗？

生：不行。

师：哦，门锁上了，他进不来。一起说。

生：进不来。

师：（打开锁，学生进来了）现在他进得来，对吗？

生：嗯，对。

7. 试对一堂汉语课进行录音，并转写成文字语料，看其中有没有值得研究的问题。如果确定了一个或几个研究问题，说说可以用什么方法进一步收集研究材料？

8. 选择一个在教学实践中发现的研究问题，尝试用问卷或访谈的方法进行调研。（提示：首先制定问卷和访谈提纲；然后进行小规模试用；接下来分析试用结果，对问卷进行修订；最后开展较大范围调查，分析结果，得出结论。）

🔍 参考文献

[1] 巴希尔 . 初级阶段苏丹留学生"把"字句习得偏误分析 [D]. 兰州：西北师范大学，2018.

[2] 柏清 . 基于图式理论的对外汉语中级听力教学研究 [G]// 周小兵 . 汉语国际教育硕士学位论文选 . 广州：中山大学出版社，2015：162-192.

[3] 岑代兰 . 汉韩同形异义词"关心"的对比和偏误分析 [D]. 广州：中山大学，2014.

[4] 陈珺，周小兵 . 比较句语法项目的选取和排序 [J]. 语言教学与研究，2005（2）：22-33.

[5] 陈美洁 . 赴印度尼西亚汉语教师志愿者跨文化适应情况研究 [D]. 福州：福建师范大学，2018.

[6] 崔利颖 . 中韩三套儿童汉语教材练习考察 [G]// 周小兵 . 汉语国际教育硕士学位论文选 . 广州：中山大学出版社，2015：2-33.

[7] 高永伟 . 新英汉词典 [M]. 4 版 . 上海：上海译文出版社，2009.

[8] 龚选玉 . 留学生汉语频度副词使用情况考察与分析 [D]. 广州：中山大学，2013.

[9] 桂菊花 . 基于语篇的词汇练习题型对词汇习得效果的影响 [G]// 周小兵 . 汉语国际教育硕士学位论文选 . 广州：中山大学出版社，2015：312-343.

[10] 国家对外汉语教学领导小组办公室汉语水平考试部 . 汉语水平词汇与汉字等级大纲 [M]. 北京：北京语言文化大学出版社，1992.

[11] 何梦源 . 初级汉语听力课新手教师提问策略的考察与分析 [D]. 广州：中山大学，2016.

[12] 洪谦 . 韩国学生口语语篇常用转折标记习得情况调查 [D]. 广州：中山大学，2014.

[13] 洪炜，张俊 . 输入强化与输入模态对汉语二语句法学习的影响——以两类"把"字结构的学习为例 [J]. 语言文字应用，2017（2）：83-92.

[14] 姜芳 . 中级汉语口语课堂教学输入与输出的考察 [G]// 周小兵 . 中山大学国际汉语教育三十年硕士学位论文选——全球视野下的国际汉语教育 . 广州：中山大学出版社，2011：2-28.

[15] 黎光创 . 越南学生汉语二项定语习得研究 [G]// 周小兵 . 中山大学国际汉语教育三十年硕士学位论文选——全球视野下的国际汉语教育 . 广州：中山大学出版社，2011：200-233.

[16] 黎倩 . 移动终端汉语学习词典 App 及其使用现状的调查 [G]// 周小兵 . 汉语国际教育硕士学位论文选 . 广州：中山大学出版社，2015：430-471.

[17] 李炅恩 . 表示处所的韩国语助词"에"与汉语相应形式的对比研究 [G]// 周小兵 . 中山大学国际汉语教育三十年硕士学位论文选——全球视野下的国际汉语教育 . 广州：中山大学出版社，2011：380-407.

[18] 李英，邓小宁 . "把"字句语法项目的选取与排序研究 [J]. 语言教学与研究，2005（3）：50-58.

[19] 李雨辰 . 在韩高中汉语课堂娱乐类教学资源应用调查与资源库建设 [D]. 广州：中山大学，2016.

[20] 刘宏帆 . 双及物结构的类型考察及其汉语习得 [G]// 周小兵 . 中山大学国际汉语教育三十年硕士学位论文选——全球视野下的国际汉语教育 . 广州：中山大学出版社，2011：234-262.

[21] 罗宇 . 留学生汉语写作过程中的写作策略研究 [G]// 周小兵 . 中山大学国际汉语教育三十年硕士学位论文选——全球视野下的国际汉语教育 . 广州：中山大学出版社，2011：263-289.

[22] 彭淑莉 . 留学生习得"被"字句固定格式的偏误分析 [J]. 广东工业大学学报（社会科学版），2009，9（2）：67-70.

[23] 桑小璐 . 中亚东干族留学生听力教学行动研究 [D]. 兰州：西北师范大学，2018.

[24] 施家炜 . 外国留学生 22 类现代汉语句式的习得顺序研究 [J]. 世界汉语教学，1998（4）：77-98.

[25] 孙德坤 . 外国学生现代汉语"了·le"的习得过程初步分析 [J]. 语言教学与研究 . 1993（2）：65-75.

[26] 唐红倩 . 东干中级汉语学习者叙述体语篇衔接手段习得情况及教学策略 [D]. 兰州：西北师范大学，2018.

[27] 陶思佳 . 初级对外汉语口语课堂上的互动模式 [G]// 周小兵 . 中山大学国际汉语教育三十年硕士学位论文选——全球视野下的国际汉语教育 . 广州：中山大学出版社，2011：87-108.

[28] 王静 . 留学生汉语宾语的习得研究 [G]// 周小兵 . 中山大学国际汉语教育三十年硕士学位论文选——全球视野下的国际汉语教育 . 广州：中山大学出版社，2011：290-319.

[29] 王珅 .《官话篇》与《官话急就篇》文化内容比较分析 [G]// 周小兵 . 汉语国际教育硕士学位论文选 . 广州：中山大学出版社，2015：133-159.

[30] 王晓平 . 汉语双音节同音歧义词识别认知机制的实验研究 [D]. 广州：暨南大学，2011.

[31] 王叶萍 . 副词"确实"和"实在"的多角度辨析 [D]. 广州：暨南大学，2008.

[32] 魏白丽 . 泰国学生汉语动态助词"着"习得研究 [G]// 周小兵 . 汉语国际教育硕士学位论文选 . 广州：中山大学出版社，2015：344-386.

[33] 魏铎 . 对外汉语高级综合教材词语释义研究——以《发展汉语·高级综合》（I、II）为例 [D]. 兰州：西北师范大学，2018.

[34] 项韵玲 . 越南学生使用趋向补语"上、下"的偏误分析 [D]. 广州：中山大学，2012.

[35]《新英汉词典》编写组 . 新英汉词典（增补本）[M]. 上海：上海译文出版社，1978.

[36] 严根英 . 初级汉语口语成绩测试调查研究 [G]// 周小兵 . 中山大学国际汉语教育三十年硕士学位论文选——全球视野下的国际汉语教育 . 广州：中山大学出版社，2011：109-142.

[37] 叶陈清 . 基于语料库的疑问代词"怎么"的偏误分析 [D]. 福州：福建师范大学，2018.

[38] 袁博平 . 汉语二语习得中的界面研究 [J]. 现代外语，2015，38（1）：58-72.

[39] 张娜 . 孟加拉国初中级汉语学习者"比"字句偏误研究 [D]. 广州：中山大学，2016.

[40] 张旺熹 . "把" 字句的位移图式 [J]. 语言教学与研究，2001（3）：1-10.

[41] 赵海霞 . 菲律宾 "吴奕辉兄弟基金会—中国奖学金项目（第二届）" 调查报告 [G]// 周小兵 . 中山大学国际汉语教育三十年硕士学位论文选——全球视野下的国际汉语教育 . 广州：中山大学出版社，2011：410-439.

[42] 赵立江 . 留学生 "了" 的习得过程考察与分析 [J]. 语言教学与研究，1997（2）：113-125.

[43] 赵世开 . 汉英对比语法论集 [M]. 上海：上海外语教育出版社，1999.

[44] 赵世开，沈家煊 . 汉语 "了" 字跟英语相应的说法 [J]. 语言研究，1984（1）：114-126.

[45] 赵永新 . 新词新语与对外汉语教学 [G]// 鲁健骥 . 中国对外汉语教学学会成立十周年纪念论文选 . 北京：北京语言学院出版社，1996：282-193.

[46] 周小兵 . 学习难度的测定和考察 [J]. 世界汉语教学，2004（1）：41-48.

[47] 周小兵 . "着" 的习得情况考察 [C]//《第八届国际汉语教学讨论会论文选》编辑委员会 . 第八届国际汉语教学讨论会论文选 . 北京：高等教育出版社，2007.

[48] 周小兵 . 非母语者汉语语法偏误研究程序 [J]. 云南师范大学学报（对外汉语教学与研究版），2009，7（1）：1-9.

[49] 周小兵，雷雨 . 泰国人汉语多项定语语序习得研究 [J]. 华文教学与研究，2018（1）：1-9.

[50] 周小兵，罗晓亚 .《新实用汉语课本》与《通向中国》文化点和相关词汇考察 [J]. 国际汉语教育（中英文），2019，4（1）：76-85.

[51] 周小兵，赵新，等 . 对外汉语教学中的副词研究 [M]. 北京：中国社会科学出版社，2002.

[52] 朱玉芬 . 日韩中年女性汉语学习者可能补语习得研究 [D]. 杭州：浙江科技学院，2017.

[53] MACKEY A, GASS S M. Second language research: methodology and design[M]. Mahwah: Lawrence Erlbaum Associates, Inc., 2005.

[54] YUAN B, DUGAROVA E. Wh-topicalization at the syntax-discourse interface in English speakers' L2 Chinese grammars[J]. Studies in second language acquisition, 2012, 34(4): 533-560.

第

五

章

研究设计

学术研究和论文写作一般包括以下几个环节：发现问题，收集材料和数据，阅读文献，选定研究理论和方法，进行研究设计，撰写论文和修改论文。

研究设计，实际上就是在初步选定选题、收集研究材料并研读前人成果之后，拟定研究方案。而拟定研究方案所取得的成果，就是论文的"开题报告"。

在第二到第四章中，我们分别讨论了"选题设计""材料收集与整理"和"前人研究成果研读"三部分内容。实际上，研究设计也包括这些内容，如"研究设计"中与论文选题相关的就有"选题聚焦"。

在"研究设计"这一章，我们将主要讨论以下内容：

① 选题聚焦，让研究对象和研究范围更加清晰、明确，更加集中、到位；

② 向下看，把大问题分解成几个小问题，厘清各个小问题之间的逻辑关系；

③ 向上看，与相关理论、假说、模式、方法挂钩，把具体问题提升为科学问题；

④ 继续收集、考察、鉴定材料，看有没有前人研究从未使用过的材料，材料是否与论文选题相匹配，分析材料是否可能得出前人没有得出的创新性结论；

⑤ 选择合适的研究理论和方法，选择恰当的研究模式，制定可行的研究方案；

⑥ 开展探索性研究，试用相关理论、假说、模式、方法，考察、分析、统计部分材料，看能否在局部问题上得出有新意的结论；

⑦ 在上述工作基础上，对研究方案进行改善，使之更具有可操作性。

在研究设计的过程中，有几个关键词需要特别注意：聚焦，分解，理论提升，文献研读，资料收集与鉴定，研究模式，探索研究，凝练创新点。

第一节 | 选题聚焦

在确定了具体的研究问题之后，研究者还要思考一些问题：研究对象是什么？研究范围有多大？研究内容有哪些？研究方法、研究步骤和研究手段是什么？这就涉及选题的"聚焦"。

一、研究对象

首先，研究者要明确论文的研究对象，即指所要研究的人或事物的总和。研究对象是什么，一般可能出现两种情况。

（一）学习者、汉语教师及其相关表现

研究对象可以是学习者，一般考察他们如何学习，学习中有什么样的表现。学习是一种互动行为，参与其中的不只是学习者，教师怎样教才能更加有效，也属于"人"的研究。我们来看以下这篇论文：

📝 **菲律宾多动症（ADHD）儿童汉语个别教学研究**（孙迪奥，2016）

这项研究主要考察一名患有注意力缺陷多动症（ADHD）的儿童汉语学习者的课堂表现，考察内容包括教师如何制定特殊方案施教、学习者的课堂反应、教学效果的描述等。研究者在论文的"选题缘起"部分中谈道：

> 笔者于 2014 年 3 月至 2015 年 3 月赴菲律宾亚典耀大学孔子学院担任汉语教师志愿者。任教期间，接触到一名特殊儿童。平时与他交谈时，他似听非听，目光游移，注意力常被身旁事物吸引，让人很头疼。通过与其母亲沟通，得知该生在不久前被诊断患有 ADHD（Attention-Deficit Hyperactivity Disorder），即注意力缺陷多动症。这是一种儿童常见心理障碍，主要表现为与年龄和发育水平不相称的注意力不集中和注意时间短暂、活动过度和冲动（Sroubek，2003）。这引起了笔者的兴趣。笔者所在孔子学院针对学习者需求分别开设了班级课程和"一对一"课程。由于儿童学生相对较少，且年龄、汉语水平、家庭背景和母语背景等差异较大，很难凑成一个班级，因此，大部分儿童学生都被安排了"一对一"课程。这名学生就是笔者的"一对一"学生之一。教学初期，笔者遇到很多障碍，如学生听不进去、不参与教学活动、干扰授课进度等，教学效果很不理想。因此，笔者开始思考如何有效利用个别教学的优势，结合汉语作为第二语言教学的特点，提高对 ADHD 儿童汉语教学的效果。

从"选题缘起"中就可以知道，这项研究聚焦于对一名多动症儿童实施

的"一对一"汉语教学，主要描述教学设计与教学实施过程。由于研究对象比较集中（一名患多动症的儿童学习者及其家长，一位汉语教师），研究设计其他环节的开展就相对容易了，研究者在撰写论文时也不会遇到因选题范围过大而造成的困难。

柏清（2015）在《基于图式理论的对外汉语中级听力教学研究》中，将同一水平的学习者分成实验班和控制班，对实验班使用基于图式理论的教学模式和方法，对控制班使用传统的教学模式和方法，观察两个班级学生不同的学习表现和测试成绩。与上一篇论文相比，这篇论文的研究对象涉及两组学习者，但由于研究只针对两组学习者在接受不同听力教学法时的反映及取得的测试成绩，研究范围受到一定限制；同时，作者使用的研究方法比较明确，研究设计遵循现成的规范，具体操作起来也相对顺畅。

（二）作为学习资料或结果的各类材料

研究对象一般也可以是作为学习资料的各类文本或非文本材料。如梁莉莉（2015）《外向型与内向型汉语词典释义与用例对比研究》一文的研究对象是两类词典的文本材料，主要考察两种外向型汉语词典和两种内向型汉语词典，比较它们在释义和用例方面的异同。对释义的考察，包括语言难度、释义内容、释义方式、释义原则；对用例的考察，包括语言难度、用例数量、用例方式和用例原则。

研究对象还可以是作为学习结果的相关材料。黎光创（2011）的《越南学生汉语二项定语习得研究》是一项语言习得研究。这篇论文的研究对象主要是两类文本：第一类是中介语语料库中越南人学习二项定语的语料，第二类是对越南学生进行语法测试所得到的语料。通过对两类文本的考察，论文总结出越南学习者对汉语二项定语的习得情况、习得顺序和偏误情况等。

有的研究，不但涉及文本，还涉及非文字信息。王乐（2017）的《外语多元读写能力视角下的任务设计研究》主要考察汉语教材中的多模态设计情况，包括图片设计、图片与文字的协同情况等。考察对象既包括文字，也包括图片、音频和视频等。

上述几项研究的对象大多为文本材料、教材或中介语语料。只要确定了研究对象及其相关范围，进行研究设计就不会遇到太大困难。

在拟定论文选题时，必须明确研究对象到底是什么。明确了这一点，研究者就能更好地进行选题聚焦与创新点凝练。

二、研究范围

研究范围与上一节谈到的研究对象既有区别又有联系。假定研究对象已确定为外向型和内向型汉语词典，研究主要对比二者的异同。但是，外向型和内向型汉语词典的品种很多，到底要考察多少种，考察哪几种，都是需要研究者明确的。此外，每一种词典中的内容也很多，至少包括词项选择，释义（语言难度、释义内容、释义方式），例句，体例，等等。面对这样的情况，研究者就要考虑研究范围的聚焦了。

一名研究生确定对外向型和内向型汉语词典进行对比研究，原计划各选择 4 种词典作为研究对象。研究刚开展不久，研究者就感觉考察 8 种词典的范围太大，于是将研究对象缩减为外向型和内向型汉语词典各两种。随着研究不断深入，研究者发现 4 种词典的体量还是太大，最终确定各选择一种词典作为研究对象。这样一来，研究范围比原计划大大缩小了。

单一词典内部的研究范围也是需要仔细设计的。研究者原本计划考察两种词典的释义和例句，后来发现这两部分需要研究的内容过多，很难完成。因此，研究者决定只考察两种词典中的例句部分，重点考察例句的选择、例句语言的难度、例句的社会内容、例句的语言学信息等是否适合学习者使用。

可见，所谓"聚焦"，主要是指缩小课题的研究范围，将考察和研究的重点聚焦在一个较小的范围内。当然，在研究对象已明确的情况下，再对研究范围进行"聚焦"，相应的研究方法、研究步骤、研究手段等也需做出调整。

缩小研究范围，可以通过"提问"的方式进行。例如，论文选题围绕"汉语词汇习得"，聚焦研究范围时就可以从以下不同角度提问：

学习者的级别是初级、中级，还是高级？

学习者来源是不同母语者，还是特定某种语言的母语者？如果是后者，是哪一种母语者？

习得的是接受性词汇（输入理解），还是表达性词汇（口语或写作输出）？

具体研究范围如果确定是接受性词汇，即对词语的理解，则到底研究哪些具体词项？

研究方法是访谈法、问卷法、测试法、课堂观察法，还是使用仪器检测？是选择这些方法中的一种，还是其中几种？

再来谈一谈"具体范围"。一篇硕士学位论文，不可能研究太多的内容。如果考察接受性词汇的认知习得，选择 10 组左右近义词作为研究对象，研究容量就足够了；如果考察表达性词汇，如考察口头或书面表达中的词语，一两组词语就够了。此外，词汇研究往往还会涉及具体词语的用法，与语法有一定关联，如以下论文选题：

留学生使用"表达"及其近义词语的特点考察与分析
"知道、认识"及相关动词的习得研究
"一点儿""有点儿"的习得考察
"会"和"能"的学习考察
"相反""反倒""反而"的对比研究和偏误分析
韩国学生"再"和"又"的习得研究
"却"和"但（但是）"的多角度研究

有时，研究一个词的多种语义和用法，就足以支撑一篇硕士学位论文了，如以下论文选题：

"居然"的多角度分析
介词"对"的习得情况考察

再举一个例子。一名研究生发现汉语和日语中的同形近义词容易诱发日本学生使用错误，由此拟定论文选题为《汉日同形近义动词对比分析及偏误研究》。作者原本打算研究汉语水平考试大纲中所有有日语同形近义词的词汇，后来发现这样的词语数量太多了，就将研究范围缩小到大纲中初级阶段的动词，但数量依然过多，最终将研究范围缩小到 24 组动词，并将它们分成四类，分别是：

① 形式相同，包括：注意、呼吸、参加、提供、反映、保留、取得；
② 简、繁体不同，包括：承认 / 承認、到达 / 到達、批评 / 批評、认识 / 認識、作业 / 作業、试验 / 試験、访问 / 訪問、开放 / 開放、活动 / 活動、满足 / 満足、准备 / 準備；
③ 汉、日简化不同，包括：翻译 / 翻訳、处分 / 処分、处理 / 処理、发表 / 発表；
④ 字形、笔画有细微差别，包括：反对 / 反対、批判 / 批判。

这项研究的主要内容是辨析这 24 组汉日同形近义动词在词义和用法上的不同，预测学生可能出现的偏误和学习难点，进行偏误分析并解释偏误产生的原因，探索学生的学习规律，进而提出攻克词汇学习难点的有效方法。

第二节 | 选题分解

在对真实问题或具体难题进行适当聚焦之后，研究者还需对问题进行分解。这是因为一般的"问题"往往比较大，有些混杂，如果不对其进行恰当分解，研究者就很难开展下一步研究。最好的解决办法，就是把发现的真实问题分解成若干个有逻辑关联的小问题，厘清这些小问题之间的关系，使整项研究能够按步骤推进。

可见，"选题分解"可以检验论文作者的研究思路，考察论文的结构机理。如果研究者思路清楚，研究程序明确，反映在开题报告中的论文研究框架就应该是层次分明、结构清晰的。因此，我们判断选题分解是否恰当，最直接的方法就是看开题报告中的研究结构或论文初稿中的"目录"部分是否条理清晰、内容明确。

一、大问题分解为小问题

我们在第二章第二节"选题来源"中介绍过，一名研究生发现在中级平行班的口语课上，在学生水平、使用教材和教学内容都相同的情况下，授课教师不同，取得的教学效果也不同。于是，这名研究生决定考察中级汉语口语课中不同教师在课堂输入上的差异，以及学生输出的区别，拟定的论文题目如下：

中级汉语口语课堂教学输入与输出的考察（姜芳，2011）

我们可以看出这个选题存在的问题，就是考察的体量太大了。课堂教师输入和学生输出的内容包括哪些，我们对此会提出一系列问题：教师如何输入？教师输入使用的词汇、句式有哪些？输入的语言难度等级如何？输入语速如何？输入的词种密度如何？学生如何输出？输出的句式、语言难度、语速、词种密度的情况如何？学生输出时有哪些错误，错误的比重有多少？教师对学生的错误是否纠正，何时纠正，用什么方式纠正？学生对教师的纠错有何反应，纠错效果如何？

显然，这些问题在研究时不可能全部考察，必须聚焦在一个或若干个有关联的问题上。接下来，研究者要把聚焦后的选题分解为几个有逻辑关系的小问题，分别予以考察。在导师指导下，这名研究生将主要研究问题分解如下：

① 教师和学生的话语量统计；

② 课堂话语中的词汇考察，考察词种密度、词汇难度等级、生词重现率；

③ 课堂话语的句子分析，分析句子长度和句类特点（陈述句、疑问句、祈使句等）；

④ 师生话轮考察，考察话轮类型，进行话轮统计。

这一选题来源于研究者的教学实践，具有较高的研究价值。经过对问题的聚焦和分解，选题得到了初步凝练和细化，研究也具备了可操作性。这里还应该注意两点：第一，分解问题的前提就是选题聚焦，或者说，问题分解和选题聚焦是相辅相成的；第二，分解而来的每一个小问题，还可能细分为更小的问题，如词汇考察就细分为"词种密度考察""词汇等级考察"和"生词重现率考察"三个更小的问题。

再举一个例子。一名来自罗马尼亚的汉语国际教育硕士专业研究生在学汉语、教汉语的过程中发现罗曼语族母语者学习汉语时容易出现一些偏误，如：

a ＊他带快乐地说出一件极好的信息。

b ＊中国那么快发展，已经跟我第一次去的时候完全不一样。

c ＊她好奇得看父母。

这些偏误大多与描写性状语／补语有关，与"的""地""得"有关，造成偏误的原因多是受母语迁移的影响。于是，这名研究生开展了对罗曼语族母语者学习汉语描写性状语和补语情况的考察和研究，拟定的论文选题为：

汉语描写性状语／补语与罗曼语对应成分的对比研究及偏误分析
（白德龙，2015）

从选题中就可以看出，研究者已经把研究问题分解成两个部分，分别是：

对比汉语描写性状语／补语和罗曼语对应成分的异同
考察罗曼语族母语者学习汉语相关语法点的偏误

对于语言对比和偏误分析方面的研究来说，这样分解问题的方式是十分恰当的。一方面，说明研究要用中介语描写，即对学习中出现相关偏误的真実描写；另一方面，提出要研究诱发偏误的可能原因，也就是母语负迁移和目的语规则泛化的影响。当然，对这两个问题开展研究的容量也比较大，问题还可以进一步分解。于是，作者又把第二个问题继续分解成两个部分：

语言负迁移诱发的偏误
目的语规则泛化诱发的偏误

这样一来，整篇论文的结构和层级就更加清晰了。

二、问题的排序

在选题初步确定后，研究者需要把大的选题分解成多个有逻辑关系的小问题，还需要对这些小问题进行合理的排序。小问题的排序，实际上就是研究程序的确定。合理的排序，会对论文写作的全过程产生积极的影响。

一名研究生在教学实践中发现，来华留学生对"中国概况"课程的教材不太满意，因而萌发了系统研究相关教材的意愿。在导师的指导下，这名研究生又选择了一本类似的英语作为第二语言文化类教材作为对照，初步拟定了如下论文题目：

对《美国文化背景（第三版）》与三本《中国概况》教材的比较分析 ——兼谈《中国概况》教材的编写（樊婧，2011）

从选题就可以看出，研究者是要考察三本《中国概况》教材，将它们与《美国文化背景（第三版）》进行对比分析，并提出《中国概况》教材的编写建议。由于所要考察的教材内容较多，需要对选题进行分解。作者是如何操作的呢？我们先来看这篇论文主干部分的目录：

从目录中可以看出，作者首先将选题分解成两大部分：第一部分是三本《中国概况》教材的对比分析及它们与《美国文化背景（第三版）》的对比分析，第二部分是《中国概况》教材编写时存在的问题与相应的解决方案。

在此基础上，作者又将第一部分的问题细分成五个小问题。第一个小问题"课程设置目的、教学对象和教材定位"属于对教材性质的考察，理应置于这部分研究的第一位。后四个小问题是对教材内部结构的细致考察：其中，"编写体例"是有关教材内部结构的总体性问题，自然也要优先论述；其他有关课文题材、内容和练习的问题，则基本按照教材中每一课的编写顺序依次进行研究。至于第二部分问题，作者则先概括教材编写中存在的问题，随后提出解决问题的具体对策和建议。

这篇论文对整体选题的分解及对细分出的小问题的排序都是较为科学合理的，因此作者撰写论文也比较顺利。

三、问题之间的有机关联

在分解问题的过程中，研究者必须明确分解而来的各个问题之间的逻辑关系。这里还是以前面提到的白德龙（2015）的硕士学位论文《汉语描写性状语/补语与罗曼语对应成分的对比研究及偏误分析》为例，演示应如何处理问题之间的逻辑关系。

这篇论文主体部分研究的问题包括语法对比和偏误分析，作者研究的问题可以进一步细化如下：

语法对比
a 汉语描写性状语与补语
b 罗曼语族中描写性成分

偏误分析
a 语言负迁移诱发的偏误（语际偏误）
b 目的语规则泛化诱发的偏误（语内偏误）

这两个大问题、四个小问题之间的逻辑关系清楚，研究结构层次分明。有了这样的选题分解，作者的研究思路就会更加清晰，论文撰写也会更加顺利。

需要特别注意的是，同样的问题在各个部分中必须使用相同的标准进行考察。如果这方面设计得不合理，就要及时改善。如一名韩国留学生考察韩国学习者对"得"字补语句"他写字写得很好看"的习得情况，在问题分解时，将研究主体部分设计为 4 个部分，在论文中对应 4 个章节，分别是：

第三章　与"得"字句相关的汉韩语言对比
第四章　基于语料库的中介语考察
第五章　基于语法测试的语料考察
第六章　对教材相关语法点编排的考察

在第四章到第六章中，作者根据句子的形式特征对"得"字补语句进行了分类，具体如下：

S1	（N＋）V＋得＋A	他说得很快。
S2	（N＋）V＋得＋VP	他气得说不出话来。
S3	（N＋）V＋得＋固定词组	讲得妙语连珠。
S4	（N＋）V＋得＋主谓词组	困得眼睛都睁不开了。
S5	（N＋）V＋得＋代词	弟弟过得怎么样？
S6	（N＋）V_1＋O＋V_2＋得＋A	说汉语说得非常流利。
S7	（N＋）V_1＋O＋V_2＋得＋VP	我学汉语学得没有系统。
S8	（N＋）V_1＋O＋V_2＋得＋固定词组	打球打得竭尽全力。
S9	（N＋）V_1＋O＋V_2＋得＋代词	你们组打球打得怎么样？
S10	（N＋）A＋得＋A	人老得更快。
S11	（N＋）A＋得＋VP	我高兴得跳起来。
S12	（N＋）A＋得＋固定词组	我觉得我写得乱七八糟。
S13	（N＋）A＋得＋主谓结构	常常在人面前羞得满脸通红。

以这样的标准进行分类，便于作者发现和收集学习者习得中的各种偏误，并对这些偏误进行科学归纳和细致描写；同时也有助于作者总结出教材编排、语言点解释和练习设置等方面存在的问题，并提出改进建议。

但是，在论文初稿第三章中，作者对"得"字补语句的分类却是依据补语的语义指向进行的，具体如下：

a 他玩得很高兴。（语义指向主语）

b 他写字写得很快。（语义指向谓语动词）

c 他写字写得很整齐。（语义指向宾语）

这种分类方式，不利于对学习者使用中介语的情况进行科学描写，也不利于开展对教材和教学情况的分析。更不可取的是，这种分类方式与之后各章节采用的句式分类方式完全脱节，各章节之间缺少逻辑关系，使研究的整体可信度大大降低。在论文修改过程中，导师及时发现了这个问题，指导作者修正了第三章的句子分类方式，提升了论文质量，保证了论文顺利完成。

四、论文结构与目录

问题分解是否合适，在研究设计时主要反映在论文结构的搭建上，最终的呈现形式则是论文的目录。高质量的论文目录，应该层次分明，各级标题明晰，上下层逻辑关系合理。我们以下面这篇论文为例，结合论文题目，分析论文的目录和整体结构，总结其优点和不足。

基于语料库的疑问代词"怎么"的偏误分析（叶陈清，2018）

论文目录所反映出的结构如下：

绪论

第一章　疑问代词"怎么"的用法分类

　　第一节　疑问用法

　　第二节　非疑问用法

第二章　HSK语料库中"怎么"的习得考察

　　第一节　留学生"怎么"正确习得的情况分析

　　第二节　留学生"怎么"习得偏误的情况分析

第三章　暨大语料库中"怎么"的偏误考察

　　第一节　基于暨大语料库中"怎么"的偏误类型的考察

　　第二节　基于暨大语料库中"怎么"的偏误阶段的考察

　　第三节　基于暨大语料库中"怎么"的偏误国籍的考察

第四章　留学生产生偏误的原因分析

　　第一节　知识点难易度

　　可以看出，这篇论文的结构还是十分清晰的。除了绪论和结论，全文共分为五个章节。论文首先探讨疑问代词"怎么"的用法，展示与该语法点有关的本体研究成果；接着借助 HSK 语料库，从正确用法和偏误两方面考察留学生对"怎么"的习得情况；同时利用暨南大学建设的中介语语料库，从类型、学习阶段和学生国籍三个角度考察"怎么"的偏误情况；然后从语言点难易度、母语负迁移、目的语规则泛化和语言教材等角度探讨造成偏误的原因；最后提出对教材编写和教学实施的建议。

　　由于结构合理，整体研究设计符合规范且适合这一选题，论文写作也可以依照正确的程序展开，最终得出了有创新性的结论。

　　当然，从目录中也能找出这篇论文需要进一步改善之处。如第二章是考察习得情况，第三章是考察偏误情况，这两部分内容有重叠，且两部分研究分别使用了不同的语料库。作者在论文中对此做出了解释，但原因解释得似乎还不够清楚。此外，目录中还存在一个小问题，对于第四章第三节的标题，更准确的说法应该是"目的语规则泛化"。

第三节 ｜ 理论提升

　　研究者从实践中发现了研究问题，并且通过初步考察认定研究问题具有一定应用价值。这样的问题是否都可以成为论文选题？如何将在实践中发现的真问题、具体问题提炼为有研究价值的科学问题，并进一步提炼为学位论文的选题？这就需要经过一个从真实问题提升为科学选题的过程。

　　一般来说，这种"提升"可以从两方面入手。

一、选题与理论方法的关联

首先，论文选题要与现有理论、模式、假说、研究方法挂钩。如何将选题与理论方法挂钩，研究者可以提出以下问题并尝试回答这些问题。

① 选题与现有理论、模式、假说、研究方法的关联是什么？

② 这些理论、模式、假说、研究方法能够指导论文写作吗？

③ 研究及研究所取得的成果可能对现有理论方法产生什么影响？（影响可以是对现有理论方法的证实、补充或修正。）

④ 这些影响具体可能表现在哪些方面？

能够很好地回答上述问题，就可以在某些方面或某种程度上反映出选题的理论价值了。我们来看以下这篇论文：

📝 探究式文化教学在汉语课中的运用——以新西兰小学为例
（蔡丽虹，2017）

这篇论文探讨如何结合新西兰本土教育特点，在当地小学进行有效的文化教学，培养学生的跨文化交际能力。具体研究在新西兰小学如何实施探究式文化教学，通过教学设计、教学实施、师生问卷反馈和访谈等方式，总结出该教学法的成功之处和不足。

为了使这项研究具有更高的理论水平，作者引用了国内外学者有关"第三空间"的论述。如克莱尔·克拉姆契提出："第三空间发生在旅行者从星球A行进到星球B的过程中……两种引力同时在旅行者身上产生作用。旅行者必须开始调解两种相对引力，学会对两种文化的差异做出妥协。所有想定居在星球B表面的旅行者必须学会适应引起这些差异的一切因素。在这个第三空间中，学习者受到各种引力的影响，不得不挣扎出来，以最终实现文化适应。"这里说的第三空间指的是，不同文化在交流过程中产生的、介于两种或多种文化之间的语言文化空间。第三空间的存在显著体现在跨文化交际和交流过程中产生的"混生文化现象"或"文化混生物"（hybrid culture）。第三空间的核心价值是肯定且鼓励学习者积极地对两种文化做出自己的解读，用新的视角创造属于自己的意义空间。有了这些论述，这项研究的理论基础就显得比较扎实了。

在上一节"选题分解"中，我们提到过一名罗马尼亚留学生发现了罗曼语族母语者在学习汉语描写性状语 / 补语时会出现一些常见问题，开始考察相关情况，描写相关偏误，通过语言对比等研究手段找出母语负迁移和目的语规则泛化的原因。作者在联系选题与已有理论方法时，就需要回答前面提出的几个问题。这篇论文的作者通过研读相关文献，发现研究问题与对比分析法及对比等级、难度等级模式有关，这些理论可以用来指导自己的研究。

对比分析法（Lado，1957）的大致内容是：第二语言学习与学习者的母语密切相关。目的语与学生母语中相同的语言项目，可能出现正迁移，学生学习起来很容易；目的语与学生母语中不同的语言项目，可能出现负迁移，引发学习困难和学习偏误。

对比等级、难度等级模式（Prator，1967；Ellis，1985）的大致内容是：学习者的母语与目的语的异同对比等级可以分为 6 级。其中，第一等级是两种语言中对应的语言项目一样，如所有语言都有元音 [a] 和 [i]、辅音 [b] 和 [m] 等，学生学习这些语言项目没有困难；第六等级是学习者母语中一个语言项目对应目的语中两个或多个语言项目，如数字 "2" 在绝大多数语言中只有一个形式，但在汉语中有两个形式，即 "二" 和 "两"，学习者学习这样的语言项目比较困难，容易出现类似 "我有二个同学" 的错误。语言对比的 6 个等级对应学习难度的 0~5 级，即对比等级 1 级对应难度等级 0 级，对比等级 2 级对应难度等级 1 级，对比等级 6 级对应难度等级 5 级，等等。

研究者以上述理论、模式或假说指导自己的论文整体设计，通过具体研究验证对比分析法和对比等级、难度等级模式的合理性，并指出这两种理论方法存在的不足。

本章第二节 "选题分解" 中还介绍过姜芳（2011）的硕士学位论文《中级汉语口语课堂教学输入与输出的考察》。论文的作者在研读文献和凝练选题的过程中，发现这项研究可以参考多位专家提出的理论、模式或假说来展开，包括：

① Krashen（1982）的可理解性输入假说；
② Long（1983）的互动假说；
③ Swain（1985）的可理解性输出理论；
④ Ellis（1995）的二语习得模式；
⑤ 王初明（2012）的协同假说和读后续写模式。

通过具体研究，研究者还可以对相关理论的合理性和实效性加以验证。这样一来，选题的科学性和理论性自然得到了提升。

　　一个选题，如果与现有的理论、模式、假说或研究方法等没有太大联系，就可能出现两种情况：一种情况是选题的理论价值不大，无法上升为科学问题；另一种情况是选题**超出现有理论、模式，具有独创性**。

　　到底属于哪一种情况，就需要研究者进行仔细考量，并通过尝试性研究判断选题是否确实具有应用价值，是否能上升到现有理论或模式尚且无法解释的理论高度。如果经过尝试性研究发现属于第一种可能，研究者就应该尽早调整研究方向。如果发现现有理论无法解释拟提出的选题，就如前面说到的第二种可能，说明选题可能具有独创性，值得开展研究。在这种情况下，为了进一步推进研究设计，研究者可以继续提出以下问题：

　　① 选题和相关论文研究是否可能提出新的理论、假说，或使用新的方法、研究手段？

　　② 如果是，与原有理论、假说、方法相比，选题的创新点在哪里？

　　③ 选题的具体价值体现在哪里？比如能否解决或解释原有理论、假说、方法无法解决或解释的现象？都是哪些现象？如何解决？可能得出怎样的结论？

二、选题与前人研究的关系

　　理论提升，当然要研究相关的国内外文献，熟知以往的研究成果，尽量找到自己的选题与前人研究成果的密切关系。

　　研究者在研读和分析前人研究成果时，可能会遇到两种情况。

　　第一种情况是前人研究成果很多，研究者能够从中获取很多知识，学到很多理论、模式、假说、研究方法等。接下来，研究者还要判定这些研究成果是否与自己的选题具有较高的关联度，评估这些成果能否应用在自己的研究中，以提升选题理论价值、指导实际研究，并最终得出有说服力的结论。前面已经举过不少例子，下面再看一篇教学设计类的论文。

📝 基于抛锚式教学法的中级汉语口语教学设计——以《阶梯汉语·中级口语1》第九课为例（刘焱，2014）

　　一般来说，教学设计都需要依据某种教学理论或教学法。这篇论文的作者在教学实习中使用教材《阶梯汉语·中级口语1》给中级班学生上口语课，由此初步拟定以课程教学设计作为研究内容。为了做好这项研究，作者结合自己的教学实践，研读了多部有关教学法的论著，发现"抛锚式教学法"在中级口语教学中比较适用，于是对这种方法的主要内容及其在外语教学中的运用情况进行系统学习和分析。论文在理论方法部分介绍了抛锚式教学法的产生背景和主要内容，具体如下：

> 抛锚式教学法是建构主义理论指导下的教学方法之一。建构主义认为，知识不是通过教师传授得到，而是学习者在一定的情境，即社会文化背景下，借助其他人（包括教师和学习伙伴）的帮助，利用必要的学习资料，通过意义建构的方式而获得。（何克抗，1997）基于以上观点，建构主义学习理论强调在学习环境中存在四大要素或四大属性，即"情境""协作""会话"和"意义建构"。
>
> 建构主义为理论的教学方法认为教材所提供的知识是学生主动建构意义的对象，而不是教师传授的内容。媒体是用来创设情境、进行协作学习和会话交流的一种认知工具，而不是帮助教师传授知识的途径和手段。
>
> 抛锚式教学的主要目的是使学生在一个完整、真实的问题背景中，产生学习的需要，并通过镶嵌式教学以及学习共同体中成员间的互动、交流（即合作学习），凭借自己的主动学习、生成学习，亲身体验从识别目标到提出并达到目标的全过程。抛锚式教学有两条重要的设计原则：①学习与教学活动应围绕某一"锚"来设计，所谓"锚"应该是某种类型的个案研究或问题情境；②课程的设计应允许学习者对教学内容进行探索。（高文 1998）

作者结合自己的教学实践，探讨了在中级口语课上使用抛锚式教学的五个环节。

> ① 创设情境——使学习能在和现实情况基本一致或相似的情境中发生，让学习者自然地沉浸于该情境中。
>
> ② 确定问题——在上述情境下，选择出与当前学习主题密切相关的真实事件或问题作为学习的中心内容。选出的事件或问题就是"锚"，这一环节的作用就是"抛锚"。教师需要为这个"锚"设计具体的问题、任务，让学生回答、完成。

③ 自主学习——不是由教师直接告诉学生应当如何去解决面临的问题，而是由教师为学生提供解决该问题的相关线索，并特别注意发展学生的"自主学习"能力。除了借助教材，学生还可以通过查词典、上网搜索或者询问中国人等方式或途径完成相关任务。

④ 协作学习——讨论、交流，通过不同观点的交锋，补充、修正、加深每个学生对当前问题的理解。这一环节，教师可以要求学生以小组为单位，通过小组合作，在下次上课时为全班同学展示任务的完成情况。

⑤ 效果评价——评价不需要独立进行，只需在学习过程中随时观察并记录学生的表现即可。评价可由教师通过观察并记录学生的表现进行；也可以让学生参与评价，进行个人评价和小组评价。

由于理论准备充分，研究设计进行得比较顺利，抛锚式教学法也可以对中级口语课的教学设计进行具体指导。因此，研究者撰写论文时，在理论方法指引方面并没有遇到太大困难。

研究者在研读文献时可能遇到的第二种情况是前人研究成果很少。研究者可能会遇到几种具体情况：国外研究几乎没有，国内研究虽有，但成果很少；国内研究几乎没有，国外研究有少量成果；国内外研究成果都很少。由于可以借鉴的前人研究成果较少，研究者需要慎重考虑选题是否具有理论价值。一种可能是，研究缺少普适性。如有研究生计划研究汉语语篇中的"总—分"关系，但查找相关文献很困难，且发现近 20 年相关研究成果极少，权威刊物上更鲜有刊载。实践也证明，这一选题的研究价值不大。另一种可能就是，该研究恰好体现了所发现问题的独特性，可能具有较高的研究价值。如果是这种情况，研究者就需要考虑借助其他学科或更高层级学科，如心理学、哲学等的理论、模式或方法进行研究的可能性了。

第四节 | 材料收集

进行研究设计时，研究者必须对研究实施和论文写作所需材料进行整体的考量。研究者首先需要回答以下问题：研究所需的材料从哪里来？如何收集材料? 需要多少的材料, 收集这些材料需要多长时间? 收集材料时可能会遇到怎样的困难, 该如何解决?

一、确定材料收集的方式和范围

确定材料收集的方式和范围是研究设计中考量材料的第一步。先来看一个收集课堂互动语料的例子。以往有关课堂互动的研究多是关于师生互动的, 一名研究生想考察课堂中学生之间互动的情况, 又因在校期间有听力课教学实习经验, 于是拟定了以下题目:

📝 对外汉语整体听写活动实证研究（刘佳琪, 2017）

在论文中, 作者对整体听写活动（dictogloss, 也可译为"合作听写"）的基本程序进行详细描写, 具体如下:

① 教师以正常语速朗读一篇短文, 通常读三遍; 学生在听短文的过程中, 尽量记下自己熟悉的单词、词组和短句。

② 分组讨论, 小组成员相互合作, 利用记下的零散语言片段（单词、词组、短句等）重建短文; 要求尽量接近原文, 但不等同于原文的简单重复。

③ 各组展示重建的短文, 教师组织学生进行集中纠正, 分析各组重建短文中的问题和错误。

整体听写, 是具有交际性的任务型教学活动, 在实践中能够体现出多种优势。首先, 重建短文要求从内容和形式上进行协商, 内容上要与原文趋同, 形式上要注意语言的准确性; 学生间进行协商互动, 从而产生促学效用。已有的相关研究多是英语作为第二语言学习方面的, 汉语学习方面的研究还很少。因此, 这项研究具有创新性。通过研究, 研究者想了解以下问题: ① 外国留学生通常采用哪些形式的互动协商? 这些形式的互动协商是如何促进语言学习的? 水平不同的学生是如何互相促进的? ② 学生用什么策略关注内容和形式? 如何在内容和形式之间寻求平衡?

研究者对广东外语外贸大学留学生教育学院中一班和中四班的外国留学生实施了整体听写教学实验, 计划考察语言水平相对较低的中一班学生与水平相对较高的中四班学生在交流协商上表现出的差异。教学实验中使用的听力材料如下:

你真是太傻了

有一对夫妻，他们非常喜欢省钱。有一天丈夫在公共汽车站等着坐公共汽车回家。第一辆车人很多，他上不去。第二辆车人还是很多，他还是上不去。这样等了几辆车，车上的人总是满满的，他根本上不去。他想：算了，我不等了。于是他就跟在公共汽车后面跑回了家。到家的时候，他的脸上都是汗，衣服都湿了，人也快累死了。他太太看见他的样子，觉得很奇怪，就问他："你干什么了？怎么累成了这个样子？"他回答说："公共汽车人太多了，我上不去，所以我就跟在公共汽车后面跑回了家，省了一块钱的车票钱。"他太太马上说："你真是太傻了，才省了一块钱。你不知道吗？坐出租车回家要10块钱呢。你为什么不跟在出租车后边跑呢？要是跟在出租车后边跑，你不是可以省10块钱吗？"

重建短文要求学生两人一组进行。学生分组依照两个标准，即两名学生水平有差距和两名学生水平接近。研究者对各组学生的互动协商内容进行录音转写，获得大量语料。其中，水平有差距学生组合的互动协商语料如（序号为句子标号）：

……

[43] GM：（笑）丈夫说，我等了好几路。

[44] WL：我等了好几辆。

[45] GM：我等了好几辆车，人太多了，我上不去。

[46] GM：嗯，所以我决定省钱，公共汽车后跑。

[47] WL：我决定跑在公共汽车后面。

水平接近学生组合的互动协商语料如：

……

[8] JWZ：他的衣服都湿了，所以他的太太问他，你为什么这么，这么，这样……

[9] JWZ：这么，这样，他回答。（两个人笑）

[10] ZL：他回答，我回家的时候跟在公共汽车后面跑，回家累，一块钱省了。

[11] JWZ：但是他的太太说，你不知道吗？出租车要10块钱……

[12] JWZ：要10块钱，你跟在出租车后面跑的时候要省10块钱。（ZL小声跟着说）

由于语料丰富，这项研究通过展示学生之间生动有趣的互动协商情况，总结出一些学生常用的交际策略，对互动协商如何促进第二语言习得也有了新的认识。

再来看一个偏误语料收集方面的例子。一名泰国留学生计划分析泰国人书写汉字的偏误情况，将论文题目拟定为：

📝 基于语料库的高级水平泰国学生汉字输出情况考察（余小羊，2016）

这项研究属于专题研究中的第二语言习得研究，主要考察高级汉语水平泰国学生的汉字书写情况，考察内容包括：不同难度等级的汉字在中介语语料库中的分布情况，语料库中出现频次较高且学习者书写正确的汉字及其特点，学习者书写偏误率较高的汉字及其偏误类型和特点。在此基础上，进一步研究哪些汉字对泰国学生来说习得相对容易，哪些汉字习得难度较大。最后，提出针对泰国学生的汉字教学和习得策略。

对于汉语国际教育硕士专业的研究生来说，通过调查和测试的方式收集足够的泰国学生汉字书写语料以完成上述考察的工作量过大，更好的办法是使用现有的中介语语料库。这名研究者主要使用了中山大学汉字偏误标注的汉语连续性中介语语料库和北京语言大学 HSK 动态作文语料库。前者收录了就读于中山大学的留学生的日常作文语料，研究者从中检索到高级水平泰国学生的作文语料 28 篇，共 8,148 字；后者是非汉语母语者参加高等级汉语水平考试（HSK）作文内容语料库，收录 1992~2005 年部分外国考生的作文答卷内容，研究者从中检索到高级水平泰国学生的作文语料 374 篇，共 117,123 字。这样，研究者从两个语料库中获取高级水平泰国学生的汉语作文语料共计 125,271 字，为研究提供了较为充分的材料保障。

二、材料的收集和筛选

有的时候，研究者收集到的材料很多，需要依照一定的标准和程序对材料进行筛选。我们来看这样一份调研报告：

📝 汉语移动学习资源的调查研究——以苹果应用商店为例（黎鑫，2013）

这项研究缘起是，移动技术的革新引领了移动学习的潮流，也为对外汉语学习引入了一种新的模式。作者发现了汉语作为外语 / 第二语言移动学习资源迅速增长这一现象，并决定开展相关研究。研究的前提，也是最大的困难之一，就是收集研究材料。作者将材料收集工作分为三个阶段，分别是样本收集、样本筛选、抽样，以下就这三个阶段分别进行介绍。

第一阶段，样本收集。首先，需要确定搜索关键词。在这项研究中，作者选定的搜索关键词为"汉语""汉语学习""Chinese""learning Chinese""study Chinese""HSK"。同时，确定使用苹果应用商店（App Store）和 PP 助手作为搜索工具。

第二阶段，样本筛选。分别在苹果应用商店和 PP 助手的检索框中输入上述 6 个关键词，搜索到的应用程序有数百个，其中四分之一与外国人学习汉语无关。输入不同的关键词时，搜索到的应用程序中会有 5% 左右出现重复。为进一步提取有效资源，作者从两个角度对样本进行初步筛选：①不同设备适用版本查重，②排除部分因需付费而无法获取的应用程序。

第三阶段，抽样。作者将经上一阶段筛选得出的 136 个资源样本按照内容分为四类，分别是课程、工具、应试和图书；再按 1∶2 的比例进行层级抽样，保留 68 个资源样本。进行层级抽样时，作者还按照适用语种对资源样本进行分类。

由于材料收集和筛选的程序合理，调查所获材料的容量较好地满足了完成一篇硕士学位论文的需求。

三、材料的探索性收集与方案修订

收集材料时，研究者常常会遇到很多意想不到的困难。这种情况下，研究者就需要根据实际情况调整材料收集的方法。

研究者最常遇到的问题是在研究学习者对某一语言点的习得情况时，仅从中介语语料库中收集到的研究材料太少。造成这种情况的原因很多，如学习者回避某一语言项目的使用、某种母语者的中介语语料不够等。这时，研究者就需要通过语言测试或诱导式方法，如谈话、看图写话、命题作文等，收集中介语语料（详见第四章第二节）。否则，研究可能就无法完成。

一名研究生原计划考察中介语语料库中学习者使用"的"的所有情况，如"老师的书 / 吃的还有 / 他坐地铁来的 / 这事儿我知道的 / 你管你的去 / 大的大，小的小 / 破铜烂铁的，他捡来一大堆"。通过考察学习者使用"的"的频率和正确率等，研究不同学习者对不同义项"的"的学习顺序。

但是，这样的选题范围太大，需要整理和筛选的材料太多。原因在于，一方面，"的"在汉语里是出现频率最高的词；另一方面，有些"的"的义项较难鉴别，难以分类定性。例如，"这确实是小王拿来的，并不是我的"中的第一个"的"，到底是"的"字结构的"的"，还是表示强调或确认的"的"，并不好判定。这名研究生经初步检索语料库后发现工作量太大，对语料进行统计和分类都很困难，更无法进行具体分析。研究者只得缩小范围，仅收集和研究定中结构中的"的"，从北京语言大学 HSK 动态作文语料库收录的超过 360 万字的语料中找出 3,984 条含"的"的定中关系语料进行统计分析。可以想象，如果考察所有有关"的"的使用情况，所需语料的规模必然十分庞大，仅用一篇硕士学位论文更是根本无法研究清楚的。

再来看一篇研究汉字偏误的论文。这篇论文的作者在韩国釜山安乐中学任教期间发现，即便是汉字文化圈国家的学习者，还是会在学习和使用汉字时出现很多偏误。于是，作者决定对此展开研究，确定的选题如下：

📝 韩国初中汉语学习者汉字字形偏误分析——对安乐中学的考察
（张博，2012）

在开题时，作者发现开展这项研究需要解决两个难题，包括：

第一，目前已有一些相关研究，自己的研究应该如何超过前人？

第二，别字容易展示；错字，特别是非汉字字形的错误应该如何展示和描述？

第二个问题实际上就是材料收集方面的问题。作者在收集安乐中学学生的汉字字形偏误时，用拍照的方式将错字真实记录下来。在最终完成的论文中，作者共展示了 141 个具有代表性错字的图片，并在此基础上进行系统分析和研究，取得的成果在前人研究的基础上更进了一步。

第五节 ｜ 研究模式选择

研究设计，肯定要涉及对研究理论、假说、模式、方法、手段等的选择，一般可以概括为研究模式的选择。

由于篇幅有限，本书第六章中还要讨论对相关理论方法的选择和运用，本节我们只透过具体案例，关注在研究设计中对定性研究和定量研究两种模式的选择。这两种研究模式涵盖范围比较广，汉语国际教育硕士专业学位论文的五种类型都可以包含在内。

一、定性研究和定量研究模式

谈到研究设计，研究者们经常会联想到定性研究和定量研究。定性研究和定量研究有什么区别呢？它们各自有怎样的特点？下面我们来看几个典型的研究案例。

（一）定性研究案例

定性研究没有一套固定的设计标准、调查手段和程序，其主要原则有：

研究对象界定清楚。如学生在写作中遇到表达困难时会使用什么策略，又是如何使用这些策略的；学生是如何学习某一个语言项目的，会出现什么偏误，出现偏误的原因是什么。

用定性方法收集材料。包括考察、录音、访谈、问卷调查、记日记、收集书面语或口语语料（学习者母语、目的语、中介语口语语料）等，方法多样，且可以重复使用。

分析材料和数据，从中寻找规则和规律。如通过观察课堂上师生的互动情况，发现促成互动协同和最终"习得"的基本条件；通过访谈、问卷调查找出学习策略的效应；分析某种语言的语料并概括出这种语言的语法规则；通过中介语语料找出学习规律。

通过多种方法，检验结论的有效性。可以重新做一次研究来验证得出的结论，重复研究时要使用相同或相似的材料，运用相同的研究方法；也可以通过三角验证法排除主观偏见。

我们来看下面这个定性研究的案例。

📝 英语学习成功者与不成功者在方法上的差异（文秋芳，1995）

研究者通过对两名中国大学的英语专业学生进行定性的个案研究，考察学习策略和管理策略在外语学习中的实际效应，从而总结出学习成功者与不成功者在方法使用上的差异。研究者发现，两名英语专业学生 A 和 B 入学时的语文、英语考试成绩几乎一样，家庭背景相似，并且都有学好英语的期望。大学在读期间，学生 A 每周用 41 小时进行课外学习，学生 B 每周只用 21 小时。但是，在进入大学两年后，学生 A 在英语专业四级考试[1]中取得的成绩只有 64.25 分，学生 B 的成绩则达到 90.5 分。研究者认为，出现这种情况可能与学生使用不同的学习方法有关，于是采用了面谈、记日记、阅读文章等方法，对两名学生的学习情况进行个案研究。考察发现，两名学生在学习策略和管理策略的使用上有很大差异，具体如下：

学习策略。在听力方面，学生 B 课外常听英语广播，主要采用半精听（听一遍，关注内容，也注意形式）和精听（听多遍，边听边做笔记，听懂每句话、每个词）两种类型。学生 A 也常听英语广播，但基本是泛听，不关注形式，并且常常是心不在焉地听。在口语方面，学生 B 会利用课上或课下的一切机会练习说和交际，不使用回避策略。学生 A 很少积极主动地表达，还常用手势来回避口语表达。在阅读方面，学生 B 在精读教材时，要求看懂每个词、每句话，不懂就查词典；自选阅读时，经常猜词，但遇到有趣的词会查词典；将记单词和读课文融为一体；很少将阅读文本译成中文，除非老师要求。学生 A 只读教材内容；经常查词典，阅读速度慢，阅读一篇 850 词的文本需用时 65 分钟，其中三分之二的时间在查词典、抄词义和例句；阅读时习惯将文本译成中文。在写作方面，学生 B 坚持用英文做笔记，写日记；完成一篇作文要经过多次修改，修改时同时注重内容和形式。学生 A 除完成老师布置的作业外很少练习写作，修改作文时也只关注内容。

管理策略。学生 B 常常反思、改进学习方法。如发现只背单词效果不好，就把单词和句子、语篇结合在一起记忆；根据不同阅读任务，使用不同阅读方法；将生词分为常用和不常用两类，只记常用的。学生 A 不清楚自己使用了什么样的学习方法，大致就是预习、复习、做作业、记生词；知道自己听力差，只觉得应该多听，不清楚有什么更高效的方法；知道自己记生词差，但也没有好的应对策略。

---

1 英语专业四级考试（TEM4）自 1991 年起于每年 4 月举办，总分为 100 分。

综上所述，两名学习者在学习策略和管理策略的使用上有很大区别，正是这些区别导致他们的学习成绩出现了明显差异。这项研究虽然属于个案研究，但具有一定的普遍性。有后来的研究者做过较大规模的学习策略调查，得出的结果与这项研究基本一致。因此可以看出，定性的个案研究，在科学性和有效性方面都具有较大的优势。

（二）定量研究案例

定量研究可以分为两大类，即统计研究和实验研究，下面举一个例子。

"认写分流、多认少写"汉字教学方法的实验研究（江新，2007）

这项研究属于实验研究，实验的基本情况如下。

> **设置实验组和对照组：** 实验组学生 20 人，采用"认写分流、多认少写"教学方法；对照组学生 15 人，采用"认写同步"教学方法。
>
> **实验对象基本情况：** 既有来自汉字文化圈国家的学生，也有来自非汉字文化圈国家的学生。
>
> **授课教师基本情况：** 均为女性，年龄、教龄基本相同。
>
> **使用教材：** 《汉语教程》（杨寄洲，北京语言大学出版社，1999）。
>
> **测量工具：** 实验前和实验结束时两次识字测验。
>
> 第一次测验内容是500个高频字中随机抽取的50个汉字。
>
> 第二次测验包括两个部分：一部分是基于高频字的测试，内容是从前1,000个高频字中随机选择的100个汉字；另一部分是基于课本生字的测试，内容是从学生学过的生字中随机选择的62个汉字。
>
> 具体测试项目包括识字测试（要求学生写出生字的拼音）和书写测试（要求学生用所给生字组词）。
>
> **实验过程：** 开展教学实验，收集相关数据，进行统计分析。

教学实验的第一周是语音教学阶段，期间对实验组和对照组采用相同的方法进行教学。语音教学阶段结束后，对两组学生进行第一次测验，以了解学生识字的起始水平。此后，对实验组学生采用"认写分流、多认少写"的新方法进行汉字教学。教师要求学生做到会读每课的生字，但不要求全部会写。教师在课堂教学中通过各种方法安排大量的汉字、词语、句子和短文的认读练习，认读练习材料主要是已学过的，与课本中生字、生词配套的自编阅读材料。对对照组学生采用"认写同步"的传统方法进行汉字教学。教师明确要求学生对每课的生字都要做到会读、会写，认为汉字的认读和书写是一个不可分割的整体。经过三个月教学实验，对实验组和对照组进行第二次识字测验。实验所获得的数据列表如下：

表5-1　实验组和对照组学生识字测试的平均正确率（%）

	第一次测验	第二次测验	
	（高频字测试）	高频字测试	课本生字测试
实验组（n=20）	21.90	50.95	80.48
对照组（n=15）	21.33	40.00	69.46

表5-2　实验组和对照组学生书写测试的平均正确率（%）

	第一次测验	第二次测验	
	（高频字测试）	高频字测试	课本生字测试
实验组（n=20）	13.90	44.65	72.74
对照组（n=15）	13.20	33.63	59.25

　　研究者通过统计和分析数据得出实验结果：接受"认写分流、多认少写"教学法的学生在第二次识字、书写测试中取得的成绩优于接受"认写同步"教学法的学生。

　　根据前面两个研究案例，我们可以总结出定性研究和定量研究应具有以下特点：

　　第一，研究之前已经建立了一定假设。文秋芳（1995）研究的假设是母语策略与学习成绩负相关，而形式操练策略和深层动机等与学习成绩正相关。江新（2007）研究的假设是"认写分流、多认少写"教学法优于"认写同步"教学法。

　　第二，研究需要设定和控制变量，包括自变量和因变量。自变量是引起其他变量变化的变量，如文秋芳（1995）研究中的各种不可控因素和可控因素，江新（2007）研究中的不同教学方法。因变量是受其他变量影响而变化的变量，如文秋芳（1995）调查的学生英语专业四级考试成绩，江新（2007）实验中被试的汉字认读能力及组字成词和书写能力。

　　第三，实验往往设置实验组和对照组，两组被试大多是随机分配的，以保证所有被试的背景和基本情况（如上述研究中被试的国别、年龄、性别、汉字能力，授课教师等）一致或近似。实验相关资料通常以数据形式呈现，通过对实验数据进行科学统计以得出结论，证明或证伪先前的假设。

第四，研究使用的研究方法一般是演绎法，实验结果具有普遍性和较高信度。

（三）两种研究的比较

Punch（1998）认为，两种研究模式的主要区别在于：定性研究的材料是现象和事实，定量研究的材料是数字和数据。可以说，材料的形式是区分定性研究和定量研究的主要标准。刘润清（1999）用表格的形式对两种研究方法进行了比较，更加清晰、明了，如下表所示。

表5-3　定性方法和定量方法比较

定性方法	定量方法
一、现象学观点	**一、逻辑实证主义观点**
1. 强调亲身参与活动以获得经验	1. 强调用实验方法来获取数据
2. 只有通过个人主观经验才能认识人类行为	2. 只有摆脱主观状态才能了解社会现象的因果关系
3. 了解就是移情	3. 了解要保持距离
4. 依赖定性数据	4. 依赖定量数据
二、综合法	**二、分析法**
1. 从部分到整体	1. 从整体到部分
2. 整体观	2. 成分观
3. 面向内部结构	3. 面向外部结构
4. 了解过程	4. 了解结果
5. 假设一种动态现实	5. 假设一种静态现实
三、归纳法	**三、演绎法**
1. 以观察材料为出发点	1. 以假设为出发点
2. 事先没有形成看法	2. 事先进行预示
3. 探索性、扩展性、描述性	3. 简约性、推断性、验证性
4. 可以生成假设	4. 检验假设
5. 结果：描述或假设	5. 成果：理论

四、自然观察	四、操纵和控制
1. 观察面广，但较分散	1. 观察面窄，但较集中
2. 不控制变量，方便了解变量的复杂关系，但可能顾此失彼	2. 控制变量，了解它们的因果关系，但容易把问题简单化
3. 注意内容，但容易忽视形式	3. 注意形式，但容易忽视内容
4. 主观，但解释力强	4. 客观，但解释力弱
5. 接近事实，但所需时间长	5. 所需时间短，但人为成分较大
五、描写性	五、推断性
1. 无干扰的自然观察	1. 有控制的实验
2. 归纳事实，进行描写	2. 归纳数据，进行推断
3. 旨在发现规律或模式	3. 旨在验证已有的假设
4. 效度高，信度低	4. 信度高，效度低
5. 可概括程度低：个案研究	5. 可概括程度高：多元观察

　　由表 5-3 可知，从历时的角度看，应该是先有定性研究，再有定量研究。

　　为了拓展思路，我们再来看看 Malhotra（1993）对两种研究模式进行对比的情况，同样以表格形式呈现（见表 5-4）。Malhotra 主要从六个方面对定量研究和定性研究进行了对比，内容比刘润清的总结更简洁一些。

表5-4　定性研究和定量研究的区别

	定性研究	定量研究
目标	确定变量：产生假设	检验确定的定量：验证假设
问题	在研究过程中逐步具体化	数据收集前是明确的
样本	小样本	大样本
数据收集	灵活和动态的程序结构	固定的程序结构
数据分析	定性分析为主，可兼用统计分析	统计分析
结果	应用性不那么广泛	应用性广泛

　　定性研究和定量研究各有特点。一般来说，要根据研究选题、研究现状、研究者的兴趣和研究条件等决定采用哪一种研究模式。

二、定性研究设计

如果研究问题中包含"如何""怎么样""为什么"等疑问词,如"学习者是如何认知、学习'一点''一下''一会儿''有点'等词语的?""西班牙语母语者学习汉语多项定语的表现是怎么样的?为什么?""如何培养留学生的速读能力?"等,研究者就可以进行定性研究来回答这些问题。

定性研究设计,可以对某个问题或某一系列问题进行个案考察,也可以进行较大规模的考察并用一种理论或模式进行宏观描述。本章第一节"选题聚焦"中介绍过孙迪奥(2016)的硕士学位论文《菲律宾多动症(ADHD)儿童汉语个别教学研究》。作者确定这一选题的原因出于自己在菲律宾担任汉语教师志愿者期间,对当地一名患有注意力缺陷多动症的儿童学习者实施"一对一"教学的真实经历。

选择怎样的研究框架才能完成这一选题的研究呢?作者在研究中主要使用了文献研究、访谈、课堂观察与教学记录等方法。首先通过访谈和课堂观察确定学生的主要问题,制定教学方案和对策。对每节课进行课堂观察,做好教学记录,分析记录信息以调整教学方案。若在教学中遇到学生出现已做出预测的问题,及时给出合适的应对策略。经过16周的教学,这名学生的总体学习情况有所改善,学习热情有所提高,学习态度也比原来端正了些。通过观察、记录和分析,作者总结出这名学生参与度较高和较低的课堂活动,具体操作如表5-5所示。

表5-5　第5次课课堂记录表

时间	2014 年 8 月 30 日　9:35	备注:学生母亲为哄他起床,同意他带着玩具来上课。
地点	Room B	
教学内容	词汇(长颈鹿、马、龙、熊猫)	
课堂实录		**参与度**
课前热身: (a)学生自觉跟我打招呼说:"你好!" (b)列出本课教学目标和活动任务清单。学生完全没有听,而是很兴奋地向我介绍他的玩具。 (c)介绍奖励机制。如果学生本节课累计获得 5 颗"星星",可以给他看一段视频。		(a)A (b)E (c)B

复习："朋友墙"——讲一个小故事（d） 经过上次课的学习，"朋友墙"里不仅有太阳、星星、爸爸、妈妈，还有了可爱的动物。我让学生以讲故事的方式，告诉我"朋友墙"上都有谁，都有什么，他们（它们）都在干什么。每当学生用到已经学过的生词时，我都会用中文提示他。经过几次提示，学生在说到"老虎"时主动尝试读出我给出的拼音，试了两次后发音正确，获得星星。学生还把自己和带来的玩具都放到了故事中。	（d）A
生词操练："做动作，猜动物" （e）学生做动作，我猜。虽然动作学得不像，但是表现很积极。由于学生学得不像，所以我用中文猜了很多次。学生开始时听不懂，不停尝试读出黑板上的拼音，告诉我猜得不对。 （f）我做动作，学生猜。学生能够不看黑板就说出"老虎、熊猫、马、大象"。	（e）A （f）A
（g）由于游戏开展顺利，学生玩得起劲，学习效果不错，我临时增加让学生用玩具当道具，模仿动物的形象或动作，让我猜是哪种动物的环节。学生的想象力丰富，一会儿让玩具拿着铅笔模仿熊猫吃竹子，一会儿又给玩具安上长鼻子模仿大象。我假装猜不到，不停重复其他动物的名称。学生应该知道动物的名称怎么说，所以很快意识到我说得不对，焦急地说："No! No! No!"直到我猜到那个词为止。学生玩得十分投入。	（g）A
奖励：看视频（h） 由于学生表现得很好，我兑现承诺，让他看一段有关熊猫的视频作为奖励。他很喜欢熊猫，边看边说："Kungfu Panda!"借此机会，我教他用汉语说"功夫熊猫"。学生跟读，还主动告诉我："I know Xiongmao, it's Panda!"	（h）B
教学反思	（1）教学目标和活动清单仍旧没起到应有的作用。 （2）奖励机制取得成功。 （3）我一开始虽然对学生带玩具来上课的做法有些不认同，但发现带着玩具反而促进了学生融入教学，就顺势将玩具变成教具，取得了不错的效果。 （4）课程结束后，他母亲没有及时来接他，我有课，所以就请孔子学院的其他同事帮忙照看他，让他在我的iPad上玩汉语小游戏、看《西游记》的动画片。

从研究中可以看出，学生对某些教学活动的参与度较高，某些教学方法也比较有效。由于前期做了详细的课堂记录和细致描述，研究者在对观点进行解释和论证时就有了坚实的基础。在论文的最后，研究者还提出了一些针对多动症儿童汉语教学的具体可行的建议，具有一定的启发性。

除了汉语教学案例分析外，跨文化交际案例分析也可以使用定性研究方法。我们来看以下这项研究。

📝 墨西哥孔子学院跨文化与课堂教学案例分析（胡异源，2017）

研究者在墨西哥尤卡坦自治大学孔子学院担任汉语教师志愿者期间遇到了很多教学难题，其中有些与跨文化交际密切相关，由此萌发开展案例分析类研究的想法。研究者遵循案例描述、案例分析、案例反思的程序进行了具体的研究设计，以"好天气、坏天气"这一主题为例。

案例描述

- **实验对象：** B班学生，包括大学生8名、高中生3名，学生汉语水平基本达到HSK3级。
- **实验内容：** 第25课《司机开着车送我们到医院》，学习"以为"一词，表示认知与现实的不同。
- **真实教学过程（并非按照事先准备好的教案进行）：**

第一步，教师讲解后引导学生根据"我以为今天是好天气，但是……"句型造句。意想不到的是，学生们纷纷造出"……但是今天没有下雨""……但是今天是太阳"等。

第二步，教师以为学生不理解"以为"的意思，给出已学过的句子进行练习，如"我以为今天会放假，但是……""我以为他是你男朋友，但是……"。学生都给出正确答案。

第三步，教师确认学生已经会用"以为"一词。为探索教学第一步中学生造句出现问题的原因，将原句型调整为"我以为……但是今天下雨了"。学生们纷纷回答"我以为今天天气不好""我以为今天天气很热"。

第四步，教师察觉到学生对"好天气"的理解与自己的理解不同，于是给出准确的句子"我以为今天天气好，但是下雨了"，并提问："老师心里想的好天气是下雨，还是不下雨？"学生明白了教师的意图，回答："老师心里的好天气是不下雨，出太阳。"教师继续发问："你们心里想的好天气呢？"学生回答："我们心里想的好天气是下雨，不出太阳。"

案例分析

对于"好天气"的界定，中国人和墨西哥人的认识不同。这一案例涉及文化符号的理解差异。因纬度、海拔、海陆关系及季风等原因，墨西哥长夏无冬、干燥少雨。尤卡坦自治大学孔子学院所在地梅里达虽在墨西哥南部，但降雨量也很少，且日照强烈。对墨西哥人来说，好天气就是阴天或下雨。

当学生造句与教师设想不同时，教师并没有简单否定学生，而是使用修改问题、提示信息、追问等方法寻找问题的症结所在，如在教学过程第二至第四步中所描述的那样。这样做，不仅提高了学生积极性，还发现了不同文化对"好天气"的理解差异；客观思考跨文化交际中出现的问题，把跨文化交流自然融于语言教学中。

案例反思

汉语教师作为跨文化交际参与者，应具备双文化（了解、关注两国文化异同）和第三文化空间意识（跳出二元对比框架，建立多元文化观与第三空间思维方式），有能力客观展示多元文化。教学应"深入浅出"："深入"指充分了解目的语文化和学生母语文化的差异及原因；"浅出"指跳出二元文化观，站在文化混生的角度去解释与讲授两种文化的差异。

研究者用跨文化交际理论和方法对教学实践中的若干案例进行真实描述和细致分析，得出有说服力的结论。这是定性研究的一种常见类型，值得大家学习。

定性研究也常常用于对某一语言项目学习情况的考察。如一些学习者可能会有这样的错误认识：由于越南语语法与汉语语法有很多相似之处，所以对于越南学生来说，汉语语法很容易学。但实际上，有研究者发现越南语母语者在学习汉语语法时出现的偏误并不比其他母语者少，例如：

＊你看书<u>什么</u>？（错位）

＊他有一百块<u>多</u>钱。（错位）

＊我下午一般跑步<u>还是</u>打球。（用"还是"误代"或者"）

＊小王<u>被</u>病了<u>两个月半</u>。（误加"被"，"半"错位）

一些偏误，学习者在达到中级、高级阶段后还会经常出现，如"小王被病了两个月半"一句出现的两类偏误。

为考察越南语母语者的汉语语法偏误情况，研究者决定开展定性研究，具体使用以下几种研究理论和方法：

对比分析假说及对比分析法。第二语言学习者的偏误大多由母语迁移引发。找出学习者母语与目的语的异同，就可以预测偏误，进行有针对性的教学。上面列举的几类偏误都与越南语负迁移有关。

例证法。通过收集语料、展示典型例句来证实对比分析假说，找出母语迁移的具体途径；通过对大量中介语语料（包括偏误）进行分类，验证"对比等级"和"难度等级"的实际效应。

归纳法。通过对例证的归纳和分析，得出相应的结论：越南语母语者的汉语语法偏误，一部分来源于母语负迁移，一部分来自目的语规则泛化，还有一部分与语言普遍性及人类对语言认知的自然度有关（如"两个月半"）。

由于定性研究模式及上述几种具体研究方法比较适合这一研究问题，这项研究得出了有说服力的结论，对越南学习者的汉语语法学习和教学有启发作用（周小兵，2007）。

三、定量研究设计

当问题中出现"变量""关系"或进行预测时，如"X 和 Y 之间的关系""影响第二语言成绩的因素"等，研究者就要选择定量研究设计。

（一）变量与假说

变量是指数值可以变化的量，如学生的成绩。变量分为自变量和因变量，自变量又称刺激变量（stimulus variable）或输入变量（input variable），因变量又称反应变量（response variable）或输出变量（output variable）。自变量与因变量关系非常密切，没有自变量就没有因变量；同样，没有因变量也就没有自变量。定量研究一般都是先建立一个假说，通过实验研究来验证假说。

　　例如，第二语言写作教学法通常有两种，分别是：反复修改法，即要求学生对同一篇作文进行多次修改；多篇练习法，即要求学生多写一些不同主题的作文。如果对第二语言写作教学法的使用效果进行定量研究，具体研究设计如下：

　　自变量：不同的写作教学法，即反复修改法和多篇练习法。

　　因变量：第二语言写作测试成绩。

　　假　说：对提高学生的写作能力来说，反复修改法比多篇练习法更有效。

　　实验过程：

　　① 先将被试（学习者）分为两组，进行前测，保证两组被试的初始写作水平基本一致。

　　② 在相同的教学时间里，对实验组被试使用反复修改法，对对照组被试使用多篇练习法。

　　③ 进行后测，对两组被试进行相同的写作测试，根据测试成绩比较两组被试在接受不同教学方法后写作能力的差异。

　　④ 结果分析，探索测试结果与两种教学方法的关系。

　　我们回过头来看前面介绍过的江新（2007）的论文《"认写分流、多认少写"汉字教学方法的实验研究》。这项研究也属于定量研究，研究设计的各项要素如下：

　　自变量：不同的汉字教学方法，分别是实验组采用的"认写分流、多认少写"教学方法和对照组采用的"认写同步"教学方法。

　　因变量：识字测试成绩。

　　假　说："认写分流、多认少写"教学方法的效果优于"认写同步"教学方法。

　　研究者通过实验和前后两次识字测验发现，接受"认写分流、多认少写"教学方法学生的成绩优于接受"认写同步"教学方法学生的成绩。

（二）典型案例展示

　　一名研究生发现目前的汉字教学存在"语文并进"和"语文分进"两种模式。语文并进，指对汉语口语和书面语同时进行教学，听说能力和读写能力的培养同时进行；语文分进，对汉语口语和汉字分开教学，先语后文，先听说后读写。通过对前人研究成果的研读及对教学实践的初步总结，研究者提出假设："语文分进"更符合汉字学习规律，教学效果优于"语文并进"。

📝 "语文分进"的教学模式对汉字能力的影响——针对非汉字文化圈学习者的实验研究（叶彬彬，2015）

研究者计划对汉语水平基本相同（零起点和学过一学期汉语）的学生分别施行不同的教学模式，检验两种模式的教学效果，证明其假设。这项研究采用的研究模式是定量研究，具体的研究设计如下：

确定变量：自变量是两种不同的汉字教学模式，因变量是学生的汉字学习成绩。

研究假设：就汉字认知能力而言，接受"语文分进"模式的学生优于接受"语文并进"模式的学生。

考察对象：非汉字文化圈国家学生，学生汉语水平分别为零起点和学过一学期汉语。汉语水平相同的学生被分入实验班和对照班，分别接受不同模式的教学。

考察内容：学生的字形与字义记忆能力、根据语素义猜测词义的能力，以及组字成词能力。

研究过程：分析实验数据，得出结论，验证假设。

通过对实验结果的分析，研究者发现在"语文分进"教学模式下，来自非汉字圈国家的学习者在汉字能力的三个方面（字形字义记忆、语素猜测词义、组字成词）有突出、稳定的优势。这证实了实验前的假设，即"语文分进"的汉字教学模式对学习者汉字能力的培养优于"语文并进"模式。

再来看以下这项研究：

📝 两种聚焦于形式的教学法（FonF和FonFs）对汉语二语词汇学习的影响研究（王丽婧，2015）

研究者使用定量研究方法对相关问题进行了考察，具体研究设计如下：

两种教学法：聚焦形式教学法（FonF）采用阅读理解的方式学习词汇，强调学生是语言使用者，词汇只是完成语言任务的工具；全形式教学法（FonFs）采用词汇表的方式学习词汇，强调学生是语言学习者，词汇是学习的目标。

实验对象：中山大学国际汉语学院中级三班留学生。FonF 组 17 人，FonFs 组 15 人。实验前对被试进行了测试，结果显示两组被试的汉语词汇水平没有明显差异。

实验材料：选用《阶梯汉语·中级精读 4》中的词语作为备选目标词。前测结果显示，被试不认识的词语有：权利、配偶、代价、途径，炫耀、绑架、弥补、依赖，残酷、尴尬。阅读材料也从该教材中选取改编。

实施方法：

FonF 组被试阅读一篇文章，阅读后需完成 10 道判断题。

"黄昏恋"，是指老年人之间的恋爱，也包括他们的婚姻。黄昏恋以前在中国不多见。在有的朝代，女人甚至没有再婚的权利，老年妇女结婚更会被人视为笑话。但是，男人就无所谓了，他们不但可以离婚，还可以再找另一个人结婚。

后来，妇女也可以再婚了。老人再婚也开始被人们接受。于是，一些老人因为配偶去世，就再找人结婚。不过，许多老人从相识到结婚，时间短；从结婚到离婚，时间也短。不少老人再婚后才发现，即使付出了很多代价，也无法坚持下去。

判断下面句子的对错，在原文中找出判断的根据并画出来。

（　　）1. 在有的朝代，妇女离婚以后不能再结婚。

（　　）2. 一些老人再婚是因为自己的子女死了。

（　　）3. 有些老年人的婚姻，付出了很多东西（如时间、金钱），但最后仍无法坚持下去。

……

FonFs组被试学习一份包含目标词中英文释义和例句的词汇表，学习后完成依据10个目标词设计的两种练习题，包括选择词语含义和选词填空，样题如下：

尴尬／不好处理，很为难；表情不自然。

　　　　embarrassed, awkward.

例句：他们是第一次见面，因为不熟悉，所以觉得有点尴尬。

弥补／把不够的地方补上。

remedy, make up.

例句：为了弥补他的错误，他给女朋友买了一个很贵的礼物。

一、选出生词的正确意思。

尴尬（ ）

A 正常情况　　B 不好处理，很为难　　C 非常愉快

弥补（ ）

A 把不够的地方补上　　B 充满，充足　　C 减少

二、根据句子的意思选择正确的词语填空。

尴尬　　弥补

同时面对他现在的妻子和以前的女朋友，他感到很____。

马克通过多记生词，多听中文歌曲来____他听力的不足。

测量工具：词汇知识测试，用于后测和延后测。测试包含五种题型，每种题型下设10道题目，分别考察目标词的各个方面。各种题型及样题如下：

一、写词义：用汉语或其他语言（如英语、日语、韩语、法语、西班牙语等）写出词语的意思。

尴尬　　弥补

二、句法功能判断：选出词语使用正确的句子。

尴尬（ ）

A 她是个好学生，上课从来不尴尬老师。

B 他回答不了老师的问题，觉得非常尴尬。

C 他不想对自己的妻子尴尬。

三、词语搭配：为词语选出合适的搭配选项。

（ ）尴尬

A 表情　　B 生活　　C 想法

四、词义联想：选出与词语意义相近或相反的选项。

尴尬—（ ）

A 为难　　B 痛苦　　C 惊讶

五、词形辨认：将左边的解释和右边对应的词语用线连起来。

不好处理，很为难；表情不自然　　　　　弥补

把不够的地方补上　　　　　　　　　　　尴尬

实验程序： 实验包括四个环节，分别是前测、教学处理、后测和延后测。

实验结果： 整体而言，在接受FonFs的条件下，汉语作为第二语言学习者的词汇学习效果更显著；FonFs对词汇知识的搭配和词义联想等方面起到的促学作用比FonF更显著。

四、混合式研究设计

Marton（1981）指出，定性、定量研究设计相结合，可以更全面、更深入地认识研究对象，研究结果的信度更高。只做定量研究，不能说明变量之间的差异或者相关性的形成原因；结合定性研究，才能对收集到的数据和统计结果进行合理解释。我们来看下面一例。

《汉语口语》是佟秉正主编的面向英语母语者的基础汉语教材，自1982年出版以来一直深受师生欢迎，被许多英语国家的高校采用。一名研究生计划对这本教材展开研究。研究者在研读前人成果后发现，已有的一些研究多是举例性的，极少用定量分析，有的即便采用定量分析也比较粗糙。于是，研究者决定结合定性和定量两种方法研究《汉语口语》，找出这本教材取得成功的具体原因，促进当前的汉语教材编写。研究者确定的论文选题如下：

从《汉语口语》看初级汉语教材编写——兼与《中文听说读写》和《博雅汉语》比较（李亚楠，2016）

研究者在研究设计中指出，研究参考原孔子学院总部/国家汉办发布的几种词汇大纲及中山大学国际汉语教材研发与培训基地所编制"国际汉语教材编写指南"中的《分级语法点表》和《国际汉语分类文化项目表》。考察词汇等级分布和复现率、语言点等级分布和复现率、文化总量和各类文化分布时，以量化分析为主、质化分析为辅；考察拼音与汉字编选、多义词与超纲

词分布、语言点解释与呈现、会话趣味性等内容时，以质化分析为主、量化分析为辅。

因方法得当，定性（质化）和定量（量化）研究结合合理，这项研究取得了不少有价值的结论，主要包括：①《汉语口语》的平均词汇复现率明显高于其他两种教材。②《汉语口语》覆盖的一级语法点占比达 90.7%，远高于另外两种教材；语法点解释注重汉语与英语之间的联系和差异；语法点呈现注重语境和对比，兼顾高频重现和内容的生动有趣。③从相声艺术的角度探讨《汉语口语》中课文的趣味性，并分析产生幽默效果的原因，统计发现课文中 46% 的对话采用了类似相声"抖包袱"的方法。④《汉语口语》的文化内涵丰富，每课涉及的文化点平均为 2.53 个；注重在真实对话中融入生动丰富的文化知识和中国人的心理元素，文化融入评分为 4.13 分；文化点数量和文化融入评分均远高于其他两种教材。

下面以对课文幽默性的分析为例展示研究的具体方法。首先，作者列举了六段课文中的会话，反映其生动幽默的特点。其中一段如下：

> 李：小王，你好像有个妹妹，是不是？
>
> 王：是啊，现在在青山公社。
>
> 李：青山公社？！我弟弟也在青山啊，你妹妹在哪个生产队？
>
> 王：好像是东湖大队。
>
> 李：太好了！我弟弟也在东湖。有机会能不能给他们介绍介绍，我弟弟还没……
>
> 王：太晚了！我妹妹已经有对象了。
>
> 李：噢？！真的？！
>
> 王：当然是真的，她的对象也姓李，就在他们公社里搞水利，好像叫李明道。
>
> 李：什么？！李明道！那不就是我弟弟吗？

接着，用相声艺术中"抖包袱"的 22 类技巧（如"阴差阳错""三翻四抖"等）分析了这些会话的结构，找出营造生动有趣效果的具体原因。最后，对《汉语口语》与其他两种教材中的课文进行考察和对比，统计三种教材中运用相声"抖包袱"技巧的会话数量及比例，见表 5-6。

表5-6 三种教材中运用相声"抖包袱"技巧的会话统计

	《汉语口语》	《中文听说读写》	《博雅汉语》
课文中会话总量	52	35	45
"抖包袱"的数量及比例	24/46.1%	4/11.4%	5/11.1%

定性与定量方法相结合的研究设计，将《汉语口语》课文趣味性的来源及其实现途径清晰地展现出来，对汉语教材的编写与评估有直接的启发作用。

第六节 | 创新点凝练

对所有研究论文来说，创新性都是最重要的，汉语国际教育学科研究论文自然也不例外。专业学位论文，需要解决特定行业中的实际问题。因此，汉语国际教育学科研究论文的创新性需从应用价值方面进行考量。

在第二章"论文选题"中，我们从选题角度讨论过创新性。需要注意的是，在选题初步确定之后，研究者还需要进一步收集、整理和分析材料；研读前人的相关研究成果，选择合适的理论、模式、假说、研究方法和手段；进一步考虑研究程序，预测研究结论，审视研究是否真的具有创新性，是否能得出超越前人的结论，是否能真正促进国际中文教育行业的发展。这个过程，其实就是"研究设计"中的创新点凝练。

研究设计的创新点可以从多个角度体现出来，下面我们将从研究资料、研究方法、研究结论等方面展开讨论。

一、材料新

对前人没有获得过的资料或数据进行考察和研究，是提升研究创新性的一种方法。相对在理论和方法上寻找创新点，从研究材料方面入手要容易一些。一名硕士研究生在读期间曾赴法国任教，在教学实践中发现了一个值得研究的问题，并拟定了如下选题：

汉语国际教育视点下法国本土汉语学习网站的考察研究
（周晓梁，2013）

2010 年前后，有关语言学习网站的考察还不多，尤其是对特定国家本土汉语学习网站的考察更是凤毛麟角。在法国任教期间，研究者通过搜索引擎检索到 10 个法国学习者比较常用的汉语学习网站，其中值得特别关注的有：①创立于 1998 年的 leChinois.com，2011 年全年访问量超 700 万人次；②创立于 2005 年的 Chine-Nouvelle.com，2012 年月访问量超 200 万人次，是规模最大、资源最丰富的汉语学习网站；③创立于 2005 年的 Chine-information.com，2012 年月访问量超百万人次。

材料新只是论文创新的一个条件，语言学习网站评估性研究还需要科学的理论和方法。研究者通过系统考察，发现 Boklaschuk 和 Caisse（2001）提出的学习网站评估体系比较全面、合理。该评估体系包含内容和技术两个一级指标，二级指标 9 个，三级指标 31 个。研究者对该评估体系进行了修正，并依此对 10 个汉语学习网站进行细致分析和系统评估，得出以下结论：①法国的汉语学习网站供不应求，少量免费网站因内容丰富而访问量大；②多数网站目标定位模糊，有的虽定位为提供初学者适用课程，实际上并不适合初学者学习使用；③一些网站上的汉语学习资源主要来自汉语书籍的直接转写，既无本土化改编，又未考虑学习者的实际学习效果；④多数网站内容对学习者缺少吸引力；⑤少数网站体现了法国社会文化生活的特点及中法之间的文化对比，反映出法国人学汉语的难点并提供解决办法；⑥网站普遍存在内容时效性不强的问题。论文最后为建设法国本土汉语学习网站提出一些切实可行的建议。因有对特定国家本土汉语学习网站的真实描述和具体分析，这篇论文对非目的语国家和地区的本土汉语学习网站建设具有参考价值。

下面再来看一项有关商务汉语教材中词汇选编情况的研究案例，研究者拟定的选题如下：

四部初级商务汉语教材词汇研究（莫鸿强，2016）

专门用途汉语教材为满足学习者的某种专门需求，在词汇选择上与通用汉语教材有很大区别，这也就是专用汉语教材与通用汉语教材的本质区别。因此，词汇选编在一定程度上决定了商务汉语教材的质量。研究者选取近年使用范围较广泛的四种商务汉语教材作为研究对象，建立了包含词汇等级、词性、词频等信息的生词数据库。研究者参照相关词汇大纲和理论文献，对数据库中的词汇进行了数量、等级、词类分布、商务词语选词率、共选词等方面的统计研究。通过对统计结果进行对比和分析，研究者总结出四种教材词汇选编的特点，包括：①词汇量差异大，《商务汉语一本通》（王立非，2010，高等教育出版社）的词汇量仅为339词，另外三种教材为1000~1200词；②词汇难度等级差异明显，随意性大，难度偏高，丙级以上词汇，特别是超纲词比重很大；③商务类词语频率低，其中三种教材均在30%左右，最低的仅为12.71%，生活交际类词语远多于商务类词语；④共选词比例低。

基于上述统计结果，研究者对初级商务汉语教材的词汇选编提出如下建议：①明确教材适用对象，全日制学生适用教材的词汇量应是1000~1200词，在职商务人员适用教材的词汇量应在500词左右；②研制统一的"对外商务汉语词汇等级大纲"；③商务类词语选词率应保持一定比例；④对更多教材的共选词进行统计，并将共选词作为大纲研制的基础。

该研究选题新颖，对四种商务汉语教材中的生词采用了封闭式、多角度的统计和分析，结论有说服力，对编写和出版能使学习者满意的商务汉语教材有启发作用。

汉语国际教育是一个新兴专业和学科，在很多方面犹如未开垦的处女地，前人没有考察、研究过的内容很多。通过使用新鲜的研究材料提高论文的创新性，是一个可行的方法。

二、理论方法新

首先，"理论方法"只是一个大致的说法，它包括很多内容，如理论、范式、假说、框架、模式、方法、手段，等等。像我们进行对比分析时经常提到的"对比分析理论"其实主要来源于"对比分析假说"，我们通常所说的"数据统计"也只是一种研究手段。一般来说，如果能创立某种理论、研究模式或研究方法，而这些理论、模式或方法又可以在比较大的范围内由其他人使用并切实推动了该领域的相关研究，就可以说是"理论方法新"。如对比分析假说自出现后，有很多研究者使用该理论模式，得出了很多成系列的成果，极大推动了第二语言教学和习得研究的发展。

我们来看以下这个例子：

📝 第二语言学习者汉语中介语易混淆词及其研究方法（张博，2008）

作者在研究汉语作为第二语言学习者的词汇偏误时发现，在较为常见的三类偏误，即词语误用、自造词语和径用母语中，词语误用出现的频率远高于另外两类。如：

*我可怕跟中国人说话……一旦站在中国人前边，我的口就不由得关起来。

汉语本体研究中有"近义词"的概念，以往的汉语作为第二语言习得研究往往会直接套用这个概念。但是，上面例句中的词语混用显然与汉语本体研究中的"近义词"有本质区别。在系统研究第二语言词汇习得的基础上，作者从汉语作为第二语言习得的角度提出了"汉语中介语易混淆词"的概念。作者在论文中第一次系统研究相关问题，从以下三个方面对汉语中介语易混淆词进行探讨。

① 特点：频率高，分布广，有"一对一、一对多、多对多"等类型，有"单向误用、双向误用"等方向。

② 检测方法：自然观察，基于语料库调查统计，由特定语言任务诱导，通过汉外词汇对比进行预测和验证，开展相关词连类探查。

③ 辨析要领："对症"辨析，贯通词语意义和组合关系，揭示偏误产生的原因。

这篇论文理论扎实，数据准确，例证丰富且有说服力，既分析了现状，又提出系统的研究方法，可以说为汉语中介语易混淆词相关研究提供了基本范式。此后，不少研究沿用了这篇论文的研究模式，在汉语国际教育学科研究论文中也多有体现，如：

韩语背景学习者"爱"类同素易混淆词研究（付娜、申旼京、李华，2011）

蒙古学习者特异性汉语易混淆词及其母语影响因素（周琳、萨仁其其格，2013）

印尼学生特异性汉语易混淆词及其母语影响因素探析（萧频、刘竹林，2013）

其次，所谓"理论方法新"，其中的理论方法并非一定是研究者独创的。大多数情况下，特定的理论方法只要之前没有应用于研究者所选定的研究对象，或者说，没有具体应用于研究者收集到的研究材料和数据，就可以宽泛地说"理论方法新"。如英语作为第二语言教学和习得研究中使用过的一些方法，第一次被用在汉语作为第二语言教学和习得研究中，就可以说是"新"。我们来看下面这个例子：

📝 基于学习策略的汉语教材练习本土化研究（陈楠、杨峥琳，2015）

以往研究第二语言教材往往是从"教"的角度出发。对于汉语作为第二语言教材中的练习，国内研究者考察时常常将它们分为三类，分别是机械性练习、理解性练习、应用性练习（也称"交际性练习"）。而这篇论文却站在学习者的立场上，从学习策略的角度对汉语教材练习进行系统考察。以下是论文开篇对这项研究背景的介绍：

> 　　学习策略是指学习者为促进信息的获得、存储、提取和使用所采用的方法（Oxford 和 Crookall，1989）……据考察，不同国家编写的汉语教材练习存在较大差异，体现了各地区编者期望学习者采用不同学习策略进行语言操练的设计目标。他们的编写理念与当地教学思想、课堂现状和学习者习惯相适应，也正是汉语教材本土化的一个重要指标。
>
> 　　这项研究系统应用了 Oxford（1990）的框架，将学习策略分为两大类、六小类，包括直接策略（记忆策略、认知策略、补偿策略）和间接策略（元认知策略、情感策略、社交策略），对教材练习进行系统考察。由于理论框架在同类研究中属创新性使用，本研究自然会得出一些具有独创性的结论。与此同时，本研究考察的对象也与众不同。对比分析美国、日本和韩国出版的三种使用广泛的汉语教材，同时分别与三种具有代表性的英语、日语、韩语作为第二语言教材进行比较，探讨汉语教材中体现的学习策略与当地教学法、课堂现状和学习者需求的匹配情况。
>
> 　　这项研究将定性研究和定量研究有机结合起来，发现：①美国汉语教材与英语作为第二语言教材多采用"社交""自然"策略；②日本汉语教材和日语作为第二语言教材中采用"演绎""重复""意象"策略多于其他国家或语种的教材；③韩国汉语教材中较多采用"翻译"策略，极少采用"社交"和"自然"策略，与韩语作为第二言教材有明显差异。

> 论文对上述差异产生的原因进行了解释，并提出汉语教材练习本土化编写应该考虑所在国家或地区常用教学法、学习者习惯及汉语教学的课堂现状，还要参考成熟的注释语言作为第二语言教材，了解当地第二语言教学的主流观念，编写出更合适的本土汉语教材。

显而易见，这项研究取得成功主要有两方面的原因：第一，研究使用学习策略框架考察第二语言教材练习编写情况；第二，研究既对不同语言母语者使用的汉语教材进行对比，又分别与不同注释语言作为第二语言教材进行对比，对两类第二语言教材的对比和分析系统而全面。正是研究框架和考察对象上的创新，使论文具有了较强的创新性。

汉语国际教育与其他语言作为第二语言教学没有本质上的区别。其他语言作为第二语言教学与习得研究中使用过的理论、范式、假说、方法、手段等，很多是可以被用于汉语国际教育研究的。以往不少研究正是由于借用理论方法比较成功，从而提升了自身的创新性。

三、观点新

所有研究性论文都应该通过材料的收集整理和分析研究得出有创新性的结论。先前介绍过的论文都是通过论证，归纳出一些新的观点，对汉语国际教育学科和事业的发展有实际的推动意义。

一名研究生发现，在中国学习汉语的华裔学习者使用的汉字学习策略与其他学习者有一些明显区别。这名研究生很想了解华裔学习者使用了多少种汉字学习策略，这些学习策略的效果如何，影响学习者选择不同学习策略的原因又是什么。于是，作者对这些问题展开研究，拟定的论文选题如下：

📝 目的语环境中华裔学生汉字学习策略研究（曹莉敏，2012）

研究采用问卷调查和访谈相结合的方法，通过与非华裔学生的对比，对华裔学生在目的语环境中的汉字学习情况进行分析和研究，力求总结出华裔学生汉字学习策略的使用情况和特点。在研究设计的过程中，作者就特别关注如何通过系统研究得出新的结论。由于设计合理、材料丰富、理论方法使用得当，研究最终得出以下一些有价值的结论。

第一，性别、年龄、学习动机、学习观念等个体差异会对华裔学生汉字学习策略的选择产生明显影响。女生比男生更常使用归纳策略并进行汉字输出，认知内驱力和自我提高内驱力对汉字学习策略的积极影响最明显。

第二，华裔学生在初级阶段的汉字学习策略使用均值从高到低依次为复习策略、笔画策略、元认知策略、字形策略、应用策略、记忆策略、归纳策略、音义策略；字形策略、应用策略的使用均值排序在中级阶段与初级阶段大致相同，应用策略的使用均值排序从第五位上升至第四位；进入高级阶段后，应用策略的使用均值排序上升至第二位。

第三，与非华裔学生相比，华裔学生在汉语语音（包括字音）学习方面优势明显；相较于非华裔学生，华裔学生对汉字课的重视程度更高，有更强的学习动机，能够对自己的汉字学习情况进行评价，但也更容易受方言的影响。

在以上研究的基础上，作者最后提出对华裔学生开展汉字教学的一些建议，如各个阶段要有不同的教学侧重点，教师应关注学生使用的汉字学习策略并相应改进教学方案。

再来看这样一份汉语国际教育硕士学位论文的开题报告，研究生拟定的选题为《不同词汇呈现方式对汉语作为第二语言词汇学习的影响》。研究生初步确定将研究内容聚焦在实物名词的学习上，以下是其在开题报告中阐述的选题缘由和预计创新点。

选题缘由：

在第二语言教学课堂环境中，词汇呈现方式对词汇学习有重要影响。常用方式有同时呈现学习者母语或常用媒介语，同时呈现对应图片，或两种方式结合。一些研究表明，图片展示对第二语言词汇学习有积极效果。已有研究的不足有：几乎都是研究英语作为第二语言词汇学习，未考察有/无情景信息图片（如一条挂在脖子上的项链或单独一条项链）的呈现对学习的影响；词汇测量方式比较单一。

预计创新点：

用多种方式考察有/无情景的图片呈现对汉语作为第二语言词汇学习的影响，预计会得出与英语作为第二语言词汇学习不同的研究成果。

由此例可以看出，研究生必须在选题研究的初始阶段就预测出论文的创新点，并在研究设计（开题报告）中反映出研究应如何实现这些预计的创新点、用什么途径来得出有创新性的结论。

四、实用性强

作为专业学位论文，汉语国际教育硕士学位论文的研究结论或结果，应对汉语国际教育学科和事业的发展有切实的推动作用。请看以下这篇论文：

📝 外向型汉语在线词典的框架设计与研究（蔡黎雯，2014）

研究者试图以概念图理论为基础，在吸收以往外向型汉语词典编纂的成功经验和理论研究的基础上，利用多媒体、计算机与网络技术等现代化手段，将词典功能与词汇学习功能结合起来，构建一个具有检索简单便捷、释义形象生动、主题丰富多样、开放交流互动等优点的外向型汉语在线词典的开发和设计方案，以弥补传统外向型汉语学习词典在检索、释义、扩展、开放性等方面存在的不足，为汉语学习者提供一个新的词汇查询和学习途径，同时能有效辅助国际中文教师开展教学，丰富国际中文教学资源。

研究者从时空、内容、形式、方式手段、资源利用、目标等方面阐述了汉语在线学习词典的优势和构建方式，结合案例探讨如何将概念图理论具体应用于汉语在线学习词典构建。论文除了阐释汉语在线学习词典的建设理念，还用大量篇幅具体探讨网站的规划设计、学习词典构建实践。论文还结合"打开""火车"等词语样例探讨如何充分发挥多媒体信息技术的优势，同时介绍在线词典如何查询词语，展示字音、字形和笔顺，注释语义，呈现例句等。这项研究取得的成果对汉语在线学习词典的构建有一定实践和指导意义。

对专业学位论文创新性的评估，与学术型学位论文有一定区别。一篇汉语国际教育硕士学位论文如果能够从真实问题入手，使用科学的理论方法，分析真实、具体的材料和数据，最后得出有说服力的结论，并能解决国际中文教育实践中某个具体问题或对解决问题有所帮助，都可以说是有应用价值的。

第七节 | 探索性研究与方案改进

对于初步确定的研究选题，最好先进行探索性的考察和研究。所谓探索性研究，就是使用相关理论方法对收集到的一小部分材料进行考察分析，看能否分析出结果或得出预想的结论，为完整的研究探路。

进行此类探索性研究，可以抓住以下问题：

选题是否可行？

研究框架是否合理？

计划的收集范围和方法是否能确保找到足量的材料？

现有理论方法是否适合本研究，能否支撑研究完成？

依照研究设计继续开展工作，能否得出有创新性的结论？

应该从哪些方面对目前的研究设计进行调整和修改？

一般来说，探索性研究的结果会出现三种情况。

基本成功。研究可以按照既定方案进行，最多只做一些微调。

问题较多。要根据实际困难对原有研究设计方案进行一定幅度的调整，包括理论、模式、假说、方法、手段等的调整。

无法得出相关结论。说明原有研究设计方案有重大缺陷，需要进行根本性修改。

以下结合具体案例，讨论如何进行探索性的局部考察或研究，并思考如何根据探索性研究的结果对研究设计方案进行调整。

一、方法调整

我们以王玉响、刘娅莉（2013）的研究为例。研究者在考察初级汉语教材中的词汇时发现，中国国内和国外出版的汉语教材在词汇复现率方面存在差异，由此决定对两种有代表性教材的词汇出现频率与复现情况进行统计和比较。这两种教材分别是中国国内出版的《博雅汉语》和美国出版的《中文听说读写》，《博雅汉语》的考察范围是初级起步篇第 I、II 册，《中文听说读写》考察第一级的第一、二部分。

研究者依据《现代汉语词典》（第 5 版）和《现代汉语语料库词语分词类

频率表》对这两种教材的所有课文进行分词处理，排除人名、地名、机构名、时间词等后，从词频与复现角度对课文词汇进行统计和分析。词频为 1，说明该词为零复现；词频为 2（出现过两次，复现 1 次），说明该词为低复现；词频大于等于 3（出现过 3 次以上，复现两次以上），说明该词为高复现。初步统计结果如下表所示。

表5-7　《博雅汉语》和《中文听说读写》课文词汇总体情况

教材名称	《博雅汉语》	《中文听说读写》
总课数	55	20
总词频（次）	9,583	4,612
词种数（个）	1,482	746
平均词频（次）	6.47	6.18
前20高频词 （频次由高到低）	的、我、了、是、一、你、不、有、个、吗、好、去、在、很、就、天、也、看、他、来	我、你、了、的、是、不、好、一、个、吗、有、很、看、这、去、我们、吃、还、那、要

表 5-7 中"总词频"和"词种数"的统计方法可以通过以下两个例句加以了解。

a 他买了一本书，两件衣服，三斤苹果。
b 他买了一本书，一本杂志，一斤苹果。

两个句子的总词频都是 12 次（词出现的频次为 12）。a 句的词种数是 12 个；b 句的词种数只有 9 个（他、买、了、一、本、书、杂志、斤、苹果），其中"一"出现了三次，"本"出现了两次。

可以看出，两种教材的平均词频均远高于 3 次，《博雅汉语》的平均词频略高于《中文听说读写》。需要强调的是，这一结论不能说明两种教材的词汇复现率足够高。齐夫定律指出，在自然语料库中，一个词的出现频率与它的常用度序位成反比（Zipf，1949）。序位为 1 的词（频率最高的词）的出现频率是序位为 2 的词（频率次高的词）的出现频率的两倍，序位为 2 的词的出现频率是序位为 4 的词的出现频率的两倍，以此类推。齐夫定律反映出一小部分词汇覆盖了绝大部分文本的语言现象。因此，科学的统计方法应该排除那些覆盖绝大部分文本的一小部分词汇，也就是排除绝对高频词（Milton，2009）。这样才能更加准确地了解文本中的词汇复现情况。

初步统计显示,《博雅汉语》中的 67 个词覆盖了超过 50% 的课文文本,《中文听说读写》的绝对高频词则有 51 个,分别仅占两种教材词种数的 4.52% 和 6.84%。研究者排除了这些绝对高频词后,重新考察了两种教材课文词汇的出现频次,具体情况如下表所示。

表5-8　排除绝对高频词后课文词汇统计情况

	《博雅汉语》	《中文听说读写》
总词频（次）	4,791	2,307
词种数（个）	1,415	695
平均词频（次）	3.39	3.32

由表 5-8 可知,排除绝对高频词后,两种教材课文词汇的平均词频几乎下降到原来的一半,并且更为接近。但是,这样的研究结果仍然不够理想,原因在于词语的使用环境不同。《博雅汉语》的课文词汇是在目的语环境中使用的,《中文听说读写》的课文词汇则是在非目的语环境下使用的,两种教材课文词汇的总词频和词种数几乎相差一倍（见表 5-7）。这样的差异是否会影响到词汇的复现? 如果词频和词种数接近,词汇的复现情况会是怎样的?

带着以上疑问,研究者对研究方法进行了调整,删减《博雅汉语》的部分课文,使保留部分课文文本的字数与《中文听说读写》接近。统计发现,《博雅汉语》前 33 课的词种数（755 个）与《中文听说读写》（746 个）最接近;《博雅汉语》前 36 课的总词频（4,531 次）与《中文听说读写》（4,612 次）最接近。《博雅汉语》删减容量后课文词汇的统计情况如下表所示。

表5-9　《博雅汉语》前33/36课课文词汇统计情况

	词汇范围	总词频（次）	词种数（个）	平均词频（次）
前33课	全部词汇	3,984	755	5.28
	排除绝对高频词后	1,987	707	2.81
前36课	全部词汇	4,531	849	5.34
	排除绝对高频词后	2,252	798	2.82

对比研究调整前后的统计数据可以看出,《博雅汉语》删减容量后课文词汇的平均词频为 5.28 次,低于《中文听说读写》的 6.18 次;《博雅汉语》删减容量并排除绝对高频词后,课文词汇的平均词频为 2.81 次,也低于《中文听

说读写》排除绝对高频词后的 3.32 次。这表明，在容量大体一致的情况下，《中文听说读写》的课文词汇复现情况优于《博雅汉语》。

总体来说，在进行探索性研究之后，适当地调整研究方法，最终可能会得出更为科学的结论。

二、内容调整

在本章第五节最后一部分"混合式研究设计"中介绍过李亚楠（2016）的硕士学位论文《从〈汉语口语〉看初级汉语教材编写——兼与〈中文听说读写〉和〈博雅汉语〉比较》。这项研究在设计初期存在一些问题，主要体现为研究内容过于集中，缺少对比和分析。经过调整和修改，最终呈现出来的论文还是比较让人满意的。

从论文的开题报告中可以知道，研究者原本计划只考察《汉语口语》一种教材，分析它的词汇（词汇量、难度等级、复现率、与母语者使用频率的相似度、多义词等），语法（语法点的选择、呈现、解释等），课文（趣味性的来源、相声艺术手段"抖包袱"的体现、文化点选择、语言与文化的有机结合、中国文化和中国人心理的融入等）的编写情况。

研究者在探索性研究中发现，单独研究《汉语口语》一种教材，即使采用定量研究方法并对各项真实研究数据进行展示，也很难凸显《汉语口语》的特点和优势。于是，作者决定引入其他两种使用范围较广的初级汉语教材，即《博雅汉语》和《中文听说读写》，对这两种教材的相关数据进行统计，并与《汉语口语》进行多角度的对比。这样一来，《汉语口语》的特点及其在不同英语国家受到欢迎并被长期使用的原因就被清晰地反映出来了。试想，如果没有将《汉语口语》编写情况分析的相关数据与另外两种教材进行对比，研究结论的说服力肯定会大打折扣。

三、语料调整

研究设计时选定的语料收集方式，在研究具体实施时也可以做出一定的调整。我们以李惠贤（2018）的论文为例进行具体说明。

韩国学生使用复合趋向补语引申义偏误分析——中高级学习者使用"起来"与"出来"／"下来"与"过来"误代情况（李惠贤，2018）

研究者发现，复合趋向补语是韩国学习者学习汉语的难点，也是教学中的重点。由于韩语的语法与汉语有明显差异，汉语复合趋向补语本身的意义和用法也比较复杂，趋向补语成为韩国学习者比较难掌握的汉语语法点。对相关的偏误问题前人已有研究，但针对引申义误代问题的研究还很少。韩国学生使用趋向补语引申义的常见偏误如下：

*她突然哭上来了。（哭起来）

*父母找一个椅子坐下后慢慢地说出来了。（说起来）

研究者由此确定了选题，计划在不同中介语语料库中收集韩国学习者的相关学习语料。在初步收集语料的过程中，研究者在北京语言大学、暨南大学和中山大学各自建设的中介语语料库中获得韩国学习者的趋向补语引申义偏误语料 58 条，偏误率为 36.2%，其中误代语料 21 条。虽然韩国学习者使用趋向补语引申义的偏误率较高，但属于"复合趋向补语引申义误代"的语料数量较少，不能满足研究的需求。于是，研究者决定使用语言测试的方法来获取更多的中介语语料。

研究者设计了一份包含 50 道题目的测试卷。测试卷共发放了 65 份，回收有效测试卷 62 份，包含中级学生提交的试卷 30 份，高级学生提交的试卷 32 份。这样，这项研究就有了比较充分的中介语语料。测试卷中的具体题目示例如下：

一、选择正确答案，完成句子。

그녀의 목소리는 정말 매력적인데, 웃으면 더 매력적이다.

她声音很迷人，＿＿＿＿＿＿＿。

A 笑上去更迷人　　B 笑起来更迷人　　C 笑出来更迷人

二、选词填空。

下来　　　　过来

学生人数这么少，怎么数不＿＿＿＿＿呢？

天慢慢暗＿＿＿＿＿了。

四、结构调整

研究者在开题时设计的论文结构有时可能不够合理，这种情况不通过实施具体研究是难以发现的，一旦进行具体研究，问题就会显现出来。一名来自韩国的研究生曾在韩国教过几年汉语，有较为丰富的教学经验，对汉语教材的选择和使用也有很多心得。由此，研究者计划对对韩初级汉语教材进行考察研究。研究者原计划依照如下结构实施研究并撰写论文：

第一章　引言
第二章　韩国版初级汉语教材情况（介绍 10 余种）
第三章　中国版对韩初级汉语教材情况（考察一种）
第四章　编写对韩汉语教材的几点建议
第五章　教材应用上的建议
第六章　结语

这样的研究结构设计存在几个明显问题。

第一，第二章介绍的 10 余种韩国版初级教材包括三类，分别是从中国引进的翻译版教材、中国编写团队专为韩国学生编写并只在韩国出版的教材、韩国编写团队编写的教材。作者分别列举这三类教材的优点和不足，但由于篇幅所限，只能点到为止，不可能进行基于数据统计的具体分析。

第二，第三章只分析一种教材（《对韩汉语口语教程》），虽然数据统计和分析都比较细致，但与第二章的联系不够紧密。

第三，第四、五章分别讨论编写建议和使用建议，本身就有一定重复。此外，研究者计划在结语部分介绍一些自己的教学心得，与前面两章内容没有太多关联。

在导师指导下，研究者对研究结构进行了调整，将研究聚焦到两种对韩初级汉语教材的考察和对比上。调整后的论文结构框架如下：

第一章　引言
第二章　目前对韩初级汉语教材的一般情况
第三章　《精英汉语》与《对韩汉语口语教程》的多方位对比考察
第四章　对韩汉语教材的编写、使用建议
第五章　结语

研究对象缩小到韩国版和中国版对韩初级汉语教材各一种，更适合开展

"最小差异对"的考察。对比的项目确定为教学目标、适用对象、体例编排、生词、课文和练习，其中课文部分的考察内容又细分为话题数量、语料的真实性和实用性、语料难度。第四章结合前文研究成果，提出对韩初级汉语教材的编写和使用建议。

小结

本章讨论了研究设计的基本内容和环节：选题聚焦，选题分解，理论提升，材料收集，研究模式选择，创新点凝练，探索性研究与方案改进。

值得注意的是，这些环节并不一定是按顺序逐一实施的。如在发现问题后，研究者就要收集一部分材料，研读一部分文献，判定发现的问题是否具有研究价值。确定研究问题后就要进行研究设计，研究者需要收集更多的材料和数据，研读更多的文献，以制定出切实可行的研究方案。在确定研究方案（开题报告）之后，研究者还需要更全面地收集材料，进一步研读文献和凝练创新点；同时，使用选定的理论、假说、模式、研究方法和手段等，分步骤对收集到的材料进行考察和研究。

可以看出，在研究设计的各个环节中，收集材料，选用相关理论和方法对材料进行考察和分析，对问题进行聚焦，以及对创新点进行凝练，是不断反复的，往往要贯穿研究的各个阶段。

需要强调的是，研究设计的各项工作不一定要按照必然的先后顺序开展，从时间上看，各个环节可能有重叠。但是，为了使操作更加方便，研究者不妨参照上述顺序进行尝试。

思考与练习

1. 讨论以下选题应侧重使用哪一种研究方法和哪些具体研究手段，并阐述原因。

汉语趋向补语的中介语特征

使用语法翻译法/交际法更能促进留学生学习"了$_2$"

场依存型人格和场独立型人格的学习者的差异

"多"与西班牙语"mucho"和"muy"的对比

现有商务汉语教材是否满足学习者需求

2. 从语言学研究核心期刊中选择两篇论文，内容分别关于汉语作为第二语言教学与习得、教材研究。依照本章介绍的研究设计框架，从以下方面分析这两篇论文，包括：①研究问题，②定量或定性研究的步骤和主要内容，③收集材料的具体手段，④文章的优点与不足。

3. 在定性、定量和混合式研究中，你打算采用哪种方式对以下问题进行研究设计？为什么？

汉语中同语素近义词的习得

美国大学初级综合汉语教材分析与评估

汉语作为第二语言的声调习得研究

现有汉语教材中的练习评析

4. 学生的学习动机与第二语言学习结果之间有什么关系，或者说，学生的学习动机在多大程度上能够预测他们的第二语言学习成绩。研究这个问题应该选用哪种或哪些方法？

参考文献

[1] 白德龙 . 汉语描写性状语 / 补语与罗曼语对应成分的对比研究及偏误分析 [G]// 周小兵 . 汉语国际教育硕士学位论文选 . 广州：中山大学出版社，2015：296-311.

[2] 柏清 . 基于图式理论的对外汉语中级听力教学研究 [G]// 周小兵 . 汉语国际教育硕士学位论文选 . 广州：中山大学出版社，2015：162-192.

[3] 蔡丽虹 . 探究式文化教学在汉语课中的运用——以新西兰小学为例 [D]. 上海：华东师范大学，2017.

[4] 蔡黎雯 . 外向型汉语在线词典的框架设计与研究 [D]. 广州：暨南大学，2014.

[5] 曹莉敏.目的语环境中华裔学生汉字学习策略研究 [D]. 广州：暨南大学，2012.

[6] 陈楠，杨峥琳.基于学习策略的汉语教材练习本土化研究 [J]. 世界汉语教学，2015，29（2）：277-287.

[7] 樊婧.对《美国文化背景（第三版）》与三本《中国概况》教材的比较分析——兼谈《中国概况》教材的编写 [D]. 广州：中山大学，2011.

[8] 付娜，申旼京，李华.韩语背景学习者"爱"类同素易混淆词研究 [J]. 云南师范大学学报（对外汉语教学与研究版），2011，9（6）：21-25.

[9] 胡异源.墨西哥孔子学院跨文化与课堂教学案例分析 [D]. 广州：中山大学，2017.

[10] 姜芳.中级汉语口语课堂教学输入与输出的考察 [G]// 周小兵.中山大学国际汉语教育三十年硕士学位论文选——全球视野下的国际汉语教育.广州：中山大学出版社，2011：2-28.

[11] 江新."认写分流、多认少写"汉字教学方法的实验研究 [J]. 世界汉语教学，2007（2）：91-97.

[12] 黎光创.越南学生汉语二项定语习得研究 [G]// 周小兵.中山大学国际汉语教育三十年硕士学位论文选——全球视野下的国际汉语教育.广州：中山大学出版社，2011：200-233.

[13] 黎倩.移动终端汉语学习词典 App 及其使用现状的调查 [G]// 周小兵.汉语国际教育硕士学位论文选.广州：中山大学出版社，2015：430-471.

[14] 黎鑫.汉语移动学习资源的调查研究——以苹果应用商店为例 [D]. 广州：中山大学，2013.

[15] 李惠贤.韩国学生使用复合趋向补语引申义偏误分析——中高级学习者使用"起来"与"出来"/"下来"与"过来"误代情况 [D]. 广州：中山大学，2018.

[16] 李亚楠.从《汉语口语》看初级汉语教材编写——兼与《中文听说读写》和《博雅汉语》比较 [D]. 广州：中山大学，2016.

[17] 梁莉莉.外向型与内向型汉语词典释义与用例对比研究 [G]// 周小兵.汉语国际教育硕士学位论文选.广州：中山大学出版社，2015：34-64.

[18] 刘佳琪.对外汉语整体听写活动实证研究 [D]. 广州：广东外语外贸大学，2017.

[19] 刘润清. 外语教学中的科研方法 [M]. 北京：外语教学与研究出版社，1999.

[20] 刘焱. 基于抛锚式教学法的中级汉语口语教学设计——以《阶梯汉语·中级口语1》第九课为例 [D]. 广州：中山大学，2014.

[21] 莫鸿强. 四部初级商务汉语教材词汇研究 [D]. 上海：上海财经大学，2016.

[22] 孙迪奥. 菲律宾多动症（ADHD）儿童汉语个别教学研究 [D]. 广州：中山大学，2016.

[23] 王乐. 外语多元读写能力视角下的任务设计研究 [D]. 广州：中山大学，2017.

[24] 王丽婧. 两种聚焦于形式的教学法（FonF 和 FonFs）对汉语二语词汇学习的影响研究 [D]. 广州：中山大学，2015.

[25] 王玉响，刘娅莉. 初级汉语综合课教材词汇的频率与复现 [J]. 华文教学与研究，2013（4）：75-83.

[6] 文秋芳. 英语学习成功者与不成功者在方法上的差异 [J]. 外语教学与研究，1995（3）：61-66.

[27] 萧频，刘竹林. 印尼学生特异性汉语易混淆词及其母语影响因素探析 [J]. 华文教学与研究，2013（1）：37-45.

[28] 叶彬彬. "语文分进"的教学模式对汉字能力的影响——针对非汉字文化圈学习者的实验研究 [G]// 周小兵. 汉语国际教育硕士学位论文选. 广州：中山大学出版社，2015：271-293.

[29] 叶陈清. 基于语料库的疑问代词"怎么"的偏误分析 [D]. 福州：福建师范大学，2018.

[30] 余小羊. 基于语料库的高级水平泰国学生汉字输出情况考察 [D]. 广州：中山大学，2016.

[31] 张博. 第二语言学习者汉语中介语易混淆词及其研究方法 [J]. 语言教学与研究，2008（6）：37-45.

[32] 张博. 韩国初中汉语学习者汉字字形偏误分析——对安乐中学的考察 [D]. 广州：中山大学，2012.

[33] 周琳，萨仁其其格. 蒙古学习者特异性汉语易混淆词及其母语影响因素 [J]. 语言文字应用，2013（1）：115-124.

[34] 周小兵. 越南人学习汉语语法点难度考察 [J]. 云南师范大学学报（对外汉语教学与研究版），2007（1）：1-7.

[35] 周小兵，罗宇，张丽. 基于中外对比的汉语文化教材系统考察 [J]. 语言教学与研究，2010（5）：1-7.

[36] 周晓梁. 汉语国际教育视点下法国本土汉语学习网站的考察研究 [D]. 昆明：云南师范大学，2013.

[37] BOKLASCHUK K, CAISSE K. Evaluation of educational websites[S/OL]. (2001-01-01) [2020-08-10]. http://www.usask.ca/education/coursework/802 papers/bokcaisse/bokcaisse.htm.

[38] ELLIS R. Understanding second language acquisition[M]. Oxford: Oxford University Press, 1985.

[39] LADO R. Linguistics across cultures: applied linguistics for language teachers[M]. Ann Arbor: University of Michigan Press, 1957.

[40] MALHOTRA N K. Marketing research: an applied orientation[M]. NJ: Prentice-Hall, Inc., 1993.

[41] MARTON F. Phenomenography-describing conceptions of the world around us[J]. Instructional science, 1981, 10(2): 177-200.

[42] MILTON J. Measuring second language vocabulary acquisition[M]. Bristol: Multilingual Matters, 2009.

[43] OXFORD R. Language learning strategies: what every teacher should know[M]. Boston: Newbury House, 1990.

[44] OXFORD R, CROOKALL D. Research on language learning strategies: methods, findings and instructional issues[J]. The modern language journal, 1989, 73(4): 404-419.

[45] PRATOR C H. Hierarchy of difficulty[Z]. Unpublished classroom lecture. LA: University of California, 1967.

[46] PUNCH K F. Introduction to social research: quantitative and qualitative approaches[M]. London: Sage Publications, 1998.

[47] ZIPF G K. Human behavior and the principle of least effort: an introduction to human ecology[M]. Cambridge, MA: Addison-Wesley, 1949.

第
六
章

理论方法的选择与应用

理论，是指针对客观事物为何如此进行的一套解释。社会科学研究是人们认识、了解、分析社会现象或社会行为的一种活动。开展社会科学研究，就是使用一些理论，采取一些方法来分析和解释这些活动。可供社会科学研究使用的理论和方法有很多。我们选择使用任何一种理论、方法、模式、假说，以及具体的研究设计或统计分析方法，都为实现同一个目标，那就是解决从汉语国际教育实践中发现的具体问题。这就需要我们结合自己的研究实践，对相关理论知识形成真正深刻的理解。例如，使用 Ellis（1985）的第二语言研究理论模式能为研究者探索汉语作为第二语言习得过程提供合理的解释。又如，使用认知心理学中的双编码理论能够解释图文双模态释义对不同类别汉语作为第二语言词汇学习所产生的影响（洪炜、刘欣慰，2019）。一项好的研究，或者说一篇好的论文，就是能够恰当使用可信的证据，通过科学、严谨的论证，得出有创新性的结论。因此，研究者在选择理论方法时要谨记，最好的方法始终是最适合研究目标、最适宜解决研究问题的方法。

前几章分别就论文选题、文献研读、材料收集和研究设计等环节进行了讨论。在这一章中，我们将结合实例阐述几种比较常见的理论方法，并围绕具体研究对象展开讨论。本章介绍和讨论的主要目的，是帮助研究者选择合适的理论和方法，并有效运用到汉语国际教育学科研究中。

第一节 ｜ 定性研究与定量研究

一、定性研究

定性研究（qualitative research），主要是指研究者亲身参与到自然环境中，采用多种资料收集方法对自然现象进行的整体性研究。通常情况下，研究者需借用一定的理论，对已有材料、案例进行分析和总结，归纳出一定的规则，通过与研究对象互动来描述或解释其行为。值得注意的是，采用定性研究方法的研究，其研究对象大多具有较强的特殊性，研究者关注的多是研究对象的性质和特征。这里，我们就仔细谈谈汉语国际教育领域的定性研究。先来看下面这篇论文。

二语交际问题及其解决策略的研究——汉语学习者使用汉语交际的个案分析（王莹，2011）

这是一项典型的个案分析型定性研究。研究者通过对汉语作为第二语言学习者的汉语对话语句和母语口头报告进行细致编码分析，探索研究对象使用的交际策略能否解决其在词汇、语法和理解三方面遇到的交际困难。

研究者首先对一名母语为英语的初级汉语学习者进行为期半年的汉语对话跟踪录音，并结合录音内容对该学习者进行访谈，请学习者口头报告自己在对话任务中的具体表现（同时录音）。研究者对上述所有录音内容进行文字转写，共获得语料两万余字，随后基于心理语言学理论和互动理论对所有语料进行分析。

经过对三种交际策略产出的语料进行编码分析，研究者总结出所有语料中存在的汉语作为第二语言交际问题及学习者使用的解决策略。交际问题主要分为词汇表达问题、语法障碍问题和话语理解问题三大类，学习者分别使用成就策略、缩减策略来应对和解决这些问题。例如，研究者发现，该学习者使用了一些交际策略成功解决了一些语法障碍问题。该学习者因对汉语特指问句句法掌握不够熟练，于是用母语的语法规则进行直译表达。研究者与学习者的对话录音语料节选如下：

> 学习者：什么你想……地球……暖化？
>
> 研究者：……请再说一遍？
>
> 学习者：什么你想……地球……暖化？
>
> 研究者：哦！我是怎么看地球变暖的？
>
> 学习者：对。

在这段对话中，学习者使用了英语疑问句的句法规则产出反映"你是怎么看地球变暖的？"意义的表达。研究者就此进行了语言对比分析：

什么　你　想　地球　暖化？（错误的汉语句）
What do you think of global warming?（正确的英语句）

语言对比反映出，学习者使用了直译的方法处理英语疑问句，用汉语问出。可以发现，学习者通过母语直译这个策略提出了自己的疑问，虽然不够准确，但对促进双方的对话理解有一定帮助。在这项研究中，研究者关注的是研究对象如何通过一些交际策略解决语言交际中的实际问题。

除了个案教学研究，课堂教学相关问题也可使用定性方法进行考察。我们来看下面这个例子。

📝 美国中小学汉语课堂用语研究（都娟，2010）

虽然语言教学界更为认可在外语课堂上使用目的语教学的方法，但在实际教学中，特别是在海外中小学的汉语教学中，教师为确保课堂教学和管理有序进行，经常使用学习者母语作为课堂使用语言。

这项研究正是以课堂使用语言为切入点，探索如何在海外中小学汉语课堂中提高中文输入的质与量，并试图找出教师在课堂上回避使用汉语的真实原因。研究通过对 6 名教学经验不同的海外中小学汉语教师进行前期访谈，调查美国中小学汉语课堂上教师课堂用语的使用情况。在此基础之上，编制《美国中小学汉语课堂用语调查问卷》，就对"用目的语教学"的认识、汉语课堂用语的实际操作情况等对 33 名海外中小学汉语教师进行调查。此外，研究还对一名专家型教师和一名新手教师进行了为期两个月的个案追踪调查。研究者通过课堂观察、课后反思、追踪访谈和学生反馈等方式收集材料并对材料进行分析，进而尝试在初级阶段汉语课堂上系统使用汉语课堂用语。

在对专家型教师和新手教师的个案追踪调查中，研究者发现专家型教师在使用课堂用语方面有一套自己的模式，会根据要使用汉语课堂用语的类型和计划决定什么时候说汉语、什么时候说学生母语。专家型教师会将课堂用语当作新词教给学生，并配以歌曲、游戏进行练习和巩固；也会使用一定的策略固定课堂用语，如将汉语课堂用语制成海报等。反观新手教师，他们对使用汉语课堂用语基本没有计划，没有对已教过的汉语课堂用语进行积累。总体来说，专家型教师将课堂用语分解得更细，并能够通过这样的分解来审视和预判自己可能在课堂上说汉语的时机。

定性研究也可以用于有关教师教学实践的研究。请看下面一例。

📝 对外汉语教师实践性知识的个案研究（江新、郝丽霞，2010）

这项研究旨在探索教师在教学实践中真正运用的实践性知识。所谓"实践性知识"，是指教师在实际教学中使用或表现出来的对于教学实践的认识。在这项研究中，研究者主要是对 4 名对外汉语教师在实际课堂教学中的思维过程资料进行分析，对这些资料所反映的教师教学思想进行分类，是一项典型的定性研究。研究者对 4 名教师的课堂教学进行录像，随后与教师一同观看录像，以教师本人的教学录像为刺激物，请教师回忆并报告其在教学活动中的具体想法。研究者对上述通过刺激性回忆法获得的报告进行录音、转写和分析，从获得的材料中总结出教师运用的实践性知识。

研究者以两名新手教师和两名熟手教师为研究对象并分组，通过观察、录音、刺激性回忆、报告等方法，对所有录音转写后的文本进行编码和分类，找出对外汉语教师在实际教学中所运用教学思想的类别，并探索新手教师与熟手教师在教学思想上的异同。通过对定性材料进行分析，研究发现 7 类占主导地位的教学思想，分别是语言处理、关于学生的知识、注意学生的反应和行为、做出决策、检查教学过程、评估学生的进展以及观念。这 7 类教学思想在新手教师和熟手教师之间存在共性。

这项定性研究的意义不仅在于提醒更多研究者关注与教师实践性知识有关的研究，更重要的是研究使用的定性材料，如教学录像、录像转写而成的文本和刺激性回忆引发的口头报告等，都可能成为未来教师发展培训课程的相关案例和参考资料。

再来看一个例子。

📝 赴印度尼西亚汉语教师志愿者跨文化适应情况研究（陈美洁，2018）

首先从选题来看，作者将研究对象限定在"赴印度尼西亚汉语教师志愿者"的"跨文化适应情况"这一范围内，已初显定性研究的倾向。再来看以下从论文引言中节选的部分内容：

> 在撰写此研究论文时，笔者已以汉语教师志愿者的身份在印度尼西亚阿拉扎大学孔子学院任教半年，参与了孔子学院的汉语教学工作、行政工作与文化活动组织等，与孔子学院教学点的印度尼西亚本土教师、学生有较多接触。笔者在印度尼西亚实际生活并开展教学工作中感受并观察周围志愿者同事的跨文化适应情况……以 2016~2017 年度阿拉扎大学孔子学院汉语教师志愿者及阿拉扎大学下属华文教学点相关教师及学员作为深度调查对象，分发问卷的同时进行自由访谈，深入了解情况并收集资料。

尽管研究者并没有在论文正文中明确说明所采用研究方法的类型，但从前面引言中的内容可以看出，这项研究具备定性研究的典型特征：研究者可以"置身事外"，仅以局外人的身份观察、记录和分析，也可以参与到调查活动中去；同时，研究对象具有独特性。

二、定量研究

定量研究（quantitative research），一般考察事物的量化转变，以量化的特性对事物进行测量和分析，重视数据的分析、统计、描述和比较，常用演绎法检验理论或假设，并得出结论。与汉语教材有关的研究通常采取定量研究的方法，如下面这项研究。

《中文》（小学版）与《轻松学汉语》（少儿版）练习对比研究
（雷丹，2013）

解析选题可以发现，研究对象是两种教材的练习部分，这样的研究一定会涉及数据的统计、整理与分析。此外，论文摘要部分中对海外小学汉语教材的分析与思考则更为明显地反映出研究者开展的是定量研究：

> 本文选取两部海外小学汉语教材——《中文》（小学版）的1~8册（供小学1~4年级使用）与《轻松学汉语》（少儿版）的1~4册（供小学1~4年级使用），对这两部教材的练习进行分类统计研究，分析练习目标、题型和题量，总结两者的优点与不足，为海外小学汉语教材的练习编写提供参考。

再来看下面这个例子。

汉语中级精读教材的分析与思考（赵新、李英，2004）

研究以6种汉语中级精读教材为研究对象[1]，从生词的控制和编排、重点

1　这6种教材包括：《桥梁——实用汉语中级教程》（共2册，下称《桥梁》），北京语言文化大学出版社，1996；上教版《标准汉语教程》（共4册，下称《标准》），上海教育出版社，1998；《中级汉语精读教程》（共2册，下称《精读》），北京大学出版社，1999；北大版《标准汉语教程》（共2册），北京大学出版社，1998；《参与——汉语中级教程》，北京大学出版社，1998；《中国剪影——中级汉语教程》，北京大学出版社，1999。

词语和语法项目的注释、练习的设计三个方面，对教材中存在的问题进行分析，并提出相应的改进措施。生词的难度直接决定了教材是否好用。2000 年前后，汉语教材中生词的编选和难度控制主要依据国家对外汉语教学领导小组办公室制定的两份词汇大纲：一是 1992 年的《汉语水平词汇与汉字等级大纲》，将 8,822 个词分为甲、乙、丙、丁四个等级，其中甲、乙级是初级词，丙级词是中级词，丁级词是高级词；二是 2002 年的《高等学校外国留学生汉语教学大纲·长期进修》，将 8,042 个词分成初、中、高三级。毋庸置疑，中级汉语教材应该以中级词为主。为考察教材中的生词难度是否符合这样的要求，研究者依据这两份大纲对其中三种教材的生词等级控制情况进行了统计和分析，结果如下表所示。

表6-1　三种汉语中级教材中各等级生词占比情况

	《桥梁》上	《桥梁》下	《精读》I	《精读》II	《标准》第1册	《标准》第4册
甲级	1.2%				0.4%	0.2%
乙级	23.7%				0.9%	1.6%
丙级	35.2%	30.7%	55%	46%	79.7%	57.1%
丁级	19.7%	28.9%	30%	39%	7.6%	17.1%
超纲	20.2%	41.2%	15%	15%	11.5%	23.9%
平均丙级	32.9%		50%		68.4%	

由表 6-1 可知，在生词等级控制方面，上教版《标准汉语教程》做得最好，丙级词（中级阶段学习者应主要学习的词）占比最高，达到 68.4%；《中级汉语精读教程》在生词等级控制上做得也不错，丙级词占比也达到了 50%。而《桥梁——实用汉语中级教程》上、下两册中的丙级词平均仅占 32.9%，丁级词和超纲词占比约为 42.2%，特别是下册，丁级词和超纲词占比超过 70%，生词难度明显偏高，学习者使用比较吃力。

再举一例。

中文分级读物《汉语风》1的词汇考察（孙小敏，2015）

学习语言，仅靠教科书的输入是远远不够的。在听、说、读、写四项技能中，有关"读"的输入，除了课堂教学中使用的各种阅读教材，学习者还需要大量的辅助性读物。目前，汉语国际教育领域对汉语分级读物的编写原则和标准尚未形成统一的看法，针对汉语分级读物的相关研究比较稀缺，对现有分级读物的第三方考察也较为少见。研究者选择北京大学出版社出版，刘月华、储诚志主编的分级读物《汉语风》中的词汇作为考察对象，以定量研究方法重点分析《汉语风》1级各册读物的生词及基础词在数量、等级、重现率等方面的特点，特别对基础词的重现类型和环境进行了详细分析。

　　研究者首先使用储诚志设计的"中文助教"（ChineseTA）软件对文本进行分词处理和初步统计，辅以人工干预，得出各册读物的词汇总量，如图 6-1 所示。在此基础上，研究者使用北京语言大学开发的"汉语词频统计工具"软件，统计出基础词的数量，并对基础词的分布进行了分析。

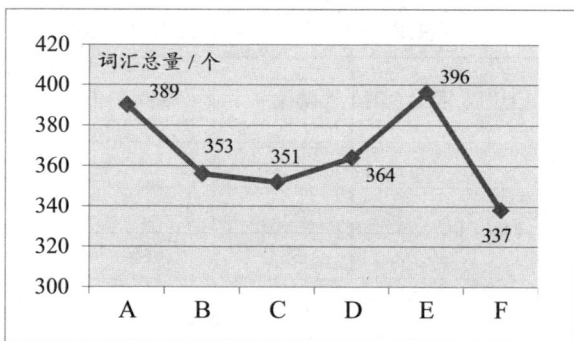

图 6-1　《汉语风》1 级各册读物的词汇总量[1]

　　从图 6-1 可知，《汉语风》1 级各册读物的词汇总量有所差别，其中有三册读物（读物 B、C、D）的词汇数量比较接近平均词汇量，即 366 个。各册读物中，所用词汇数量较多的是读物 A 和 E。读物 A、E 和 F 在词汇数量上存在着 55 个词左右的差距。比较出乎意料的是读物 F，其文本长度是各册读物中最长的，但所用词汇却最少。可以预见，同比之下，读物 F 的词汇重现率应好于其他各册读物。

　　分级阅读的目标就是让读者收获舒适的阅读体验，并在阅读过程中锻炼阅读技巧，实现生词和新语法项目的伴随性学习。为实现这一目标，分级读物就应严格控制生词密度。分级读物的词汇控制得越严格，读者的阅读就越便利。为了比较准确地反映出《汉语风》1 级各册读物的生词密度，研究者对

1 代码 A~F 分别代表《汉语风》1 级的六册读物:《我可以请你跳舞吗?》《两个想上天的孩子》《你最喜欢谁?》《我一定要找到她……》《向左向右》《错，错，错!》。

各册读物进行了 1,500 字长的抽样统计。具体抽样方法是在各册读物中，每隔 10 页系统抽取 5 个样本，样本长度均为 300 字（包括标点符号）。单册读物生词密度的考察是建立在 5 个样本综合表现的基础之上。生词选取标准以词表为准，出现 1 次计数 1 次。如果同一生词在样本中多次出现，计数时只计 1 次。生词密度的计算公式为：

生词密度 = 生词数量 / 文本长度

例如，在 1,500 字长的文本中共有 15 个生词，这段文本的生词覆盖率就是 15/1500，换算成百分数即为 1%。根据这种计算方法，各册读物生词密度的量化统计结果如下图所示。

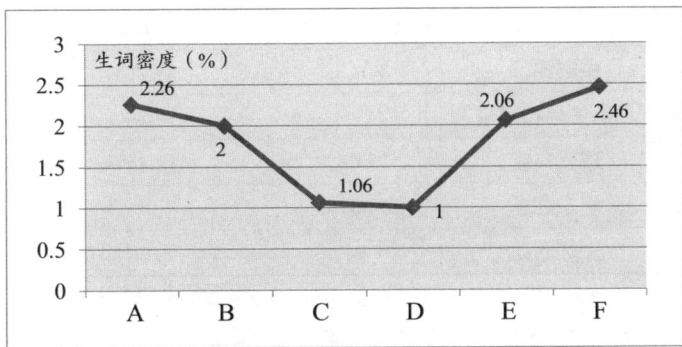

图 6-2　《汉语风》1 级各册读物的生词密度

从图 6-2 可知，《汉语风》1 级各册读物中，单册生词密度最高的为 2.46%，最低的为 1%。半数以上分册的生词密度控制较好，文本内容不会给学习者造成理解上的障碍；但也有两册读物的生词密度达到 2.26% 和 2.46%，文本内容的难度可能超过初级阶段汉语学习者的能力范围，阅读起来可能较为吃力。总体来看，《汉语风》1 级整体的生词密度控制在合理的范围内，但是具体到个别分册上，如《我可以请你跳舞吗？》和《错，错，错！》两册，读物实际的生词密度与编者的设想还存在一定差距。

我们前面还介绍过下面这篇论文。

《官话篇》与《官话急就篇》文化内容比较分析（王珅，2015）

从选题可以看出，这项研究的目标在于对比日本明治时期两版中文教科书的文化内容。两版教科书的编者均为宫岛大八。《官话篇》出版于 1903 年，后经编者修订增改为《官话急就篇》，于 1904 年出版。研究者采用了定量研究的方法，统计《官话篇》和《官话急就篇》中各类文化内容的出现次数及所占比例。在定量统计数据的基础上，结合相关历史背景总结两版教科书在文化内容编排上的差异，并尝试分析作者对《官话篇》进行改编的原因。在开展定量分析之前，首先要对两版教科书中的文化内容进行界定和分类，以便统计相关数据。研究者以《国际汉语教材文化点分类框架（研究版）》[1]为标准，对两版教科书中出现的所有文化项目进行了分类和统计。对于《国际汉语教材文化点分类框架（研究版）》没有而教科书中出现的文化项目，研究者进行了补充，各类一层文化内容的统计数据如下表所示。

表6-2 　《官话篇》与《官话急就篇》一层文化内容分布

	《官话篇》	《官话急就篇》
中国国情	31.65%	53.38%
日常生活和习俗	17.99%	22.30%
成就文化	28.06%	12.16%
思想观念	14.39%	4.05%
交际活动	7.91%	8.11%

　　研究者分析各项数据后得出结论：在"中国国情"和"日常生活和习俗"两类一层文化内容上，《官话急就篇》明显多于《官话篇》；而在"成就文化"和"思想观念"两类一层文化内容上，《官话篇》多于《官话急就篇》。两版教科书表现出这种差异的原因在于：第一，初级汉语教材要凸显实用性，增加"中国国情"相关文化内容便体现出这一特点；第二，初级教材要降低学习难度，而与"成就文化""思想观念"有关的文化内容往往难度偏高；第三，《官话急就篇》的改编受到明治时期日本政府对外政策的影响。

三、混合式研究

　　我们也可以将定量与定性的研究方法结合起来使用，即开展混合式研究。一项研究，仅从定量的角度或定性的角度去挖掘，总会存在一定的局限。研究者可以将定量和定性的研究方法结合起来，做到优势互补，从纵向、横向

1《国际汉语教材文化点分类框架（研究版）》由中山大学国际汉语教材研发与培训基地制定，基于对 3,212 册汉语教材中显性文化点的描写，经录入和整理而成，分类详尽。

多角度思考问题，拓宽研究广度，挖掘研究深度。下面还是来看一项前面介绍过的研究。

📝 双及物结构的类型考察及其汉语习得（刘宏帆，2011）

研究者发现留学生在习得汉语双及物结构时确实存在一些问题，因而着手对双及物结构进行语言对比分析和类型学考察，重点考察留学生对该结构不同类型的习得情况，包括习得的顺序和难度等，并为教学大纲排序、教材编写和双及物结构的实际教学等提出启示。在研究过程中，研究者同时使用了定性和定量两种研究方法。

首先来看定性研究方法的使用。研究者为弄清楚留学生在使用双及物结构时出现偏误是普遍现象，还是具有某种母语背景留学生出现的个别问题，对双及物结构进行了语言对比分析和类型学考察。在前人有关双及物结构研究成果的基础上，研究者列出 5 类语义类型属于"给予义"的双及物结构句式[1]，作为语言对比分析和类型学考察的对象。这 5 类双及物结构句式为：

补语式	V + OD + P + OI	送一个礼物给玛丽。
双宾式	V + OI + OD	送玛丽一个礼物。
状语式	P + OI + V + OD	给玛丽送一个礼物。
复合词式	V + P + OI + OD	送给玛丽一个礼物。
"把"字式	P（把）+ OD + V + OI	把这个礼物给玛丽。

研究者分别考察上述 5 类汉语双及物结构句式在英语、俄语、越南语、韩语、日语中对应的实现形式，结合已有的对其他语言中对应情况的研究成果，发现补语式"V + OD + P + OI"在汉语、越南语、英语、法语、西班牙语、德语、俄语等语言中都存在，状语式"P + OI + V + OD"和复合词式"V + P + OI + OD"在汉语和越南语中存在。可见，汉语双及物结构给予义的句法实现形式在各种语言中都很丰富；与汉语最相近的是越南语，这与两种语言高度孤立有关。

在定量研究方面，研究者采用横向调查法，选择来自中山大学国际交流学院的留学生为被试，并将被试分为初级、中级、高级三组。测试采取口头表达的形式，给出双及物动词、主语、直接宾语和间接宾语，要求被试连词成句，统计不同组别被试及汉语母语者对不同类型双及物结构句式的使用率

---

1 "V"代表动词，"OD"代表直接宾语，"OI"代表间接宾语，"P"代表介词。

和偏误率。研究者将测试结果汇总到一起，整理出各组被试和汉语母语者对不同类型双及物结构句式的使用率，如下表所示。

表6-3　三组被试和汉语母语者对双及物结构句式的使用率

阶段	补语式	双宾式	状语式	复合	"把"	其他	非双及物	未做
初级	7%	49%	21%	0	0	2%	11%	10%
中级	9%	24%	21%	7%	6%	0	34%	0
高级	14%	23%	12%	19%	7%	0	26%	0
母语者	20%	25%	15%	11%	8%	0	21%	0

通过数据对比，我们可以看出不同水平的留学生和汉语母语者选择和使用汉语双及物结构句式的特点：随着汉语水平的提高，留学生越来越多地选择和使用补语式；初级阶段的留学生在使用双宾式和状语式时存在泛化现象，后呈现逐渐减少的趋势；复合式和"把"字式到中级阶段才开始被留学生使用，进入高级阶段后，被使用频次则有明显增长。

这项研究将定性研究和定量研究结合起来，得出了有创新性的结论，尤其是有关留学生对不同类型双及物结构句式习得顺序的考察，对汉语作为第二语言教学实践和教材编写都有启发意义。

第二节 | 语义形式关系与最小差异对

一、语义形式关系分析

第二语言语法教学中，很多教师习惯以公式化的方法来概括语法形式。但对第二语言学习者而言，只接收语法形式是不够的，教师还应从语义、形式、表达多个层面来讲解语法项目，也就是要重视语义形式关系。周小兵、赵新等（2002）的《对外汉语教学中的副词研究》中有很多从语义、形式入手剖析副词用法的例子。我们来看下面这项有关频率副词"连、连连、一连"的研究。

"连、连连、一连"的语义和句法分析（赵新，2002）

频率副词"连、连连、一连"的意义和用法相近，在句中都充当状语，修饰谓语，描述动作行为的接连发生、连续不断。仅凭借词典中的释义，很难看出这一组词之间的差异。研究者从特定语料[1]中选取 200 余个例句，分别从语义和形式上对这组副词进行剖析。

从语义上看，这三个副词都可以表示动作行为的反复，"连、一连"还可表示动作行为的持续。反复指动作行为接连反复出现，其间有短暂的间歇；持续指动作行为一直延续，其间没有间歇。例如：

卫红朝天**连**开三枪。/ 这个小区最近**连连**被盗。/ 他**一连**喝了三碗凉水。
从今天起**连**放三天假。/ 孟姜女**一连**哭了三天三夜。

第一组例句中，"开枪""被盗""喝水"等动作行为每次反复之间有短暂的间歇；第二组例句中的"放假""哭"等动作行为一直持续，其间可能没有间歇。可以看出，"连连"不能用来表示动作行为的持续，也就是说，没有间隔的持续性行为动作一般不用"连连"修饰，用"连连"修饰的动词之后不能有表示时量的数量词语。例如：

* **连连**下棋 / **连连**病了三天

除了表示反复或持续，"连、连连、一连"也可以在语义指向上加以区分。这三个词在句中都描述动作行为的频率，语义都与动词有直接关系。此外，这组词与句中其他成分也有语义上的关联："一连"的语义指向数量词语；而"连、连连"的语义可以指向数量词语，也可以指向动词。例如：

老头儿**一连**填了几张单子。/ 报告**一连**打了八年，可老婆仍没调回来。
她**连**喊："快来！快来！" / 阿P一听，心里乐滋滋的，**连连**鞠躬致谢。

前一组例句中，"一连"的语义指向动词后的数量词语"几张"和"八年"，反映出动作行为的数量或时量相连。后一组例句中，"连"和"连连"的语义分别指向动词"喊"和动词性结构"鞠躬致谢"，表现动作行为相连。

这组副词还存在频率、修饰时长、语义强度、表达功效等语义上的差异，这里不再赘述。一般来说，内在的语义差异会造成外在的句法差异，首先表

---

1 语料为 1997~1999 年《故事会》中的文本，约 300 万字。

现为这三个副词各自修饰的谓语部分结构有所不同。例如：

连连进攻 / **连连**摇晃 / **连连**答应 / **连连**后退 / **连连**拍打桌子

"连连"可以修饰双音节光杆动词，也可以修饰动词性词组；但"连"和"一连"都只能修饰动词性词组，不能修饰光杆动词，如"连进攻""一连后退"都是不正确的。此外，"连连"只能修饰不定量的动量补语，不能修饰时量补语和定量的动量补语。例如：

王神仙吓得**连连**后退了<u>三四步</u>。

* **连连**后退了<u>几分钟</u> / **连连**后退了<u>三步</u>

"一连"后的谓语部分必须有数量词语，若无数量词语则句子不成立。例如：

他**一连**数了<u>三遍</u>，才喘了口气。/ 阿P**一连**说错了<u>几个</u>成语，姑娘忍不住笑了起来。

* 他**一连**数了。/ 他**一连**说错了成语。

这项研究告诉我们，在汉语国际教育教学实践或学科研究中，将语义与形式结合在一起，就更容易清晰明了地解释语言现象和规律了。

二、最小差异对比对

最小差异对是指的研究对象之间要满足"其他都相同，只有一点不同"的条件。一个事物（行为）与另一个事物（行为）的最小差异之间，往往显现了事物（行为）的本质属性。

我们来思考一个问题，教师在对外汉语课堂上讲解"赶快"和"赶忙"时，使用什么样的例句能将这两个词语最显著的差异教给留学生呢？在例句中设置最小差异对就是一种行之有效的方法。教师首先向学生展示一对除关键词外，其他成分完全相同的例句。例如：

看到老人上车，小明**赶快**站起来，给老人让座。

看到老人上车，小明**赶忙**站起来，给老人让座。

当然，如果只展示一对例句，留学生仍然无法辨识"赶快"和"赶忙"

的主要区别，甚至可能让留学生感到疑惑。这时也无须质疑，只要继续展示包含最小差异对的例句，留学生对两个词语之间差异的认识就会逐渐清晰起来。教师可以继续向留学生展示以下成对的例句：

> **赶快**走！不然就迟到了。
> ＊**赶忙**走！不然就迟到了。

> 玛丽！李老师让你**赶快**到办公室去。
> ＊玛丽！李老师让你**赶忙**到办公室去。

通过展示包含最小差异对的例句并进行分析，留学生就能很快发现"赶忙"一词用在祈使句中是不合适的。

下面，我们举一个运用最小差异对进行汉语教材研究的例子。

《新实用汉语课本》与《通向中国》文化点和相关词汇考察
（周小兵、罗晓亚，2019）

这项研究以中美两种汉语综合教材为研究对象，运用定性、定量相结合的研究模式，考察两种教材在课文文化知识选取、文化词汇选编及文化对比呈现等方面的特点和异同。

在研究对象方面，《通向中国》（*Chinese Odyssey*，以下简称《通向》）由美国教师编写，《新实用汉语课本》（以下简称《新实用》）由中国教师编写。两种教材都是供以英语为母语学习者使用的综合教材，教材中每一课都融入了文化知识，具有较强的可对比性。编者背景和出版国差异可能导致两种教材在文化知识选择和设计上存在区别。研究者采用最小差异对比对的研究方法，对这两种教材中的文化点及相关词汇的选编情况进行了考察。我们以两种教材中文化点及相关词语的提取与评估为例，介绍最小差异对比对研究的实际操作方法。研究者统计了两种教材中共选文化点与独选文化点的数量及占比，如表6-4所示。

表6-4　两种教材共选与独选文化点的分布

教材＼类别	中国国情 数量/占比	成就文化 数量/占比	日常生活习俗 数量/占比	交际活动 数量/占比	思想观念 数量/占比	总计 数量
共选文化点	4/16%	4/16%	15/60%	2/8%	0/0	25
独选文化点《通向》	10/38.5%	0/0	15/57.7%	1/3.8%	0/0	26
独选文化点《新实用》	10/41.7%	8/33.3%	2/8.3%	3/12.5%	1/4.2%	24
文化点总数《通向》	14/27.5%	4/7.8%	30/58.8%	3/5.9%	0/0	51
文化点总数《新实用》	14/28.6%	12/24.5%	17/34.7%	5/10.2%	1/2.0%	49

　　从表6-4可以看出，一些与"成就文化"有关的文化点并未出现在《通向》中，但在《新实用》中出现了，具体包括"航天航海""书法篆刻""音乐""绘画""曲艺""名家名篇"等。

　　在共选文化点相关词汇方面，研究者发现，两种教材中独选文化词的占比远高于共选文化词。这说明中国和美国的教材编者对描述相同文化点时该选取哪些词语的理念存在分歧。研究者统计并对比了两种教材中与共选文化点相关共选词和独选词的词项和词频，并对它们之间的差异进行了描述。这里以共选文化点"婚恋生育""日常着装""节日节气"为例，两种教材中与这几个文化点相关的独选词如下表所示。

表6-5　两种教材共选文化点中独选词统计（节选）

共选文化点	《通向》	《新实用》
婚恋生育	离婚、婚姻、同居、对象、两口子、第三者、婚外情、再婚、未婚、试婚、丈夫、妻子、恋爱	婚礼、宴席、喜糖、请客、嫁、新婚、花轿、新娘
日常着装	穿、裙子、服装、新、旧、好看、样式、裤子、老、条	旗袍、丝绸、中式、便宜、商店、商场、买、贵、衣服、试
节日节气	清明节、端午节、元宵节、国际劳动节、国庆节、圣诞节、感恩节、万圣节、情人节、西方、庆祝、火鸡、游行、土豆泥、南瓜饼、花车、团聚、家人、传统、团圆、想念、节庆、正月、灯节、挂花灯、扫墓、粽子、屈原、诗人、楚国、粽子节	鞭炮、恭喜、守岁、祝、年夜饭、干杯、中秋、除夕、快乐、发财、万事如意

从表 6-5 可以看出，中国教师编写的教材多选取具有中国特色的文化词，美国教师编写的教材则多选取美国独有文化词或当前全球共性文化词。如在文化点"日常着装"中，《新实用》选取了"旗袍、丝绸"，《通向》选取了"裙子、裤子"。"节日节气"中，《新实用》选取了"鞭炮、守岁、年夜饭"，《通向》选取了"情人节、万圣节、感恩节、土豆泥、火鸡、花车"等。而在与"婚恋生育"有关的文化词中，《新实用》选择了"花轿"这种在当代中国已经不太常用的词；而《通向》中的"离婚、试婚、再婚"等则表现了美国社会文化中较为普遍的现象，映射出当前全球共性文化的一个侧面，在现在的中国也已经是人们较为熟悉的话题。

再来看一个例子。

📝 少儿对外汉语教材的性别角色研究——以《小学华文》和《快乐儿童华语》为例（颜湘茹、施舒媛，2018）

这篇论文是以一篇汉语国际教育硕士学位论文的精华部分为基础，由于研究生高质量地完成了相应研究和论文撰写，在指导教师的帮助和参与下，经过对论文研究内容进行更加深入的挖掘和修订，最终发表在学术期刊上。

研究者在国际学校实习期间注意到，校方将同一年级的学生分入两种班型，分别是近母语班和非母语班。近母语班吸收具有汉语母语背景的学生，如来自中国香港、澳门的学生和海外华裔学生，教学使用《小学华文》系列教材；非母语班吸收欧美、日韩、印度裔学生，教学使用《快乐儿童华语》系列教材。《小学华文》由新加坡和中国国内的团队合作编写，在新加坡小学广泛使用；《快乐儿童华语》则是专为母语为非汉语的儿童编写，在美国使用率较高。研究者发现，在近母语班使用的《小学华文》中，涉及"教师"职业的课文中插图都采用女性形象，由此引发一系列思考：教材中的性别角色是如何设置的；某一性别角色偏多是一种教材中的个别现象，还是少儿对外汉语教材中的普遍现象；其他教材在性别角色设置方面的情况是怎么样的，如相同年级非母语班使用的《快乐儿童华语》中性别角色是如何设置的。为了解决这些问题，研究者对这两种少儿对外汉语教材中设置的性别角色进行了全面的整理和对比分析。研究者在论文中清晰地列出了一组基于最小差异对的分析数据，如表 6-6 所示。

表6-6　两套教材量化统计结果对比

教材	《小学华文》			《快乐儿童华语》		
性别	男	女	差值	男	女	差值
插图比重	66.63%	33.37%	33.26%	52.17%	47.83%	4.34%
主角比重	70.95%	29.05%	41.9%	52.58%	47.42%	5.16%
职业种类	18	9	9	11	6	5
公领域	39.69%	10.64%	29.05%	29.46%	22.32%	7.14%
私领域	0.32%	2.26%	-1.94%	19.64%	26.79%	-7.15%

　　研究者从插图、课文角色、角色活动领域、身份关系、职业、形象倾向等多个维度，对两种教材进行了统计和对比，考察教材中性别角色的编排是否存在失衡的情况，即是否存在性别角色偏见或刻板印象。如从数据上看，《小学华文》插图中男性和女性角色比重差值达 33.26%，男性角色在数量上占绝对优势，表现出较明显的性别不平衡。而《快乐儿童华语》插图中男性和女性角色的比重差值只有 4.34%，插图中角色性别比例相当，没有明显差异。显然，相比《小学华文》，《快乐儿童华语》系列教材在性别角色的设置上更加平衡，反映出较强的性别平等观念。

　　我们在前面介绍过的几篇汉语国际教育硕士学位论文中也采用了最小差异对比对的研究方法。

外向型与内向型汉语词典释义与用例对比研究（梁莉莉，2015）

　　研究者对"腐蚀"一词分别在具有代表性的内向型词典（《现代汉语词典》《现代汉语规范词典》）和外向型词典（《商务馆学汉语词典》《汉语教与学词典》）中的释义进行了对比：

　　① 通过化学作用，使物体逐渐消损破坏，如铁生锈，氢氧化钠破坏肌肉和植物纤维。② 使人在坏的思想、行为、环境等因素影响下逐渐变质堕落。(《现代汉语词典》)

　　① 物质由于化学作用而受到损坏。如生锈就是金属受到腐蚀的结果。② 比喻坏思想、坏风气使人逐渐腐化堕落。(《现代汉语规范词典》)

　　① 物体因为化学作用，慢慢变坏了。② 比喻在坏的思想、环境等的影响下思想、行为变坏了。(《商务馆学汉语词典》)

① 通过化学反应，一种物质使另一种物质遭受损失、破坏。② 比喻不良的思想、环境使人逐渐变坏、堕落。(《汉语教与学词典》)

研究者通过对比分析发现：内向型词典在释义时使用"消损、损坏、生锈、氢氧化钠"等高难度词，不便于第二语言学习者理解；外向型词典在释义时使用"坏、损失、破坏、物质"等低难度词，释义语言浅显易懂，第二语言学习者更容易理解。

📝 基于图式理论的对外汉语中级听力教学研究（柏清，2015）

研究者为解决听力实际教学效果不尽如人意的问题，以两个中级平行班的学生为实验对象，分别在两个班级使用图式理论指导下的教学方法和传统听力教学方法，记为实验班和控制班。在这项研究的实验设计中，仅有在两个班级中使用的教学方法不同，其他实验条件，如任课教师、教材等都相同，是非常典型的最小差异对研究。仔细分析教学方法这个唯一不同的条件，主要体现在教学的三个阶段。

首先，听前准备阶段。在实验班中，任课教师先激活学生的语言图式（基本的语音、词汇、句型和语法等语言知识）、内容图示（文章背景）和形式图式（文章结构、修辞），再引导学生利用激活的图式预测听力内容。在控制班中，任课教师讲解生词和语法点，学生则是被动接受。

随后，听力理解阶段。实验班的任课教师先根据接收到的学生反馈的语言信号，检验、修改和补充相关图式，再帮助学生利用图式跨越障碍、抓住关键信息。而在控制班中，教师只是单纯重复"放录音—对答案—讲解题目"的教学流程。

最后，听后巩固阶段。实验班的教师要求学生复述、表演听到的内容，并进行讨论。控制班的教师选取部分较长的对话让学生分组进行复述。

两个班级的学生都分为"善听组"和"不善听组"。实验过程中，学生都要完成两份听力水平测试卷和一份调查问卷。实验结果表明：实验班学生的后测（期末考试）成绩和听力技能使用情况均略好于控制班学生；实验班不善听组学生的后测成绩和听力技能使用情况明显好于控制班不善听组的学生；实验班不善听组学生与善听组学生后测成绩和听力技能使用情况的差距不断缩小，控制班学生没有明显变化。

这项研究的优点有：第一，对两种教学法异同的比较思路明确；第二，运用最小差异对比对的方法进行实证研究，结果清晰可见；第三，将图式理论融入具体教学法，可操作性和应用性强。

第三节 | 语言对比、偏误分析与中介语发展

一、语言对比研究

凭借多年指导研究生论文写作的经验，我们发现，研究生在进行语言对比研究时会出现以下几种主要问题。

第一，未抓住真实问题，对比不着边际。如"把"字句的汉外对比研究涉及内容非常多，有的研究生甚至将 20 多类"把"字句逐一进行汉外对比。这样的对比虽然较为全面，但却没有将"把"字句与外语中对应形式的异同真正对比清楚，无法概括规则，更不能促进实际教学。出现这种问题的原因其实是研究目标不明确，为对比而对比，脱离第二语言学习者的实际问题，对比烦琐且耗费精力，还容易将研究引入误区。学习者的学习难度和常见错误都是在一定范围内的，研究生必须根据学习者的实际问题和偏误进行有针对性的对比，才能真正获得符合预期的研究成果。

第二，没有亲自收集语料。我们经常会读到一些论文，其中的语料是直接从以往的对比研究文献中转引的。这样的研究，当然很难有创新性。

第三，没有从学习者母语出发，没有进行"逐项比对"。具体来说，就是缺少"对译"或"词译"的环节。这样的研究往往大而空，看不出比较对象的具体异同点，难以概括规则并探究学习者的习得特点。

第四，没有结合教学实践，提出的教学策略千篇一律。不少研究，由于缺少前面的几个环节，在提出教学建议时，往往直接套用他人的成果，具有较强的重复性，缺乏自己的观点和建议。

下面分别从语言对比的目标、模式和程序等方面，详细讨论语言对比研究应该注意的问题。

（一）语言对比的目标

对比分析假说（contractive analysis hypothesis）的创始人之一拉多（R. Lado）认为，对比学习者母语与外语，可以定位学习难点，有针对性地实施外语教学。查尔斯·弗里斯（C. Fries）认为，第二语言学习的根本困难是学习者母语系统的习惯特征，对比分析可以避免在测试中出现无价值的语言项目。（周维江，2010）

对于汉语国际教育相关研究来说，进行语言对比的目标主要有三个：

第一，凸显特定语言项目在不同语言中的异同，概括规则。

第二，发现第二语言学习者对特定语言项目的习得特点，包括学习优势和难点，母语的正/负迁移路径等。

第三，提出对特定语言项目的有效教学方法和手段。

其中，第一个目标关于特定语言项目的表象和规则，第二个目标关于特定语言项目的第二语言学习机制，第三个目标关于特定语言项目的教学方法。这三个目标是环环相扣的。

如"我在中国学汉语"这句话在不少语言中的语序与汉语不同，导致一些汉语作为第二语言初学者常常出现"我学汉语在中国"的偏误。我们以英语、印度尼西亚语为例，就如何实现语言对比的三个目标展开讨论。首先看第一个目标，反映异同，概括规则。

英语	I	learn	Chinese	in	China.
对译	我	学	汉语	在	中国

印度尼西亚语	Saya	belajar	bahasa Mandarin	di	Tiongkok.
对译	我	学习	语言 普通话	在	中国

通过对比，我们可以看出三种语言的相同点和不同点：

第一，汉语、英语和印度尼西亚语的主语都在动词前；

第二，汉语、英语和印度尼西亚语的宾语都紧随动词之后；

第三，英语和印度尼西亚语的地点状语都在句末，汉语则在动词前。

由此，我们还可以大致概括出以下两条规则：

基本语序。汉语、英语和印度尼西亚语的基本语序都是"S + V + O"。

地点状语。汉语地点状语大多用在动词前，只有少数用在动词后，如"他生于 1955 年的上海""他坐在草地上"；英语和印度尼西亚语的地点状语基本都用在动词后。

再来看第二个目标，发现和确定习得难点。以英语、印度尼西亚语为母语的学习者，在学习和套用基本语序"S + V + O"时一般都不会出错。他们在使用中经常出现的问题，也是习得的难点，主要集中在句中出现地点状语时。初学者容易受母语影响，误将地点状语用在动词后，出现类似"他吃饭在饭店"的偏误。

对于第三个目标，提出教学策略。建议教师先讲解汉语中地点状语在动词前的句式，可以结合学习者熟悉的语境展示大量例句，进行大量练习；学习者一旦出现错误，教师应立刻纠正，并适当进行规则阐述和汉外对比。经过一至两个月的教学，学习者已经完全掌握地点状语在前的句式，此时教师再开始讲练地点状语在后的句式，并让学习者明确两种句式的区别，要对动词、动作时间与存在状态等的不同做出解释。

当然，上述分析不适用于汉语与所有外语的对比研究。如在阿尔泰语系语言或日语、韩语中，地点状语都用在动词前。在向以这些语言为母语的学习者讲解汉语地点状语时，教师应讲清楚汉语中哪些表地点的词语应用在动词后面，这样用的条件是什么。

除了三个主要目标，从广义的应用语言学角度来看，进行语言对比还有其他目标，如促进汉外语言翻译（含计算机翻译）的发展，促进双语 / 多语种词典编撰，促进资源库建设，促进人工智能发展。

（二）语言对比的模式：对比等级与难度等级

对比两种语言，结果并非只是单纯的"相同"与"不同"。参考 Ellis（1985）提出的语言项目难度等级模式，服务于第二语言教学研究和实践的语言对比可分为六个等级。以下结合具体的语言项目，展示和介绍其他语言与汉语对比的六个等级。需要注意的是，对比分析主要是考察学习者母语对二语习得的影响，因此，对比的出发点是学习者的母语，而不是作为目的语的汉语。

第一级，学习者母语中的语言项目与汉语相同。例如，几乎所有语言都有元音 [a]、[i]，辅音 [b]、[m]、[s]，汉语普通话就是这样。又如，英语、马来语等语言与汉语一样，含动词的基本句式是"S + V + O"。

第二级，学习者母语中两个或多个语言项目对应汉语中的一个语言项目。例如，英语的"is, are, was, were"等都对应汉语的"是"。

第三级，学习者母语中的语言项目在汉语里没有对应项目。例如，英语定冠词"the"、日语的敬语和谦语格式、泰语中表示说话人性别的成分，在汉语普通话中都没有对应项目。

第四级，学习者母语中的语言项目与汉语中对应项目的分布有差异。例如，英语等不少语言与汉语中都有被动句，但在分布范围上有较大差异。英语被动句的标志比较清晰，其主要标志是动词的被动语态；而汉语被动句标志不够清晰，既有含"被"字标志的形式被动句，也有不出现"被"字标志的意义被动句，如"衣服洗干净了"。因此，英语中有标志的被动句多于汉语，其中有部分被动句与汉语的形式被动句大致对应，如：

The bowl has been broken into pieces. 　　碗被打得粉碎。

另一部分英语被动句则与汉语的意义被动句对应，如：

The plan has already been drawn up. 　　计划已经拟出来了。
More highways will be built here. 　　这里需要修更多的公路。

英语和汉语的这一差异，是造成不少英语母语者滥用汉语"被"字句的原因，如学习者经常出现"作业被做完了""那件衣服被洗了"等偏误。

第五级，汉语中的一些语言项目在学习者母语中没有对应的形式。例如，汉语中的个体量词，如"一棵树、两盏灯"中的"棵、盏"，在许多语言中没有对应的形式，学习者经常出现的个体量词漏用、误代等偏误大多与此相关。

第六级，学习者母语中的某一个语言项目，大致能对应汉语中两个或多个语言项目。例如，英语"or"在汉语中大致对应"或者"和"还是"，其中"或者"一般出现在陈述句中，"还是"大多用在疑问句中。又如，表示数目"二"的形式在汉语中有"二"和"两"两种。这类差别，是造成汉语作为第二语言学习者习得困难的一个重要原因。

Prator（1967）提出可以将语言差异与学习困难联系起来，并排列出相应的"难度等级"（hierarchy of difficulty）。通常情况下，语言项目的对比等级越高，学习者习得的难度等级就越高。上述对比等级的1~6级，对应难度等级的0~5级，即对比等级1级对应难度等级0级，对比等级6级对应难度等级5级。

（三）语言对比的程序

早期相关领域研究者提出的语言对比程序为：① 描写不同语言，② 选择所要对比的语言项目，③ 对比语言项目并认定差异点和共同点，④ 预测可能引起偏误的语言项目。

但是，先描写后选择对比项目的程序在实施时存在一定缺陷。研究者会产生这样的困惑：语言项目成千上万，应该先描写哪些项目，又该如何选择对比项目？这也是导致一些研究生在论文中漫无目的进行对比的原因之一。

服务于第二语言教学研究与实践的语言对比模式，应该是实用有效且容易操作的，最好以实际问题为导向。基于多年指导研究生进行研究设计和论文写作的实践经验，我们总结出以下的语言对比"六步模式"。

1. 发现问题

对比分析的第一个步骤就是在实践中发现问题，找出那些教师难教，学习者难学、出现偏误较多的语言项目。如以下几类偏误，是汉语作为第二语言学习者容易出现的：

　　*我今天一点儿累。（误用"一点儿"代替"有点儿"，初级阶段常见）

　　*我找过两次他，他都不在。（"他"错位，初、中级阶段常见）

　　*他给邻居帮他想办法。（误用"给"代替"让"，初、中级阶段常见）

汉语教师和研究者都可能在教学实践中发现许多真实问题，这些真实问题才是语言对比需要重点关注的内容。研究者应该学会在实践中观察，从实践中发现并记录各类问题。

2. 选择对比项目

研究者从实践中发现的问题，并非都与学习者母语相关。选择对比项目就是要经过初步对比，选定与学习者母语相关的问题，排除无关的问题。如用"一点儿"误代"有点儿"这一偏误产生的原因，就与很多学习者的母语有关。以"一点儿"和"有点儿"在韩语中的对应形式为例：

	밥을	조금	먹었다.
对译	饭宾格	一点儿	吃完成
意译	吃了一点儿饭。		

	학교가	조금	멀다.
对译	学校主格	有点儿	远词尾
意译	学校有点儿远。		

韩语"조금"在不同的上下文语境中分别对应汉语"一点儿"和"有点儿"，这是引发韩国学习者学习困难的关键。还有很多语言，其中与汉语"一点

儿""有点儿"对应的都是一个词，如英语"little"、泰语"นิดหน่อย"。学习者母语中的一个词对应汉语中的两个词，从对比等级和难度等级角度来看，对比等级为6级，难度等级为5级。可见，这一语言项目有必要进行系统对比。

有的教学难点或常见偏误与学习者母语关系不大。如"我找两次他"，以正确表述"我找过他两次"在韩语中的表达为例：

<pre>
        나는   그를   두번   찾았다 .
对译   我_{添意}   他_{宾格}   两次   找_{过去时}
意译   我找过他两次。
</pre>

学习者既然能生成"我找过两次他"，说明他们已经了解"他"和"两次"要放在动词后，母语负迁移并未发生。有趣的是，如果学习者直接将"他"和"两次"两个成分按照韩语语序放在动词后，就不会出错了。仔细考察偏误可以发现，"他"出现了错位，这可能是汉语语法规则泛化的结果：学习者根据成立的表述"找过两次小张"类推出"找过两次他"。可见，对于韩国学习者来说，这样的偏误与母语迁移是没有直接联系的。

那么到底应该选择哪些语言项目进行对比呢？考虑到时间、精力和个人能力的限制，应用于汉语国际教育硕士学位论文的对比研究最好只选取某个特定语言项目或几个有关联的语言项目。选择对比项目的原则包括：① 偏误频率高；② 前人未研究过，或还没有研究清楚；③ 能够运用适当的理论、模式、方法进行分析；④ 与自己的研究兴趣和能力相适应。如在以下一段话中出现与助词"了"有关的偏误较多，包括误代、遗漏等。

丈夫装了爱妻子的样子，戴了眼镜。他突然转过身一直看妻子，然后脱下眼镜，还说一句："我不戴眼镜。"

先前的研究者虽然对有关"了"的偏误进行了一些研究，但研究结果大多解释不到位、欠缺说服力。运用语言对比分析学习者对助词"了"的习得或偏误情况，可以深化汉语与外语的对比研究，还可以进一步结合心理学研究方法和范式得出能够直接促进教学实践的成果。

3. 语言对比中的语料收集

确定对比项目后，要进行较大规模的语料收集，为系统对比奠定基础。需要收集的语料包括中介语语料和双语语料两类。

中介语语料。研究者可以自己收集自然语料和非自然语料。自然语料包括学习者的口语表达（对话、个人陈述等）和书面语表达（作业、作文等）；非自然语料则主要来自学习者在看图说话 / 写作等特定任务及各类测试（测试内容包括翻译、完成句子、完成语篇、组词成句、组句成段、判定句子是否成立等）中的表现。

研究者还可从中介语语料库中查找语料。我们在第四章中详细介绍了现有可公开使用的汉语中介语语料库及借助语料库收集中介语语料的方法。需要说明的是，北京语言大学 HSK 动态作文语料库中可供使用的语料条目最多，中山大学汉字偏误标注的汉语连续性中介语语料库则收录了初、中、高不同级别学习者的中介语语料。研究生可通过相应院校网站提供的链接进入语料库检索和浏览。

双语语料，即学习者母语与汉语对应语料。研究者可以收集需对比文本的翻译文本，也可以通过双语语料库获取语料。下面列出的是一些常用的不同语言与汉语对应的双语语料库，大家可以在研究中尝试使用。

北京大学 CCL 汉英双语语料库	http://ccl.pku.edu.cn:8080/ccl_corpus/index_bi.jsp
二语星空英汉双语平行语料库	http://www.luweixmu.cn/home/html/Corpora/4.html
LIVAC 泛华语地区汉语共时语料库	http://www.livac.org/
首尔大学 KKMA 世宗语料库活用系统	http://kkma.snu.ac.kr/search

在选定对比项目的过程中，有些语料可由研究者自己翻译。但当对比项目已经确定后，建议研究者尽可能使用双语语料库中的语料，避免自行翻译。这样做的原因，一方面在于研究者可能翻译水平有限，另一方面在于研究者的研究角度、观点可能影响翻译文本的准确性和公正性。

有关语料收集的具体方法，在本书第四章中已经做了详细介绍，这里就不再赘述了。

4. 逐项比对

逐项比对，就是将学习者母语和目的语（汉语）语料中的所有语言单位逐一进行细致比对，以便凸显相同点和不同点。这一环节是语言对比的重点。不少语言对比分析没有取得理想的结果，就是由于没有进行逐项比对。

如为探究泰国学习者出现"他给邻居帮他想办法"一类偏误的原因而进行的语言对比分析，可对语料进行如下逐项比对：

    เขา ให้ เพื่อนบ้าน ช่วย หา วิธี
对译 他 让 邻居 帮 找 办法
意译 他让邻居帮忙想办法。

    วิชา นี้ทำ ให้ พวกเรา รู้ว่า "อักษรศาสตร์" หมายถึง อะไร
对译 课程 这 使/让 我们 知道 "文学" 意思 什么
意译 这门课使/让我知道了"文学"是什么意思。

    A บอก B รีบ เอา เสื้อกันฝน ให้ เขา
对译 A 叫 B 赶快 拿 雨衣 给 他
意译 A叫B赶快把雨衣给他。

  泰语"ให้"可以分别对应汉语中表使令的"让"、表致使的"使/让",以及仅具有给予意义的"给"。一个语言项目对应目的语中多个语言项目,对比等级和难度等级均为最高级。初学者不知道在什么情况下应该使用哪个词,因而往往用无标记的"给"代替有标记的"让"或"使",出现了偏误。

  逐项比对一般以学习者母语为起点。首先完整展示学习者母语语料,包括单句、语段、语篇等;接着逐项比对语料中的每一个语言单位,即"对译"或"词译";最后对完整的句子、语段或语篇进行翻译,即"意译"或"句译"。逐项比对的关键是在对译时做到每一个语言单位都"对齐"和"一一对应",这样才能清楚反映出两种语言的细微差异,才能对引发母语负迁移的根源进行准确定位。

  值得注意的是,泰语与汉语能够"词词对译",但有些语言与汉语却不能。这时就需要进行说明式比对,即用词性、语义等对译,附加文字说明。如对前面谈到的英语被动句可以进行如下比对:

    The plan has already been drawn up.
对译 定冠词 计划 助动词 已经 助动词 制定 过去分词 副词
意译 计划已经拟(制定)出来了。

  英语句子中,助动词"has"与后面的动词过去分词构成现在完成体,助动词"been"与后面的动词过去分词构成被动语态,词组"draw up"表示"制定"的意义。

5. 多层解释

  完成逐项比对后,需要对比对结果进行解释说明。这种解释可能有多个层次：

第一，总结汉语与所对比语言在特定语言项目上的异同并概括规则；

第二，参考对比等级或难度等级，探究造成学习困难、诱发习得偏误的原因。

例如，一些汉语作为第二语言学习者经常出现与"多"有关的偏误，例如：

* 学校有多留学生，我也认识了多拉丁人。（西班牙语母语者）

* 他去年很多跑步。（印度尼西亚语母语者）

首先进行西班牙语形容词"mucho"与汉语相应表达的比对：

mucha gente | muchos libros | * muy mucha gente

多　　人 | 大量　书 | 很　多　人

西班牙语"mucho"是形容词（表示"很多的，大量的"，"mucha"为阴性单数形式，"muchos"为阳性复数形式），可直接修饰名词，但一般不与程度副词搭配后修饰名词；而汉语"多"很少直接修饰名词，往往要构成"很多"后修饰名词。由于两种语言中对应的语言项目在分布上有一定差异，对比等级为 4 级，学习者容易出现偏误。事实上，这个语言项目并非只是西班牙语母语者的学习难点，很多其他语言母语者也不容易掌握。

再将印度尼西亚语和汉语中与"多/少"有关的表达进行比对：

　　　　Orang　utara　makan　banyak　nasi.

对译　北方　人　吃　多　米饭

意译　北方人吃很多米饭。

　　　　Orang　utara　banyak/sering　makan　nasi.

对译　北方　人　多/经常　吃　米饭

意译　北方人经常吃米饭。

　　　　Orang　utara　makan　sedikit　nasi.

对译　北方　人　吃　少/一点　米饭

意译　北方人吃一点米饭。

　　　　Orang　utara　sedikit/jarang　makan　nasi.

对译　北方　人　少/不常　吃　米饭

意译　北方人很少吃米饭。

通过逐项比对可以看出，印度尼西亚语"banyak"（多）可做定语直接修饰名词，表示数量多；也可做状语修饰动词，表示频率高。汉语"多"很少单独做定语，"很多"则可以；但"很多"一般不能用作状语表示频率高，而"多"可以在祈使句中用作状语（如"要多锻炼"）。这种情况的对比等级为 4 级，相应语言项目在不同语言中的语义和形式分布有一定差异，学习者容易混淆。此外，印度尼西亚语"sedikit"（少）和"banyak"（多）的语义和形式比较对称，既可以用在名词前表示数量少或多，也可以用在动词前表示频率低或高。相较而言，汉语"少"和"多"的语义和用法就不那么对称，这也是造成印度尼西亚学习者学习困难的原因之一。

6. 教学建议

在完成逐项比对并对比对结果进行解释后，研究者还需结合教学实践提出针对特定语言项目的最佳教学方法。一般来说，教学建议可以包括以下几点：

选择。选择适合第二语言学习的项目，排除不适合学习的项目。

排序。根据习得规律，排列出相关语言项目的教学顺序。

呈现。找到特定语言项目最容易学习的典型语境。

讲解。讲解中使用适量的例子，尽量少用术语。

练习。练习必须多样、有效，既有输入理解性练习，更要有输出生成性练习。

对比。适时进行汉外语言对比。

这些也是一般语言教学应包括的主要环节。除此之外，研究者还应根据特定语言项目的特点和需求，制定具体的教学策略。以"一点儿、有点儿"的教学为例。在教学内容的选取与排序方面，可以建议教师选择这两个词分别与名词、形容词、心理动词搭配的用法（包括否定形式），并按照如下顺序进行教学：

一点儿 + 名词（如"吃了一点儿饭，喝了一点儿水"）→ 有点儿 + 形容词 / 心理动词（如"有点儿累，有点儿想家"）→ 形容词 + 一点儿（如"大一点儿"）→ 一点儿（也）不 + 形容词 / 心理动词

此外，可以建议教师对不同语言项目的教学要间隔一段时间，等到学生完全掌握前一种搭配后，再开始教下一种搭配。

在呈现与讲解方面，建议教师在教授每一个词语或用法时，都结合典型语境或学习者熟悉的事物、行为、事件，使用学习者已经掌握的基本词汇，

并展示大量例子。讲解时，要适当引入对形容词意义形式分类的讲解，如褒义词、贬义词、中性词，正向词（高、长、远）、负向词（矮、短、近）。

在练习与对比方面，建议教学时要有输入、有输出，还应设计理解性、应用性等多种练习，让学生反复练习，培养语感。一旦发现学生出现错误，如"今天一点儿热""他说汉语有点儿清楚"等，教师应适当利用纠正性反馈等互动手段，让学生真正理解并吸收相关语言知识。针对基础较好的学生，可在适当时机进行汉外语言对比教学与练习。

（四）语言对比分析研究案例

1. 疑问词的对比

以下这项研究我们在前面的章节介绍过，这里重点关注研究者运用语言对比的程序。

汉越疑问代词对比（何黎金英，2011）

第一步，发现问题。研究者发现越南学生学习汉语疑问代词容易出现以下偏误：

*谁知道答案那个人就回答。

*谁对他好他就玩。

第二步，确定目标。造成这种偏误的原因之一是汉语与越南语疑问代词之间存在差异，学习者容易受母语影响。进行系统的汉越语言对比分析可以找出第二语言习得受到学习者母语迁移影响的证据。

第三步，收集语料。研究者从老舍的《四世同堂》《骆驼祥子》《茶馆》，《曹禺戏剧选》，钱钟书的《围城》，邓友梅、王蒙、王朔的中短篇小说和越南现当代小说中收集对比语料；同时，收集越南学习者使用汉语疑问代词的偏误语料。

第四步，逐项比对。研究者主要描写和比对了汉语和越南语疑问代词的四种用法，包括疑问、反问、任指和虚指。以疑问代词的呼应性任指用法为例，汉语是同形呼应性任指，即用两个同样的疑问代词前后呼应，指同一个人或事物等，如：

哪里没车，他放在哪里。（《骆驼祥子》）

谁有事情做他恨谁。(《四世同堂》)

越南语可能是异形呼应性任指，即前一成分为疑问代词，后一成分为指示代词，如：

Việc ai người ấy làm.
对译　事　谁　人　那　做
意译　谁的事情谁做。

也可能是零呼应性任指，即前面出现疑问代词，起任指作用，后面没有与其呼应的成分，如：

Ai tôt voói nó thì nó chơi.
对译　谁　好　跟　他　就他　玩
意译　谁对他好他就跟谁玩。

第五步，多层解释。汉语和越南语疑问代词的分布有所差异，对比等级为4级，容易诱发指示代词或疑问代词误代、疑问代词遗漏等偏误。值得注意的是，就疑问代词的呼应性任指用法而言，汉语通常采用同形呼应性任指；但很多语言与越南语一样，采用异形呼应性任指，即前面用表示任指的疑问代词，后面用指示代词承指。

第六步，教学建议。研究者指出，对越南学生进行汉语作为第二语言教学时应该关注疑问代词这一语言项目。汉语教师应通过典型例句和适量练习培养学习者语感，适当进行语言对比以帮助学习者弄清汉语和越南语疑问代词在用法上的异同。

2.“着”的对比

我们在前面的章节曾介绍过以下这项有关汉语动态助词“着”习得情况的研究，其中涉及汉语和泰语的对比分析，这里将围绕语言对比的各个环节进行深入探讨。

泰国学生汉语动态助词“着”习得研究（魏白丽，2015）

第一步，发现问题。研究者基于自己学习汉语的亲身体验及泰国本土汉语教学实践经验，总结出泰国学生在使用汉语动态助词“着”时容易出现的几种偏误：

*他坐喝茶。

*她正唱歌着。

*她脸苦说:"我不去上学了。"

第二步,确定目标。泰语中不存在类似汉语助词"着"的持续体标记,研究者进行汉泰语言对比以找出学生出现偏误是受到母语迁移影响的证据。

第三步,收集语料。研究者从北京语言大学 HSK 动态作文语料库、中山大学汉字偏误标注的汉语连续性中介语语料库中收集到泰国留学生语料约 12 万字,其中含助词"着"的句子 173 个,正确句 141 个、偏误句 32 个。

第四步,逐项比对。研究者重点比对了六种句式,因篇幅有限,这里只列举其中四种句式:

句式 1 V + 着 + O

                เขา กำลัง ร้องเพลง อยู่

对译   她 正 唱歌 着

意译   她正唱着歌。

句式 2 V₁ 着 V₂

                เขา ก้มหน้า แล้ว พูดว่า "ขอโทษครับ"

对译   他 低头 了 说 "对不起"

意译   他低着头说:"对不起。"

句式 3 V₁ 着 V₁ 着,V₂

                เขา เดิน เดิน อยู่ ก็ หกล้ม

对译   他 走 走 着 就 摔倒

意译   他走着走着摔了一跤。

句式 4 A 着

                เขา พูด อย่าง หน้า แดงๆ ว่า "ฉันชอบเธอ"

对译   她 说 地 脸 红红 就是 "我喜欢你"

意译   她红着脸说:"我喜欢你。"

第五步,多层解释。汉语动态助词"着"与泰语中相应语言单位的分布有较大差异,对比等级为 4 级,难度等级为 3 级,汉语的这一语言项目对泰国学生来说较难掌握。研究者根据语言对比分析结果预测泰国学生学习汉语动态助词"着"时可能出现的偏误,包括用"正在、了、地"等误代"着",

遗漏或误用"着",用错位置,等等。

第六步,教学建议。研究者建议针对泰国学生的动态助词"着"的教学应分三个阶段开展。初级第二阶段,先教句式"状语＋V着＋宾语",再教句式"状语＋V_1着＋(宾语)＋(状语)＋V_2＋(宾语)";中级第一阶段,教授存现句,要求掌握存现句的静态义,对动态义理解即可;中级第二阶段,先教句式"V_1着V_1着,V_2",再教句式"(主语$_1$)＋V_1着＋(宾语),主语$_2$＋V_2＋(宾语)",最后教表示祈使语气的"V着(吧)"。其他句式可不做专门教学。

二、偏误分析

偏误分析类研究要想取得更理想的结果,就应结合汉外语言对比。何黎金英(2014)进行越南汉语学习者的中介语分析时发现,学习者经常出现如下偏误:

＊当他赶到约会地点时,我等了他半个小时。

这是一个遗漏"已经"的偏误句。研究者据此进行语言对比分析。

越南语 Khi anh ấy đến chỗ hẹn thì tôi đã đợi anh ấy được nửa tiếng.
对　译　时候　他　到　地点约会就　我　đã　等　他　足　半　小时

越南语"đã"的语法功能有时对应汉语"已经",有时对应"了$_1$"。在上述句子中,"当他赶到约会地点时"作为参照时点,动作"等"在参照时点之前发生,并且延续了"半个小时",应该使用"已经",否则句子不成立。在这个情境下,越南语"đã"就应对应汉语的"已经",即越南语的"đã＋动词＋名词/代词＋时量词"对应汉语的"已经＋动词＋了＋名词/代词＋时量补语"。也就是说,这里的"đã"与参照时点有关,句子表示动作行为在参照时点前发生并延续到参照时点。然而学习者在输出时,无法在"đã"对应的"已经"和"了$_1$"中做出正确选择,因而产生偏误。这是一个结合语言对比分析学习者偏误的案例。发现偏误后,就应该聚焦语言点进行对比分析。

周小兵(2009)提出进行偏误分析的九个步骤,分别是:收集语料、偏误识辨、偏误纠正、偏误点选择、偏误描述、偏误探源、规则解释、偏误评估、教学建议。下面就结合案例介绍偏误分析的具体操作方法。

与范围副词"都"有关的偏误分析（周小兵、王宇，2007）

这项研究的选题缘由是，研究者发现汉语范围副词"都"有多种限制使用条件，留学生在使用时容易出现一些偏误，如：

①*每星期一他迟到。

②*他们两个都是同学。

③*这场篮球赛，5 名正选球员都投进了 88 分。

从教学实践出发，研究有必要结合学习者出现偏误的类型和成因讨论汉语范围副词"都"的语义条件和教学策略。

偏误分析的第一步是收集语料。研究者检索了中介语语料库，重点收集留学生的偏误句。随后就需要进行偏误识辨，即识辨从语料库中检索出的错句是口误还是偏误，筛选出与"都"有关的偏误句，如：

④*我们家都有四口人。

⑤*他和山田都是同学。

⑥甲：星期天你都做什么了？

乙：*星期天我都洗衣服、写信、看朋友了。

⑦*大学校园里的樱花树都是三十九棵。

下一步是对选出的偏误句逐一进行纠正。纠正时，应遵循既保持原意又符合语感和语法规则的原则，还要做到最简化，接近学生的实际水平。如上面列举的偏误句应纠正如下：

⑧我们家有四口人。

⑨他和山田是同学。

⑩甲：星期天你都做什么了？

乙：星期天我洗衣服、写信、看朋友了。

⑪大学校园里的樱花树一共是三十九棵。

对比偏误句和纠正后的句子可以明显看出，这里需要分析的偏误点是"都"的误加和误代。接下来要做的就是对偏误进行描述，首先以上述偏误句⑤为例。

*他和山田都是同学。

用传统语法解释，这句话的主语所指虽不是单一个体，但主语所包含的两个个体"他""山田"共用同一个谓语，我们称之为"合取"关系，意思是"他"和"山田"两个人互为同学。再如，"我和他是老乡"这句话，单说"我是老乡"或"他是老乡"都不成立，说明"我"和"他"两个个体与谓语动词"是"是合取关系。在主谓之间存在合取关系的情况下，句子中就不能用范围副词"都"。

有"合取关系"就有"析取关系"。何谓"析取关系"？它是指句子主语所包含的两个个体共用同一个谓语动词，可以分别拆分为两个句子。例如，"我和他都是广东人"就可以拆分成"我是广东人"和"他是广东人"。

可见，句子中能否使用范围副词"都"，要看主语的所指和宾语的语义，要辨别主语所包含个体与谓语的关系，是合在一起才能搭配成立，还是拆分、合体都能形成搭配关系。

上述对话⑥答句中的偏误类型也属于"都"的误加。

甲：星期天你都做什么了？

乙：*星期天我都洗衣服、写信、看朋友了。

传统语法认为，由疑问代词"谁、什么、哪儿"等构成的疑问句中常用"都"，"都"用在谓语动词前，总括后面由疑问代词询问的内容，一般轻读。回答这类问题时，不能用"都"。

再看偏误句⑦，应该如何对其中的偏误进行描述？

*大学校园里的樱花树都是三十九棵。

用传统语法解释，"都"总括的是前面的主语，不是"都"后面的成分。从语义上看，这句话用"都"总括的是其后面的"三十九棵樱花树"，使用不恰当，应该用"一共"。这句话中的偏误类型属于"都"的误代。

在描述偏误特征后，要继续进行偏误探源。研究者发现，偏误句④⑤和对话⑥中出现偏误的原因是目的语规则泛化，出现的偏误包括语内偏误、发展性偏误等；偏误句⑦中出现的是语际偏误，原因是受到母语负迁移的影响。

下一个环节是根据语法规则对偏误进行解释。偏误句④中的偏误主要由句内因素引发，偏误成因有两种：一是学习者以为有了复数"我们"，就可以用"都"；二是学习者不清楚总括（逐指）对象应在前面的规则[1]，看到句中

---

1 周小兵、王宇（2007）认为，使用"都"实际上是强调总括对象的每一个成员（成分）都能与谓语部分相匹配，也就是说，"都"在语义上逐一指向前面总括对象的每一个成员（成分）。

有"四口人"，就以为可以用"都"。学习者出现偏误句⑤中的偏误，可能由于在学习范围副词"都"时，任课教师大多没有讲到主谓之间析取、合取的区别，使用的教材也较少涉及。对话⑥中，学习者在回答时使用"都"主要受问话人用"都"的影响，这在话语分析中称为"垂直结构效应"。最后来看偏误句⑦，这是日本学习者常见的偏误。这句话在日语中的正确说法及汉语对译情况为：

日语　大学 の キャンパス の 桜は 全部で 39 本 です。
对译　大学的　　校园　　的 樱花 一共　39 棵　是

日语的"全部"可以翻译成汉语的"全、都"或"一共"。对于日本学习者来说，母语中的一个语言项目对应目的语中的两个语言项目，难度等级达到 5 级，属于最难掌握的情况。实际上，"全部で"在后面有数字的情况下，通常翻译成汉语的"一共"。

接下来要进行偏误评估。一般来说，局部性的偏误只影响句中某一成分，不影响整句理解。留学生因未能掌握范围副词"都"的句法和语义条件而在使用时出现偏误，这告诉我们要强化范围副词"都"的教学。

研究者最后给出了教学建议。第一，建议在编写教材和词典时给出更恰当、更有针对性的讲解和练习。第二，教学时要准确解释"都"的逐指意义，将语义解释有效转化为可操作的形式，如给出"我和小张都去了＝我去了＋小张去了"这样的公式化模型解释主语所指成分分别与谓语结合的情况，学习者便可一目了然。第三，建议教师为学生设计多种语境的例句，分层次、有侧重地输入，让学习者由易到难地学习和掌握"都"的用法。

值得注意的是，只有将偏误分析与语言对比紧密结合，才能真正做到追根溯源，探析学习者在习得过程中出现偏误的根本原因。如果将二者孤立开来，研究往往会给人隔靴搔痒之感。我们之前介绍过《苏丹留学生"把"字句的习得》这篇论文。作者虽然在论文的第二章中对苏丹留学生使用阿拉伯语的情况做了一定介绍，但在对比阿拉伯语中的语言项目和汉语"把"字时却着墨其少，仅有如下一段总结性叙述：

二、阿拉伯语宾语标志与汉语"把"字对比

相同之处：

就语义上来看，"把"字与阿拉伯语宾格标志两者都是宾语受到主语的某种动作。

不同之处：

①汉语中，"把"是一个独立的字，而阿拉伯语的宾格标志是动词的一个词素。

②汉语中，"把"字与宾语的结构是固定的，"把"字必须在宾语之前；而阿拉伯语有移动性，句子内成分无论是肯定式或否定式，都可以随便转变。

研究者在对比中只谈及宾格标志的区别，随后便直接转入有关苏丹留学生"把"字句偏误类型与原因的讨论。以下是从论文中节选的部分内容：

初级阶段苏丹留学生"把"字句中出现的问题之一为光杆动词做谓语。例如：

他把摩托车修。
弟弟把哥哥的数学题能算。
请帮我把这个包裹寄。

要找到"把"字句光杆动词做谓语的偏误，就必须得有大量的实际例子作为统计资料和根据。吕文华先生曾分类统计了一千余个"把"字句，并将其分为三大类：

　　……

表面上，学生出现此种偏误的原因是，"把"字句的结构形式不完整；但从根本上分析，是因为<u>"把"字句的含义和语法结构，留学生并没有在头脑中形成清晰的思路</u>。

研究者有关偏误原因的解释（画线部分）可以说是"放之四海而皆准"，没有抓住要害，难以令人信服。事实上，"把"字句光杆动词做谓语的偏误类型不能笼统归结为"'把'字句的结构形式不完整"，而是"把"字句的谓语结构不完整，即谓语动词后没有补语（如"他把摩托车修"要加补语"好"或"了"，"弟弟能把哥哥的数学题算"要加补语"出来"或"了"）或没有表示完成的"了"（如"请帮我把这个包裹寄"后应补全"了"）。这项研究在进行对比时，只讲汉语中"把"和阿拉伯语中宾格标志的不同，没有结合深入的偏误分析，更没有抓住问题的实质。

三、中介语发展研究

偏误分析重点着眼于从目的语规则观察学习者的偏误，通常不考察学习者使用的语言全貌和发展过程，而中介语（interlanguage）的发展研究则关注第二语言学习者学习和使用的一个与母语、目的语既有联系又有差异的动态语言系统，考察其可变性、发展途径和习得顺序。

中介语是学习者在二语习得过程中构建的、不同于母语和目的语的一种语言知识系统，是逐步接近目的语的一种发展形式。Selinker（1972）认为，中介语是学习者在某个发展阶段建构的语言系统，是一系列连锁的语言系统，形成学习者的内置大纲（built-in syllabus），即构成中介语连续体（interlanguage continuum）。

本章第一节介绍混合研究方法时曾提到过刘宏帆（2011）的硕士学位论文《双及物结构的类型考察及其汉语习得》，研究较好地结合了定性和定量研究，得出了较为理想的研究结果。这里重点关注这项研究对学习者习得汉语双及物结构时中介语发展顺序的考察。

研究者首先从中山大学汉字偏误标注的汉语连续性中介语语料库中收集到大量双及物结构偏误例句，基本覆盖了从初级到高级各阶段的留学生语料。这也说明汉语作为第二语言学习者对双及物结构的习得确实存在问题，如：

①＊给我们只有看人的好处和爱的亮点。
②＊电视对人们给很不少知识。
③＊等到哥哥有工作，一定买送给妹妹啊。

研究者从认知语法和语言类型学的角度入手，先考察汉语双及物结构的标记强度，建立起汉语双及物结构标记强度等级系统，根据不同句法形式双及物结构的难度定级，排出由易到难的三个等级：

第一级：补语式（送书给他）
第二级：双宾式（给他书）/状语式（给他送书）
第三级：复合词式（送给他书）/"把"字式（把书给他）

为考察学习者习得汉语双及物结构的中介语发展顺序，研究者设计并实施了一项测试，主要采用连词成句的方法（给出双及物动词和主语、直接宾语、间接宾语，让学生连词造句），对初级（学习汉语 3 个月左右）、中级（学习汉语约 1 年）、高级（学习汉语约 2.5 年）三个不同阶段的学习者进行测试，由此获得从初级到高级连续的中介语语料样本。研究者统计了三个阶段学习者在测试中对不同句法形式双及物结构的使用率和偏误率，推断出中介语发展的顺序为：

补语式 → 双宾式 → 状语式 → 复合词式 →"把"字式

这项研究最终的结论是，语言项目难度等级与学习者实际习得时中介语发展顺序有显著的相关性。

下面这项研究我们在前几章中也介绍过：

留学生汉语宾语的习得研究（王静，2011）

该研究同样从中山大学汉字偏误标注的汉语连续性中介语语料库中获取偏误语料，对留学生的偏误率进行分类和统计，并结合语言测试推断出留学生对汉语宾语的习得顺序，具体如下：

体词宾语（他每天下午踢足球）→ 形容词宾语（我爱你的善良）→ 处所宾语（老师回教室了）→ 小句宾语（他认为夜晚独自出门是很危险的行为）→ 动词宾语（他决定明天去北京）→ 双宾语（我告诉你一件事）→ 名动词宾语（他要对整个房间进行清理）

当然，除了综合自然语料（语料库语料）和非自然语料（测试语料），还可以采用横向、纵向语料收集相结合的方式，收集语料以全面考察学习者中介语中对某一语法项目的习得情况。如赵立江（1997）首先对一名英国留学生习得汉语助词"了"的情况进行了近两年的追踪调查，从中截取三个阶段作为调查分析的依据，每两个阶段之间大约间隔半年，语料主要来源于与这名留学生的谈话录音。此外，研究者还对北京语言文化大学（现北京语言大学）汉语速成学院不同汉语水平的留学生进行了试卷调查，获得横向的中介语语料，分析语料发现留学生对"了"的习得与掌握经历了一个艰难的过程。留学生出现的主要问题包括：可不用"了"的地方也尽可能用上，不该用"了"的地方也用上，对"了₁""了₂"的位置把握不准。不过随着时间的推移和学习的不断深入，留学生对这一语法项目的偏误率逐渐降低。但是，即便留学生的汉语水平达到了一定高度，与对其他语法项目的掌握情况相比，他们在使用汉语助词"了"时仍会出现较多偏误。

第四节 | 互动假说与学习策略

一、互动假说与证明

互动假说（interaction hypothesis）由 Long（1983）提出，是对 Krashen（1982）的输入假说（input hypothesis）的拓展与延伸。Krashen 的输入假说认为语言习得的唯一途径是可理解输入，而 Long 的互动假说则更强调语言习得中的互动，即意义协商（negotiation of meaning）。意义协商指在互动活动中，教师应创造更多以信息传递为主的双向交际的机会和情境，使得交流双方通过确定、核准、澄清、请求等一系列协商过程完成互动。意义协商的具体流程如下图所示。

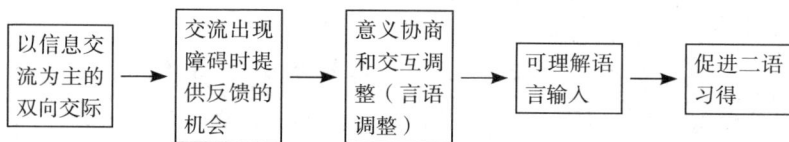

图 6-3　以信息交流为目标的互动和二语习得

互动假说认为，输入的可理解性是在意义协商过程中通过交际实现的，并且能够实现学习者的可理解输出。因此，二语习得应该创造以信息传递为主的双向交际情境。

Ellis（1994）进一步发展了 Gass（1988）的二语习得模式（如图 6-4 所示）。二语习得模式认为，感知输入依靠的是频率、百科知识、注意力（观察语言对比）和情感（动机、态度等），理解输入则依靠普遍语法、母语和第二语言知识，吸收摄入则依靠元语言知识的储备和内隐语言知识 / 中介语系统的形成。

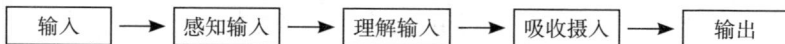

图 6-4　Ellis 的二语习得模式

我们认为，Ellis 的二语习得模式还有完善和改进的空间：没有稳定的输出，不可能实现真正的吸收。这就涉及 Swain（1985）根据对第二语言沉浸式教学的研究结果提出的输出假说。Swain 的输出假说认为，第二语言学习不仅需要大量的可理解性输入，还需要大量的可理解性输出（comprehensible output），学习者必须用学到的第二语言知识进行输出且能使母语者理解，这样才能真正习得目的语言。如果母语者无法理解，学习者就会被迫使用更精准的语言形式，这样的语言学习才能从语义加工转向句法加工，使得输出能够被更多人理解。下面将结合具体案例，讨论互动假说的应用研究。

汉语教师课堂语言输入特点分析（卜佳晖，2000）

这项研究考察两位熟手教师和两位新手教师在初级汉语综合课上语言输入的差异。两位熟手教师和两位新手教师分别在 A、B 两个平行班授课，两位熟手教师教 A 班，两位新手教师教 B 班。研究者对两个平行班在两个学期内相同课程的课堂教学情况进行录音，转写成约 5 万字的文字语料后进一步展开研究。研究首先提出了 6 个假设，分别是：

① 教师逐步与学习者成功交流，形成有效的语言输入；

② 教师课堂语速较慢；

③ 教师生词重现率高，超纲词较少，词汇密度低；

④ 熟手教师语言输入的 T-unit 平均长度比新手教师短；

⑤ 熟手教师、新手教师与学生交流的方式不一样；

⑥ 由于有共同的交际对象和目的，熟手教师和新手教师的语言输入存在相同特点。

仔细思考会发现，研究者提出的这 6 个假设完全可以用一句话概括，那就是：与新手教师相比，熟手教师的课堂语言输入具有语速慢、超纲词少、词汇密度低、平均句长短等特点。

随后，研究者分别考察了课堂语言中教师输入的比例。在词语方面，研究者集中考察了教师课堂语言的词汇密度、词类使用、生词重现率，以及对超纲词的使用情况。我们以对教师课堂语言词汇密度及对超纲词使用情况的考察为例，具体展示课堂语言输入相关研究的方法与过程。

研究者随机选取三页由教师的课堂作文分析和讲评转写成的文字语料，计算出每位教师使用课堂语言的词汇密度，如表 6-7 所示。

表6-7　教师课堂语言词汇密度

教师	页码	语篇类型数	标志数	词汇密度	平均密度
熟手教师1	4	87	320	27.19	30.40
	9	98	324	30.25	
	13	104	308	33.77	
熟手教师2	4	97	310	31.29	31.86
	9	82	302	27.15	
	13	116	312	37.18	
新手教师1	4	103	326	31.60	32.86
	9	106	313	33.87	
	13	99	299	33.11	
新手教师2	4	134	319	42.01	38.98
	9	106	308	34.42	
	13	126	311	40.51	

由表6-7可知，熟手教师课堂语言的词汇密度低于新手教师。研究者认为，词汇密度较低的课堂语言的难度更适合初级阶段的学生，新手教师所使用课堂语言的词汇密度相对偏高，难度较大。

再来看研究中对教师使用超纲词情况的考察。研究者统计了四位教师在100分钟教学时长内使用课堂语言中出现超纲词的数量及等级划分情况，结果如下表所示（A代表熟手教师，B代表新手教师）。

表6-8　教师课堂语言中超纲词的数量及等级

	超纲词数量	甲级			乙级						丙级			丁级		
		动	量	非	名	形	介	动	量	非	名	动	非	名	动	非
A1	3		1	1						1						
A2	5	2			2			1								
B1	14	2			5	1	2	1		1	1				1	
B2	13	2	1					2	1		2	1		3		1

表6-8中对超纲词进行等级划分依据的是《汉语水平词汇与汉字等级大纲》中甲级至丁级的标准；"非（词）"主要包括离合词，如"握手、理发"。从数量上看，熟手教师在课堂语言输入中超纲词的使用数量远低于新手教师。

从难度等级上看，熟手教师使用超纲词限于甲、乙级词，新手教师使用的超纲词以乙级词为主，还有部分丙、丁级词。教师在讲解或举例时，课堂语言输入难免涉及超纲词。使用超纲词并非一定不利于学习者习得，但要注意在超纲词的使用数量和难度等级上把握好分寸。从这项研究的考察结果可以明显看出熟手教师课堂语言输入中超纲词的数量少、难度低，不会给学习者理解带来很大的困难。但是这项研究也有两点不足：第一，研究只讨论了教师输入的情况，未考察学生输出的情况；第二，研究仅将教师课堂语言输入情况出现差异的原因归结为教学经验不同，不够全面，说服力不足。

下面一项研究就综合考察了教师输入和学生输出的情况，较为清晰地反映出两者之间互动协同的关系。

📝 中级汉语口语课堂教学输入与输出的考察（姜芳，2011）

该研究同样先提出假设，如不同教师的教学输入在师生话语量比例、词汇密度、平均句长等方面存在差异，不同学生输出的情况也不一样。从最小差异对的研究角度出发，这里我们只讨论研究中对教师输入与学生输出的词汇密度考察的相关问题。词汇密度更科学的说法应是"词种密度"[1]，即特定语篇中词种（word type）所占的百分比。词种密度的计算方法为：词种密度 = 词种数量 / 词总量 × 100%。如以下两个句子：

① 早上，我吃了馒头油条，还喝了粥。
② 早上，我吃了馒头，他也吃了馒头。

句①中词种密度的计算过程是：$9/10 \times 100\% = 90\%$；句②中词种密度的计算过程是：$7/10 \times 100\% = 70\%$。[2] 在词汇难度相同的情况下，词种密度越低，说明教师使用的部分词语的重复率就越高，学生的学习难度相对较小；词种密度越高，说明教师使用的词语重复率越低，学生的学习难度更大。

研究者统计了三个中级班口语课堂上教师和学生课堂话语的词种密度。为了方便阅读和理解，我们仅展示两个班级的统计情况，其中 A 班由熟手教师授课，B 班由新手教师授课。两个班级在中级口语课堂上教师输入和学生输出话语平均词种密度的统计结果如表 6-9 所示。

---

1 姜芳（2011）研究中均表述为"词汇密度"，这里统一使用"词种密度"。
2 句①共包含 10 个词，分别是"早上、我、吃、了、馒头、油条、还、喝、了、粥"，词总量即为 10；其中，两个"了"是同一个词，句中的词种数量即为 9。同样，句②的词总量也是 10，其中"吃、了、馒头"出现两次，计为同一种词，整句的词种数量为 7。

表6-9　中级口语课堂教师和学生话语词种密度

班级	平均词种密度	
	教师输入	学生输出
A班	37.3%	35.3%
B班	42.7%	30.2%

　　通过对比统计数据，我们可以得出以下推论。第一，熟手教师课堂话语的平均词种密度明显低于新手教师，这说明熟手教师更关注中级阶段学生的实际水平，课堂话语中使用的词语重复较多。第二，熟手教师授课班级学生输出的词种密度明显高于新手教师授课班级学生，这一指标反映出熟手教师授课班级学生口语输出水平高于新手教师授课班级学生。第三，教师输入和学生输出负相关，即教师输入的词种密度低，学生输出的词种密度反而高，出现这种情况的原因是词种密度低的教师课堂话语更容易理解和模仿，师生互动容易产生协同效应。相反，课堂上教师输入词种密度越高，学生输出词种密度就越低，原因在于词种密度高的教师课堂话语不容易理解和模仿，师生互动协同效应不容易发生。

　　下面再来看一个例子。

📝 初级汉语口语课课堂语言输入与输出研究（彭雅婕，2017）

　　与前两项研究相似，这篇汉语国际教育硕士学位论文也是以汉语口语课上熟手教师和新手教师课堂语言输入及学生输出的情况为考察对象，观察记录和收集语料，并进行统计分析。因篇幅有限，以下只介绍论文中考察学生对教师的不同纠正性反馈的回应情况。学生在回答教师提问时必然会出现错误，此时来自教师的纠正性反馈不仅能促使互动继续进行，还对输出的改善起到重要作用。徐锦芬（2015）将口头纠正性反馈策略分为输入式显性纠正、输入式隐性纠正、输出式显性纠正、输出式隐性纠正四类。这项研究采纳了这样的分类标准，对师生课堂话语进行了分类统计。

　　第一类，输入式显性纠正，即用明确信号指出学习者失误，并给出正确表达形式。如：

生：很少人啊。

师：人很少。

生：对。

师：很少人是广东话啊，是"Cantonese"，我们说人很少。我们最好说，人很少。

生：人很少。

第二类，输入式隐性纠正，即不提示错误，只说出正确形式，且常在重述后附加一个疑问句。如：

生：不是，十一点睡觉，去……床。

师：啊，上床了，对吧？

生：上床。

第三类，输出式显性纠正，即通过提问或其他明显的方式诱导学生说出正确形式。如：

生：长得帅。

师：嗯？女生可以说很帅吗？称赞女同学可以说很帅吗？

生：漂亮。

第四类，输出式隐性纠正，即不那么明显地诱导学生输出。如：

生：我忘了跟你一起的计划，所以才……才起床了。

师：才起床了？

生：哦，才起床。

研究者统计了初级汉语口语课课堂上教师使用不同类型纠正性反馈及学生给予理解性回应的情况，结果如下表所示。

表6-10　教师使用不同类型纠正性反馈与学生理解性回应情况

	使用次数	理解性回应次数	理解性回应率
输入式显性纠正	17	12	70.59%
输入式隐性纠正	41	9	21.95%
输出式显性纠正	8	5	62.50%
输出式隐形纠正	8	2	25.00%

从表6-10中数据可以看出，输入式隐性纠正是教师最常使用的课堂纠正性反馈类型，但学生对这类纠正性反馈的理解性回应率最低，仅为21.95%。

输入式显性纠正通常被认为过于简单、直接，容易打击学生信心，且在真实的交际中不常使用，因而其被采纳程度和受重视程度均低于其他类型的纠正性反馈。然而，数据却显示这类纠正性反馈能够成功刺激学生做出理解性回应的概率达到 70.59%，明显非常高效。另外，输出式显性纠正虽然使用频次较低，但学生对其理解性回应率也相对较高，达到 62.50%。

二、学习策略的使用

在二语习得中，学习者使用什么样的学习策略具有重要意义。学习策略是指语言学习者作用于学习过程的行为和想法。研究者可依据使用的目的、功能、与语言学习的关系等，对学习策略进行不同角度的分类。O'Malley 和 Chamot（1990）从功能角度，将学习策略分为元认知策略、认知策略和社交／情感策略三大类。

元认知策略指学习者试图通过学习前计划、学习中监控和学习后评估来规范语言学习的活动，具有执行和控制的功能，如引导注意、自我管理等。元认知策略是用来协调学习活动和认知加工过程的，具体如下：

事先组织。在学习开始之前，先对整体内容、框架进行浏览。

引导注意力。事先决定注意哪些方面的学习内容，忽略哪些方面的内容。

选择性注意。事先决定将注意力集中在哪些语言输入的细节上，并将其作为记忆的线索。

自我管理。了解哪些条件有助于学习，并努力实施和执行。

提前准备。预先准备好相关知识以应对接下来的语言任务。

自我监控。注意发音、词汇、语法等方面的准确性。

认知策略指学习者用以提高学习及记忆能力，特别是完成具体课堂任务时的行为，是在对学习材料进行直接分析、综合和转换等过程中采取的步骤或操作，具有操作加工或认知加工的功能。认知策略包括但不仅限于以下类型：

重复。模仿一个语言单位，包括大声朗读或默念。

查阅资料。借助参考资料获知词语的意义。

翻译。借助母语理解和产出目的语。

分组。根据不同属性对学习材料进行分类。

推论。有意识地运用语言规则分析和产出第二语言知识。

意象。将某个词语与意象建立起联系。

声音表征。通过声音帮助记忆生词、短语等。

语境化。将生词或短语置于特定语境中记忆。

迁移。利用过去的语言和概念知识学习新的任务。

推测。根据可利用的信息猜测词义、预测下文、补全缺失信息等。

社交/情感策略能为学习者提供更多接触语言的机会。社交策略（social strategy）是与他人合作学习的策略，包括**提问**、**与他人合作**等。例如，学习者听不懂授课内容时直接问教师，在课内外活动中积极用目的语与同学交流和沟通，等等。情感策略（affective strategy）是用来管理、规范情绪的，包括**克服焦虑**、**鼓励自己**、**控制情绪**等。例如，学习者在遇到学习困难时进行自我鼓励，或与他人分享自己的感受等。

有关学习策略的研究很多，研究的主要方法包括访谈、问卷、观察、报告和日记等。下面为大家介绍一个典型的学习策略研究案例。

初级阶段外国留学生汉字学习策略的调查研究（江新、赵果，2001）

对汉语学习者使用的学习策略进行研究很有意义，也非常有必要。特别是与汉字学习策略有关的研究成果，既能帮助教师设计出更好的教学方案，又能帮助学生更有效地学习汉字、发展汉字识别技能和汉语阅读技能。研究者在对初级阶段留学生进行观察和访谈及对教师进行访谈的基础上，参照多份既有语言学习策略量表，制定了一份含48个原始项目的量表，包括认知策略（40项）和元认知策略（8项）两个分量表。认知策略量表中的项目涉及学生在汉字学习过程中参与的各种练习和汉字记忆活动，如按笔顺书写汉字、在头脑中想象汉字的字形等。元认知策略量表中的项目涉及学生对自己参与的汉字学习活动进行的调节和管理，如对汉字学习结果进行自我评价、制定下一步的学习计划等。

随后，研究者要求学生根据自己的实际情况对量表中的各个项目做出5等级评价（从"从不这样做"到"总是这样做"共5个等级，其中1表示"从不这样做"，5表示"总是这样做"），共回收136份有效问卷。研究者使用SPSS统计软件对各原始项目的因素结构进行分析检验，将初级阶段留学生使用的汉字学习策略分成六类：① 笔画策略，即学习笔画并按笔顺书写；② 音义策略，即注重记忆字音和字义；③ 字形策略，即注重汉字整体形状，进行简单重复记忆；④ 归纳策略，即归纳形近字、同音字和形声字等，利用声符、意符学习汉字；⑤ 复习策略，即对学过的汉字进行复习；⑥ 应用策略，即阅读中文语篇和用汉字写作，在实践中学习汉字。研究发现，留学生最常使用的是字形策略、音义策略、笔画策略和复习策略，对应用策略的使用情况一般，最不常用的是归纳策略。

第五节 ｜ 实验性研究

解决教学中实际问题的能力是汉语国际教育专业的主要培养目标。汉语国际教育专业的学生应该学会运用对外汉语教学相关理论和方法，进行一定的教学设计以解决教学中的问题，并撰写相应的研究论文。

一些专家认为这种基于一定教学设计进行实证研究进而撰写的论文，由于其对数据的处理及分析特性，本应从属于定量研究。但本节重点介绍的一类研究是基于教学中的具体问题进行的特定教学和实验设计，我们更倾向于将其称为实验性研究，即经过缜密设计、对变量实施有效控制的研究（塞利格、肖哈密，2016）。

一、读后续写类实验性研究

📝 读后续写任务在汉语二语量词学习中的效应（洪炜、石薇，2016）

研究者发现，留学生对汉语量词的掌握情况明显滞后于其整体的汉语学习情况，即使到了中、高级阶段，留学生使用各类量词时出现偏误的数量仍然居高不下。那么，采用什么样的方法能够有效解决留学生的量词学习问题呢？研究者以"互动协同"的教学理念为基础，考察"读后续写"这种基于师生互动协同的学习任务在汉语量词教学中发挥的实际作用。

读后续写，是给学习者提供一篇与其语言水平相符的语篇的前半部分，要求学习者根据前文进行合理续写，补全语篇的后半部分。为考察如何将这种学习任务融入汉语量词的教学中，研究者首先准备了实验所需资料。

① 一幅图画：呈现的是玛丽房间内的物品和布局。

② 一段与图画对应的短文：详细描述图中所绘房间内的物品及空间位置；全文约 400 字，共出现 27 个名量词，每个量词在文中均只出现一次。

③ 三套测试题：分别用于前测、后测、延后测；测试题型为看图填写量

词，每套测试题包含 24 张图画中出现过物品的图片，相应的配文将量词位置空出，如"一（ ）床""一（ ）窗户"等，请学习者填写。三套测试题题目内容相同，但顺序不同。

研究者将被试分为续写组、阅读组和对照组，对三组被试进行不同的教学处理。续写组被试被要求在 20 分钟内一边看主题为"玛丽的房间"的图画，一边阅读描述这幅图画的短文；阅读后被试需要对所阅读的短文进行对比续写，比较自己房间与玛丽房间的差异，写作时间为 40 分钟。阅读组被试同样要在 20 分钟内边看图画边阅读短文，但阅读后不要求续写。对照组被试有10 分钟时间仔细观察图画，但没有阅读短文，看图后直接在 40 分钟内进行写作，比较自己房间与玛丽房间的差异。

研究者在完成上述教学处理后，对三组被试进行后测，并在一周后再次进行延后测，后测和延后测之间没对与图画中物品有关的量词进行任何形式的复习。三组被试在前测、后测、延后测中的平均得分如下表所示。

表6-11　三组被试在三次测试中的得分

	前测	后测	延后测
续写组	9.20	18.87	15.73
阅读组	8.93	16.93	13.00
对照组	9.24	9.47	9.41

因为续写组和对照组被试都完成了写作任务，区别在于是否阅读过短文。因此，研究者又对续写组和对照组被试在写作中对 24 个目标量词的使用情况进行了统计，考察其中的差异。统计结果如下表所示。

表6-12　续写组和对照组在写作任务中使用量词情况

	总数／平均（个）	总正确率	减去前测后总数／平均（个）	减去前测后正确率
续写组	132/8.80	99.24%	76/5.07	98.68%
对照组	41/2.41	75.61%	12/0.71	16.67%

通过对表 6-12 中数据进行对比可以看出，续写组被试的量词使用总量和平均值是对照组的近 4 倍。而在正确率方面，续写组被试在写作任务中使用的量词几乎全部正确，对照组被试使用正确的量词大多是学习前就已经掌握

了的，使用新学到量词的正确率只有 16.67%。研究者还欣喜地发现，续写组被试在写作中很少会用"万能"量词"个"代替新学习的量词，而是努力尝试模仿阅读材料中相关量词的用法，产出正确且地道的名量搭配形式。可见，续写组被试在量词使用量和正确率上均显著优于对照组被试。这项实证研究验证了，设计和实施读后续写任务对汉语作为第二语言量词学习具有显著的促进效应。

二、多模态实验性研究

多模态（multimodality）研究在近些年的二语习得研究中应用较为广泛。模态指的是人类通过感官（如视觉、听觉等）与外部环境互动的方式，使用两种及以上感官与外部环境进行互动就称为多模态（顾曰国，2007）。信息加工理论认为，大脑通过视觉、听觉加工通道分别对视觉、听觉信息进行加工，不同通道进行信息加工时往往存在互补，从而促进信息的理解与记忆（Baddeley，2003）。但也有理论和假设提出，大脑对信息的处理加工是有限度的，超过一定限度认知负荷的信息将无法得到有效处理加工，因而模态也并非越多越好，必须充分考虑认知负荷的问题，避免出现模态的负荷超载（Mayer，2009）。目前，已经有一些汉语作为第二语言教学研究考察了多模态的运用对汉语学习产生的影响和效果，下面通过具体案例加以介绍。

📝 任务的模态配置对汉语二语文本理解、词汇和句法学习的影响
（洪炜、吴安婷、伍秋萍，2018）

研究者注意到多模态教学资源对学习者学习各类语言项目有一定的影响。同时，研究者在研读既有研究成果时发现，有的研究认为接受视听多模态学习任务的学习效果比只接受视觉单模态任务的效果好，但也有研究得出相反结论。这项研究就以汉语作为第二语言学习者为研究对象，通过实验考察三类不同模态配置的学习任务对学习者文本理解、词汇和句法学习等方面的影响。三类不同模态配置的学习任务分别是：

第一类，视觉单模态任务，只提供包含目标词和目标句式的学习文本，被试在教学处理阶段仅默读文本，阅读过程中不能发出声音。

第二类，视听多模态任务，提供学习文本和事先准备好的文本录音，被试边看文本边听录音，完成任务的过程中同样不能发出声音。

第三类，"视听＋朗读"多模态任务，提供学习文本和文本录音，被试在完成视听多模态任务的同时尽量跟着录音出声朗读，形成输出通道。

研究者选择一篇写作课范文作为学习材料母本，范文文体为记叙文。为考察学习者完成上述三类模态配置的学习任务后的文本理解情况及词汇和句法学习效果，研究者基于母本确定了学习任务，包括 12 个目标词（4 个名词、5 个动词和 3 个形容词）和"重动句"句式[1]，同时设计了一套文本理解测试卷（含 4 道文本细节选择题和 4 道内容推断题）及三套词汇和句法测试卷。

完成教学处理后，研究者对三组被试进行了文本理解测试及词汇和句法测试。下面以文本理解测试为例，展示研究者是如何对实验数据进行处理和分析的。三组接受不同模态配置学习任务的被试在文本理解测试中取得的成绩如下表所示。

表6-13　不同模态配置学习任务下的文本理解正确率（%）

	视觉组	视听组	"视听＋朗读"组
整体正确率	50.00	65.63	67.50

可以看出，接受不同模态配置的学习任务对文本理解的影响效果存在差异。研究者对被试的文本理解正确率进行单因素方差分析和多重比较后发现，视听多模态任务和"视听＋朗读"多模态任务的学习效果明显好于视觉单模态任务，但视听组和"视听＋朗读"组被试的成绩差异不显著。研究者没有止步于此，继续分析了学习任务的模态配置对文本中不同层面内容理解的影响。三组被试完成细节选择题和内容推断题的正确率如下表所示。

表6-14　不同模态配置学习任务下两类文本理解题的正确率（%）

	细节选择题	内容推断题
视觉组	73.61	26.39
视听组	81.25	50.00
"视听＋朗读"组	86.25	48.75

这项研究的结果表明，多模态的教学资源及学习方式（视听、"视听＋朗

---

1 重动句包含两个相同的动词，前一个动词后面带宾语，后一个复现动词带补语。这类句法结构可分为两个子类型，分别是"S＋V＋O＋V＋得＋C"（如"他看球赛看得忘了吃饭"）和"S＋V＋O＋V＋C"（如"他看书看累了"）。

读")比单模态的教学资源及学习方式更有助于第二语言文本的理解，且这种优势通常体现在对文本的深层次理解上，但视听和"视听＋朗读"两类多模态学习任务对第二语言文本学习的影响没有显著差异。

小结

本章主要讨论如何选择和使用适当的理论、方法，结合实践，找到可信的证据，并通过科学论证得出有说服力和创新性的论点，从而解决具体问题。

首先，介绍了定量、定性、混合式研究的特点，指出不同研究方法的基本原则，并结合特定的研究案例加以说明。

其次，介绍二语习得研究领域的几种经典研究方法，包括语义形式关系分析、最小差异对比对、语言对比分析、偏误分析和中介语发展研究。

最后，结合典型案例，讨论与国际中文课堂教学研究有关的理论、重点内容和研究方法。

💡 思考与练习

1. 结合自己的教学（学习）实践，与你的学习伙伴讨论定量研究、定性研究的若干原则。在近些年的外语／第二语言教学研究领域的权威学术期刊中选取几篇自己感兴趣的论文，分析其中使用了哪种或哪些研究方法，并介绍给你的学习伙伴。

2. 从你的教学实践中寻找几个具体问题（如学习者容易混淆的词语："表达—表示—表现""知道—明白—懂""反而—相反"等），尝试从语义形式关系角度对问题进行解读，探讨问题所涉及语言项目之间有什么区别。

3. 谈谈你对最小差异对的理解，在教学实践中找出几个能体现最小差异对的语言实例，并以最小差异对比对的方法进行语言点解释。

4. 选择一两个你在第二语言教学中所遇到学习者出现的错误，运用逐项比对的方法对比学习者母语与汉语中相对应的语言项目，尝试找出两种语言的异同，描述对比等级和难度等级，解释错误原因。

5. 对于以下几句话中的偏误，应该如何进行语言对比，并使用对比等级、难度等级模式进行分析？针对每一类偏误，请继续通过多种方法收集 10 例左右同类的偏误语料。

（1）*运动会上星期被举行了。

（2）*你买苹果或者香蕉？

（3）*他昨天打打篮球。

（4）*他买了二本书。

（5）*我同学的弟弟看起来九十岁。

（6）*我高兴地坐着在草地上。

6. 选取一段国际中文课堂教学录像，有条件的可自行录制自己的课堂教学实况，对录像中的课堂用语进行话语分析，思考其中体现了课堂输入和输出的哪些特点，能否从中发现一些值得进一步研究的问题。

7. 请就第 6 题中发现的问题，尝试选择合适的理论和方法，制定一个初步的研究设计方案。

🔍 参考文献

[1]　卜佳晖．汉语教师课堂语言输入特点分析 [D]．北京：北京语言文化大学，2000.

[2]　柏清．基于图式理论的对外汉语中级听力教学研究 [G]// 周小兵．汉语国际教育硕士学位论文选．广州：中山大学出版社，2015：162-192.

[3]　崔健．韩汉范畴表达对比 [M]．北京：中国大百科全书出版社，2002.

[4]　陈美洁．赴印度尼西亚汉语教师志愿者跨文化适应情况研究 [D]．福州：福建师范大学，2018.

[5]　邓玲玲．韩国小学汉语课堂管理案例分析——以全罗南道务安郡海际小学为例 [D]．广州：中山大学，2016.

[6]　邓守信．对外汉语教学语法 [M]．修订 2 版．台北：文鹤出版有限公司，2009.

[7]　都娟．美国中小学汉语课堂用语研究 [D]．上海：华东师范大学，2010.

[8]　顾曰国．多媒体、多模态学习剖析 [J]．外语电化教学，2007（2）：3-12.

[9] 何黎金英. 汉越疑问代词对比 [G]// 周小兵. 中山大学国际汉语教育三十年硕士学位论文选——全球视野下的国际汉语教育. 广州：中山大学出版社，2011：350-379.

[10] 何黎金英，周小兵. "已经"和"了₁"的异同及其跟越南语 đã 的对比 [J]. 国际汉语，2014（1）：33-41.

[11] 赫伯特·塞利格，艾蕾娜·肖哈密. 第二语言研究方法 [M]. 吴红云，初萌，等，译. 北京：商务印书馆，2016.

[12] 洪炜，刘欣慰. 图文双模态释义对汉语二语词汇学习的影响 [J]. 语言教学与研究，2019（4）：23-32.

[13] 洪炜，石薇. 读后续写任务在汉语二语量词学习中的效应 [J]. 现代外语，2016，39（6）：806-818.

[14] 洪炜，吴安婷，伍秋萍. 任务的模态配置对汉语二语文本理解、词汇和句法学习的影响 [J]. 世界汉语教学，2018，32（3）：401-416.

[15] 姜芳. 中级汉语口语课堂教学输入与输出的考察 [G]// 周小兵. 中山大学国际汉语教育三十年硕士学位论文选——全球视野下的国际汉语教育. 广州：中山大学出版社，2011：2-28.

[16] 江新，郝丽霞. 对外汉语教师实践性知识的个案研究 [J]. 世界汉语教学，2010，24（3）：394-405.

[17] 江新，赵果. 初级阶段外国留学生汉字学习策略的调查研究 [J]. 语言教学与研究，2001（4）：10-17.

[18] 雷丹.《中文》（小学版）与《轻松学汉语》（少儿版）练习对比研究 [D]. 广州：暨南大学，2013.

[19] 黎倩. 移动终端汉语学习词典 App 及其使用现状的调查 [G]// 周小兵. 汉语国际教育硕士学位论文选. 广州：中山大学出版社，2015：430-471.

[20] 梁莉莉. 外向型与内向型汉语词典释义与用例对比研究 [G]// 周小兵. 汉语国际教育硕士学位论文选. 广州：中山大学出版社，2015：34-64.

[21] 刘宏帆. 双及物结构的类型考察及其汉语习得 [G]// 周小兵. 中山大学国际汉语教育三十年硕士学位论文选——全球视野下的国际汉语教育. 广州：中山大学出版社，2011：234-262.

[22] 刘润清. 外语教学中的科研方法（修订版）[M]. 北京：外语教学与研究出版社，2015.

[23] 彭雅婕 . 初级汉语口语课课堂语言输入与输出研究 [D]. 广州：中山大学，2017.

[24] 孙迪奥 . 菲律宾多动症（ADHD）儿童汉语个别教学研究 [D]. 广州：中山大学，2016.

[25] 孙小敏 . 中文分级读物《汉语风》1 的词汇考察 [G]// 周小兵 . 汉语国际教育硕士学位论文选 . 广州：中山大学出版社，2015：97-132.

[26] 王静 . 留学生汉语宾语的习得研究 [G]// 周小兵 . 中山大学国际汉语教育三十年硕士学位论文选——全球视野下的国际汉语教育 . 广州：中山大学出版社，2011：290-319.

[27] 王珅 .《官话篇》与《官话急就篇》文化内容比较分析 [G]// 周小兵 . 汉语国际教育硕士学位论文选 . 广州：中山大学出版社，2015：133-159.

[28] 王莹 . 二语交际问题及其解决策略的研究——汉语学习者使用汉语交际的个案分析 [G]// 周小兵 . 中山大学国际汉语教育三十年硕士学位论文选——全球视野下的国际汉语教育 . 广州：中山大学出版社，2011：320-348.

[29] 魏白丽 . 泰国学生汉语动态助词"着"习得研究 [G]// 周小兵 . 汉语国际教育硕士学位论文选 . 广州：中山大学出版社，2015：344-386.

[30] 文秋芳，俞洪亮，周维杰 . 应用语言学研究方法与论文写作(中文版)[M]. 北京：外语教学与研究出版社，2004.

[31] 徐锦芬 . 纠正性反馈与外语教学 [J]. 第二语言学习研究，2015，1（1）：17-29.

[32] 颜湘茹，施舒媛 . 少儿对外汉语教材的性别角色研究——以《小学华文》和《快乐儿童华语》为例 [J]. 云南师范大学学报（对外汉语教学与研究版），2018，16（2）：72-81.

[33] 杨静 . 外向型汉语语文词典释义词语的考察与研究 [D]. 广州：中山大学，2009.

[34] 杨钦宪 . 从马来西亚独立前钟灵中学的双语教育探讨国民型华文中学的演变 [G]// 周小兵 . 汉语国际教育硕士学位论文选 . 广州：中山大学出版社，2015：497-526.

[35] 赵立江 . 留学生"了"的习得过程考察与分析 [J]. 语言教学与研究，1997（2）：112-124.

[36] 赵世开，沈家煊. 汉语"了"字跟英语相应的说法 [J]. 语言研究, 1984（4）: 114-126.

[37] 赵新."连、连连、一连"的语义和句法分析 [J]. 广东教育学院学报, 2002, 22（3）: 80-84.

[38] 赵新, 李英. 汉语中级精读教材的分析与思考 [J]. 暨南大学华文学院学报, 2004（4）: 30-36.

[39] 周小兵. 学习难度的测定和考察 [J]. 世界汉语教学, 2004（1）: 41-48.

[40] 周小兵. 对外汉语教学入门 [M]. 2 版. 广州：中山大学出版社, 2009.

[41] 周小兵, 刘娅莉. 初级汉语综合课教材选词考察 [J]. 语言教学与研究, 2012（5）: 26-33.

[42] 周小兵, 罗晓亚.《新实用汉语课本》与《通向中国》文化点和相关词汇考察 [J]. 国际汉语教育（中英文）, 2019, 4（1）: 76-85.

[43] 周小兵, 孟柱亿. 汉语国际教育：教学资源与韩汉对比——2012 国际汉语教学资源暨汉韩语言对比研讨会论文选 [G]. 广州：中山大学出版社, 2014.

[44] 周小兵, 王宇. 与范围副词"都"有关的偏误分析 [J]. 汉语学习, 2007（1）: 71-76.

[45] 周小兵, 赵新. 中级汉语精读教材的现状与新型教材的编写 [J]. 汉语学习, 1999（1）: 53-56.

[46] 周小兵, 赵新, 等. 对外汉语教学中的副词研究 [M]. 北京：中国社会科学出版社, 2002.

[47] 周小兵, 朱其智, 邓小宁, 等. 外国人学汉语语法偏误研究 [M]. 北京：北京语言大学出版, 2007.

[48] 周维江. 查尔斯·弗里斯与对比语言学 [J]. 学术交流, 2010（2）: 153-155.

[49] BADDELEY A. Working memory and language: an overview[J]. Journal of communication disorders, 2003, 36(3): 189-208.

[50] ELLIS R. Understanding second language acquisition[M]. Oxford: Oxford University Press, 1985.

[51] ELLIS R. A theory of instructed second language acquisition[C]//ELLIS N C. Implicit and explicit learning of language. London: Academic Press, 1994.

[52] GASS S M. Integrating research areas: a framework for second language studies 1[J]. Applied linguistics, 1988, 9(2): 198-217.

[53] KRASHEN S D. Principles and practice in second language acquisition[M]. Oxford: Pergamon Press Inc., 1982.

[54] LONG M H. Native speaker/non-native speaker conversation in the second language classroom[R]. Honolulu: paper presented at the 16th Annual Convention of Teachers of English to Speakers of Other Languages, 1983.

[55] MAYER R E. Multimedia learning[M]. 2nd ed. New York: Cambridge University Press, 2009.

[56] O'MALLEY J M, CHAMOT A U. Learning strategies in second language acquisition[M]. New York: Cambridge University Press, 1990.

[57] PRATOR C H. Hierarchy of difficulty[Z]. Unpublished classroom lecture. LA: University of California, 1967.

[58] SELINKER L. Interlanguage[J]. International review of applied linguistics in language teaching，1972, 10(3): 209-231.

[59] SINCLAIR J M, COULTHARD R M. Towards an analysis of discourse: the English used by teachers and pupils[M]. London: Oxford University Press, 1975.

[60] SWAIN M. Communicative competence: some roles of comprehensible input and comprehensible output in its development[G]//GASS S, MADDEN C, et al. Input in second language acquisition. Rowley, MA: Newbury House Publishers, 1985: 235-253.

第
七
章

论文结构

前面各章主要就发现问题、收集材料和数据、阅读文献、开展研究设计、运用理论方法等环节进行了详细阐述。这几个环节的成功是撰写论文的基础。但是，只有使用相关理论方法对收集的资料进行具体分析，将研究过程和结果用文字（结合其他模态）呈现出来，才算是一篇论文。在撰写论文时，研究生经常会遇到以下问题：

① 如何为论文拟定一个好题目？

② 如何撰写摘要，选择论文关键词？

③ 论文正文部分（引言、文献综述、研究设计、结论）的撰写应注意什么？

④ 论文的注释、参考文献部分应如何处理？

本章主要从论文撰写的角度切入，除了讨论论文正文部分的撰写，也关注论文其他部分的写作，包括题目、摘要、结论、注释、参考文献等。

第一节 | 题目与摘要

一、题目

在论文写作的过程中，很多学生会问："老师，我该怎么确定论文题目呢？"有的学生学位论文都已经基本完成了，但还没拟定合适的题目。可见，确定论文题目，对学生来说确实存在困难。

（一）拟定论文题目的原则

1. 题文相符

论文题目，必须切合论文的基本内容。从某种意义上说，题目是论文的"眼睛"。好的题目，应该让读者从中看出论文的基本内容和重要信息，从而确定是否要继续深入阅读。例如：

例 1 外国留学生汉语补语的习得情况考察

例 2 日韩中年女性汉语学习者可能补语习得研究

对比这两个论文题目，如果时间有限，多数读者会倾向于研读以第二个题目为题的论文。第二个论文题目将研究对象（日韩中年女性）和研究的主要内容（可能补语）都说得很清楚，很适合作为一篇硕士学位论文的题目。以此为题的论文有可能清楚描写出特定学习对象对第二语言可能补语的习得情况，明确习得过程中中介语的发展过程及偏误的类型和生成原因，并找出有效的教学方法。而第一个论文题目，涉及对象太广、内容太多，以此为题的论文内容可能只是一般性列举，很难将对问题的探讨写深、写好。

　　一般来说，论文应阐述的主要信息包括：研究对象、研究目的、研究范围、研究方法、研究材料。好的论文题目，要适当涵盖上述信息中的一项或几项，尤其应说明研究对象。"适当"的意思是，除了研究内容，论文题目还可以根据论文的特点适当介绍相关信息。例如，研究采用了具有创新性的研究方法，就应该在论文题目中体现方法；研究使用了最新的一手材料，就应该在论文题目中突显材料。

　　例 3　基于眼动技术的移动 MOOC 学习 APP 界面可用性研究——以中国大学 MOOC 和学堂在线为例

　　例 4　Kahoot 应用于对外汉语阅读课教学研究

　　眼动技术相对于传统的纸笔测试是比较新的研究方法。作者在研究中运用了这一先进的研究技术，因此将其呈现在题目中。这样的题目既明确了研究方法，又体现了该研究的独特之处。Kahoot 作为云端即时反馈系统的代表，是较为成熟、有效的教学工具，已经被广泛应用在外语课堂教学中。但是，这一教学工具在对外汉语教学中的应用研究几乎是一片空白。因此，将 Kahoot 运用在对外汉语阅读课的教学中所获得的材料必然与在一般阅读课上收集到的材料有所差异，作者在论文题目中强调 Kahoot 这一教学工具的运用，以区别于一般的对外汉语阅读课教学研究。

　　以下再列举几个论文题目，供研究者参考：

　　例 5　关于《当代中文》的分析研究及其本土化思考——以喀麦隆马鲁瓦大学汉语专业使用情况为例

　　例 6　墨西哥尤卡坦自治大学孔子学院汉语进修生学习策略研究

　　例 7　柬埔寨华教社团及其对华文教育的影响——兼论柬埔寨华文教育存在的主要问题

　　例 8　美国公立小学中文课程主题式教学研究与设计——基于美国卡蒂诺小学 2010 学年度第一学期的教学实习

例 9　韩国小学汉语课堂管理案例分析——以釜山市东弓初等学校为例

例 10　对外汉语中级听力教学实验研究——以图式理论指导下的教学方法为例

2. 言简意赅

好的论文题目，需要具备的另一个必要特点就是言简意赅。如何能将学位论文的题目拟得言简意赅，具体做法有以下几点：

第一，多用名词或名词词组，避免使用不必要的形容词和虚词。注意，论文题目中也会经常使用一些动词，如"习得、考察、研究"等。但是，这些动词往往是兼类词，既可以做动词，也可以做名词，在具体实例中其名词性特点表现得更为显著。例如，上述例 5、例 6 中的"使用"和"学习"都在修饰名词，例 7 中的"影响"充当名词短语的中心语。

第二，尽量使用本学科意义单一、被广为接受的规范术语，避免使用非公认的缩写形式和特殊符号。

第三，注意控制字数，剔除可有可无的词语。论文主标题一般不超过 20 个字，如果字数难以控制在 20 个字以内，可用副标题进行补充说明，如上述例 7、例 10。再看一例。

例 11　中级精读课文文化点对比研究——基于对《博雅汉语·冲刺篇 I、II》和《阶梯汉语·中级精读》3、4 册的调查分析

作者用副标题对主标题进行了补充和说明，明确了论文的研究对象。但是，这篇论文的副标题交代有关研究对象的信息过于详细，不够简练。实际上，副标题无须特别指出册数，如果确实需要明确说明，可以在论文开头叙述研究对象时具体说明。因此，建议作者将论文题目改为：

中级精读课文文化点对比研究——以《博雅汉语·冲刺篇》和《阶梯汉语·中级精读》为例

（二）实例展示和分析

为真正提高研究生的论文写作能力，以下列出几个教学设计类学位论文的题目，请进行对比和分析，谈谈它们的优点和不足。

例 12　韩国小学汉语教学设计探讨——以韩国釜山鹤章小学为例

例 13　基于多种教学法的初级汉语听力教学设计——以《风光汉语·初级听力 II》第六课为例

例 14　基于抛锚式教学法的中级汉语口语教学设计——以《阶梯汉语·中级口语 1》第九课为例

例 15　基于移动学习的汉语教辅软件设计与开发——以《体验汉语》高中泰语版第一册第八课为例

例 12 这一论文题目将研究对象限定为韩国釜山鹤章小学，将研究内容限定为汉语教学设计。一般韩国小学开设的汉语课只有一种课型，一周大约 2 小时。但这个论文题目的不足是，其涵盖的范围仍过于宽泛。一般的教学设计，最好聚焦在特定的一两课，或聚焦于特定的话题、文化点、交际点、语言点。单凭目前这个题目，读者还是不能了解具体的研究内容。

例 13 的论文题目交代了如下信息：论文研究内容，即初级汉语听力教学设计；研究材料，即《风光汉语·初级听力 II》第六课；教学设计基于多种教学法。这个论文题目虽然提到教学设计基于多种教学法，但仍过于宽泛，"多种教学法"中的"多种"到底是指哪几种？相比之下，例 14 非常清楚地说明了指导该教学设计的教学法——抛锚式教学法。此外，这一论文题目也明确了论文的研究内容和研究材料，比例 13 更好一些。

例 15 的主标题突出了该教学设计的对象、特点及主要研究内容；副标题则体现了开发移动教辅软件针对的学习者国别和等级，以及使用的教材，并且具体到第几册第几课。主标题与副标题相结合，充分反映出论文研究的主要信息和具体内容，文字表达也比较简洁。

再来看下面两个论文题目，它们属于比较好的教材研究类论文题目，请尝试分析它们的优点。

例 16　《华夏行：现代汉语中级读本》的课文话语态度分析
例 17　初级汉语综合教材《新编汉语教程》语法点解释刊误

例 16 明确了论文研究对象和具体研究内容。一部教材内容相当丰富，考察对象可以是语言要素（语音、词汇、语法、汉字），也可以是交际技能（听、说、读、写、译），还可以是结构组成（热身、词汇表、课文、语言和文化知识讲解、练习）。题目的后半部分明确了研究范围，就是课文话语态度。

例 17 先指明了研究对象，接着明确了具体研究内容：展现该教材语法点解释的错误。"刊误"的意思是纠正错误，提出正确的解释方法。有教学经验的研究者都知道，发现语法点解释错误或解释不够准确的现象相对容易，而提出正确的、合适的语法解释则相当困难。因此，这个题目的另一个优点在于其点明了研究目的：教材语法点解释的改善。

二、摘要

提交学术会议的论文，或是投稿给刊物的论文，需要有论文提要；毕业生的学位论文，则需要有论文摘要。

（一）摘要的基本要求

摘要反映的是论文的主要信息，一般包括研究内容和意义、研究方法和材料、主要结论和创新点等。好的摘要，语言要简单易懂，意思要凝练明确。

硕士学位论文摘要的字数一般要求 300~400 字。摘要应用第三人称撰写，以体现论文的客观性。摘要要求结构合理、叙述完整、逻辑严谨。文字表达简明扼要、开门见山，要用简练的文字提供更全面的信息，避免使用过多华丽的辞藻和不必要的文学修饰。摘要中一般不用特殊的字符。在摘要中首次使用某一缩写形式时要注明其全称（已被普遍使用的缩写形式除外）。图表、例证或由特殊字符组成的表达形式，一般不出现在摘要中。

摘要的内容至少应该包含四个要素：研究对象、研究目的、研究方法和研究结论。如果论文在某些方面有突出亮点，也可以在摘要中体现出来，如研究材料具有较强创新性就可以在论文摘要中明确提出来。有的摘要介绍了论文各章节的主要内容，目的是让读者了解论文架构。但是，好的论文摘要不需要涉及这些内容。

关键词也是论文不可或缺的部分。关键词通常是出现在题目、摘要中的重要词语，或者是贯穿论文正文的高频词。一般来说，硕士学位论文的关键词不宜过多，3~5 个即可。

下面以叶彬彬（2015）的硕士学位论文《"语文分进"的教学模式对汉字能力的影响——针对非汉字文化圈学习者的实验研究》为例，探讨应如何撰写论文的摘要部分。

摘 要：为验证"语文分进"的汉字教学模式对非汉字文化圈学习者的汉字能力是否存在积极影响，本文采取了实验的方法实施两次相同的汉字能力测试。实验对象为非汉字文化圈学习者，分别来自零起点的初一班和已学习一学期的初三班，其中接受"语文分进"的汉字教学模式的非汉字文化圈学习者属于"语文分进"的实验组，而接受"语文并进"的汉字教学模式的则属于"语文并进"的对照组，根据组别和年级进行对比。

通过对实验结果的分析，可以发现"语文分进"教学模式下的非汉字文化圈学习者在汉字能力中的记忆字形与字义、根据语素义猜测词义及组字成词三方面有突出且稳定的优势。因此我们可以推测，"语文分进"的汉字教学模式对学习者的汉字能力存在一定的积极影响。

关键词：教学模式；语文分进；非汉字文化圈学习者；汉字能力

这篇论文的摘要较为清楚地阐述了研究的目的、研究方法、研究对象，以及研究的结果。读者通过摘要能够了解论文的主要内容，判断是否有必要进一步阅读。关键词的选择也比较恰当，涵盖了贯穿全文的核心词和高频词。美中不足的是，摘要最后使用了"我们"这样的第一人称表述，显得不够客观。如果摘要中一致使用第三人称进行表述会更好，"因此我们可以推测，……"可以改为"可见，……"。

（二）实例展示和分析

以下是一篇研究生课程论文的摘要和关键词部分，论文的题目为《两套〈新概念汉语〉的对比研究》。我们来分析其优缺点，提出改进意见并进行具体修改。

摘 要：近年来，在对外汉语教材研究领域，越来越多的学者开始关注英汉二语教材的对比，研究经典英语教材的成功之处并从中寻找对汉语教材编写的启示。在教材的实际编写中，国内也开始借鉴英语教材的成功经验，甚至有的汉语教材直接以经典英语教材为"模型"，编写出类似的汉语作为第二语言学习教材。《新概念英语》作为享誉全球的最为经典、地道的英语教材典范，以其严谨的科学性和引人入胜的趣味性深受英语学习者和研究者的青睐。目前国内先后涌现的两部《新概念汉语》(北大版和北语版)就是向《新概念英语》学习的结果。然而，经典的英语教材也不是完美无缺的，适合英语教学的编写理念应用到汉语教材中也一样适用吗？并且，同样是借鉴和学习，两本《新概念汉语》哪个学习得更好一些？这些问题在借鉴的同时都值得我们去反思，而关于这方面的研究还少有涉及，因此，本文选取三本"新概念"教材作为研究对象，运用对比分析法，辅以统计、描述等研究方法对三本教材的体例、课文内容、语法讲解和练习的设置四个方面进行了系统而全面的比较研究，得出了以下几点主要的结论：① 两本汉语教材借鉴《新概念英语》淡化语音的编写理念，并不适用于汉字的音形符号系统，应该辅以汉语拼音的附录。②《新概念英语》课文内容的趣味性值得学习和借鉴，但是生硬地创造"幽默感"不仅不会产生幽默的效果，还会让"趣味性"与"实用性""科学性"相矛盾。③ 在语法编排上，北大版《新概念汉语》只是单纯借鉴《新概念英语》中的听说法理念，单一的句型操练缺乏适当的语法解释，不利于语法的理解和掌握。④ 习题种类的单一性是《新概念英语》的薄弱项，两本教材在借鉴的时候都进行了相应的完善。⑤ 北语版《新概念汉语》在语法的讲解上真正地借鉴到了《新概念英语》"自然融入"的理念，优于北大版，而北大版《新概念汉语》多样的习题和创新形式，也值得北语版教材学习。总之，"经典"的英语二语教材并不是完美无缺的，在借鉴其成功之处时，不能不加思考地照搬照抄，而是要考虑汉语语言本身的特性是否适用；更不能全盘皆收，应该客观评价、综合比较，既要"取其长"，又要"补己短"，真正地做到他人的长处为我所用。

关键词：新概念英语；新概念汉语；对比研究；借鉴

这篇论文的摘要和关键词部分存在的突出问题有：

第一，摘要字数过多，没有突出重点。从"近年来"到"因此"，用了约350字的篇幅来介绍相关研究的背景，本末倒置，喧宾夺主。此类研究背景的介绍应放在论文的引言部分。

第二，没有清晰体现论文摘要内容的四要素。

第三，关键词中的"借鉴"意义宽泛，对了解论文内容没有帮助。

对以上论文摘要和关键词部分，我们可以尝试进行修改。以下是一种修改方案：

摘　要：《新概念英语》是经典的外语教材，国内近年出现的两套《新概念汉语》，都是以它为学习"模型"。本文考察这两套汉语教材，比照《新概念英语》，从体例、课文内容、语法讲解和练习设置四个方面对它们进行系统的比较研究，得出以下结论：①《新概念英语》淡化语音的编写，不适用于汉字的音形符号系统。②《新概念英语》课文内容的趣味性值得学习，但生硬创造"幽默感"，既无效果，也会与"实用性""科学性"冲突。③在语法讲练和练习设置上，两套汉语教材都有不同方面、不同程度的创新，如北语版《新概念汉语》语法讲解借鉴了"自然融入"理念，北大版《新概念汉语》在习题多样性和创新方面更为突出。总之，对"经典"的英语二语教材，不能照搬照抄，而应考虑汉语语言本身的特性，取长补短，实事求是地借鉴和为我所用。

关键词：新概念英语；新概念汉语；对比研究

第二节 ｜ 正文

一、引言

在学术会议或期刊上发表论文的开篇部分通常称为引言，学位论文的开篇部分则可称为引言、序、序言、前言、绪论或序章。

（一）引言的基本要求

关于引言的内容学界尚无明确的要求。目前，研究生在学位论文正文的引言部分中写什么的都有，缺少必要的规范。我们认为，引言通常包括两方面内容：研究内容、研究意义或价值。

研究内容一般包括研究方向、研究问题、研究目的，以及研究的对象和方法。引言中只需简单介绍学位论文研究的主要内容，其中对研究问题、研究对象和方法等阐述不必太过详细，也不必出现具体的研究细节。

研究意义或价值可涵盖两方面内容：

第一，选题缘起，也就是说明为什么选择这项内容开展研究和撰写学位论文。

第二，研究意义或价值，这方面内容可以从理论意义和实践意义两个角度进行阐述。

论文是否具有理论意义，具有怎样的理论意义，可以从以下几方面进行考察：

① 是否推翻现有理论；

② 是否补充或扩展了现有理论；

③ 是否修订了现有理论；

④ 是否验证了某个理论；

⑤ 是否通过对某个现象的理解构建出新的理论模型。

实践意义是指研究是否具有应用价值。汉语国际教育学科研究属于应用语言学研究范畴，其实践意义体现在多个方面，如能促进汉语作为外语 / 第二语言教学的发展，有助于教材知识点的选择、排序和注释，有助于国别化、本土化教材的编写，有助于中文教育在全世界范围内的推广，等等。

林晓群（2015）的学位论文《美国公立小学中文课程主题式教学研究与设计——基于美国卡蒂诺小学 2010 学年度第一学期的教学实习》引言部分结构合理，内容全面，值得大家学习和模仿。以下为这篇论文引言部分的目录：

第一章　引言

　　1.1　选题缘由及意义

　　1.2　卡蒂诺小学中文课程的开设情况

　　1.3　研究方法与研究对象

　　1.4　本文创新点

作者在引言中介绍了选题的缘起和意义、必要的背景信息、研究中使用的方法、研究对象，以及研究的创新点，有助于读者形成对论文内容的整体认识。

（二）实例展示和分析

以下是一篇硕士学位论文引言部分的目录，论文题为《体验式教学在商务汉语教学中的应用研究》。我们来分析作者在安排和撰写引言部分内容上的优缺点，并提出改进意见。

第一章　引言

　　第一节　选题缘起

第二节　研究综述
第三节　研究视角和研究空间

从结构上看，这篇论文的引言涵盖了引言撰写要求的各项基本内容，总体上是不错的。但是，第三部分二级标题"研究视角和研究空间"的表述比较模糊，读者仅通过题目很难明白这部分要讲什么内容。根据作者在引言该部分中撰写的实际内容，建议将相应的二级标题改为"本文研究内容"。

二、文献综述

文献综述是研究者在大量收集、查阅与选题相关的资料后，有选择地总结和评述前人的研究成果，找出前人研究的不足和（或）空白，为自己的研究奠定基础和指明方向，并反映在论文中的独立章节。文献综述是学位论文必不可少的部分。

（一）文献综述的内容

文献综述主要包括以下几方面内容：

1. 界定论文的核心概念或关键词

有的论文核心概念专业性较强，如果不加以解释，部分读者很难理解，这时就需要在文献综述部分对论文的核心概念进行介绍。如叶彬彬（2015）的硕士学位论文主要研究"语文分进"模式对留学生汉字能力发展的影响。"语文分进"这个术语贯穿整篇论文，可并不是所有读者都清楚什么是"语文分进"模式。于是，作者在文献综述部分引用了其他研究者对"语文分进"模式的定义，以帮助读者更好地理解全文。

> 张朋朋（2007）对"语文分开""语文分进"的教学模式进行详细阐述，认为语言和文字的教学应当使用不同的材料和教学方法。这种教学模式的特点主要体现在课程设置上，分为培养听说能力的"汉语课"和培养读写能力的"中文课"。在"汉语课"中，使用由汉语拼音编写的教材，注重口头交际中的真实语料，从听到写，先听后写。在"中文课"中，贯彻"字本位"指导思想，分为"写字课"和"识字课"。"写字课"主要教授汉字构件和字形结构，使得学生

获得分析和摹写汉字的能力;"识字课"则介绍字与字之间的组合系统,提高识字量。

如果研究所涉及概念在学界存在分歧或不同学者给出的定义不尽相同,研究者则需在论文的文献综述中简单介绍不同的观点,并明确自己的研究所用概念的内涵和外延。下面一例是张孝文(2017)的硕士学位论文文献综述的一部分,这篇论文涉及现代汉语概数的表达方式。作者在研读文献后发现,不同研究者对现代汉语概数表达式的分类不完全一致。为使读者更好地理解论文的研究内容,作者首先介绍了国内专家学者常用的概数表达式的分类方法,接着对本研究所使用的分类方法进行了限定。

3.1　现代汉语概数表达方式的研究

"概数",也有学者称之为"约量"(李宇明,2000)、"约数"(宋红梅,2009),是与"确数"相对的概念,表示不确定的数目(吕冀平,2000;张宝林,2006)。它属于"语义范畴"里的"数量范畴"。

"概数表达方式"是指表示概数的几种方式。各家对此分类不完全相同。黄伯荣、廖序东(2007)将概数表达方式分为两种:在数词或数量短语后加上"多、来、把、左右、上下"等,相邻两个基数连用。刘月华等(2001)将概数表达方式分为三种:相邻的两个数词连用,数词后加表示概数的词语(主要有"来、多、把、左右、前后、上下"等),"几、两"的活用。胡附(1984)将概数表达方式分为四种:借用疑问代词表示,数目后加"多、来、把、左右、上下"等,数目前加"成、上、约、小、近"等,相邻的数目连用。可以看出,尽管不同研究者对概数表达方式的分类存在差异,但都提到"数词或数量短语后加表示概数的词语"这种概数表达方式,而表示概数的词语又以"多、来、把、前后、左右、上下"最为常见。本文选择"左右"和"上下"作为研究对象,将包含这两个概数词的表达方式码化为"X +(量词)+ 左右 / 上下"格式。

作者在文献综述中的这番阐述,能够让读者对"概数"的基本概念和不同分类方法形成一定认识,也为此后论文的展开打下基础。

2. 介绍论文的理论框架

在文献综述部分介绍论文的理论框架能够帮助读者了解研究设计的动机，判断理论框架和研究设计是否合理，从而更好地理解论文的整体结构和内容。一篇好的学术论文应以"问题"为导向，以理论框架为支撑，既有实践意义，又有理论深度。洪炜、石薇（2016）的《读后续写任务在汉语二语量词学习中的效应》主要通过实验来考察读后续写任务在汉语作为第二语言量词教学中的作用。以下是论文文献综述中介绍研究理论框架部分的节选：

> 所谓读后续写任务，是指给学习者提供一篇与其语言水平相符的语篇的前半段，要求学习者根据前文进行合理续写，将语篇后半段补全的学习任务。该任务的设计主要基于"互动协同"的教学理念。近年来，不少学者关注到语言交际和学习过程中的互动协同现象（Pickering 和 Garrod，2004，2013；Atkinson 等，2007；Dings，2014；Trofimovich 和 Kennedy，2014；Nashino 和 Atkinson，2015；王初明，2010，2012，2013，2014，2015）。如 Pickering 和 Garrod（2004）发现，人们在对话时，交谈双方会不自觉地相互适应，动态调整，在语言层面（语音、词汇、句法等）和情境模式（situation model）层面产生协同。因此，当对话双方语言水平存在高低之别时，低水平者便可能在与高水平者的互动中与之发生协同，趋近高水平者或拉平与高水平者间的距离。王初明（2010，2012）认为，互动协同现象不仅发生在人际互动的对话中，阅读时学习者与所接触文本的互动也能产生协同效应。由于学习者的理解能力总是超出其产出能力，这种理解与产出间的不平衡会催生协同效应，使较弱的产出能力在与理解能力的协同中不断得到提高（Wang 和 Wang，2014；王敏、王初明，2014）。
>
> 读后续写符合互动协同的促学机理。当给学习者提供前半部分的阅读材料并要求其进行合理续写时，语言的输入和输出便紧密地黏合在一起，续写过程中，学习者需要反复回读原文，以保持所写内容和语言与原文连贯，这便迫使理解与产出强烈互动。而互动越强，则协同效果越好，拉平效应也越明显（王初明，2012）。

作者首先界定了这篇论文的核心概念"读后续写任务"；接着介绍读后续写任务设计的理论基础是"互动协同"，并对这一理论基础进行了详细阐述；

最后阐明核心概念与理论基础间的关系。这样写，有助于读者判断在该理论框架下，研究设计是否合理。

3. 叙述和评论相关文献

叙述相关文献可以帮助研究者了解前人的成果，避免重复研究；评论前人的研究，找出前人研究的不足和（或）空白，有助于研究者摸清相关领域未来的研究方向。洪炜、杨静（2017）的论文《复现率对汉语二语者多维词汇知识学习的影响》主要考察了词汇复现率对中级汉语作为第二语言学习者不同维度词汇知识学习的影响。以下是这篇论文中关于词汇复现率对第二语言学习影响的研究梳理和评论部分的节选。

> 频率对第二语言学习具有重要作用，语音、词汇、语法的理解、加工和产出，都受输入频率的影响（Ellis，2002）。具体到词汇学习方面，已有研究表明，第二语言词汇知识会随着学习者接触目标词次数的增加而增加，但究竟接触多少次才能使学习者习得一个词语则存在很大争议。如 Rott（1999），Horst 等（1998）分别将复现 6 次和 8 次作为词汇习得的临界点；而 Waring 和 Takaki（2003）则发现即使复现 15~18 次，目标词的习得仍不理想。各研究结果差异较大与多方面的因素有关，如 Chilton 和 Ehri（2015）发现目标词所在文本类型不同可能影响词汇复现的效率。
>
> 除了不同研究中目标词所在环境不同导致难以准确地评估词汇复现率的作用外，目前研究在词汇知识的测量维度上也过于单一。大多研究仅测量复现率对词义学习的影响。然而词汇知识除了词义外，还包括词语的形态知识、词性（句法功能）、与其他词的搭配、使用限制、词汇联想等（Nation，2001），因此仅考察复现率对词义学习的影响显然不全面。Webb（2007）首先注意到这一问题并考察了复现率对英语作为第二语言词汇拼写、意义、词性、搭配和语义联想等方面知识学习的影响。龚兵（2009）也发现，复现率对英语作为第二语言词义、词形和搭配知识的影响作用并不同步。但由于汉语词汇特征与英语词汇特征有较大差异，因此词汇复现率如何影响学习者对不同维度汉语词汇知识的学习仍值得深入探讨。

作者在文献综述中较为系统地介绍了与第二语言词汇学习复现率有关的研究结果，接着提出前人的研究结果存在一定争议，最后分析争议产生的原因，为论文研究问题和研究设计的提出奠定基础。

（二）文献综述的特点

论文的文献综述独具特点。好的文献综述应该具有相关性、系统性、总结性、权威性、时效性、全面性和评述性。

1. 文献综述的相关性

文献综述中评述的文献应与研究问题、研究设计密切相关。筛选需评述的文献不仅要关注所选文献与论文的外部相关性，也要注意所选材料之间的内部相关性。前者是指叙述和评论的文献应与本研究相关；后者是指将与本研究相关的文献按照一定标准进行分类、叙述和评论，从而形成一个有机体。

前面介绍过洪炜、杨静（2017）的《复现率对汉语二语者多维词汇知识学习的影响》，论文文献综述第一段首先介绍了前人有关词汇复现率有助于第二语言词汇学习的研究成果；接着提出这些研究在词汇复现频次达到多少能让学习者完全掌握一个词语的问题上存在争议；最后分析引发争议的原因，并列举相关研究作为佐证。论文文献综述部分对前人研究的回顾与本研究内容密切相关，层次分明，值得学习和借鉴。

2. 文献综述的系统性和总结性

文献综述应系统介绍某个领域重要的研究成果，并按照时间顺序的先后或研究范式的异同等标准，对文献进行整理和总结。具备系统性和总结性的文献综述，一方面应清晰地叙述该领域的研究路径或范式，明确地说明同一领域内不同研究间的差异和相关性，以向该领域的专家和其他学者证明研究者自身对该研究领域有深入的了解；另一方面能让不熟悉该领域的读者对该领域最新的研究成果、研究路径或范式等形成一个整体的认识。

下文节选自一篇硕士学位论文开题报告的文献综述部分，选题为《越南学生汉语进行体标记"正在、正、在、着"习得研究》。作者在文献综述中较为系统地梳理了国内外有关现代汉语"时""体"的研究成果。文献综述中"汉语学界'时''体'的研究成果"一节是以时间为主线，分两个阶段介绍国内研究者关于现代汉语"时""体"的研究成果。节选部分只涉及了第一阶段，也就是大多研究者认为汉语只有"体"，没有"时制"阶段相关研究的文献综述。

2.1 汉语学界"时""体"的研究成果

关于现代汉语中的"时"（tense）和"体"（aspect）问题的讨论一直都是汉语学界研究中的热门课题。"时"也称为"时制"，"体"也称为"时体"，是与语言的时间性密切相关的两个重要语法范畴。不管是宏观上的理论问题还是微观性的具体问题，至今汉语学术界仍存在分歧。

汉语"时"和"体"研究大致可以分为两个发展阶段：第一，汉语只有体（aspect），没有时制（tense）占优势阶段；第二，汉语"时"和"体"争议阶段。

（1）汉语只有体，没有时制占优势阶段

黎锦熙（1924）认为单句中的时制可以分为过去时、现在时、未来时和不定时，复句中的时制可以分为前时、同时、后时和永久时，大多数时间词和少数助动词是各个时制的标记。

王力（1944）认为汉语中的情貌（aspect）都是独立的，不属于任何的"tense"，并从时间的角度给出定义——"凡时间的表示，着重在远近、长短及阶段者，叫作情貌"。王力把情貌分成七大类：普通貌、进行貌、完成貌、近过去貌、开始貌、继续貌、短时貌。

高名凯（1948）持相同观点，认为汉语的动词在时间方面没有任何语法形式的变化。"着""了""过"等既然可以在三个时段中都存在，就证明根本不是这些虚字在表示时间的不同，而是另外的东西。汉语的语法构造没有时制，而有"态"，即"体"。

与此相反，吕叔湘（1942）则全面讨论了汉语的时制，列出了"时间"一章，探讨与时间表达有关的一些问题，提出了汉语的"三时"系统，即"基点时""基点前时"和"基点后时"。虽然在分类时主要依靠时间词，但也突破了汉语没有动词的形态变化就没有时制的主张。

总之，黎锦熙、吕叔湘是从意义出发来观察汉语的时制，持汉语时制三分论；而高名凯、王力是从形式出发，认为汉语动词在语法形式方面没有任何变化，否认汉语有时制。王力和高名凯的观点影响极大，后来绝大多数语法论著在谈到时体问题时，都认为汉语

> 只有体范畴，而无"时"范畴，"着""了""过"这类虚词只表体，
> 而不表"时"。

节选部分中，作者首先分别叙述了国内汉语学界知名学者有关"时""体"的研究成果，接着对这些研究成果进行了总结，明确指出学者们得出不同结论是由于研究的出发点不同，体现出文献综述的总结性。作者还对这些学者的观点对后来研究的影响做了评述，具有较好的评述性。

这份开题报告的文献综述部分也有可以改进的地方。作者可以按照不同的研究出发点，将汉语只有"体"，没有"时制"占优势阶段的文献分成两类，分别阐述研究成果。也就是说，先介绍从语义出发的黎锦熙、吕叔湘的研究成果，再介绍从形式出发的高名凯、王力的研究成果。最后，总结和评述研究成果的影响。这样最终论文中的文献综述就更富有逻辑性和系统性。

3. 文献综述的权威性、时效性和全面性

权威性是指筛选综述资料时，应主要选择权威出版社出版的书籍或核心期刊刊登的学术论文，因为这些研究成果代表了特定领域发展的主流趋势，可避免被某些非主流文献误导。

时效性是指综述的文献应尽量包含近五年知名专家和学者出版的书籍或发表的期刊论文。这类文献代表了该领域最新的研究成果和研究方向。但是，这并不意味着文献综述中只需评述近五年出版的书籍或发表的期刊论文。

除了权威性和时效性，文献综述还应兼顾全面性。全面性要求综述的文献应全面地反映相关领域的研究状况，不能以某一时间段的研究成果或一家之观点以偏概全。提升文献综述的全面性应从横向和纵向两个角度，对文献进行梳理和评述。横向综述近五年知名专家和学者出版的书籍或发表在核心期刊上的论文；以时间为轴，纵向评述该领域研究发展史上里程碑式的著作和论文。仍以洪炜、石薇（2016）《读后续写任务在汉语二语量词学习中的效应》一文的文献综述部分为例，作者在系统介绍"读后续写"理论框架的基础上，综述了读后续写理论在国内外第二语言教学领域中最新的、主流的研究成果。

一些实证研究结果初步表明了读后续写的促学效果。如 Wang 和 Wang（2015），王敏、王初明（2014）通过实验发现，在读后续写任务中，英语作为第二语言学习者的产出在单词、词组、句法等层面均与阅读文本发生了协同，学习者在完成读英续英任务时，高频使用了原文里出现过的语言结构；读英续英中的语误也显著少于读汉续英。姜琳、陈锦（2015）发现读后续写可以有效提升学习者的语言产出表现，特别是在准确性和复杂性方面，效果尤为明显。姜琳、涂孟玮（2016）发现读后续写能有效促进第二语言词汇学习，特别是在词义和用法方面，效果明显好于写概要。

以上证据均来自英语作为第二语言学习研究，而近期几项关于汉语作为第二语言学习的研究结果也发现了读后续写的促学作用（Wang 和 Hong，2015；郝红艳，2015；王初明，2015；王启、王凤兰2016）。王初明（2015）通过有声思维对两位汉语作为第二语言学习者在读后续写中的思维过程进行了剖析，结果表明读后续写能有效促进汉语作为第二语言学习。郝红艳（2015）的研究显示，与命题作文相比，学习者在完成读后续写任务时量词的使用频率、使用类型更丰富，但续写任务在提高量词使用正确率及学习效果保持方面是否具有优势则并不清楚。Wang 和 Hong（2015）的实验则表明，在不同的续写条件下（强制使用量词或不强制使用量词），读后续写都能够显著提高量词使用的正确率。而王启、王凤兰（2016）的研究却发现，虽然读汉续汉任务有助于提高多项句法结构的正确率，但对某些语言点（如量词、副词）的效果却不明显。

作者在文献综述中评述了 2014~2016 年该领域专家和学者开展的有关读后续写在英语、汉语作为第二语言学习中运用的具有代表性的实证研究，较为全面地介绍了该领域的最新研究成果，反映了相关研究的发展趋势。

4. 文献综述的评述性

文献综述除了阐释不同研究者的观点，还需对文献进行评述。评述文献可以从两个方面展开：第一，比较研究成果的异同并分析其原因，讨论研究最新的进展、发现或突破；第二，评述研究方法、理论模型、既有观点等的不足，或找出前人研究的空白。

吴琼（2018）的《媒介语在初级汉语二语教学中作用的实证研究》采用跟踪调查的方式，对初级汉语作为第二语言学习者在 6 个月内的 5 次考试成绩进行统计分析，考察了媒介语在初级阶段对外汉语教学中的影响。这篇论文的文献综述首先对"媒介语"进行界定。接着，按照国外学者们对第二语言教学是否应该使用媒介语所持的态度，分别介绍持反对态度学者们的研究和持支持态度学者们的研究；再按照国内学者对对外汉语课堂教学是否应该使用媒介语的态度（支持和反对），分别梳理和介绍相关文献。最后，评述了前人研究中的不足和空白。以下是这篇论文文献综述部分的节选。

> 目前，是否应在第二语言教学中使用媒介语尚无定论，但有一些问题值得我们关注。首先，通过对相关文献的回顾，我们发现针对学习者的态度调查得较多，而对实际教学效果进行检验的研究较少。又因媒介语对教学的影响很难通过一次课或一次测验而得出，需要长期的跟踪调查，目前的研究中尚未发现相关成果。其次，前人研究多关注学习者母语背景一致条件下媒介语的使用，而对于不同母语背景学习者的媒介语教学问题则较少关注。但事实上，对我国国内的对外汉语教学来说，学习者的母语背景千差万别，想让同一个班的学生都具有相同的母语背景是件很困难的事。长期以来，国内的汉语教学一般提倡目的语教学的模式，即用汉语进行教学，这样不仅可为学习者创造良好的语言氛围，同时也增加了目的语的输入量，有助于汉语习得。但是否母语背景不统一就无法开展媒介语教学，是否使用媒介语就一定会阻碍学习者对目的语的接触，从而对习得产生消极作用？这些问题似乎也并未得到明确的答案。随着世界各国交流的日益增多，英语作为全球使用最为广泛的语言之一，在世界上拥有众多的学习者，在这些学习者中也包括了一定数量来华学习汉语的留学生和我们的汉语教师。因此，依据是否会说英语可将目前的对外汉语教学情况进行一个新的分类：

图 1　对外汉语课堂师生媒介语掌握情况分类

从上图可见，依据是否能够使用英语可以产生多种师生搭配方式，而当师生都是英语学习者，或者学生为英语母语者、教师为英语学习者时，便有了使用媒介语的可能。因此是否可以将英语作为媒介语对母语背景不同的汉语学习者进行教学这一问题值得我们思考与尝试。此外，课堂教学中媒介语的使用会对第二语言学习产生促进还是阻碍作用，这需要在教学实践中加以检验，用实证研究数据来说明。但现有成果中思辨类研究较多，实证调查类较少。一些实证调查报告仅针对学习者某一方面的学习情况进行调查（如写作、口语、语音），就得出媒介语对第二语言习得及教学的影响，论证不够全面、充分，结论欠缺说服力。针对以上问题，本研究将采用实证调查手段，对具有不同母语背景的零基础汉语作为第二语言学习者进行跟踪调查，通过对被试不同学习阶段汉语测试成绩的统计分析，全面讨论媒介语在初级汉语作为第二语言课堂教学中的作用。

在系统叙述相关文献的基础上，作者提出前人研究中存在的不足，指出关于媒介语对第二语言习得与教学的影响仍有不少问题有待探讨，从而自然过渡至论文主体的研究内容。

虽然引言和文献综述是论文的前两部分，但在实际写作过程中，引言和文献综述往往是最后撰写完成的。这是因为，随着研究的深入，研究者会根据自己在实际研究中遇到的问题，调整甚至变更研究问题，相应论文的引言和文献综述也会发生改动。

（三）实例展示和分析

下面是从一名研究生于 2018 年撰写的学位论文初稿文献综述中节选的一部分，论文题为《商务汉语教材词汇评估与编写实践研究》。这篇论文主要从静态和动态两个角度，分别对现有商务汉语教材词汇的编写情况和编写过程进行考察。节选部分梳理了商务汉语教材词汇编写动态考察中使用的"需求分析"理论框架在国外的研究情况。

2.2.1.1 国外相关研究

国外对于需求分析的相关研究起步较早，成果也较为丰硕，应用于外语教学的各个领域。参照 Long（2005）的框架，相关实证研究主要集中于以下三个领域：

第一，职业领域。Vandemeeren（2005）对 112 家芬兰公司使用德语的需求和 34 家德国企业的相应态度进行了定性和定量研究，发现超过 50% 的员工需要提高德语的语言使用能力，未能有效地使用德语进行商务领域的交流与沟通；而德国公司却认为芬兰公司员工掌握德语是商务沟通中最重要的语言技能要求。

第二，公共领域。Brecht 和 Rivers（2005）对社会关系层面的语言进行了需求分析，研究对象为美国马里兰州的政府职员，考察除英语之外的外语语种的需求和使用现状，发现西班牙语的使用需求最高，但政府职员的外语人才较少满足需求，语言能力也有待提高。

第三，学术领域。Hyland（2003）根据需求分析，设计了 6 个维度的调查问卷，考察商务英语学习者的写作需求。Chaudron 等（2005）进行了基于任务的大学韩语学习的需求分析及课程模块的设计与开发研究，采用了调查问卷和访谈混合研究法，被试包括 84 名韩语学习者，收集了韩语学习的主要动因、收录了真实韩语任务样本，建立了基于任务的韩语教学模块。

节选部分存在的最突出问题就是综述的文献相对滞后，难以全面反映相关领域最新的研究成果和发展趋势。由于所选材料滞后，文献综述就不可能全面地涵盖该领域的研究成果。建议作者一方面选择权威学术期刊中发表的，或知名学者近五年内发表的关于需求分析的最新研究成果进行文献综述；另一方面梳理以往研究中里程碑式的文献。这样才能保证文献综述的权威性、时效性和全面性。

此外，文献综述部分的语言表达在语句衔接上也存在一定问题。例如，"而"和"却"表示转折，前后文意思应相反，但文中画线部分"而德国公司却认为……"是对前文内容的验证和补充，意思相近。建议作者将"却"改成"也"，即"德国公司也认为……"。

三、研究设计与分析

研究设计的实施过程一般包括选题聚焦、问题分解、理论提升、材料收集、研究模式选择、创新点凝练，以及探索性研究和方案改进七个环节（详见第五章）。但是，撰写成文时，并不需要将这七个环节都涵盖在内，通常只需写明研究问题、数据收集工具、数据收集过程、数据分析方法，以及结果和讨论即可。下面我们重点谈谈提出研究问题和介绍数据收集相关内容时应注意的问题，而与数据分析和结果讨论相关内容的撰写，第五章中已经展示了不少案例，这里就不再赘述了。

（一）研究问题的提出

1.提出研究问题的注意事项

研究问题决定研究设计，研究问题是整个研究设计的核心。研究问题的提出应注意以下几点：

第一，研究问题应简单明了。阐述研究问题时可适当使用常见的专业术语，以提高论文语言表达的学术性。

第二，如果一个研究问题包含多个子问题，不同的子问题应具有独立性，子问题之间还应具有内在联系性，也就是说，既要注意单个研究问题的独立性，也要注意研究问题间的逻辑性。多个问题综合在一起，能够对一个现象的某个或多个方面进行深入的探讨。一般来说，研究问题间或是并列关系，或是递进关系。

第三，研究问题的阐述通常放在文献综述部分的末尾，也就是对文献进行系统评述后自然引出研究问题。研究问题也可以在研究设计部分的开头提出。

刘瑜（2017）《任务类型对汉语二语口语产出中词汇复杂度的影响》一文中对研究问题的阐述值得大家学习和借鉴。

为了更好地了解汉语学习者口语产出如何受到任务类型的影响，本文基于 Robinson（1995，2001a，2001b，2005，2011）、Robinson 和 Gilabert（2007）的认知假说理论框架，以汉语学习者的口语产出为考察对象，考察以文本类型和交际方式为分类基础的不同任务类型对词汇复杂度表现的影响，并检验以词频为标准和以难度分级为标准的词汇难度测量的有效性。本研究尝试回答以下问题：

> 第一，不同的文本类型（介绍性、叙述性、描述性、议论性）对学习者口语产出的词汇多样性和词汇难度有何影响？
>
> 第二，不同的交际方式（独白、口语）对学习者口语产出的词汇多样性和词汇难度有何影响？
>
> 第三，任务的复杂度对学习者口语产出的词汇多样性和词汇难度有何影响？

作者在提出研究问题时做得较为出色。三个问题简单明了，具有独立性，分别讨论了文本类型、交际方式、任务复杂度对学习者口语产出词汇多样性和词汇难度的影响，有助于读者全面了解影响学习者口语产出词汇多样性和词汇难度的因素。

2. 实例展示和分析

下面是一名研究生于 2018 年撰写的学位论文初稿，论文题目是《汉语教材词汇评估与编写实践研究》。这篇论文以行动理论为基础，采用问卷调查和访谈相结合的方法，以期从学生和教师的角度了解编写汉语教材时生词的选取过程。作者根据选题收集和阅读文献后，提出了以下两组研究问题：

① 编者在编写教材时都考虑哪些因素？编写过程是什么样的？编写时会受到哪些因素影响？

② 汉语教师、英语教师在编写教材时，对生词的选取和确定要考虑哪些因素？原因是什么？编写时有什么区别？

分析这两组研究问题，思考每组问题内部的子问题之间具有怎样的逻辑关系，我们能够发现第一组研究问题嵌套了三个子问题。这三个子问题的关系零散，缺乏逻辑；第一个子问题和第三个子问题在一定程度上出现了重合。建议将第一组研究问题修改为：

汉语教材编写者常用的编写策略有哪些？这些编写策略的选择受哪些因素的影响？

修改后的第一组研究问题中使用了二语习得研究术语，提高了语言表述的学术性。同时，修改后的问题所包含的两个子问题前后相关，呈现出递进关系。

第二组研究问题包含的三个子问题之间的联系也不够紧密，逻辑关系比较混乱。第二组研究问题可以修改为：

从词汇选取与设计角度来看，汉语教师和英语教师在编写教材时是否存在差异？存在哪些差异？原因何在？

修改后的研究问题所包含的三个子问题层层递进，逻辑性更强了。

此外，在这两组研究问题的基础上，还可以补充第三组研究问题：

③上述研究结果对第二语言教材词汇的编写有何理论和实践意义？对第二语言教材词汇选择和编写是否具有普适效应？

这样做，一方面提升了研究问题的理论深度和实践意义，另一方面也使三组研究问题由具体到抽象，逐步递进、升华。

（二）材料来源和收集工具的选择

说明研究材料的来源在阐述研究设计时是必不可少的，应清楚地告知读者论文中材料的来源，如语料库、测试或其他途径。如果研究材料来自语料库，应对所用的语料库进行介绍；如果材料来源于测试，应对被试和材料收集工具进行描述。

研究问题决定材料的来源和不同材料收集工具的使用。着手撰写研究设计部分前，应根据研究问题思考以下几个问题，厘清思路后再开始写作。

第一，回答研究问题需要什么类型的材料？需要量化数据还是质化资料，或是量化数据和质化资料皆要？

第二，什么样的收集工具可以收集到所需要的材料？需要收集多少材料才能回答研究问题？我们在第四章中讨论过不同类型的材料收集工具。在撰写研究设计部分的内容时，通常要对材料的收集工具和提取方式进行介绍，介绍是否详细取决于材料收集工具是否常见。如果材料收集工具比较常见，则只需简单介绍；如果收集工具较为新颖，或是由研究者自己设计制作的，就需要进行详细的介绍，并就这一工具的信度、效度等进行简单讨论。

第三，材料收集方法是否全面、有效？材料收集方法的全面性指采用了多种收集方法和收集工具，尽可能多地收集与研究问题相关的材料。例如，柯志骋（2011）为了解国际汉语教师焦虑现状，采用了问卷调查和测后访谈相结合的方式收集材料，并将通过调查问卷和测后访谈获得的信息进行三角验证。材料收集方法的有效性是指使用某种材料收集方法收集到的材料能够回答研究问题。仍以柯志骋（2011）研究中使用的材料收集工具为例。作者首先通过整理前期访谈获得的材料，确定了测后访谈的问题。接着，通过小规模的试测调整并最终确定调查所使用《国际汉语教师焦虑因素问卷》中的题目，同时用 SPSS 软件对调查问卷的信度和效度进行了检验，从而保证材料收集方法的有效性。

第四，研究设计是否规范？收集材料时，研究者应注意保护被试的隐私。需要使用访谈转写成的文本资料时，应征得相关人员的同意，并尽可能避免透露被试的个人信息。柯志骋（2011）在进行电话录音时，事先征得了访谈对象的同意；在公布整理的前期访谈反馈资料之前，也征求了 26 位受访者的意见，最终将 8 名同意公布的受访者的反馈资料以匿名的方式呈现在论文的附录后。这样做很好地保护了受访者的隐私，体现了对受访者权益的尊重。

第五，材料收集顺序是否合理？如果论文涉及多个研究问题，材料的收集需要使用多种收集工具或方法，应介绍这些材料的收集顺序，也就是先收集什么，后收集什么。这是因为材料收集顺序的合理性、间隔时间的长短都会影响材料收集的结果。

第六，用什么样的方式分析收集的材料？是用定量的处理方式，还是用定性的处理方式？

下面是从叶彬彬（2015）的硕士学位论文《"语文分进"的教学模式对汉字能力的影响——针对非汉字文化圈学习者的实验研究》中节选的部分内容。这篇论文通过设计和实施具体实验，研究和讨论了"语文分进"的教学模式对非汉字文化圈学习者汉字能力发展的影响。我们来看看作者在撰写研究设计部分内容时是如何回答上述有关材料收集的问题的。

第二章 实验设计、材料和程序

2.1 实验设计

实验采用两因素被试间设计，自变量为年级和教学方法，因变量为汉字测试成绩。实验组采取的是"语文分进"的教学模式，对照组采取的是传统教学模式，汉字教学只是作为读写课生词学习的一小部分进行。在两个学期末分别进行两次测试（测试题均不变），对初一班和初三班的实验组和对照组分别进行测试。

实验的目的在于探究"语文分进"的汉字教学模式的有效性和稳定性：①排除年级影响的情况下，将初一班、初三班的实验组和对照组的差异分别进行对照，考察"语文分进"模式下的汉字教学对学生汉字成绩的提高是否具有显著影响；②根据第一次测试与第二次测试结果是否一致，初步判定实验教学方法的效果是否稳定。

实验的被试是中山大学国际汉语学院进修班初一班、初三班学生。初一班学生为零起点学生，初三班是已学习汉语一个学期的学生。

第一次测试的国别情况如下：

（1）初一班

实验组学生来自初一 D 班，共 13 人，国籍分别为：俄罗斯（1人），印度（1人），巴西（1人），巴拿马（3人），塞内加尔（1人），哥伦比亚（1人），也门（2人），塔吉克斯坦（1人），西班牙（1人），坦桑尼亚（1人）。

……

2.2 实验材料

实验选用的汉字材料分为两类：已学和未学的汉字。由于实验组和对照组所使用的教材不同，初一班实验组所使用汉字教材共计汉字 355 个，初一班对照组读写课使用的教材共计汉字 773 个；初三班实验组所使用汉字教材共计汉字 330 个，初三班对照组教材则为 719 个。[1]

第一类是考察已学汉字。通过对第一类材料的考察，测试学习者对已学汉字的掌握程度。其中，初一班实验组的教材有而对照班没有的汉字为 38 个，对照组有而实验组没有的汉字为 456 个，两者共有的汉字为 317 个；初三班实验组的教材有而对照组没有的汉字为 56 个，对照组有而实验组没有的汉字为 445 个，两者共有的汉字为 274 个。本实验选取了两者共有的汉字作为第一类材料。

……

2.3 实验程序

实验分为教学和测试两个阶段。初一班为零起点学习者，初三班学习者已学过汉语一个学期，两者的教学阶段时间均为 3 个月。

---

1 其中初一班、初三班对照组读写课使用的教材均是《读写课本》。

此外我们还进行了测后访谈。

2.3.1　教学阶段

……

2.3.2　测试阶段

在测试阶段，测试时间为90分钟，主要包括表2-1中列出的8道大题（初一班没有第8题）。这里要特别注意的问题是：第1、4、5题使用的汉字材料是未学汉字，其他题目使用已学汉字。也就是说，第1、4、5题是考察学生分析未学汉字的能力，其他题目则是考察学生对已学汉字的掌握程度。

表2-1　测试内容简介

题号	考察内容	考察方式	题量	评分标准
1	记下PPT上的汉字	被试者可以看PPT上出现的汉字10秒，这时不能写字，汉字消失之后，用20秒（初一班）/15秒（初三班）写下记住的汉字的部件或者整个汉字。	10（初一班）/20（初三班）	每题1分，每个部件和结构平分分数。例："屠"分为"尸"和"者"两个部件，加上结构是"左上包围"，也就是"尸"、"者"和左上包围结构三者各占0.33分。
……				

在测试后，为了更深入细致地了解学习者学习过程中的一些问题，我们还对部分实验组的学习者进行了深入访谈，用以进一步印证实验所得到的结论。

对两次测试所得到的结果进行成对二样本 t 检验，分别考察：①控制年级因素的情况下，实验组被试和对照组被试成绩的差异；②控制教学方法因素的情况下，初一班和初三班被试的成绩差异。以此分析"语文分进"模式下汉字教学的成效及成效的稳定性。

这篇论文中，"实验设计、材料和程序"一章2.1节首先明确指出这项研究设计属于被试间两因素设计，分别以被试所在年级和教学方法为自变量，让读者对研究设计的控制变量有所了解。随后，提出实验的因变量是被试的汉字测试成绩，告知读者论文的材料类型之一为定量数据。最后，介绍了研究目的和研究对象，让读者对研究设计有整体的认识。2.2 节和 2.3 节分别介绍了实验材料的收集工具设计情况和实验实施的具体步骤，其中详细叙述了教学设计方案和教学内容、测试的时间和次数、访谈抽样的方式。此外，2.3节还说明了数据处理的方法。作者在论文的研究设计部分回答了研究设计应该考虑的大多数问题，值得我们学习。

但这篇论文研究设计部分的撰写也有可以改进的地方。第一，2.1 节中，实验目的被放到实验设计介绍和研究对象描述之间，显得比较突兀，影响了研究设计叙述的连贯性。建议在写作时将实验目的相关内容放在介绍实验设计考虑的因素之前，即作为本节第一段。第二，关于研究对象的介绍过于烦琐，可适当精简。第三，2.3.2 小节中关于测试题型和计分方式的介绍建议合并至 2.2 节 "实验材料" 部分。

本书第五章第四、五节中也介绍过多篇论文研究设计部分的具体案例，研究生在实际撰写论文时可以参考和借鉴。

第三节 | 结论

结论是学术论文重要的组成部分之一。如果读者对某篇论文很感兴趣，但又没有足够的时间通读全文，就会直接阅读论文的结论部分，了解这篇论文的研究结果，再决定是否更全面地阅读。因此，完成正文的撰写之后，应进行简明扼要的总结。

一、结论的内容

完整的结论通常由三部分组成，分别是研究发现、研究价值，以及研究不足和展望。结论的三个组成部分地位不一。研究发现是结论中不可或缺的组成部分，是结论的核心；研究价值、研究不足和展望在结论中属于可选项，研究者可以根据实际情况决定是否撰写。一般来说，除了必不可少的研究发现相关内容，一篇硕士学位论文的结论部分至少要包括研究价值、研究不足和研究展望中的两项内容。

撰写研究发现相关内容时应注意以下三点：

第一，研究结果应与论文密切相关；

第二，整理和阐述主要的研究结果；

第三，按照研究结果的重要性进行叙述，如果研究结果地位平等，一般按照正文中研究的先后顺序叙述研究结果。

阐述论文的研究价值时，应侧重讨论如何将研究结果应用到语言学习和教学中，或应用到与本学科交叉的实践活动中。这是因为，汉语国际教育硕士是专业硕士，相比学术型硕士，学位论文应更侧重实际操作和应用。

任何研究都不可能做到尽善尽美。在结论部分适当指出论文研究的局限性，一方面，可以充分体现研究的客观性，说明作者对研究中存在的不足有充分认识，增加论文的信度；另一方面，也可以结合研究的不足指明今后研究的方向。提出研究存在的不足应适度，一两点即可。切忌提出与研究结论相矛盾，甚至有可能推翻研究结论的不足。

二、结论的写作顺序

结论三部分内容的撰写有先有后，具体步骤如下：

① 概述整篇论文的研究内容；

② 按照由主到次的顺序，展示整篇论文的研究成果或发现；

③ 讨论研究结果的意义；

④ 简要论述研究的不足和（或）今后研究的发展方向。

柯志骋（2011）的硕士学位论文《国际汉语教师焦虑现状及缓解策略探讨——基于"汉语助教"项目的调查研究》的结论部分可供大家在写作时借鉴和参考。

> 本研究通过自行编制的《国际汉语教师焦虑因素问卷》对国际汉语教师群体开展测试，经过统计学分析，得到 9 个导致国际汉语教师产生焦虑情绪的主要因素，即教学条件、教学评价、文化差异、人际沟通、学习动机、教学知识、教学技能、教师的自我实现及教学效能感。其中，教学技能、学习动机和人际沟通三个因素对教师焦虑水平有相对较大的影响。

教师的地区差异导致的焦虑水平差异不明显，教师的性别差异导致的焦虑水平差异较显著，教师的学历差异导致的焦虑水平差异不明显，教师的教龄长短导致的焦虑水平差异部分显著。根据问卷调查的统计分析结果并结合后期访谈内容，本文提出缓解国际汉语教师焦虑情绪的四种策略，即自我调适策略、教学效能感策略、文化融入策略、外部支持策略。

后续研究将针对国际中文教学的发展趋势，在遵循不同国家、不同地区、不同文化背景进行差异化教学的原则的前提下，充分考虑国际汉语教师队伍的实际情况和需求；为教师焦虑研究构建理论支撑和测量指标体系，探寻和试验多种研究方法，进行更为深入和具体的研究；在针对教师焦虑的来源探究实施干预策略的基础上，将成果运用于预防和解决教师焦虑及国际汉语教师培训过程。

这篇论文的结论部分有以下优点：首先，清晰地总结了研究发现；其次，结合所属研究领域的实际情况，指出未来研究的发展方向；最后，指出可以将相关研究成果运用到教师焦虑预防和教师培训中，具有一定的实践意义。

三、实例展示和分析

下面是一篇汉语国际教育硕士学位论文的结论部分，论文题目是《关于汉语视听说材料分级处理的思考与实践——以〈功夫熊猫〉为例》。阅读后请思考，论文结论部分的内容是否完整。如果存在不足，请提出修改建议，并进行具体修改。

第六章　结语

目前，汉语视听说教学已经从早先点缀型的辅助性教学，逐渐发展成为一种被普遍接受的高级阶段的教学形式。视听说课的教学效果在很大程度上受视听说材料的体裁和原始语言难度的影响。本文在前人研究的基础上，首先论述了视听说材料分级的必要性、理论和实践上的可行性，以及初级阶段开设视听说课的教学过程和时间安排。随后，选择欧美影片的中文配音版本，如《功夫熊猫》等作为视听说材料，力求在最大程度上降低了除语言之外的理解障碍。

通过对语言材料进行处理，即先以功能项目为上位进行穷尽性分类，根据出现频率选取所要教授的功能项目，再根据语法和词汇的难度及口语的常用性对所选功能项目进行分级，将影视材料人为地划分为初、中、高三个等级。接下来，利用非线性视频编辑软件以课件制作的方式来实现视听说材料分级应用的设想，通过改变音频持续时间，使得语速根据教学需要做出灵活调整；视频方面，以不影响理解故事情节发展为前提，将片段台词中难度超出一般水平的某个词或某个单句删减掉，并将不同的教学重点加以突出，提供片段中涉及的重点语法讲解和重点词汇讲解。除此之外，还提供相关功能项目的视频支持，尽可能为学生学习某一功能项目提供更多的情景。最后，本文选取基础且常用的功能项目"询问"为例，制作出一个相对完整的课件样本，并对课件制作的过程和要点进行了较为详细的描述，以求为其他有兴趣的教师和研发人员提供可操作的参考资料。经过对几个功能项目课件制作的摸索和实践，以及与其他视听说课件的比较，本文对功能教学展开了进一步的思考。

视听说材料的分级处理具有实效性。如果这种视听说材料的分级处理可以经受住现实教学环境和教学条件的检验，那么教师们就可以参照该样本继续制作更多影片的课件以适应不同的教学需要，进行语言点和功能点的互补教学，同时避免学生因影视材料过少或对情节太熟悉而产生厌烦情绪。课件中每一阶段都有新的内容加入，每次的语速都比前一次快了那么一点点，所以并不会像传统视听说教学中一遍又一遍地重复播放同样的影视材料那样枯燥。通过将影视材料中的语言点逐渐增加、语速逐渐加快来体现循序渐进的普遍教学规律，将"原则"贯穿于课程始终。

尽管视听说材料经过分级处理之后在教学应用上有所创新，但由于客观条件的限制及研究者能力有限，分级后的视听说材料在教学中的应用还有很多工作要做。影视材料中功能项目和语法项目非常丰富，因此仍需要投入大量时间和人力去检索、分类、分级、制作及更新视听说材料。词汇和语块的积累是个长期的过程，随着每个功能项目中言语形式的逐渐丰富，可制作词汇表和常用语块的索引，既建立了视听说材料库，也完善了大纲的功能项目表。进一步调查学生的需求及师生对于这种视听说课和材料的看法，结合反馈信息在更多的教学实践中不断改进，尽量将视听说材料在教学内容和学生需求方面协调起来，逐渐形成一种实用、有趣且操作性强的教学方式。本课件主要是针对母语为英语的学生，今后可在本文研究的基础上，利用大量题材适合教学的日本动漫和韩剧的中文配音版本来进行针对日本和韩国学生的汉语视听说教学。

这篇论文的结论部分首先较为翔实地介绍了视听说材料分级处理在视听说课上的应用，随后指出自己研究的不足和今后研究的发展方向，值得学习和借鉴。但是，其中也存在一些可以改进的地方。

第一，没有写明研究结果。研究结果是结论最重要的部分，不能遗漏。

第二，将研究程序相关内容写在结论部分，建议删除，或考虑将这些内容写在引言或者研究设计部分。

第三，第二段中"如果这种视听说材料的分级处理可以经受住现实教学环境和教学条件的检验……"一句表述欠妥，会给读者留下这样的印象：作者自己也不确定视听说材料分级处理是否具有可行性和普适性。这可能会让读者对整个研究的信度和效度产生怀疑。建议将这句话改为：

虽然视听说材料分级处理制作比较复杂，但是可以适应不同的教学需要，进行语言点和功能点的互补教学；同时也可避免学生由于影视材料过少或对情节太熟悉而产生厌烦情绪，具有应用性和实效性。

这样表达比较客观，也不会引起读者的质疑。

第四，语言表达上存在一些问题，如第一段中画线的语句，还需进一步打磨和完善。

第四节 ｜ 注释与参考文献

注释和参考文献作为学术论文中不可或缺的部分，充分反映了学术论文的严谨性、学术性和规范性，也体现出研究者的学术素养。但是，很多研究者往往却对论文的注释和参考文献不够重视，对它们的具体内容和撰写规范缺乏了解。

一、注释

注释是介绍和（或）评议书籍或文章中涉及的术语、背景知识、引文等的文字。

（一）注释的内容

硕士学位论文中需要添加注释的情况大致有四种。

第一，注明所引内容的出处，尤其是二次引用（即转引自其他文献）或所引内容并非出自学术著作时，一般要注明。例如，林文修（2011）的硕士学位论文《初级水平泰国学生汉语语音学习策略研究》中提到："之后，1966年 Aaron Carton 发表 *The Method of Inference in Foreign Language Study*（《外语学习中的推理方法》）一文，他认为学习者所具有的善于推理及有效地、合理地推理的能力不尽相同。"这句话引用了前人的研究成果，作者以脚注的形式注明了引用内容的来源：

1 钱玉莲：《第二语言学习策略研究的现状与前瞻》，载《暨南大学华文学院学报》，2004（3）：36-43.

陶思佳（2011）在《初级对外汉语口语课堂上的互动模式》一文中介绍研究理论基础时提到："Metear（1976）提出 IRF 完全适合于语言课堂，但有时需要稍加改变，比如有时学生会增加一次反应，形成 IRF(R')的结构。"由于是二次引用，且对英文原文进行了翻译，论文中注释了上述结论的出处：

1 参见 R. Ellis：*The Study of Second Language Acquisition*，牛津：牛津大学出版社，1994.

第二，界定概念。读者不可能对论文提到的所有概念或术语都非常了解，因此有必要对论文涉及的，读者可能不太了解的概念或术语进行界定，以便他们更好地理解全文内容。如果将所涉及概念或术语的界定都写进正文，会导致正文冗长，叙述不连贯；而以添加注释的方式对这些概念或术语进行界定就更为理想。此外，如果某个概念或术语，相关研究领域的专家和学者们对其内容和范围的界定尚未达成一致，也需进行注释。例如，王静（2011）的《留学生汉语宾语的习得研究》中提到了"语块"这个概念。"语块"在这篇论文中虽然不是核心概念，但不了解什么是"语块"可能会影响读者对整篇论文内容的理解，因此有必要对这一概念进行界定。不过，如果在正文中解释什么是"语块"，既会影响正文叙述的连贯性，又显得突兀。于是，作者以注释的方式对"语块"这一概念进行了说明：

1 语块，也叫"套语"，指那些不能分析而作为整体学习的语言单位，多运用于特定的场景。第二语言初学者常常把语块作为整体来学习和记忆。这也是一种学习策略。（周小兵，2004）

第三，修正原文。文字资料难免存在纰漏。为了不让所引文献中的纰漏引起读者的困惑，误导读者，就需要通过注释加以说明。例如，王珅（2015）的硕士学位论文《〈官话篇〉与〈官话急就篇〉文化内容比较分析》中提到："《官话》的'中国国情—人民—名人'的内容包括：曾文正公、诸葛孔明、周公……《急就》中的'名人'内容则出现了尧舜、孔圣人、孟夫子……李大白[1]、杜工部、白乐天……"根据上下文语境可知，《官话急就篇》中提到的"李大白"应该是"李太白"，即大诗人李白。为避免误导读者，作者以脚注的形式对"李大白"这处原书中的差错进行了说明：

1 此处指"李太白"，原书中有印刷错误。

第四，补充信息。注释还可以补充与正文有关的背景知识或解释性信息。例如，刘羽佳（2015）在介绍《启尔德〈华西初级汉语课程〉研究》的研究对象时说道："《华西初级汉语课程》是20世纪初为数不多的教授西南官话的国际汉语教材之一。"作者通过注释的方式对其他几本重要西南官话教材的大体情况做了补充：

1 当时由传教士编写的具有代表性的西南官话教材还有三本，分别是《西蜀方言》《华英联珠分类集成》《华英捷径：初步100步（注音）》。前两本以成都方言为标准，最后一本以云南方言为标准进行编写。（有删节）

通过阅读注释，读者能够对20世纪初由西方传教士编写的西南官话教材产生进一步的了解，对这方面内容感兴趣或有相关研究需求的读者也能够由此获得指导性建议，查阅其他几种教材进行扩展阅读或对比研究。

（二）注释的位置

注释一般有两种形式，即脚注和尾注。脚注位于被注释内容同一页的下方，尾注则位于论文结语和参考文献之间。硕士学位论文篇幅较长，注释通常采用脚注的形式，便于读者理解和查阅。谢丽敏（2009）的论文《基于案例的商务汉语教材编写研究》中添加脚注的方式，可供研究者参考和借鉴。

本文采用了比较分析这一研究方法，比较分析法是人类认识客观事物最原始、最基本的，也是最有效的方法。从科学研究的角度说，比较分析是一种对照两个或两个以上的事物，找出它们的共同点和相异点的逻辑方法，它是科学研究中建立起各种概念的基本方法。比较法的运用是人们理性地认识客观世界的开始。[2]

比较分析方法也是语言学和对外汉语研究中最基本的分析手段之一，在教材编写的研究中也常常用到，是一种基本和有效的分析手段，本文多处用到了此法。在商务汉语案例编写原则、分类和难度研究中以两部采用了案例教学法的商务汉语教材为例[3]，对教材编写中的相关问题进行了比较分析；在商务汉语案例加工研究中对语料加工前后做了比较；在论文结尾部分又把商务汉语与其他语言教学进行了比较分析。

---

2 陆俭明：《现代汉语语法研究教程》，北京：北京大学出版社，2004.
3 这两部教材是：《成功之道——中级商务汉语案例教程》，袁芳远主编，北京大学出版社于 2005 年出版；《商务汉语经济案例阅读教程》，邢欣主编，北京大学出版社于 2006 年出版。

（三）注释的格式

这里我们主要讲解如何对所引文献内容的来源进行注释。引用内容出自文献的类型不同，注释格式也不相同；而相同的文献资料，在论文中第一次被引用时，与第二次及随后多次被引用时的注释格式也有所区别。因此，汉语国际教育专业学生在撰写注释内容时要耐心、细心，要认真查阅所在院校发布的学位论文写作规范或工作手册。不同院校对学位论文注释格式的规定可能有细微差别。下面我们介绍目前较为常用的注释格式，供大家参考。

1. 首次引用资料的注释格式

（1）引用专著例

专著中的内容第一次被引用时，需将专著作者的姓名、著作名、出版地、出版者、出版年份及引用资料所在的页码等信息一并注明。注释所引专著信息时，应注意：

① 作者姓名后用冒号；著作名用书名号标出，书名号后加逗号；出版地后用冒号，出版社名称后加逗号；出版年份后加冒号，所在页码后用英文的句点。

② 著作作者如是两人，姓名之间用顿号分隔，如"×××、×××"；作者如是两人以上，可只注明第一作者姓名，后面加"等"字省略其他作者，如"××× 等"。

③ 著作名中如有副标题，则在书名号内以破折号将标题与副标题隔开。

④ 著作如分多册或是多卷本，需在书名号后面直接写出引用资料所在的册数或卷次。

例 1　赵金铭:《汉语可以这样教——语言技能篇》，北京：商务印书馆，2006：36-42.

例 2　黄伯荣、廖序东:《现代汉语（增订六版）》下册，北京：高等教育出版社，2019：90.

（2）引用译著例

注释译著时，应注意以下两点：

① 欧美作者的中译名一般只保留其姓（family name）；同姓不同名的欧美作者，其中译名则需保留其名（包括 first name 和 middle name）首字母，缩写名后可省略英文缩写点（下圆点）。如果注释时将姓名全部译出，则需在姓名之间加中文间隔号（中圆点）。

② 书名号后或多册、多卷本译著的册数或卷次后直接加圆括号，括号内注明译者、校者（如有）姓名。

例 3　哈特曼、斯托克:《语言和语言学词典》（黄长著等译），上海：上海辞书出版社，1981：97.

例 4　布卢姆等:《美国的历程》下册第二分册（杨国标、张儒林译，黄席群校），北京：商务印书馆，1988：97.

（3）引用编著例

编著通常有两类：仅有编者的编著、既有编者又有著者的编著。

① 注释仅有编者的编著，在编者姓名后，根据该书提供的信息加入"编"或"主编"，再加冒号；其他部分与著作类注释格式相同。

② 注释既有编者又有著者的编著时，格式与注释专著类文献时基本相同，但需在书名号后加圆括号，括号内注明编者姓名，如例 6 所示。

例 5　国家对外汉语教学领导小组办公室编:《高等学校外国留学生汉语进修教学大纲（长期进修）》，北京：北京语言文化大学出版社，2002：1-3.

例 6　韩铁等:《战后美国史（1954—1986）》（刘绪贻、杨生茂主编），北京：人民出版社，1989：56.

（4）引用文集、期刊例

注释引自文集、期刊中的内容时，应注意以下三点：

① 先注明具体文章的作者姓名和篇名，篇名用书名号标出，书名号后加逗号；再注出文集、期刊名，也需用书名号标出，书名号前加"载"字，紧接文集、期刊名外书名号后注明册数、卷次或期数，后加逗号；其他规则与专著类文献注释格式相同。

② 编者署名的文集要用圆括号注明编者姓名和编著方式，如例 7 所示；编者未署名的文集则无须注明，如例 8 所示。

③ 期刊不必注明编者和出版者。

例 7　周小兵:《对外汉语语法项目的选择和排序》，载《对外汉语教学与中国文化——2003 国际汉语教学学术研讨会论文选集》（翟汛、萧素秋主编），香港：汉学出版社，2003：37.

例 8　朱智贤:《皮亚杰的心理学思想》，载《儿童心理学教学参考资料》第二分册，北京：北京师范大学出版社，1981：86.

例 9　刘东虹:《大一学生写作中的母语策略与母语迁移》，载《外语教学》，2002（4）：63.

（5）引用报纸文章例

注释摘自报纸的文字资料时，应注意两点：

① 报纸出版时间需注明年、月、日，并置于报纸名称前。

② 注释报纸信息时，不注"页"，而注"版"。

注意，署名文章和不署名的文章或报道的注释格式略有不同，注释署名文章见例 12，注释不署名的文章或报道见例 13。

例 12　马箭飞:《办好孔子学院 贡献中国智慧》，2018 年 1 月 24 日《中国教育报》，第 1 版.

例 13　《墨西哥股票市场动荡》，1995 年 1 月 10 日《人民日报》，第 7 版.

2. 再次或多次引用相同资料的注释格式

再次引用相同资料时，注释中只需标注以下信息即可：

① 作者姓名、著作名（副标题可省略）和资料所在的页码。

② 资料出自报刊文章时，报刊名称和出版日期则可以"上引报刊"代替。

例 14　赵金铭：《汉语可以这样教——语言技能篇》，第 68 页。

例 15　韩进之：《儿童心理学教学参考资料》第二分册，第 111 页。

例 16　周小兵：《加强东南亚汉语人才培养与教材研发》，上引报刊，第 6 版。[1]

除了论文中引用文献资料的来源，更多需要说明的信息往往以文字描述的方式加以注释。相对于著录体例要求严格的参考文献，注释的格式更为灵活。研究者在撰写论文时，要充分了解所在院校的学位论文写作规范，并根据论文写作的实际情况做出相应调整。

二、参考文献

参考文献就是在正文引用的，以及对论文的撰写有重大影响的文献资料汇总，位于文末。

（一）参考文献的选择

对论文撰写有重大影响的资料都应列入参考文献，尤其是论文中明确提及的资料，因为它们是论文的一部分。这样做的意义在于，读者在研读论文时，如果想进行拓展阅读，就可以很快地在参考文献中找到相应书目或文章的信息。

除此之外，对论文研究设计、研究方法选择等有重要启发和影响的文献也应该列入参考文献。虽然这类资料可能没有直接出现在论文中，但是对论文的架构或实验的实施等有举足轻重的作用。与论文没有直接联系，或联系不密切的文献则不必列入参考文献。

（二）参考文献类型及其标识代码

参考文献类型标识代码主要用于标注和识别论文所参考文献的类型，帮助读者以最快速度，准确地找到自己需要的文献。根据 2015 年发布的国家标

---

1 刊发于 2017 年 12 月 7 日《中国社会科学报》。

准 GB/T 7714–2015《信息与文献 参考文献著录规则》中附录 B《文献类型和文献载体标识代码》的规定 [1]，著录参考文献时，要以单一大写英文字母或大写英文字母组合的方式标识各种文献类型。

常用的参考文献，包括出版物、学位论文和其他公开发表的书面材料等，一般以单字母标识所属文献类型，见表 7-1。

表7-1　参考文献类型及标识代码

参考文献类型	文献类型标识代码
普通图书	M
会议录	C
汇编	G
报纸文章	N
期刊文章	J
学位论文	D
报告	R
标准	S
专利	P
档案	A
其他	Z

论文参考文献著录较多的几类文献资料中，学术专著属于一般图书，用单字母"M"标识；普通论文集属于汇编类文献，一般用"G"标识；学术会议上发表的论文编选成集出版的，则用"C"标识；期刊上发表的论文的文献类型代码是"J"；学位论文的文献类型代码是单字母"D"。

数据库（database）、计算机程序（computer program）及电子公告（electronic bulletin board）等电子文献类型以双字母作为标识，见表 7-2。

1 国家标准 GB/T 7714–2015《信息与文献 参考文献著录规则》由国家标准化管理委员会于 2015 年 5 月 15 日发布，自 2015 年 12 月 1 日起实施，用于替代 1987 年和 2005 年发布的版本，为现行标准。原国家标准局于 1983 年发布《文献类型与文献载体代码》（GB3469–83），文献类型和文献载体标识代码相关内容与现行标准基本一致，仅将代码"M"对应标识的文献类型更改为"普通图书"，代码"C"对应标识的文献类型由"论文集"细化为"会议录"，增加了包括专题论文集等在内的"汇编"文献类型。

表7-2　电子参考文献类型及标识代码

电子参考文献类型	文献类型标识代码
数据库	DB
计算机程序	CP
电子公告	EB

非纸张载体的电子资源被著录为参考文献时，除了标注电子资源类型外，还需要标明其载体类型。国家标准 GB/T 7714–2015 要求用双字母标识电子资源的载体类型，包括：磁带（magnetic tape）—MT，磁盘（disk）—DK，光盘（CD-ROM）—CD，联机网络（online）—OL。电子资源及其载体类型的标注格式为：

［文献类型标识 / 载体类型标识］

常见的电子参考文献及其载体的标识方法有：

[DB/OL]　联机网上数据库（database online）

[DB/MT]　磁带数据库（database on magnetic tape）

[M/CD]　光盘图书（monograph on CD-ROM）

[CP/DK]　磁盘软件（computer program on disk）

[J/OL]　网上期刊（journal online)

[EB/OL]　网上电子公告（electronic bulletin board online）

需要注意的是，以纸张为载体的传统文献在被著录为参考文献时，一般不用注明载体类型。

（三）参考文献著录格式和排序

不同院校对学位论文参考文献著录格式的要求可能略有不同。研究者在论文中著录参考文献时，需参照所在院校有关学位论文格式体例的相关规范。这里将介绍国家标准 GB/T 7714–2015《信息与文献 参考文献著录规则》中规定的参考文献著录格式。

（1）期刊中析出文献的著录格式

作者. 析出文献名 [J]. 刊名，年，卷（期）：起止页码.

例 1　周小兵.汉语国际教育专业硕士毕业论文的研究设计与写作（上）[J].
国际汉语教育（中英文），2017，2（1）：25-32.

例 2　张伟，杜健.编撰汉语学习词典的几点理论思考 [J].辞书研究，1999
（5）：17-25.

例 3　REDFIELD D L, ROUSSEAU E W. A meta-analysis of experimental research
on teacher questioning behavior[J]. Review of educational research, 1981,
51(2): 237-245.

（2）专著的著录格式

作者.书名 [M].版本.出版地：出版者，出版年：引文起止页码.[1]

例 4　薛玉萍.维汉空间范畴表达对比研究 [M].广州：世界图书出版公司，
2016：21-26.

例 5　李宇明.汉语量范畴研究 [M].武汉：华中师范大学出版社，2000：
30-36.

例 6　ALLWRIGHT D, BAILEY K M. Focus on the language classroom[M].
Cambridge: Cambridge University Press, 1991: 24-36.

对于其他未说明类型的文献，标识代码使用单字母"Z"。

（3）论文集中析出文献的著录格式

析出文献作者.析出文献名 [G]// 论文集编者.论文集名.出版地：出版
者，出版年：析出文献起止页码.

例 7　王静.留学生汉语宾语的习得研究 [G]// 周小兵.中山大学国际汉语
教育三十年硕士学位论文选——全球视野下的国际汉语教育.广州：
中山大学出版社，2011：290-319.

会议论文集中析出文献题名后，填入方括号内的文献类型标识代码是单
字母"C"。

例 8　陆嘉琦.试论外向型汉外词典与内向型汉外词典的区别 [C]// 郑定
欧.对外汉语学习词典学国际研讨会论文集.香港：香港城市大学出
版社，2005：36-38.

如果论文集本身作为参考文献，著录时应参照专著的著录格式，文献类

---

1 第一版图书不用著录版本信息；若无明确的引文起止页码，可不著录。

型标识代码相应改为单字母"G"或"C"。

（4）学位论文的著录格式

作者．学位论文名 [D]．保存地点：保存单位，年．

例 9　李亚南．中韩两国编写的对韩儿童汉语教材对比研究［D］．济南：
山东大学，2012.

例 10　崔婷玉．中韩少儿汉语教材对比研究——以《快乐汉语》和《小学
中国语》为例［D］．兰州：兰州大学，2016.

（5）专利文献的著录格式

专利申请者或所有者．专利题名：专利号 [P]．公开日期 [引用日期]．[1]

例 11　HASEGAWA, TOSHIYUKI, YOSHIDA, et al. Paper coating composition:
EP0634524[P]. 1995-01-18.

例 12　西安电子科技大学．光折变自适应光外差探测方法：01128777.2[P/
OL]. 2002-03-05[2002-05-28]. http://211.152.9.47/sipoasp/zljs/hyjs-yx-new.
asp?recid=01128777.2&leixin=0.

（6）标准文献的著录格式

标准提出者．标准名：标准编号 [S]．发布地点：发布单位，年：起止页码．

例 13　国家新闻出版广电总局．广播电视音像资料编目规范 第 2 部分 广播
资料：GY/T 202.2-2016[S]. 北京：国家新闻出版广电总局广播电视
规划院，2016：19-44.

例 14　国家标准化管理委员会．标点符号用法：GB/T 15834–2011[S]. 北京：
中国标准出版社，2012.

（7）报纸中析出文献的著录格式

析出文献作者．析出文献名 [N]．报纸名，出版日期（版次）．

例 15　陈志平．减灾设计研究新动态 [N]．科技日报，1997-12-13（5）.

（8）报告的著录格式

报告撰写者．报告名 [R]．保存地点：保存单位，年．

---

1 文献非电子资源不用著录引用日期。专利文献公开日期，报纸出版日期，电子资源的更新或修改日期、引
用日期等按照"YYYY-MM-DD"格式，用阿拉伯数字著录。

例 16　World Health Organization. Factors regulating the immune response: report of WHO Scientific Group[R]. Geneva: WHO, 1970.

例 17　中国信息通信研究院 . 中国数字经济发展白皮书（2017 年）[R/OL]. （2017-07-13）[2017-09-20]. http://www.cac.gov.cn/files/pdf/baipishu/shuzijingjifazhan.pdf.

（9）电子资源的著录格式

电子图书、电子期刊、电子图书或期刊中的析出文献，以及电子专利等的著录格式按对应印刷型文献有关著录规则处理，但应注意使用相应文献及载体类型标识。除此以外在网上发布的电子资源要按如下规则著录：

作者 . 题名 [文献类型标识 / 载体类型标识]. 出版地：出版者，出版年：引文起止页码 .（更新或修改日期）[引用日期]. 获取和访问路径 . [1]

例 18　万锦坤 . 中国大学学报论文文摘（1983~1993）[DB/CD]. 北京：中国大百科全书出版社，1996.

例 19　WHITE A. The application of Sinclair and Coulthard's IRF structure to a classroom lesson: analysis and discussion[EB/OL]. (2003-05-01)[2017-03-10]. https://www.birmingham.ac.uk/Documents/college-artslaw/cels/essays/csdp/AWhite4.pdf.

整理需著录参考文献的资料后，还需将资料按照一定的标准排序。学术论文常用的参考文献排序方式有两种：一种是按照所引文献在正文中出现的顺序进行编排；另一种是中文文献按照主要责任者姓名汉语拼音音序排列 [2]，西文文献按照主要责任者姓氏字母顺序排列，同一主要责任人的文献按照出版年先后顺序排列。汉语国际教育硕士学位论文的参考文献一般先列中文文献，再列西文文献 [3]。

---

1 电子图书，电子期刊，电子专利，音像制品，以及以光盘、USB 闪存盘等载体存储的数据资料，属于非传统印刷型的出版物，作为参考文献时，著录出版年份即可，不用著录具体的更新或修改日期、引用日期。

2 主要责任者包括著者、编者、学位论文撰写者、专利申请人或专利权人、报告撰写者、标准提出者、析出文献的著者等。

3 参考文献按文种可分为中文、日文、西文、俄文、其他文种五类，各类文献均可按主要责任者姓名音序或字母顺序排列，其中中文和西文（以英文为代表）文献最为常见。

（四）实例展示和分析

以下是从两篇学术论文中节选的包含参考文献的部分内容，请判断其中参考文献著录是否符合规范，并提出修改建议。

郭晓麟（2010）认为："所谓典型性，即所选取的例句具有代表性，最能体现出所讲解的语法表达形式的语义、语法及语用特点，在三个平面上都经得起推敲。"

参考文献

[1] 郭新亚 . 浅谈趣味性原则在对外少儿汉语教学中的应用 [D]. 苏州：苏州大学，2012.

[2] 佟莉 .《成功之路》例句研究 [D]. 长沙：湖南师范大学，2015.

[3] 张璟 . 对外汉语教材例句研究 . 北京：北京语言大学，2005.

[4] 王洁茹 . 初中级对外汉语综合教材例句典型性考察分析 . 上海：复旦大学，2011.

[5] 刘若云，徐韵如 . 对外汉语教学中例句的选择 [J]. 中山大学学报论丛，2005，25（6）.

这篇论文参考文献部分存在的问题有：① 正文明确引用的文献未列入参考文献，② 参考文献没有按照作者姓名音序排列，③ 部分参考文献缺少文献类型标识。

再来看下面这篇论文的参考文献部分。

参考文献

[1] 李亚南 . 中韩两国编写的对韩儿童汉语教材对比研究 [D]. 山东：山东大学，2012.

[2] 崔婷玉 . 中韩少儿汉语教材对比研究——以《快乐汉语》和《小学中国语》为例 [D]. 兰州：兰州大学，2016.

[3] 陈璇如 . 韩国儿童汉语教材对比分析和相关调查 [D]. 广州：中山大学 .

[4] 金宝恩 . 中韩汉语入门教材的对比与分析——以中韩教材《汉语会话 301 句》和《生活汉语》为比较案例 [D]. 浙江大学 .

[5] 李春梅 . 中韩两部 11~13 岁儿童汉语综合教材的比较分析 [D]. 东北师范大学，2011.

[6] 马政我 . 中韩儿童汉语教材对比分析研究 [D]. 重庆：重庆大学，2017.

这是一篇课程论文中列出的全部参考文献，其中存在的最大问题是类型单一。学术论文著录参考文献的类型应丰富多样，所引材料也应以正式出版的专著或期刊，尤其是核心期刊中的析出文献为主，因为这类文献代表了相关领域的研究主流和未来的发展趋势。此外，与上一篇论文一样，这篇论文著录的参考文献也存在信息不完善和排序混乱的问题。

第五节 | 附录

附录就是对正文主体的补充。那些与论文主体有关，但又不宜载入论文正文的材料，都可以在附录中呈现。不同院校对学位论文附录应包含内容的规定可能略有差异，但是下列几类内容通常都可以纳入论文的附录中：

① 由于篇幅过大，或取材于复制件不便编入正文的材料和数据，如完整的问卷、采访计划和安排、观察提纲、考试试题、培训中使用的材料、先导测试的研究报告、要求对象承担的任务、数据分析的详细结果，等等。

② 对本专业研究者有参考价值，但一般读者不必阅读的材料。

③ 论文中使用的符号意义、单位缩写、程序全文及相关说明。

④ 计算机程序清单、光盘、鉴定证书、获奖奖状或专利证书的复印件等。

以上提到附录部分应包含内容适用于所有专业的学位论文。汉语国际教育专业的研究论文应纳入附录部分的内容主要是第一类。附录内容的编排方法通常有两种：一是先按主题分类，再按与附录内容相关的论文章节先后顺序编排；二是仅按照与附录内容相关论文章节的先后顺序编排。

下面以林晓群（2015）的硕士学位论文《美国公立小学中文课程主题式教学研究与设计——基于美国卡蒂诺小学 2010 学年度第一学期的教学实习》中的附录为例，帮助研究生进一步了解附录内容应如何编排。这篇论文的研究背景是美国公立小学卡蒂诺小学在中文课程中开展主题式教学，以"时间"主题为例，分别设计出在小学高年级（4~5 年级）课堂和低年级（2~3 年级）课堂开展同一主题的主题式教学的详细教学方案。这篇论文的附录部分共有 7 项内容，如下所示：

附 录

附录一 《21世纪外语学习标准》的"5C外语学习目标"

The "Five Cs" of the National Standards for Foreign Language Learning

Communication

Communicate in Languages Other Than English

Standard 1.1: Students engage in conversations, provide and obtain information, express feelings and emotions, and exchange opinions.

Standard 1.2: Students understand and interpret written and spoken language on a variety of topics.

Standard 1.3: Students present information, concepts, and ideas to an audience of listeners or readers on a variety of topics.

Cultures

Gain Knowledge and Understanding of Other Cultures

Standard 2.1: Students demonstrate an understanding of the relationship between the practices and perspectives of the culture studied.

Standard 2.2: Students demonstrate an understanding of the relationship between the products and perspectives of the culture studied.

Connections

Connect with Other Disciplines and Acquire Information

Standard 3.1: Students reinforce and further their knowledge of other disciplines through the foreign language.

Standard 3.2: Students acquire information and recognize the distinctive viewpoints that are only available through the foreign language and its cultures.

Comparisons

Develop Insight into the Nature of Language and Culture

Standard 4.1: Students demonstrate understanding of the nature of language through comparisons of the language studied and their own.

Standard 4.2: Students demonstrate understanding of the concept of culture through comparisons of the cultures studied and their own.

Communities

Participate in Multilingual Communities at Home and Around the World

Standard 5.1: Students use the language both within and beyond the school setting.

Standard 5.2: Students show evidence of becoming life-long learners by using the language for personal enjoyment and enrichment.

Reprinted with permission from the American Council on the Teaching of Foreign Languages (ACTFL).

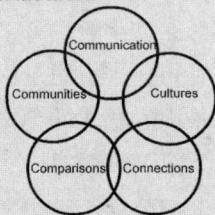

附录二　幼儿园至 5 年级所关注的核心问题及主题

美国应用语言学会（CLA）2010 年制定。

Grade K-5 Chinese Curriculum

Grade Level Essential Questions and Themes

	K	1	2	3	4	5
Grade Level Essential Questions	Who am I? Who are you? How are we the same and different?	What does it mean to be a friend? Who are our friends?	What is your community like in the U.S. and in China? How do people in the community make a difference in our lives?	How are traditions preserved or changed?	How can we make the world we live in a better place?	How can Chinese language and culture help us become productive citizens of the world?
Grade Level Themes	Who are we?	Who are my friends in my world?	Where are we in the community?	What is tradition? How do people influence each other's traditions?	How do we improve the quality of life?	How can I make a difference in the world?
Sub-Themes	Who are we in school? Who are we at home? Who are we in the community?	Who are our friends? What can friends and family do together? What makes our community special?	What do we learn in our schools? What do we learn in our homes? How do we stay healthy? How do health care givers help us? How do we celebrate?	How do we celebrate our favorite holidays? How did my grandparents or parents celebrate these holidays? What traditions are important in our school and community? What Chinese traditions have I experienced?	How can we make our school a partner in protecting the planet? How can we preserve the unique features of different regions of our planet? How can we help endangered species? (e.g., pandas, plants) What can we do together to protect our environment? (pollution, air quality)	How can my language skills help me? Travel; study abroad; work globally; enrich my understanding of the world; appreciate the arts and literature; engage in humanitarian work; combat world poverty and diseases

Updated 7-9-10

2010 © Center for Applied Linguistics and National K-12 Foreign Language Resource Center, Iowa State University

附录三　活页练习《找一找，涂一涂：相同的月份》

名字：＿＿＿＿＿＿＿＿　＿＿月＿＿日

Search and Color: Find the Same Month
找一找，涂一涂：相同的月份

November	June	October
七月	January	十月
August	十二月	四月
三月	April	December
五月	十一月	March
二月	September	八月
May	六月	July
九月	February	一月

（《中文百宝箱 1》 227 页）

附录四 活页练习《我的一天》

我的一天
wǒ de yì tiān
My Daily Schedule

活动

名字：_____

一 我_____ 起床。
(time) qǐ chuáng

二 我_____ 吃早饭。
(time) chī zǎo fàn

三 我_____ 上学。
(time) shàng xué

四 我_____ 吃午饭。
(time) chī wǔ fàn

五 我_____ 玩游戏。
(time) wán yóu xì

六 我_____ 放学。
(time) fàng xué

七 我_____ 吃点心。
(time) chī diǎn xīn

八 我_____ 做功课。
(time) zuò gōng kè

九 我_____ 吃晚饭。
(time) chī wǎn fàn

十 我_____ 洗澡。
(time) xǐ zǎo

十一 我_____ 睡觉。
(time) shuì jiào

《中文百宝箱 2》 169~170 页

附录五 活页练习《涂一涂，写一写：我的生日蛋糕》

名字：_____ _____月_____日

Color and Write: My Birthday Cake
涂一涂，写一写：我的生日蛋糕

生日快乐
shēng rì kuài lè

1. 我叫_____
 wǒ jiào (your name)

2. 我的生日是_____月_____日。
 wǒ de shēng rì shì (month) yuè (day) rì

3. 我_____岁了。
 wǒ suì le

《中文百宝箱 1》 230 页

附录六 活页练习《涂颜色：今天是星期几？》

名字：＿＿＿＿＿＿＿＿ ＿＿月＿＿日

Coloring Activity: What Day Is Today?
涂颜色：今天是星期几？

Color the picture of peaches and fill in the blanks.

（《中文百宝箱1》 138 页）

附录七 手工"制作简易时钟"

Instructions (It is best to copy on thicker paper):
1. Cut out the section of the Great Wall, the hour and minute hands, and the hour and minute strips.
2. Attach the clock hands.
3. Insert the hour and minute strips behind the watch towers.
4. Move the strips up and down to indicate time.
5. Turn the clock hands to reflect time indicated by the strips.

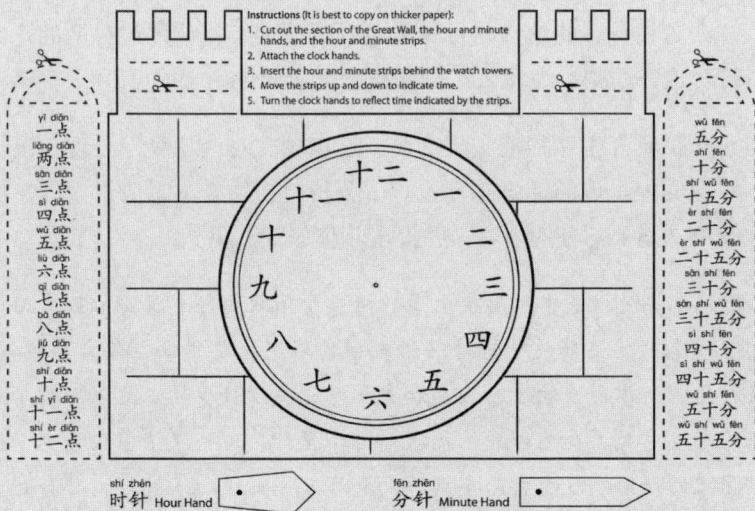

（《中文百宝箱2》 162 页）

　　附录按主题可分为两部分：第一部分是与论文主体相关的美国中小学外语课程发展的纲领性文件，包括附录一和附录二；第二部分是开展以"时间"为主题的主题式教学所用的教学材料，由附录三至附录七构成。

　　作者将美国中小学外语课程发展的纲领性文件纳入附录是因为卡蒂诺小学作为美国的一所公立小学，其所开设中文课程在教学大纲、课程设置、教材选用及学生特点等方面都不可避免地受到美国教学基本模式、课程标准等的影响。了解美国中小学外语教学的基本模式、课程标准等，能够帮助有相关研究需求的读者更深入地理解全文研究内容。但是，对于一般读者来说，即便不了解这两份文件的具体内容也不会影响他们对论文主要内容的理解，而且也不是所有读者对这样的文件都感兴趣。因此，作者将这两份文件纳入附录部分，便于感兴趣或有实际需求的本专业研究者查阅。

　　附录的第二部分是以"时间"为主题的主题式教学实践中使用的教学和练习材料。这些材料与论文主体紧密相关，但是篇幅过大，插入正文容易让读者产生"喧宾夺主"的感觉，影响论述的连贯性。作者将这部分内容纳入附录部分，既保持了论文的完整性和连贯性，也方便感兴趣和有研究需求的读者了解和学习。

💡思考与练习

1. 一个"文题相符"的论文题目一般包括哪些内容？请评述自己的论文题目是否符合这一原则？为什么？（课程论文或学位论文均可）

2. 下面是一篇研究生课程论文的摘要。这篇论文对《华夏行：现代汉语中级读本》课文中呈现的话语态度进行了分析。请结合本章所讲内容，综合评价这篇论文摘要部分的内容，并提出具体修改意见。

　　摘　要：教材语言所反映出来的情感价值取向会直接影响到学习者对中文学习的态度，目前关于对外汉语教材的研究主要集中在语言和教学方面，对教材语言所体现出的情感态度和文化意识关注较少。本文以系统功能语言学中的态度意义系统为理论依据，对《华夏行：现代汉语中级读本》这本教材中课文的话语态度类型、态度倾向和程度高低进行了统计，并分析其特点和原因，最后提出自己关于教材话语态度的几点思考。

3. 下面是一篇硕士学位论文文献综述部分的节选。这篇论文主要从英汉两种语言的隐喻对比出发，将对比成果运用于中、高级英语国家留学生汉语词汇教学中，探讨隐喻对比对中、高级汉语词汇教学的作用。请结合本章所讲内容，综合评价这篇论文文献综述部分节选的内容，并提出修改意见。

1.3.2　隐喻理论在对外汉语词汇教学方面的应用研究

我国学者将研究隐喻理论应用于对外汉语教学的成果并不多见。2000 年以后开始慢慢增多，如陈朗的《二语教学中的隐喻能力培养》阐述了认知语言学对外语词汇教学的启示：在借鉴语言能力模型的基础上，将这种能力应用于第二语言学习的听说读写等各个方面。用于对外汉语词汇教学的文章在近些年有所体现，如蒋汶倩的《文化差异下的隐喻与对外汉语教学》，从不同文化背景入手，以饮食词汇的隐喻化为例看词汇学习、网络词汇的隐喻化、隐喻与文化教学等三方面来建立语言与文化的联系。再如周媛媛的《隐喻思维在对外汉语词汇教学中的运用》，认为根据汉英隐喻思维的相似性，将汉语的发音和意义结合使汉语的音和义都得以延伸。促进学生形成隐喻能力的另一个重要因素还有了解目的语国家的思维与文化。隐喻在认识世界的过程中受思维方式的影响，而各个国家、民族的思维方式存在着差异，因此学生在形成汉语隐喻思维能力方面必然存在问题，这只能通过不断地充实学生的隐喻文化知识来解决。

4. 在中国知网上找一篇优秀汉语国际教育硕士学位论文，评价论文文献综述部分，并进行仿写。

5. 论文的研究设计部分一般包含哪些基本内容？请结合本章所讲内容，对自己论文的研究设计部分进行评述、修改。（课程论文或学位论文均可）

6. 下面是一篇研究生课程论文的结尾部分。这篇论文主要对两种日本版对外汉语口语自学教材——《中国语会话》和《中国语会话入门》进行了对比分析，总结出两种教材编写的异同和优缺点。请结合本章所讲内容，综合评价这篇论文结语部分的内容，并提出修改意见。

第五章　结语

对外汉语教学事业发展速度越来越快，汉语自学者的数量亦与日俱增。对广大自学者来说，自学教材的优劣直接关系着其学习的成效与兴趣，因此我们应该加紧对汉语习得的研究，编写出更多更好的自学教材。本文主要对两本日本对外汉语口语自学教材进行对比分析，希望能够为接下来的自学教材编写提供一定的思考。

7. 在中国知网上找一篇汉语国际教育硕士学位论文，评价论文结果与讨论部分，并进行修改或仿写。

8. 请找出下面论文参考文献节选部分存在的问题，并按照论文参考文献著录规则进行修改。

[1] 魏晓宁.人工智能在自然语言理解技术上的应用.中国科技信息.2005年第19期.

[2] 梅德明.大数据时代语言生态研究.外语电化教学.2014年1月.

[3] 李泉.对外汉语教材研究[M].北京：商务印书馆.2006.

[4] 程相文.对外汉语教材的创新[J].语言文字应用.2001，（4）.

[5] 济沛.对外汉语教材再评述[J].语言教学与研究.2003，（1）.

[6] 李华勇.论语料库语言学的学科地位[J]. 重庆理工大学学报（社会科学版），2014（7）：119-124.

[7] 桂诗春.以概率为基础的语言研究[J].外语教学与研究，2004（1）:4.

[8] 李华勇.大数据视野下的语言研究新观.重庆交通大学学报（社会科学版）.第15卷.第4期.

参考文献

[1] 洪炜，石薇.读后续写任务在汉语二语量词学习中的效应[J].现代外语，2016，39（6）：806-818.

[2] 洪炜，杨静.复现率对汉语二语者多维词汇知识学习的影响[J].解放军外国语学院学报，2017，40（6）：27-35.

[3] 柯志骋.国际汉语教师焦虑现状及缓解策略探讨——基于"汉语助教"项目的调查研究[D].广州：中山大学，2011.

[4] 林文修.初级水平泰国学生汉语语音学习策略研究[D].南京：南京大学，2011.

[5] 林晓群.美国公立小学中文课程主题式教学研究与设计——基于美国卡蒂

诺小学 2010 学年度第一学期的教学实习 [G]// 周小兵 . 汉语国际教育硕士学位论文选 . 广州：中山大学出版社，2015：193-236.

[6]　刘瑜 . 任务类型对汉语二语口语产出中词汇复杂度的影响 [J]. 世界汉语教学，2017，31（2）：253-269.

[7]　刘羽佳 . 启尔德《华西初级汉语课程》研究 [G]// 周小兵 . 汉语国际教育硕士学位论文选 . 广州：中山大学出版社，2015：65-96.

[8]　全国文献工作标准化技术委员会 . 文献类型及文献载体代码：GB3469—83[S]. 北京：国家标准局，1983.

[9]　陶思佳 . 初级对外汉语口语课堂上的互动模式 [G]// 周小兵 . 中山大学国际汉语教育三十年硕士学位论文选——全球视野下的国际汉语教育 . 广州：中山大学出版社，2011：87-108.

[10]　王静 . 留学生汉语宾语的习得研究 [G]// 周小兵 . 中山大学国际汉语教育三十年硕士学位论文选——全球视野下的国际汉语教育 . 广州：中山大学出版社，2011：290-319.

[11]　王珅 .《官话篇》与《官话急就篇》文化内容比较分析 [G]// 周小兵 . 汉语国际教育硕士学位论文选 . 广州：中山大学出版社，2015：133-159.

[12]　吴琼 . 媒介语在初级汉语二语教学中作用的实证研究 [J]. 语言教学与研究，2018（6）：48-57.

[13]　谢丽敏 . 基于案例的商务汉语教材编写研究 [D]. 上海：上海财经大学，2009.

[14]　叶彬彬 .“语文分进”的教学模式对汉字能力的影响——针对非汉字文化圈学习者的实验研究 [G]// 周小兵 . 汉语国际教育硕士学位论文选 . 广州：中山大学出版社，2015：271-293.

[15]　张孝文 . 现代汉语概数表达式“X +（量词）+ 左右 / 上下”研究 [D]. 福州：福建师范大学，2017.

[16]　中华人民共和国国家质量监督检验检疫总局中国国家标准化管理委员会 . 信息与文献 参考文献著录规则：GB/T 7714—2015[S]. 北京：中国标准出版社，2015.

[17]　CONIAM D，陆小飞，金檀 . 语言、数据与研究：论文发表学者谈 [Z/OL]. (2017-06-28)[2019-05-10]. http://ucourse. unipus. cn/course/535.

第

八

章

论文写作与修改

论文写作，就是用文字、数字和图表等书面的方式将科学研究的过程和成果，即研究的问题、方法、结果、分析讨论和结论等内容向他人公布。学术论文写作是一种信息的传递形式，应该以受众容易理解为目标。论文写作规范，读者就容易研读和理解论文内容，也容易与作者形成互动。

论文写作的规范涉及很多方面，如文章结构和各层级标题的拟定、摘要的撰写、关键词的选择、前人研究成果的回顾、引文信息和参考文献的著录、材料来源的说明、例句图表的展示、创新点的表达，等等。这些内容如果写得不规范，会影响论文的质量和可读性。论文写作是否符合规范，是检验研究者是否具备良好的研究能力和学术素养的标准之一。

论文的各个部分都有相应具体的写作规范和技巧。下面我们主要聚焦撰写论文各个部分时的注意事项，分节讨论：题目、摘要和目录，引文和例子，图表、参考文献和注释，以及如何提升文字表达的准确性和流畅性。其中部分内容在前一章中已经讨论过，这里就从不同的角度简要阐述，并且展示一些新的例子。

第一节 | 题目、摘要与目录

一、题目的拟定

论文的题目反映的是论文的中心内容，主要用于揭示主题。想要让读者在数量众多的学术论文中注意到你的论文，题目是否清晰、亮眼，至关重要。好的论文题目，独树一帜，别具一格，能一下子引起读者的注意和兴趣。反之，含混的、没有特色的题目，读者看到往往就会一跳而过。我们来看以下两个论文题目：

a 美国公立小学中文课程主题式教学研究与设计——基于美国卡蒂诺小学 2010 学年度第一学期的教学实习
b 现代汉语与西班牙语对比研究

通过对比可以看出，题目 a 较好地反映了论文的中心内容，交代了研究开展所在国家（美国）、所在学校类型（公立小学）、具体学校（卡蒂诺小学）、具体时间（2010 学年度第一学期）、教学方法（主题式教学）、研究基础（教学实习）等要素，清晰明确，能够吸引读者。相反，题目 b 涵盖的内容过多，研究的重点内容究竟是什么，仅从题目来看，读者不得而知。汉语国际教育硕士学位论文要避免出现这样的题目。

学位论文题目的拟定应遵循以下几项原则：

第一，题目应以简明、确切的词语反映论文中最重要的内容，即论文阐述的核心内容，要让读者看了就能清楚地明白说的是什么，要符合编制题录、索引和检索的有关原则，还要有助于选定关键词。题目是用来反映、概括、揭示论文内容的。因此，题目必须与论文内容相符，切不可题文不符、题不对文。例如，林晓群（2015）《美国公立小学中文课程主题式教学研究与设计——基于美国卡蒂诺小学 2010 学年度第一学期的教学实习》一文的内容是以美国卡蒂诺小学为例，结合研究者在美国教学的实践与思考，重点探讨美国公立小学中文课程主题式教学法的定义、特点、优势、教学效果及实施情况，并展示主题式教学设计的具体步骤。论文题目与内容相符，准确概括了论文内容。再如，颜铌婷（2013）的硕士学位论文《中级口语教材课文语料难度影响因素探析——以〈阶梯汉语·中级口语 2〉为例》，论文题目明确指出了论文研究的内容和考察的材料，较为清晰。

相反，《现代汉语与西班牙语对比研究》一文仅对现代汉语和西班牙语的语法规则进行了较为宽泛的讨论和对比，并未谈及语法以外的其他内容；但从题目来看，以此为题的论文应全面对比现代汉语和西班牙语，包括语音、词汇、语法等各个方面。这是典型的题文不符，题不对文。再如，论文题目为《外向型与内向型汉语词典对比研究》，但正文只对比了两种词典的释义和用例情况，并未对词典的其他内容进行讨论。如将题目改为《外向型与内向型汉语词典释义和用例对比研究》，就能较为准确地反映研究内容和范围。

第二，题目的语言表述应通顺，合乎语法要求。题目中应避免使用非公知公认的缩写词、字符、代号，一般不出现结构式和数学式。例如，《对外汉语中级听力教学实验研究——以 ST 指导下的教学方法为例》这一题目中的"ST"是"Schema Theory"（图式理论）的首字母缩写形式，并非公知公认的英文缩写词，最好不要出现在题目中。建议将副标题改为"以图式理论指导下的教学方法为例"。

第三，中文论文题目一般不宜超过 20 个字，必要时可增加副标题。例如，申时会（2015）的硕士学位论文《韩国小学汉语课堂管理案例分析——以釜山市东弓初等学校为例》，用副标题指出了具体的考察案例。

二、摘要的撰写和关键词的选择

（一）摘要的撰写

一般来说，学术论文都应有摘要。摘要是对整个研究的高度概括，应该用简洁的语言对研究的问题、方法、结论等进行总体描述。好的摘要，读者看完后，能基本了解论文内容，能判断是否有研读全文的必要，论文是否对自己的研究有参考价值。在第七章中，我们已经就汉语国际教育学科研究论文摘要部分进行了实例展示和分析，这里再通过几个具体的例子来说明研究者在撰写论文摘要时容易忽视的一些问题。

以下是一篇研究潮汕方言与现代汉语普通话比较句异同的论文初稿摘要部分的内容：

摘　要：潮汕方言隶属闽方言，是我国现存的最古老、最特殊的方言之一，甚至在世界各国的某些地域流传，其研究价值不言而喻。然而，随着全球化的不断推进，受到共同文化和传媒影响，潮州话的母语使用者逐渐减少。但是，潮汕话同时也在与外来语言进行碰撞交流融合，形成了一套新的语言风格与形式，深受一些年轻人，尤其是有海归背景的年轻人的喜爱。"胶己人"一词也成为潮汕人出门在外的"小棉袄"。

论文初稿的摘要部分仅指出潮汕方言的重要性，且较为主观，并没有提到论文研究的具体问题、方法和结论等。这样撰写摘要是不可取的。

有的论文摘要罗列出正文各章的内容，也是不可取的。如以下论文摘要：

摘　要：本文主要对表示处所的韩国语助词"에"与其对应的汉语表达形式进行对比研究，并进行相关偏误的分析。第 1 章是引论，介绍前人的研究概况和本文选题意义、研究方法及语料来源；第 2 章为韩汉对比，主要对韩国语助词与其对应的汉语表达形式进行对比分析；第 3 章为对比等级、难度测定；第 4 章是偏误分析，将偏误分为误加、遗漏、误代等类型；第 5 章是结论。

摘要中只是简单罗列各章标题和主要内容，并没有概括并反映出论文的精华内容，也没有阐明论文的观点和结论。这样的论文摘要没有达到硕士学位论文的要求，需要改进。

再来看下面一篇硕士学位论文的摘要部分：

摘　要：在数词或数量短语后加上"左右"或"上下"是现代汉语中常见

的概数表达方式，如"五十左右、六十岁上下"等。我们将其码化为"X +（量词）+ 左右 / 上下"格式。大部分辞书对格式中的"左右"和"上下"在用法和意义上的解释都相同。<u>我们通过调查统计后发现，虽然在大多数情况下这两个词在表示概数时可以互换，但在有些情况下，格式中的"左右"和"上下"不能互换。这说明这两个词在表示概数时存在一些差异。然而，对于这两个词的联系与区别，以往的研究大多语焉不详。</u>这就容易使留学生产生混淆，在使用过程中出现偏误。

我们根据大量真实的语料，采用形式和意义相结合的方法从句法和语义方面对"X +（量词）+ 左右 / 上下"格式进行了描写。同时，结合模糊语言学的理论说明了"左右""上下"在句子表达中的模糊限制作用，结合焦点、背景理论说明了"X +（量词）+ 左右 / 上下"格式在句子表达中的凸显作用。通过描写，我们发现两者在句法、语义和语用方面都表现出程度不同的差异。为此，我们运用对比分析的方法从句法构成、句法功能、语义功能、语用功能、使用频率和语体等方面对两者进行异同比较。通过比较，我们发现两者在使用频率和表义类型方面存在较大的差异。

最后，我们尝试对两者差异形成的原因做了认知解释。

好的论文摘要，应该是用简单易懂的语言反映出研究的对象、方法和结论等。上述摘要的优点在于能够使读者了解论文研究"X +（量词）+ 左右 / 上下"格式的原因及研究的主要方法，并且向读者说明"左右"和"上下"在句法和语义上存在差异。但这则论文摘要也存在明显的不足：读者看不到研究的具体结论，不明白"左右"和"上下"的主要区别到底是什么。硕士学位论文摘要的字数一般要控制在 500 字以内，上述摘要的字数已经超过了500 字，却没有展示主要结论，不能不说是一个缺憾。

论文摘要的一个主要特点就是简洁。上述摘要中下方画线部分并不是摘要必需的内容，可以放在选题缘起部分进行阐述。根据论文正文的具体内容，我们尝试对摘要部分进行如下修改：

摘　要：大部分辞书、教材对"X +（量词）+ 左右 / 上下"中"左右"和"上下"在用法和意义上的解释都相同。语言事实显示，在某些情况下这两个格式中的"左右""上下"不能互换。但对于二者的区别，以往研究大多语焉不详。这就容易使留学生产生混淆，在使用过程中出现偏误。

本文基于大量真实的语料，从句法、语义和语用方面对上述两个格式进行考察，辨析它们表示概数时的异同，并从认知角度解释差异形成原因。

研究发现，二者区别主要是：第一，语义类型方面，"X+（量词）+左右"可以表示"数量概数义"和"时间概数义"，"X+（量词）+上下"只能表示"数量概数义"；第二，就"数量概数义"而言，"X+（量词）+左右"常用于表示"数量"，"X+（量词）+上下"常用于表示"年龄"；第三，频率方面，"X+（量词）+左右"的使用频率在口语和书面语中都远高于"X+（量词）+上下"。这些差异可能与两者从空间域投射到时间域、数量域的过程不完全相同有关。

修改后的摘要部分，语言表达精练，逻辑清晰，内容完整。第一段介绍研究缘由；第二段讲研究内容、材料及具体考察方向；第三段概述研究结论，即两种格式的主要区别及形成差异的可能原因。

下面是两篇硕士研究生课程论文的摘要部分，我们来看看其中存在什么问题，思考撰写论文摘要时需要注意什么。

《汉语1》与《当代中文》的语音编写特点

摘　要：本文主要围绕两本对外汉语的综合教材——《汉语1》（西班牙语版）与《当代中文》（英语版），对这两本教材的语音编写特点进行分析，分析其优点与不足之处。

对两本短期初级汉语口语教材练习的对比

摘　要：练习是对外汉语教材的重要组成部分，既是帮助学生记忆、理解已学知识的重要工具，也是教师组织教学的重要依据。虽然现在已经有了很多关于对外汉语教材练习编写的研究，但是在实际的教材编写中，依然不能做到十全十美。本文就两本针对短期汉语培训的初级口语教材《短平快汉语初级口语1》和《魔力汉语初级汉语口语（上）》，从宏观和微观两方面进行了对比，分析了这两本教材各自的优点和缺点。

这两篇论文的摘要都说明了研究的主要内容，其中《对两本短期初级汉语口语教材练习的对比》一文的摘要还指出了对外汉语教材练习的重要性和现有研究存在不足的问题。然而，这两则摘要都没有反映出一篇学术论文中更为重要的内容——这项研究有什么发现。这是论文摘要必须反映出的内容，目的是让读者了解作者研究了什么，有什么发现，也是论文摘要的作用。

我们再来看几篇优秀汉语国际教育硕士学位论文的摘要部分。

留学生汉语宾语的习得研究（王静，2011）

摘　要：本文主要在偏误分析和中介语理论的基础上考察留学生宾语的习得情况。我们首先考察了留学生的宾语偏误并分析了偏误产生的原因；然后从大纲和教材的考察出发，调查了自然语料和问卷测试中留学生宾语的使用和习得情况。调查表明，留学生习得宾语的顺序反映了宾语的难度等级，从难到易依次为名动词宾语、双宾语、动词宾语、小句宾语、处所词宾语、形容词宾语、一般体词宾语。根据难度排序，我们提出了大纲和教材中宾语教学安排的建议，并有针对性地提出了相应的教学对策。

留学生汉语写作过程中的写作策略研究（罗宇，2011）

摘　要：在二语学习中，学习策略研究具有重要意义。本研究通过问卷、访谈、观察和出声思考等方法，考察了留学生汉语二语写作过程中的写作策略使用情况。研究发现：优等写作者比差等写作者多使用监控修改、查资料、情感鼓励和同义词替代等策略；所有写作者都不大使用翻译、回忆策略。使用同一策略时，不同写作者有不同的选择倾向：优等写作者的写作过程呈现为一个从上到下，又从下到上的过程，注重计划和监控修改策略；差等写作者的写作过程是一个单向的从下到上的过程。优等写作者的写作过程近似于过程法写作的过程，重视作文的准备、写作和修改。最后，本研究针对汉语二语写作的特点，提出了切实可行的教学建议。

中文分级读物《汉语风》1的词汇考察（孙小敏，2015）

摘　要：本文重点考察《汉语风》1级各册读物的生词以及基础词在数量、难度等级、重现率等方面的特点。通过对教材生词和基础词封闭性的统计、考察发现，《汉语风》1级的6册读物，在词汇数量、难度等级的控制上基本符合分级读物的要求；但是，在重现率方面，尤其是兼类词不同用法、多义词不同义项的重现率方面，还有较大改进空间。最后，从分级读物的形式、题材、等级设计和分级读物词汇重现率的影响因素四个方面，对分级读物的现状和前景提出自己的见解。

📝 类型学视角下汉语多项定语语序习得研究——以泰国、韩国留学生为例（吴彤，2018）

摘　要：本文旨在考察泰国和韩国留学生在习得汉语多项定语语序"领属词＋指示词＋数量词＋形容词性词语＋中心词"和"领属词＋指示词＋数量词＋动词性词语＋中心词"时是否受到语言普遍性倾向、学习者母语定语与中心词语序、母语多项定语间语序及学习水平的影响。

首先，通过对泰语、韩语和汉语的定语进行简要的对比分析，总结出三种语言在定语排列顺序上的共性和个性特征。随后，通过分析96名留学生的测试结果验证本文假设，考察留学生习得汉语多项定语语序的规律，并进一步分析影响留学生使用中介语倾向的制约因素。

研究发现，泰国和韩国留学生在习得汉语多项定语语序时受到语言普遍性倾向、母语多项定语间语序和学习水平等因素的影响，而母语定语与中心词语序对留学生的习得不产生影响。最后，针对定语语序在类型学上的不同特点，提出合理的教学建议。

上述四篇论文的摘要部分语言表达连贯，自成一体，读起来像一篇精练的短文。作者用简洁的语言明确概括出研究的材料、结论和观点，阐述清晰，能让读者读过之后就对论文形成大体了解，也能在不通读全文的情况下判断该论文是否对自己的研究有参考价值。

需要说明的是，对于在一般刊物上发表的论文来说，摘要一般不分段，以100~300字为宜；但对于硕士学位论文而言，摘要可以分段，字数也可能会更多，一般为200~500字。此外，撰写论文摘要时，一般不需要为其中引用的图、表、公式或参考文献进行著录并排序、编号。

（二）关键词的选择

关键词是为了方便文献索引和检索而选取的、能反映论文主体内容的词或词组。一篇论文一般标注 3~5 个关键词。选取论文的关键词时，需要注意关键词要与论文的主体内容密切结合。如一篇论文题为《〈初级汉语口语〉和〈很好〉练习题设置考察》，标注的关键词为：

> 对外汉语教学；口语课；交际

这篇论文以两种初级口语教材为考察对象，从认知的角度考察教材中练习题的设置情况，分析练习设置的优点与不足，并对今后的初级口语教材练习设置提出可行性建议。但就作者给出的关键词而言，这三个关键词对论文重点内容的揭示还不够，或者说还不够准确。首先，这是一项以初级汉语教材为考察对象的研究，但论文关键词中却没有提及"教材""初级"等信息。仅凭借关键词，读者可能会认为这是一篇有关对外汉语口语课教学研究的论文。总体来看，这篇论文标注的关键词与论文内容不符，建议改为：

> 初级口语教材；练习设置；交际；认知

再来看以下四篇汉语国际教育硕士学位论文中标注的关键词：

汉语国际教育视点下法国本土汉语学习网站的考察研究

关键词：汉语国际教育；汉语学习网站；国别化；评估

中文分级读物《汉语风》1 的词汇考察

关键词：分级读物；词汇；等级；重现率

美国公立小学中文课程主题式教学研究与设计
——基于美国卡蒂诺小学 2010 学年度第一学期的教学实习

关键词：美国；公立小学；中文课程；主题式教学；教学设计

类型学视角下"比"字句语序习得及其中介语特征考察

关键词：类型学；语序；"比"字句；中介语

这四篇论文选择的关键词都较好地反映了论文的主要内容，与论文题目和正文内容相吻合。同时，这样的关键词也有助于文献检索，读者能够通过与论文内容相符的关键词检索到对自己研究有帮助的文献资料。

三、目录的编制

一般说来，学位论文的篇幅较长，内容的层次较多，理论体系较为庞大、复杂，因此需要设置目录。设置目录能够让读者对论文的结构有总体了解，并准确定位到有实际研读需求的部分。编制论文目录，就是要确定研究的整体框架及各个环节的具体内容，拟定论文各章节的层级标题。层级标题是指除文章题名外的不同级别的分标题。论文中的各级标题都要简短、明确，低一级的标题应从属于上一级标题，而同一层级的标题应尽可能在逻辑上构成平行关系。研究框架在选题设计阶段就已确定，因而在学位论文的开题报告中往往就会列出基本确定的论文目录，研究生在实施研究和撰写论文的过程中可根据实际情况，对目录进行局部调整和完善优化。

审视论文的框架目录，能够了解作者的研究思路是否清晰、有逻辑。研究者在开始撰写论文时，就应拟定目录；在修改论文时，也不能忘记再次审视目录是否清晰明确、合乎逻辑。下面通过具体案例向大家展示如何拟好汉语国际教育硕士学位论文的目录。

首先来看下面这篇硕士学位论文的目录。

初级对外汉语口语课堂上的互动模式（陶思佳，2011）

目　录

　　从目录就可以看出，这篇论文的架构较为清晰。第三章"互动模式分析"和第四章"对教学的启示"是论文的重点章节，介绍了对 8 种互动模式的具体考察情况和结果，以及对教学的启示。第三章"互动模式分析"下属的 9个二级标题中，除"小结"是对本章内容的总结以外，其他 8 个二级标题之间是平行关系。在第四章"对教学的启示"中，4 个下级标题逻辑清晰，如"对引发 I 的控制""对反馈 F 的控制"和"模式控制"三个小节分别结合具体案例分析汉语教师如何控制引发、反馈、模式互动，以取得更好的教学结果。

　　再来看颜铌婷（2013）的《中级口语教材课文语料难度影响因素探析——以〈阶梯汉语·中级口语 2〉为例》，论文目录所反映出的研究框架如下：

第一章　引言

　　1.1　选题缘由及意义

　　1.2　研究对象及研究范围

这篇论文的架构同样比较清晰，如第三章前3节分别讨论课文语料在汉字、词汇和句子三个平行层面的检测方法，第4小节则结合前3节中提出的难度系数值对课文语料的量化结果进行分析。论文的目录较好地反映出研究的整体框架和主要内容。

下面再来看一篇硕士学位论文初稿目录中某一章节的各级标题，思考论文结构逻辑是否清晰，如果存在问题应如何修改。

第三章 偏误分析

3.1 语言负迁移

3.1.1 词汇误加

3.1.2 词汇误代

3.2 规则泛化

3.2.1　区分状语与补语

3.2.2　标记"地""的""得"

3.2.3　多项状语

　　仔细分析这一章各级标题之间的关系，可以发现三级标题"区分状语与补语""标记'地''的''得'""多项状语"与二级标题"规则泛化"没有从属关系，与一级标题"偏误分析"也没有从属关系。这样的框架目录是有问题的，需要进行调整和修改。根据论文的具体内容，修改后的目录中该章节各级标题如下：

第三章　偏误分析

　　3.1　语言负迁移诱发的偏误（语际偏误）

　　　　3.1.1　词汇误加

　　　　3.1.2　词汇误代

　　3.2　目的语规则泛化诱发的偏误（语内偏误）

　　　　3.2.1　状语与补语的误代

　　　　3.2.2　"地""的""得"的混用

　　修改后的各级标题逻辑清晰，论文框架结构明确。三级标题"词汇误加"与"词汇误代"对应小节内容是平行关系，又都属于 3.1 节"语言负迁移诱发的偏误（语际偏误）"下细分的内容。同时，二级标题"语言负迁移诱发的偏误（语际偏误）"和"目的语规则泛化诱发的偏误（语内偏误）"之间是平行关系，又都从属于一级标题"偏误分析"。这样的标题结构清楚，论文写出来也是逻辑清晰的。研究生在对写好的论文文稿进行修改时，还需注意检查论文的目录，以免出现结构含混的情况。

第二节 ｜ 引例与观点

一、引用

　　论文写作是基于前人研究成果的一种创造性的活动，论文中的引文就是借鉴前人研究成果的体现。通过引文来辅助说明研究者自己的观点，在论文写作中是较为常见的。引文多数情况是在分析和论述时使用，一般用作论据，有时也可以直接作为观点使用。无论是哪一种情况，引用前人研究内容的目的都是为了充实自己论文的内容，增强对观点的论证力度。

在学位论文中引用其他文献中的语句有一定的要求。首先，由于引文是利用他人的观点来辅助说明自己的观点，引用时必须忠于原意，无论是直接引用还是间接引用，切忌断章取义，更不要为了装显"高深"而刻意引用。直接引用是指成句或成段地引用原文献的语句，间接引用是指用作者自己的话转述原文献中的观点和思想。我们来看两篇汉语国际教育硕士学位论文中分别使用直接引用和间接引用的实例。

颜铌婷（2013）在论文《中级口语教材课文语料难度影响因素探析——以〈阶梯汉语·中级口语2〉为例》中介绍课文语料难度的研究现状时，直接引用了徐霄鹰（2001）和张宁志（2000）研究中的说法：

教材内容和词汇数目从侧面反映出教材难度存在与学生水平不相适应的问题。而教材课文是教材内容和词汇的主要载体，课文语料难度不仅可能影响学生的学习兴趣，也是判断教材是否实用的主要依据。目前教材课文语料研究的现状是："虽然难度控制的科学性在教材编写原则中被一再强调，可实际情况却不甚理想"（徐霄鹰，2001）；并且"在选择材料、编写教材和安排教学内容的顺序时，还缺乏客观、统一的标准，往往还需要依赖教师主观、直觉的经验"（张宁志，2000）。因此，探寻教材语料难度的影响因素，制定难度等级的标准，是很有必要的。

作者在自己的论文中直接引用了前人研究中的原话，并且指出了相关研究存在的不足，借此说明考察教材课文语料难度影响因素和制定难度等级标准是很有必要的。

刘羽佳（2015）在《启尔德〈华西初级汉语课程〉研究》中分析启尔德"多次反复地记忆汉字"的教学理念时，引用了王维（2006）和柳燕梅、江新（2003）研究中的观点和说法：

据研究，人的遗忘总是先快后慢，汉字学习过程中如果及时安排合理的时间进行复习就能大大提高记忆效率（王维，2006）。而且越是经过积极思考、深刻理解的事物，就越容易记住。启尔德建议在读《约翰福音》一书时只圈出自己不认识的字，但不要对其做语音、声调、意义提示，当回过头再去复习这些字的时候，就需要学习者通过各种方式进行回忆，积极思考，这实际上是一种

"精加工复述"。精加工不是对相同信息的重复加工，而是以不同的方式对相同的信息进行加工。对信息进行简单的保持性复述不利于信息进入长时记忆，而精加工复述可使信息转入长时记忆（柳燕梅、江新，2003）。可见，启尔德所倡导的反复识记汉字的方法符合记忆规律，具有很高的科学性。

作者通过两处间接引用分别阐明合理安排复习时间和对信息进行精加工复述的重要性，并指出启尔德的汉字教学理念和方法是符合记忆规律的，具有一定的科学性。

在论述中恰当地使用引文，可以更好地阐明作者自己的观点，增强论文的说服力。但要注意的是，引文只起到辅助作用，不能完全代替作者对自己观点的阐释和论证。

其次，引文的内容在论文中作为观点时，可以不做解释说明。例如，颜铌婷（2013）《中级口语教材课文语料难度影响因素探析——以〈阶梯汉语·中级口语2〉为例》中的两处直接引用，作者直接采纳了他人的观点。但是，当引文内容作为论据时，就必须加以适当的论证或分析，使引文的内容与作者自己所要表达的观点紧密结合。例如，梁莉莉（2015）的论文《外向型与内向型汉语词典释义和用例对比研究》中界定术语时采取了引用的方式：

用例又可称为词例、示例、配例和例证，是关于词的具体语境使用信息（钟玲莉，2008）。由于本文所选取的词典包括内向型、外向型两种，内向型词典的整句例较少，因此本文所统计的词典用例不仅仅包括整句例，也包括构词例和短语例。

作者在论文中对术语"用例"进行界定时引用了钟玲莉（2008）的说法，先提出前人的说法，再联系自己的研究给出具体解释。

论文的分析和讨论中也常会引用他人的说法，解释或证明作者自己的观点。我们前面介绍过的这篇论文中，作者就在论述自己的观点时使用了引文。

外向型与内向型汉语词典释义和用例对比研究（梁莉莉，2015）

4.3.2.3 可模仿性与可生成性

李禄兴（2006）认为可模仿性和可生成性就是语言学所说的聚合规则和组合规则，可模仿性是指不改变句法结构下可用同类别词替换，可生成性则指摆脱例句框架后可创造性地使用词语。这项特点对于留学生来说非常实用，除了理解词义，他们查词典也因为用例可显示释义隐藏的内涵，使其掌握词语的区别性特征，最终学会自由应用。内向型词典则可以不具备这个特点，因为作为母语者，自小就自然习得汉语，自身已具备模仿与生成母语语言的能力。

【打扰】在府上～多日，非常感谢！（《现汉》）

【为】～吕氏者右袒，～刘氏者左袒。（《现汉》）

【嫩】这幅篆书笔法～了点儿。（《现规》）

这些句子对于非母语使用者来说太书面化、太专业化了，缺乏可模仿性，如在外向型词典出现则非常不合适。而且看完用例后，非母语使用者也很难独立生成新的句子，不具可生成性。

【销售】今年我们的新产品～得非常好。（《学汉语》）

【兴起】汉语热正在很多国家～，以后会说汉语的人将越来越多。（《教与学》）

这两个词虽然是丁级词，但是用例很容易模仿，可以将其中几个词用其他词替换，生成类似的句子，如"这个月他们的手机产品销售得很不错""旅游热在很多省兴起，明年去旅游的人会越来越多"等。

作者在论文中分析自己的材料时，先引用前人研究中的观点说明什么是可模仿性和可生成性，再将这一观点运用到分析留学生使用词典的特点上。这就是在前人研究成果的基础上分析自己论文中的材料，让分析更有说服力，进而提出自己的观点。

最后，我们提醒研究生在论文中使用引文时，留心注明引文出处的两种格式。一种是先呈现引文，引文后在括号内说明引文出自文献的作者姓名和发表时间，具体形式为"（作者，年份）"[1]。例如，刘羽佳（2015）的论文《启尔德〈华西初级汉语课程〉研究》绪论部分中的引文：

---

[1] 有的学术期刊或部分院校学位论文写作规范也要求标注引文在出处文献中的具体位置，如"（作者，年份：页码）"。

西方人早期学习汉语的这一段历史，为我们留下了一笔丰富的学术遗产，不仅对研究西方汉学史、汉语本体、比较文化、比较语言学等具有重要的意义，还对我们今天的对外汉语教学研究具有重要的学术意义。这段历史"为世界汉语教育史的研究提供了丰富的文献，为今天对欧美学生的汉语教学提供了极其宝贵的历史经验"（张西平，2008）。

另一种格式是先说明引文出自文献的作者姓名，作者姓名后括号内注明发表时间，即"作者（年份）"[1]，之后再呈现引文。例如，刘羽佳（2015）论文中的另一处引文：

因此，张西平（2008）指出，我们需要对这个领域进行深入研究，这"不仅将会为对外汉语教学学科的确立提供一个坚实的历史基础，也将会为我们研究汉语作为第二语言教学提供直接的经验"。

又如，林嘉妮（2017）在论文《疑问句的跨语言研究和克里奥尔语母语者习得考察》中讨论疑问代词后置的语际偏误时，引用了前人的研究结果进行对比分析：

蔡建丰（2003）发现疑问代词前置是英语母语者的常见偏误，克里奥尔语母语者则出现了疑问代词后置的偏误，缘于克里奥尔语常将疑问代词置于句末，用以强调疑问程度。根据 Eckman 的标记差异假说，当所习得的第二语言项目相对于学习者母语来说是无标记或是弱标记项时，不会发生母语迁移。汉语疑问代词居于陈述句原位是无标记或弱标记的，克里奥尔语疑问代词后置是强标记特征，一般不会迁移。但实际情况是，这种迁移偏误在习得初期发生得较为频繁。

二、举例

在论文中，为了说明事物的情况或道理，作者常会采用举例子的方式，让读者更加清晰地了解自己的观点，增强说服力。论文中举的例子以典型例子、最能论证作者观点的例子为佳。下面一篇汉语国际教育硕士学位论文中举了大量语言对比的例子。

---

1 如需要注明引文在出处文献中的具体位置，则为"作者（年份：页码）"。

泰国学生汉语动态助词"着"习得研究（魏白丽，2015）

2.2.4 "V+着+O"句式在泰语中的表达方式

（13）泰语　เขา กำลัง ร้องเพลง อยู่.

　　　对译　她 正 唱歌 着

　　　意译　他正唱着歌。

（14）泰语　เขา กำลัง กินข้าว อยู่.

　　　对译　他 正在 吃饭 着

　　　意译　他正吃着饭。

（15）泰语　ข้างนอก ฝนตก อยู่, อย่าลืม เอา ร่ม ไปด้วย.

　　　对译　外面 下雨 着，别忘 带 伞 去

　　　意译　外面下着雨，别忘带伞。

从例（13）~（15）可以看到泰语中动宾结构如"唱歌、吃饭、下雨"的动宾之间不能插入其他成分，泰语中没有"唱着歌、下着雨、吃着饭"这样的表达方式。所以当泰国学生使用动态助词"着"时，可能会出现错位的偏误。如：

[5]　*他们正唱歌着。

[6]　*他正吃饭着。

[7]　*外面下雨着，别忘带伞。

作者为了说明"V+着+O"句式在泰语中的表达方式，举了三个例子，并展示对应的对译和意译，让不懂泰语的读者也能较清楚地认识这一句式在泰语中相应的表达，同时进行了语言对比。随后，作者继续通过举例子的方式展示了泰国学习者的典型偏误。

又如，梁莉莉（2015）在论文《外向型与内向型汉语词典释义与用例对比研究》中解释和说明自己的观点"外向型汉语词典的释义应具有浅显性"时进行了大量举例：

《学汉语》《教与学》的释义语言都进行了大量调整，丁级词、超纲词数量比起两部内向型词典大大减少，但是以难释易的现象仍存在。例如：

【嫩】 ④（蔬菜、鱼肉等食品）用火制作的时间短，易于咀嚼。（《教与学》）

【软弱】①（身体）疲乏；没有力气。（《教与学》）

【天真】①单纯；不虚伪。（《教与学》）

"嫩"是丙级词，但"咀嚼"是超纲词；"软弱"是丙级词，"疲乏"是丁级词；"天真"是乙级词，"虚伪"是丁级词。再如：

【嫩】 ②（某些菜、肉）烹调的时间短，比较软，容易嚼。（《学汉语》）

【可靠】①值得相信、信赖和依靠。（《学汉语》）

【灵活】①（动作、头脑等）快；不呆板。（《学汉语》）

"嫩"是丙级词，"烹调""嚼"都是丁级词，一个义项中有两个释词比被释词高一个等级；"可靠"是乙级词，"信赖"则是丁级词；"灵活"是乙级词，"呆板"是超纲词。

有些释义中有多个释词等级高于被释词，而且比较抽象，更不易被外国学生理解。如"劳动"：

人类创造物质或精神财富的活动。（《现汉》）

人们用体力或脑力进行的有目的的活动，有时专门指体力劳动。（《学汉语》）

人类创造精神财富和物质财富的活动。（《教与学》）

《教与学》与《现汉》的释义基本相同，没有做调整，但"劳动"是甲级词，"物质"是乙级词，"精神""财富"是丙级词，等级都高于被释词，而且"精神财富""物质财富"比较抽象，属于概念性的词语，不太容易理解。而《学汉语》中"体力""脑力"虽都属丙级词，但是比较常用，也容易理解，《学汉语》的释义可能更适合外国学生。

作者举例说明了《商务馆学汉语词典》和《汉语教与学词典》两本外向型汉语词典释义语言中一些以难释易和利用抽象词语释义的现象。试想，作者在说明观点时如果不进行举例，是很难把问题描述清楚的；举出上述典型的例子则能让读者一目了然。

在论文中举例时，要注意例子的排版字体应与正文论述的排版字体做出区分，方便读者识别和阅读，还要注意例子的序号应准确。

例子的排版字体最好使用与正文不同的字体，如楷体或仿宋体，以便与正文字体（一般为宋体）明显区分。

例子的序号要清晰、有层次性。序号最好以章为单位顺次编排。例如，白德龙（2015）的论文《汉语描写性状语／补语与罗曼语对应成分的对比研究及偏误分析》第二章和第三章中都举了不少例子。如果以章为单位排列例子，第二章中出现的第一个例子序号就应编为"（1）"，依次编排；第三章中出现的第一个例子序号重新编为"（1）"，依次编排。如果例子序号从文章开头顺次排到结尾，中间只要出现一处错误，就要通篇重新排序，费时费力，且容易出错。例如，何黎金英（2011）的论文《汉越疑问代词对比》第二章到第五章一共标注了173个例子，修改起来就比较麻烦，还容易出错。

前面我们介绍过的论文中列举了语言对比的例子，这种情况在汉语国际教育硕士学位论文中较为常见，研究生在写作时要留心举例的格式是否规范。下面是一篇学位论文初稿中列举的汉语与法语对比的例子：

法语　Un tel professeur est tres bon pour l'etudiant.
汉语　一个这样老师是很好为（冠词）学生

初稿中这处举例有对译无意译，对译也没有与法语原文一一对齐。这样的汉外语言对比，不懂学习者母语的读者看不明白，更无法认识到母语负迁移的影响，语言对比分析的目的没有达到。在论文终稿中，作者在进行汉外语言对比时补全了意译，在对译中也做到了两种语言中的具体单位逐项对比、一一对齐。

法语　Un　tel　professeur est tres bon pour l'etudiant.
对译　一个 这样 老师　是 很 好　为 冠词学生
意译　这位老师对学生很好。

这样的汉外对比举例才能凸显两种语言的异同，更好地概括出相关的语法规则。总而言之，举例子时做到格式规范，既有助于作者论证和支撑观点，也有利于读者阅读和理解。

第三节 | 图表与说明

一、绘制图表

在论文写作中，图表的运用有着重要的作用。图表可以直观地展示很多文字不能传达的信息，能够实现研究成果的可视化，是实验数据的重要表现载体。

（一）绘图

在论文中，图的运用要注意以下几点：图需要精心绘制，应具有自明性，传递的信息切忌与表格或文字表述重复；图的大小要适中，线条均匀，主辅线分明；图中的术语、符号和单位等应与表格和文字表述中所用的一致。图在论文中一般随文编排。

每幅图都要注明序号和名称，如"图 3-8"和"主课文语料综合难度值趋势图"，一般置于图的下方。图的序号要明确，一般是章节号在前，图在该章节内的序列号在后，中间用短横线或点号分开，如"图 3-8"或"图 3.8"，"3"代表第三章，"8"表示第三章中的第八张图。序号后面，应有图的题名。图的绘制也要规范、美观。一般来说，论文的作者要对图进行文字解释和分析，解释和分析要切合实际。

下面我们来看一篇汉语国际教育硕士学位论文中使用的几幅折线图及相应的文字解释。

中级口语教材课文语料难度影响因素探析——以《阶梯汉语·中级口语2》为例（颜铌婷，2013）

3.4 课文语料难度量化结果

主课文语料结合字、词、句三个核心层面后的难度系数值，如图 3-8 所示。

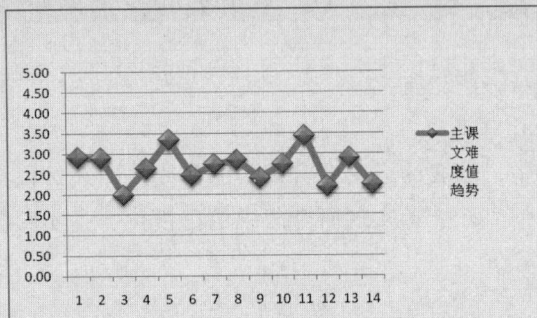

图 3-8 主课文语料综合难度值趋势图

次课文语料结合字、词、句三个核心层面后的难度系数值，如图 3-9 所示。

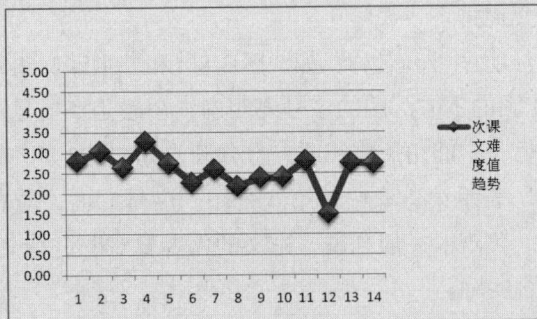

图 3-9 次课文语料综合难度值趋势图

通过以上两个趋势图可以看出，一是《阶梯汉语·中级口语2》中的课文语料综合难度系数主要分布在 [2.0，3.0] 之间，比较符合中级教材对课文难度的要求。但主课文第 5 课、第 11 课，次课文第 4课过难；而次课文第 12 课过于容易。

二是主课文与次课文间难度系数的分布趋势基本一致，说明在语料的搭配和选择中，同一课的课文语料难度是相近的。主、次课文语料配套，不存在太大差异，有利于学生的理解。

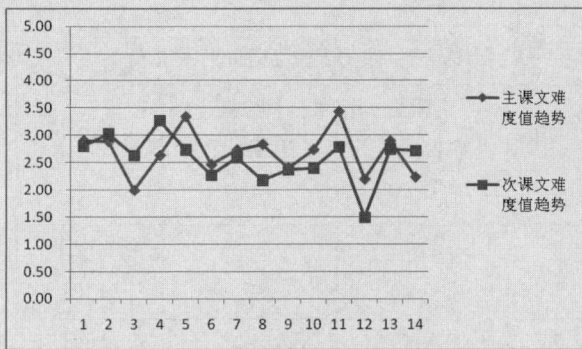

图 3-10　主、次课文语料综合难度值对比图

从主、次课文语料综合难度值对比图（图 3-10）中还可以看出，尽管在汉字层面和句子层面上，次课文难度略大于主课文，但在统筹字、词、句三个层面的系数后，除了第 3、第 4、第 14 课次课文语料难度略高于主课文以外，主课文语料总体难度值大于次课文，符合教材语料编写的普遍规律。

作者通过绘图的方式清晰地展示了主课文、次课文语料综合难度值及二者的对比情况，并进行了相应的解释和分析。作者结合三幅折线图，以课文语料的综合难度值为核心，联系汉字、词汇和句子等层面分析教材语料的编写情况。可见，在论文中适当绘制高质量的插图有助于更好地展示研究数据、分析观点和推导结论。

（二）列表

在学术论文中，表格也经常被使用，且发挥着重要作用。与插图一样，表格应当精心绘制，具有自明性。

表格的序号也要清晰、明确，同样一般是章节号在前，表格在该章节内的序列号在后，中间用短横线或点号分开，如"表 2-4"或"表 2.4"，"2"代表第二章，"4"表示第二章中的第四张表格。序号后是表格的题名。与图名及序号不同的是，表名及序号常置于表格上方。下面这篇汉语国际教育硕士学位论文用表格的形式展示了中级口语课上教师和学生课堂话语词种（词汇）密度的情况，并对表格中的数据进行了分析。

中级汉语口语课堂教学输入与输出的考察（姜芳，2011）

表4-1　教师课堂话语词汇密度表

教师	页码	实词量（单位：个）	词总量（单位：个）	词汇密度	平均密度
A 班	3	106	299	35.5%	
	4	129	350	36.9%	37.3%
	6	125	316	39.6%	
B 班	2	105	262	40.0%	
	3	132	306	43.1%	42.7%
	5	161	364	44.2%	
C 班	3	118	288	41.0%	
	5	89	212	42.0%	40.1%
	6	137	358	38.3%	
总平均		122	306	39.9%	39.9%

表4-2　学生课堂话语词汇密度表

学生	页码	实词量（单位：个）	词总量（单位：个）	词汇密度	平均密度
A 班	8	46	126	36.5%	
	11	53	132	40.2%	35.3%
	13	66	210	31.4%	
B 班	8	59	193	30.6%	
	10	62	221	28.1%	30.2%
	11	55	168	32.7%	
C 班	7	67	241	27.8%	
	9	54	165	32.7%	29.8%
	13	61	204	29.9%	
总平均		58	184	31.5%	31.5%

词汇密度是衡量说话者语言水平的标志之一。语篇的词汇密度越高，则使用的词越丰富，说话人的语言水平也越高，语篇的难度也越大；词汇密度低，则使用的词少或重复使用率高，语篇的难度也低一些。比较教师和学生的词汇密度我们发现，从平均值来看教师的词汇密度大于学生的词汇密度，教师的语言水平更高，用词更丰富。这也是理所当然的。

然而，我们也发现一个很有意思的地方。A 班学生在第 8 页和第 11 页语料中的词汇密度竟然高于 A 班教师在第 3 页和第 4 页语料中的词汇密度。我们认为这与教师对所用词语的控制和学生的水平有关。A 班教师的词汇密度比 B、C 班教师的词汇密度都要低，这说明 A 班教师更注意控制自己所用的词语，与 B、C 班教师相比，用的词种少，词语重复率高，更照顾学生的理解。A 班学生中大部分是华侨，有四名学生甚至在家里与父母都用汉语交流，他们的口语水平较高，表达欲强，提高了 A 班学生口语的整体水平，所以涉及部分语料时 A 班学生的词汇密度甚至高于教师的词汇密度。

另一个值得注意的地方是：B 班和 C 班教师的词汇密度比 A 班教师的词汇密度高，B 班和 C 班学生的词汇密度却比 A 班学生低。可见教师输入的词汇密度与学生输出的词汇密度之间不是正比关系。教师输入的词汇密度高，学生输出的词汇密度不一定就高。输入的词汇密度过大，用词太丰富，难度太大，反而使得学生难以理解，不能模仿掌握。所以教师课堂语言的词汇密度往往比用母语交谈时低。有经验的老师懂得控制词汇密度，降低语言难度，提高输入的有效性。

通过这一案例，我们可以总结出在论文中使用表格时的一些注意事项。

第一，表格中的数据应按一定的规律和顺序编排。如上述论文对三个班级教师和学生的课堂话语词种（词汇）密度进行了考察，在表格中分别展示了统计数据，并计算出平均密度。

第二，表格中的参数应标明量和单位的名称。如上述案例中，表格中注明了词种（实词量）和词总量的单位是"个"。如果表格所有栏目中数据的单位相同，可将该单位标注在表格的右上方，如"单位：个"或"（个）"。

第三，表格中的术语、符号、单位等应与插图、文字表述中所用的一致。上述案例中，作者对比分析了教师和学生的课堂话语词种（词汇）密度，并探讨课堂输入与输出的关系，使用两张表格清晰地展示出研究数据，对读者的阅读和理解有很大帮助。

二、著录参考文献

为了反映论文的科学依据和作者尊重他人研究成果的严肃态度，以及向读者提供引用资料的出处，论文结论后应列出参考文献。一般来说，论文参考文献中列出的应限于研究者直接阅读过的、最主要的、正式公开发表的文献资料信息。

参考文献提供的信息必须清晰、准确，能引导读者进一步研读相关文献，同时能反映出作者是否已经研读了开展该研究必须研读的资料。期刊中的析出文献、专著和学位论文是硕士学位论文的参考文献中比较常见的类型，在上一章中已经对各种类型参考文献的著录规范做了详细的介绍，这里再简单总结一下。

期刊中的析出文献要注明刊物发行的年份、期数和文献所在页码，期刊明确标明时还要著录卷数。例如：

赵世开.英—汉疑问代词的对比研究 [J].语言教学与研究，1980（2）: 4-22.

专著要注明出版年份、版本（第一版不注明）、引文页码等。例如：

符准青.词义的分析和描写 [M].北京：外语教学与研究出版社，2006：194-197.

学位论文要注明论文的保存单位，也就是研究生的毕业单位（一般为高校或科研机构），同时注明保存地点（毕业单位所在地），有时还会根据论文撰写实际要求注明学位论文类型（学士、硕士或博士学位论文）[1]。例如：

崔亚丽.泰国学生汉语习得中状语语序偏误研究及其教学策略 [D].济南：山东大学，2010.

于屏方.动作义位释义的框架模式研究 [D].广州：广东外语外贸大学，2006.

1　本书依据国家标准 GB/T 7714-2015《信息与文献 参考文献著录规则》未注明学位论文类型，研究生可根据所在院校学位论文写作规范的具体要求灵活处理。

　　著录论文参考文献时，应用不同的英文字母标注文献所属的不同类型。第七章对不同文献类型及相应标识代码做过详细介绍，这里不再详述，汉语国际教育硕士学位论文中常涉及的文献类型及标识代码有：专著—M，期刊—J，学位论文—D，教学大纲—S[1]，论文集—G，会议录—C，报纸—N，等等。

　　研究生在著录参考文献时还要注意以下几个问题，避免出现失误。首先，就文献著录顺序来说，一般先著录中文文献，后著录外文文献。文献一般按作者姓氏汉语拼音音序或外文字母顺序排列；如果作者姓氏相同，则按照名字汉语拼音音序或外文字母排序。如果同一作者有多篇（两篇或两篇以上）文献需著录，需按照文献发表时间排列。若同一作者有多篇需著录的文献发表在同一年内，则需在年份后加上小写英文字母"a, b, c ..."以区分。例如：

周小兵 . 对外汉语学习词典的编写 [J]. 辞书研究，1997（1）：82-86.

周小兵 . 学习难度的测定和考察 [J]. 世界汉语教学，2004（1）：41-48.

周小兵，薄巍，王乐，李亚楠 . 国际汉语教材语料库的建设与应用 [J]. 语言文字应用，2017（1）：125-135.

周小兵，张世涛，洪炜 . 对外汉语教学入门 [M]. 3 版 . 广州：中山大学出版社，2017.

ELLIS R. The study of second language acquisition[M]. Shanghai: Shanghai Foreign Language Education Press, 1999a.

ELLIS R. Understanding second language acquisition[M]. Shanghai: Shanghai Foreign Language Education Press, 1999b.

　　参考文献的格式符合规范是学术论文写作的基本要求之一，更能体现出研究者的学术研究水平和态度。下面汇总了不同类型参考文献的著录格式。

　　① 期刊中的析出文献：

　　[序号] 作者 . 析出文献名 [J]. 刊名，年，卷（期）：起止页码 .

　　② 图书[2]：

　　[序号] 作者 . 书名 [M]. 版本 . 出版地：出版者，出版年：引文起止页码 .

　　③ 专著中的析出文献：

　　[序号] 析出文献作者 . 析出文献名 [文献类型标识]. 专著作者 . 专著名
　　　　　[M]. 出版地：出版者，出版年：析出文献起止页码 .

---

1 以纸质印刷品形式正式出版的教学大纲也可归入普通图书，用"M"标识文献类型。

2 图书类参考文献在学位论文中最常见的就是专著。

④ 汇编[1]：

[序号] 编者. 论文集名 [G]. 出版地：出版者，出版年：引文起始页码.

⑤ 会议录：

[序号] 编者. 会议录名 [C]. 出版地：出版者，出版年：引文起止页码.

⑥ 论文集或会议录中的析出文献：

[序号] 析出文献作者. 析出文献名 [G 或 C]// 论文集或会议录编者. 论文集或会议录名. 出版地：出版者，出版年：析出文献起止页码.

⑦ 译著：

[序号] 作者. 书名 [M]. 译者，译. 出版地：出版社，出版年：引文起止页码.

⑧ 报纸中的析出文献：

[序号] 析出文献作者. 析出文献名 [N]. 报纸名，出版日期（版次）.[2]

⑨ 学位论文：

[序号] 作者. 学位论文名 [D]. 保存地点：保存单位，年.

⑩ 研究报告：

[序号] 报告撰写者. 报告名 [R]. 保存地点：保存单位，年.

⑪ 国际或国家标准：

[序号] 标准提出者. 标准名：标准编号 [S]. 发布地点：发布单位，年：起止页码.

⑫ 专利：

[序号] 专利申请者或所有者. 专利名：专利号 [P]. 公开日期 [引用日期].

⑬ 电子文献：

[序号] 主要责任者. 电子文献名 [文献类型标识 / 载体类型标识]. 出版地：出版者，出版年：引文起止页码.（更新或修改日期）[引用日期]. 获取和访问路径.

⑭ 未定义类型文献：

[序号] 主要责任者. 文献名 [Z]. 出版地：出版者，出版年.

古籍文献资料、未公开发表的文献资料，以及一些难以确定完整出版信息的资料等，可以注释形式加以说明。

由于研究生在进行研究设计和撰写学位论文的过程中参考的文献资料往

1 汇编类参考文献在学位论文中最常见的就是论文集。
2 涉及具体日期的著录格式为"年-月-日"。

往较多，论文参考文献中难免存在信息不准确、格式不规范的情况。研究生需要在学位论文初稿完成后，认真核查文献信息是否准确、完备，校对并调整著录格式，确保论文终稿参考文献部分信息准确、格式规范。下面是一篇汉语国际教育硕士学位论文初稿参考文献的部分内容，其中存在信息不完备、格式不规范等问题。

[6] 崔亚丽．泰国学生汉语习得中状语语序偏误研究及其教学策略．硕士论文．山东大学，2010

[11] 张国宪．双价形容词对语义结构的选择．汉语学习，1995（4）．

[14] 刘松汉．形容词作状语、补语情况再考察，《南京师范大学学报》．1990，第 1 期

[30] 黄伯荣、廖序东．现代汉语．北京：高等教育出版社，2017

很明显，论文初稿中的这四条参考文献都没有注明文献类型标识代码，也没有注明必要的引文起止页码。著录用符号使用也不规范，多名作者姓名间用了顿号。析出文献出自期刊的名称外，有的使用了书名号，有的却没有。事实上，根据国家标准 GB/T 7714-2015《信息与文献 参考文献著录规则》的相关要求，多名作者姓名间应用逗号，期刊等连续出版物中的析出文献出处名称外不用书名号。此外，参考文献中需要著录的信息也不够全面和准确，如黄伯荣、廖序东（2017）的《现代汉语》未注明分册和版本信息，刘松汉（1990）论文析出的期刊题名不准确。作者在论文终稿中解决了这些问题，如下：

[6] 崔亚丽．泰国学生汉语习得中状语语序偏误研究及其教学策略 [D]．济南：山东大学，2010.

[10] 黄伯荣，廖序东．现代汉语 下册 [M]．增订 6 版．北京：高等教育出版社，2017：11-13.

[16] 刘松汉．形容词作状语、补语情况再考察 [J]．南京师大学报（社会科学版），1990（1）：66-72.

[27] 张国宪．双价形容词对语义结构的选择 [J]．汉语学习，1995（4）：8-13.

此外，参考文献在排版时一般使用小于论文正文的字号，其中每条文献著录项目应齐全，相同项目不得用"同上"等替代。文献的作者不超过三位时应全部列出；超过三位时，仅需列出第一作者并在其姓名后面加"等"字；

作者姓名之间不用"和"或"and"，而用逗号隔开；作者的姓名一律采用姓前名后的著录形式。

三、添加注释

与参考文献不同，注释是对论文正文中某一处内容做进一步解释或补充说明的文字，一般在文末与参考文献分列或置于当页地脚，即尾注或脚注。现在的论文中，注释一般分来源解释和内容解释两种。来源解释一般是为保障原作者的著作权，注明某处语句、词语、观点的来源，以便读者查证，同时体现论文作者对他人知识产权和劳动成果的尊重。内容解释多是对某一部分语句做进一步说明，但为了避免正文内容冗杂而将说明附在段落之外（文末或页脚）。

在第七章中，我们曾讨论过论文中需要注释的四种情况，分别是注明所引内容出处、界定概念、修正原文和补充信息。其中，注明所引内容出处属于来源解释，其他三种属于内容解释。研究生在撰写论文时遇到以下几种情况，就应注意添加注释。

第一，注明所引内容的出处。出处不是学术著作，或是二次引用（即转引自其他文献）时一般要注明。例如，崔利颖（2015）在《中韩三套儿童汉语教材练习考察》中提到：

Hammerly（1982）认为，学习外语最理想的年龄是12岁左右。因为这时的学习者一方面具有原有的可塑性，另一方面在认知能力方面又优于低龄学习者。因此，低龄（6~8岁）学习者在神经、生理方面还未具备完整的智能学习语言的能力，注意力集中时间不长且记忆力差，需要反复操练。[1]

作者通过注释说明了这一观点的来源：

1　转引自盛炎：《语言教学原理》，重庆：重庆出版社，1990.

类似这种转引自他人研究成果中的结论或观点，其出处不适合在正文中直接指出，便可以注释的方式加以说明。

崔利颖（2015）在介绍研究对象时还提到：

韩国出版的儿童汉语系列教材《12 과로 된 쑥쑥주니어 중국어세트》(《蹿升的儿童中国语12课》，下文教材分析中简称《12课》)。该教材是由韩国编者联

合著书，由韩国 J-Plus 出版社于 2007 年出版的一套儿童汉语系列教材。该教材以小学生和中学生为主要对象，成年人也可使用。[2]

这里对研究对象的介绍不是作者自己总结出来的，因此，作者在注释中说明了这段介绍的出处：

2　翻译自《12 과로 된 쑥쑥주니어 중국어세트》引言部分。

第二，界定一些术语或词语在文中的概念。如王静（2011）在学位论文《留学生汉语宾语的习得研究》中用注释的方式对"语块"这一术语的概念进行了解释，内容如下：

1　"语块"也叫"套语"，指那些不能分析而作为整体学习的语言单位，多运用于特定的场景。第二语言初学者常常把语块作为整体来学习和记忆。这也是一种学习策略。（周小兵，2004）

又如，刘羽佳（2015）在学位论文《启尔德〈华西初级汉语课程〉研究》中介绍这本教材的课文编排特点时提到"汉字"的排版方式：

启尔德在序言第 9 页明确指出了《华西初级汉语课程》的课文编排方式："前 100 个句子不仅标有罗马拼音，还有完整的逐词翻译。之后的 100 个句子省掉了逐词翻译，完整的罗马拼音标注到第 200 个句子也就为止了。此后，在句子下方单独打印的汉字[2] 字号减小，这些汉字也不再排得非常显著了，但它们会跟英文注释放在一起，形成一个个段落，并且比之前所占的空间要小一些。"

不了解《华西初级汉语课程》的读者可能会疑惑为什么要将"汉字"单独列于句子下方，又有哪些"汉字"被单独列了出来。因此，作者通过注释的方式对这里所说的"汉字"进行了说明，如下：

2　此处的"汉字"是指课文中每个句子下面单独列出的需要重点解释的字或词。从这里可以看出，前 200 个句子下面列出这些字或词相当于重难点字词教学。

再如，张扬（2018）在《海外本土教师初级阶段汉语教学研究——基于拉脱维亚斯比杜拉中学的个案研究》中谈到"外派教师"时，对文中所指"外派教师"具体包括哪些人进行了注释，具体如下：

1　本文提及的"外派教师"是汉语为母语的公派汉语教师、汉语教师志愿者、专职教师的总称。

在提到"3个课时"时，对课时的具体时长进行了解释说明，因为拉脱维亚斯比杜拉中学的课时时长可能与中国国内或其他国家和地区学校的课时时长不同。注释内容为：

2　按照斯比杜拉中学的教学课时计算：3课时为90分钟教学时长。

第三，修正原文。当论文研究的材料中存在有差错，又不适合在正文中指出时，可以通过注释的方式指出并修正。如上一章中提到王坤（2015）在《〈官话篇〉与〈官话急就篇〉文化内容比较分析》一文中发现，《官话急就篇》在介绍中国历史名人时列举的"李大白"疑似原文有误，于是添加注释做出更正："此处指'李太白'，原书中有印刷错误。"

第四，补充信息。当论文中提到的内容不够全面，但又不适宜将全部信息叙述在正文中时，就要用注释的方式补充信息。如刘羽佳（2015）在《启尔德〈华西初级汉语课程〉研究》中介绍启尔德时说道：

启尔德还是中国西部第一所现代意义上的大学——华西协和大学[2]的主要创办人之一、华西医学教育的创始人之一。

这里提到的"华西协和大学"是四川大学华西医学中心的前身，作者认为有必要告知读者这一历史背景，但在正文中叙述又会显得赘余，于是通过注释的方式补充了相关信息：

2　华西协和大学是成都乃至中国西部所建立的第一所现代化意义的大学，1910年成立于成都华西坝，由英、美、加拿大三国基督教会的5个差会（美国的美以美会、浸礼会，英国的公谊会、圣公会，加拿大的英美会）共同开办。1950年至1953年间经院系调整后更名为四川医学院，1985年更名为华西医科大学，2000年并入四川大学。参见《四川大学史稿》（第四卷第8、9、15页，第五卷第9、13、111页）。

第四节 │ 文字表达——准确与流畅

一、论文的写作

本书第七章中较为详细地讨论了汉语国际教育硕士学位论文的题目与摘要、引言、文献综述、研究设计及结论部分应包含哪些内容，同时介绍了注释、参考文献和附录的格式规范等。这里我们不再赘述，仅补充撰写学位论文"结果与讨论"部分时的一些注意事项。

通过对研究数据或材料进行分析和讨论得出一定的结论，是学位论文的重要组成部分。一般来说，学位论文"结果与讨论"部分的写作应遵循三项原则：从问题过渡到结果，用资料或数据支持研究结果，从理论的角度讨论结果。下面就结合具体案例演示如何在论文的分析和讨论中贯彻这几项原则。

基于图式理论的对外汉语中级听力教学研究（柏清，2015）

第一，从问题过渡到结果。对数据和材料的分析和讨论应是针对研究问题展开的。从论文写作的角度来说，分析和讨论应该先回应研究问题，再阐述研究结果，使读者遵循"问题—答案"的线索来接受研究结果。

柏清（2015）的研究以图式理论为指导，选择中山大学国际汉语学院进修班中级 1A、中级 1B 两个平行班级学生为实验对象，在实验班使用图式理论指导下的教学方法，在控制班使用传统听力教学方法，实验过程中两个班级的学生要完成两份水平测试卷和一份调查问卷，最后通过对实验数据进行分析和讨论得出结论。研究者在叙述实验设计的内容前强调了实验所要解决的问题：

> 笔者作为新教师，通过在中山大学国际汉语学院进修班近一年的听力课教学经历，已经意识到单纯的"讲生词—放录音—对答案"上课模式无法有效地提高学生听力水平，更不能引起学生对听力课的兴趣，反而让学生对听力课越来越厌倦。运用图式理论指导下的听力教学法是否能改变这一现状，是本实验试图研究的问题。

研究者提出的研究问题可以概括为"与传统方法相比，图式理论指导下的听力教学能否提高学习者的听力水平"。在对实验数据进行分析和讨论时，必须围绕并回答这一问题。下面是论文 4.1 小节中的一小段讨论，从中可以看出研究者对数据的分析是在回答论文提出的研究问题。

> 这时我们发现，实验班不善听组的后测平均成绩高出控制班不善听组 14.8 分，且 p 值小于 0.05，后测成绩有显著差异。不善听的学生可能是因为本身听力较差，或是没能掌握正确的听力方法。这些数据证明了图式理论指导的教学方法为不善听的学生提供了有效的学习方式，能帮助他们显著提高听力水平。

第二，用资料或数据支持研究结果。在得出研究结果后，相应地要用经验性资料或实验数据来支持研究结果，即用数字、图形和表格来证明研究结果的真实性。在使用经验性资料时，要注意用文字对数字、图形、表格进行必要的说明和解释，帮助读者理解这些资料的意义及在证明研究结果时的作用。此外，还要对经验性资料进行适当的概括和总结，以帮助读者全面地把握和理解资料。柏清（2015）用表格的形式展示并对比了实验中两个班级学生在两次水平测试中取得的成绩，以此支持论文的研究结果。

> 分析了两班整体的平均成绩和善听组的平均成绩后，我们继续分析两班不善听组的前测、后测成绩，期待能得到一些发现。首先是不善听组前测的成绩分析（见表4-5）。

表4-5　实验班和控制班不善听组前测成绩对比

组别	人数	均值	标准差	Sig.
实验班不善听组	10	68.443	17.3651	0.925
控制班不善听组	8	69.168	14.7146	

> 对比两班不善听组前测成绩后发现，实验班不善听组前测平均成绩比控制班不善听组低 0.7 分左右，但无显著差异；两组的标准差值有 3 分左右的差距。我们再分析两组学生的后测成绩（见表4-6）。

表4-6 实验班和控制班不善听组后测成绩对比

组别	人数	均值	标准差	Sig.
实验班不善听组	10	68.800	14.5949	0.044
控制班不善听组	8	54.000	13.8899	

可见，研究者在对研究结果进行讨论和证明的过程中，是通过分析实验数据得出结论的。

第三，从理论的角度讨论结果。论文结论部分的讨论并不是简单地重复或再次解释叙述研究结果时已经总结了的观点，而是要将研究结果与前文中阐述的理论联系起来，说明从研究结果中能够得出哪些与理论相关的推论。柏清（2015）从图式理论的角度对实验数据进行分析，科学地论证了研究结果。

表4-9 两班不善听组学生三个阶段听力技能使用情况

阶段	实验班不善听组平均分	控制班不善听组平均分
听前	3.50	2.67
听中	3.42	2.98
听后	3.37	2.95

从上表中我们能够明显看出，实验班不善听组学生在三个阶段的听力技能使用情况均远优于控制班，尤其是在听前和听中两阶段，更是有显著差异（p 值分别为 0.01 和 0.028）。这验证了前面提出的图式理论指导下的教学方法对不善听学生的效果更为明显的假设。学生不善听的原因可能是自身能力有限，没有掌握正确的听力方法和技巧，或是对听力没有兴趣。利用图式理论指导下的教学法，教师不断带领学生进行讨论、预测、总结，激活并巩固图式，教给他们一种新的解码模式，同时通过各种课堂活动来引起他们对听力课的兴趣，不知不觉中提高了这些不善听学生的听力水平。

汉语国际教育硕士学位论文中，研究生还可以将研究结果与文献综述中提到的前人研究结果进行比较，相互验证各自的研究结果，反映出自己的研究是对前人研究的完善和发展。下面是一篇汉语国际教育硕士学位论文中结果和讨论部分的一小节内容：

📝 "语文分进"的教学模式对汉字能力的影响——针对非汉字文化圈学习者的实验研究（叶彬彬，2015）

4.1.3　见义知形的能力

见义知形，是对外汉字教学中非常重要的一环，对于非汉字文化圈学习者来说更是困难。因为拼音文字是线性排列的，而汉字则是在平面上二维展开的，两种文字在字形上有着巨大的差别。从实验结果可知，不仅初一班实验组两次测试第三题字形部分成绩都显著高于对照组，在初三班第一次测试中也有显著差异，说明实验组在见义知形方面的能力具有较大优势。

这一优势首先与第一题字形分析和记忆能力有关，是针对非汉字文化圈的学习者所采取的通过分析部件和结构进行字形记忆的教学方法的效果体现。在第一题中所探讨的字形记忆能力是短时的，而这里所说的则是长时的。这说明无论是短时还是长时记忆字形，拆分汉字为部件再进行记忆都是十分重要的策略。这个结果与非汉字文化圈学习者的汉字学习策略有关，这一点在江新、赵果（2001）的研究中有所阐述。非汉字文化圈的学习者使用的文字是拼音文字，对于他们来说，学习汉字的心理策略是与汉字文化圈的学习者不同的。而初一班的学生最常使用的策略之一是记忆整体字形，也就是学生在记忆汉字的时候不习惯把汉字加以拆分，常常将汉字作为一幅相关图画来记忆，这也是为什么非汉字文化圈的学习者在记忆汉字的时候常常会"缺胳膊少腿"的原因。

"语文分进"的教学模式恰恰针对非汉字文化圈学习者记忆汉字策略的弱点，在教学中反复强化学生的字形分析和记忆能力……这说明恰当的汉字教学方法显著地提高了学习者的汉字自学能力。

在上述对实验结果的讨论中，研究者将自己的实验结果与在文献综述中介绍过的江新、赵果（2001）的研究结果进行了比较和分析。

此外，学位论文结果与讨论部分中也可以讨论在研究中遇到的新问题，以及用研究结果推论这些新问题时必须具备的条件和所受到的限制；还可以讨论研究没能解答的问题或研究可能存在的缺陷。

最后，需要提醒研究者的是，结论是对论文主要结果、论点的总体概括，语言表述应准确、简明、完整、有条理。如果研究没能得出系统的结论，可以用与研究问题相关的必要讨论代替"结论"，也就是在论文的结果与讨论部分中提出与研究问题有关的建议、设想或有待解决的问题。

二、文稿的修改

好论文是改出来的。合格的论文，需要修改四到五遍。论文初稿写好后，研究生应尽快交给导师和同学审阅，请他们提出建议。研究生本人也可以过一两周再修改自己的论文。修改论文时，研究生应换位思考，要站在读者的角度批判式审读自己的文章。修改时要关注的问题很多，如论文的框架与格式、内容、深度与广度、措辞与语篇衔接等。

研究生撰写学位论文，刚开始时难免对论文中的数据、可能得出的结论预测或考虑不周。在通过考察和分析得出预期结果后，若发现研究过程中部分内容或数据对分析和论证没有太大价值，可适当删除。例如，姜芳（2011）的学位论文《中级汉语口语课堂教学输入与输出的考察》考察了中级汉语口语课上教师和学生的课堂话语词种密度，本章第三节对其中的表格进行了讨论。研究者分别对 A、B、C 三个班级教师和学生的课堂话语进行考察，其中B 班和 C 班教师是新手教师，而 A 班教师不是新手教师。研究发现，B 班和C 班教师的课堂话语词种密度比 A 班教师高，但是 B 班和 C 班学生的课堂话语词种密度却比 A 班学生低。得出这样的结果后，研究者对考察结果进行分析并撰写了硕士学位论文。

事实上，这篇论文在写作中也有可以改进之处。如研究没有必要对三个班级的教师和学生的课堂话语词种密度进行考察和对比，因为从考察结果来看，B 班和 C 班都由新手教师任教，教师和学生课堂话语词种密度数据相差不大，选择其中一个班级与 A 班进行对比即可。研究生在进行研究设计或刚开始撰写学位论文时，并不能预测到研究结果，可以像这篇论文中这样考察三个班级教师和学生的情况。但得出研究结果后，研究生在写作和修改学位论文时若发现研究数据或材料中有缺少价值的部分，就可以适当删除。

学术论文的语言表达要严谨规范、简洁明了，汉语国际教育硕士专业的研究生在撰写学位论文时更要不断打磨。下面是一篇学位论文初稿中的一句话：

据笔者所知，目前还没有专门针对一个语族的偏误分析方面，尤其是描写性状语习得情况方面的研究。

这句话开头的"据笔者所知"主观性较强，也不是论述语体。阐述选题相关研究动态应以查阅的文献资料为准，不应基于个人经验。此外，"还没有……"表达也不够严谨。文献收集只是在一定范围内进行，没有查到相关文献不能说明学界对这一问题从未开展过研究。在论文中应说明前人研究不够丰富，或说明研究者自己没有找到太多相关研究成果。在论文写作和修改的过程中，语言表达应尽可能准确、严谨，使用更为客观的表述，如"就当前国内外研究的文献而言""还不多见""还不够深入"等。这句话经修改后在论文终稿中呈现如下：

就当前国内外研究的文献而言，专门针对一个语族的二语习得偏误分析研究还不多见，尤其是描写性状语习得情况方面的研究还不够深入。

还要注意的是，研究生在论文中使用科学术语时应论述准确。一名研究生在学位论文中用李克特5级量表调查学习者对词典各类功能重要性的主观评价，"1"代表"极其重要"，"5"代表"完全不重要"，得出如下结果：

近义词的辨析，中级水平（2.8649）高出初级水平（2.3611）的值超过0.5，表现出显著性差异。

"显著性差异"是统计学术语，使用是否准确应依据检验方法而定。论文中得出"中级水平（2.8649）高出初级水平（2.3611）的值超过0.5"的结果，只比较了两个平均值的大小，属于描述性统计。在统计学上判断数据间是否具有显著性差异，应使用推断性统计方法进一步分析，如使用SPSS软件等工具进行预测和推断。

总而言之，学位论文的写作与修改要以让读者更容易阅读和理解为目的，更加规范地用文字、数据和图表等展现科学研究的过程和结果。

💡 思考与练习

1. 请在中国知网上找出一篇与自己选题相关的优秀硕士学位论文。对比这篇论文，思考自己论文的题目、摘要和关键词是否恰当。如果不恰当，应该怎样修改。

2. 请指出以下论文目录的节选部分中存在的问题。

第二章　文献综述
2.1　外向型汉语学习词典名词研究综述
2.2　国际中文教学名词研究综述
2.2.1　名词本体研究
2.2.2　国际中文教学名词研究
2.2.3　评述
2.3　现有研究的不足

3. 请仔细审读自己写过的一篇学术论文的目录，思考论文结构逻辑是否清晰。

4. 请说一说引文有哪些类型，撰写引文时要注意什么。

5. 请检查以下文段中举例的格式是否正确，如不正确请加以改正。

有的练习的指导语和要求都相同，貌似同质性练习，但是其操练的语法格式不同，此时计为不同的练习。如以下练习：

1. 替换练习
1. A：我去 ＿＿＿，你去哪儿？　　B：我也去 ＿＿＿。（超市、邮局、书店）
2. A：现在她在 ＿＿＿ 吗？　　　　B：她不在 ＿＿＿。
　　A：她在哪儿？　　　　　　　　B：她在 ＿＿＿。（肯德基、银行、学校）

相反，如果操练的语法格式相同，则算作同一个练习。

6. 请指出以下参考文献中存在的格式错误，并加以改正。

[1] 潘攀. 论亲属称谓语的泛化 [J]. 1998（2）.

[2] 夏历、张鸿艳. 网络语境下的 "X哥" 形式研究. 语言文字应用 [J]. 2014
（8）.

[3] 陈松岑. 北京城区两代人对上一辈非亲属使用称谓的变化 [J].《语文研
究》, 1984（2）.

[4] 刘琳. 现代汉语亲属称谓的泛化问题研究. 硕士论文, 青海民族大学,
2012.

7. 请指出以下表格中存在的问题，并加以改正。

将这 126 个汉日同形异义词按照汉语词类进行分类。由于一些词汇有两种或两种以上词性，如"出口"就有名词和动词的词性，在此选取其较为常用的词性。得出以下的表格：

名词	动词	形容词	副词	连词	助动词	总计
64	38	16	6	1	1	126
50.8%	30.1%	12.7%	4.8%	0.8%	0.8%	100%

8. 请仔细审读自己写过的一篇学术论文，找出其中文字表达不够严谨、准确的地方，并思考应该怎样修改。

参考文献

[1] 白德龙. 汉语描写性状语／补语与罗曼语对应成分的对比研究及偏误分析 [G]// 周小兵. 汉语国际教育硕士学位论文选. 广州：中山大学出版社，2015：296-311.

[2] 柏清. 基于图式理论的对外汉语中级听力教学研究 [G]// 周小兵. 汉语国际教育硕士学位论文选. 广州：中山大学出版社，2015：162-192.

[3] 崔利颖. 中韩三套儿童汉语教材练习考察 [G]// 周小兵. 汉语国际教育硕士学位论文选. 广州：中山大学出版社，2015：2-33.

[4] 高亚辉. 类型学视角下"比"字句语序习得及其中介语特征考察 [D]. 广州：暨南大学，2018.

[5] 桂菊花. 基于语篇的词汇练习题型对词汇习得效果的影响 [G]// 周小兵. 汉语国际教育硕士学位论文选. 广州：中山大学出版社，2015：312-343.

[6] 何黎金英. 汉越疑问代词对比 [G]// 周小兵. 中山大学国际汉语教育三十年硕士学位论文选——全球视野下的国际汉语教育. 广州：中山大学出版社，2011：350-379.

[7] 黄伯荣，廖序东. 现代汉语 下册 [M]. 增订 6 版. 北京：高等教育出版社，2017：11-13.

[8] 江新，赵果. 初级阶段外国留学生汉字学习策略的调查研究 [J]. 语言教学与研究，2001（4）：10-17.

[9] 姜芳.中级汉语口语课堂教学输入与输出的考察 [G]// 周小兵.中山大学国际汉语教育三十年硕士学位论文选——全球视野下的国际汉语教育.广州：中山大学出版社，2011：2-28.

[10] 李炅恩.表示处所的韩国语助词"에"与汉语相应形式的对比研究 [G]// 周小兵.中山大学国际汉语教育三十年硕士学位论文选——全球视野下的国际汉语教育.广州：中山大学出版社，2011：380-407.

[11] 梁莉莉.外向型与内向型汉语词典释义与用例对比研究 [G]// 周小兵.汉语国际教育硕士学位论文选.广州：中山大学出版社，2015：34-64.

[12] 林嘉妮.疑问句的跨语言研究和克里奥尔语母语者习得考察 [D].广州：广东外语外贸大学，2017.

[13] 林晓群.美国公立小学中文课程主题式教学研究与设计——基于美国卡蒂诺小学 2010 学年度第一学期的教学实习 [G]// 周小兵.汉语国际教育硕士学位论文选.广州：中山大学出版社，2015：193-236.

[14] 刘松汉.形容词作状语、补语情况再考察 [J].南京师大学报（社会科学版），1990（1）：66-72.

[15] 刘羽佳.启尔德《华西初级汉语课程》研究 [G]// 周小兵.汉语国际教育硕士学位论文选.广州：中山大学出版社，2015：65-96.

[16] 柳燕梅，江新.欧美学生汉字学习方法的实验研究——回忆默写法与重复抄写法的比较 [J].世界汉语教学，2003（1）：59-67.

[17] 罗宇.留学生汉语写作过程中的写作策略研究 [G]// 周小兵.中山大学国际汉语教育三十年硕士学位论文选——全球视野下的国际汉语教育.广州：中山大学出版社，2011：263-289.

[18] 全国文献工作标准化技术委员会.文献类型及文献载体代码：GB3469—83[S].北京：国家标准局，1983.

[19] 申时会.韩国小学汉语课堂管理案例分析——以釜山市东弓初等学校为例 [G]// 周小兵.汉语国际教育硕士学位论文选.广州：中山大学出版社，2015：472-496.

[20] 孙小敏.中文分级读物《汉语风》1 的词汇考察 [G]// 周小兵.汉语国际教育硕士学位论文选.广州：中山大学出版社，2015：97-132.

[21] 陶思佳.初级对外汉语口语课堂上的互动模式 [G]// 周小兵.中山大学国际汉语教育三十年硕士学位论文选——全球视野下的国际汉语教育.广

州：中山大学出版社，2011：87-108.

[22] 王静. 留学生汉语宾语的习得研究 [G]// 周小兵. 中山大学国际汉语教育三十年硕士学位论文选——全球视野下的国际汉语教育. 广州：中山大学出版社，2011：290-319.

[23] 王珅.《官话篇》与《官话急就篇》文化内容比较分析 [G]// 周小兵. 汉语国际教育硕士学位论文选. 广州：中山大学出版社，2015：133-159.

[24] 王维. 遵循记忆规律 提高识字效率 [G]// 中国教育学会教育实验研究分会汉字文化教育研究中心. 识字教育科学化论文集粹. 北京：中国轻工业出版社，2006：412-418.

[25] 魏白丽. 泰国学生汉语动态助词"着"习得研究 [G]// 周小兵. 汉语国际教育硕士学位论文选. 广州：中山大学出版社，2015：344-386.

[26] 吴彤. 类型学视角下汉语多项定语语序习得研究——以泰国、韩国留学生为例 [D]. 广州：暨南大学，2018.

[27] 徐霄鹰. 改进中级阅读教材的设想 [J]. 语言教学与研究，2001（2）：21-26.

[28] 颜铌婷. 中级口语教材课文语料难度影响因素探析——以《阶梯汉语·中级口语2》为例 [D]. 广州：中山大学，2013.

[29] 叶彬彬."语文分进"的教学模式对汉字能力的影响——针对非汉字文化圈学习者的实验研究 [G]// 周小兵. 汉语国际教育硕士学位论文选. 广州：中山大学出版社，2015：271-293.

[30] 张宁志. 汉语教材语料难度的定量分析 [J]. 世界汉语教学，2000（3）：83-88.

[31] 张扬. 海外本土教师初级阶段汉语教学研究——基于拉脱维亚斯比杜拉中学的个案研究 [D]. 广州：华南师范大学，2018.

[32] 中华人民共和国国家质量监督检验检疫总局中国国家标准化管理委员会. 信息与文献 参考文献著录规则：GB/T 7714—2015[S]. 北京：中国标准出版社，2015.

[33] 钟玲莉. 三部对外汉语学习词典释义用例的分析研究 [D]. 广州：暨南大学，2008.

[34] 周晓梁. 汉语国际教育视点下法国本土汉语学习网站的考察研究 [D]. 昆明：云南师范大学，2013.

后记

本书是导师与指导的博士、硕士（含研究生）合作的成果。

周小兵（北京语言大学）策划并制定编写大纲和具体纲要；具体负责绪论、第二章（选题设计）、第五章（研究设计）的编写；参与第四章（材料收集）的编写；统筹书稿，对全部章节内容进行审订和修改。

负责其他各章节内容梳理并参与编写的有：

第一章（论文类型），马国彦（华东师范大学副教授）；

第三章（文献的查找、分类与研读），贾蕃（中山大学 2018 届博士，西南交通大学讲师）；

第四章（材料收集），王姗姗（中山大学 2017 级博士研究生）和周小兵；

第六章（理论方法的选择与应用），师文（中山大学 2020 届博士，广西师范大学讲师）；

第七章（论文结构），赵婵（中山大学 2016 级博士研究生，广西大学行健文理学院讲师）；

第八章（论文写作与修改），王意颖（中山大学 2018 届博士，暨南大学讲师）。

参与课程讲义整理及担任课程助教的有中山大学多名博士研究生：姜有顺（2017 届博士，西南大学讲师）、李春琳（2017 届博士，广东外语外贸大学讲师）、薄巍（2017 届博士，大理大学讲师）、王乐（2017 届博士，青岛大学教授）、姚倩（2019 届博士，重庆大学讲师）、张鹏（2014 级博士研究生，云南师范大学讲师）、王意颖、贾蕃、赵婵、王惠仪（2020 届博士，越南胡志明市师范大学讲师）、雪莉（2017 级博士研究生）。

参与课件内容转写文字工作的中山大学博士研究生有：师文、赵婵、王惠仪、阮氏玉贤、李元硕（以上为 2016 级）；高雪松、雪莉、王健择（以上为 2017 级）。

担任课程助教并参与书稿内容校对的中山大学硕士研究生有：李舒静、刘艺、郭瑞雪（以上为 2016 级）、邱夏、朱建芬、谢晓笛、储有丽、任会（以上为 2017 级）、舒伊荃、徐丰（以上为 2018 级）。